über dieses Buch Es ist in der Öffentlichkeit wenig bekannt, daß es auch im Westen eine starke esoterische Tradition gibt: die Rosenkreuzer. Um sie ranken sich viele Geheimnisse, Legenden und Gerüchte. Hier liefert ein absoluter Kenner eine umfassende und auf den neuesten Forschungsergebnissen basierende Einführung in die von vielen Rätseln umgebene Entstehung des Ordens, seine Geschichte und seine moderne Form. Er erklärt, was das Ziel der rosenkreuzerischen Schulung ist und wie sie aussieht. Bis heute hat sie nichts von ihrer Gültigkeit verloren und ist für den westlichen Menschen eine echte Alternative zu den östlichen esoterischen Wegen. Denn das Rosenkreuzertum steht nicht im Gegensatz zu den wissenschaftlichen Disziplinen, sondern bündelt die verschiedenen Erkenntnisse und bietet einen Weg an, der Stufe um Stufe zu einem tieferen und umfassenderen Verständnis der Welt, des Menschen und seines Schicksals führt.

Dr. Wolfram Frietsch studierte Literaturwissenschaft und Musikwissenschaft und befaßt sich seit langen Jahren mit den Rosenkreuzern.

Wolfram Frietsch

Die Geheimnisse der Rosenkreuzer

ein westlicher einweihungsweg

rowohlt taschenbuch verlag

rororo transformation
Herausgegeben von Bernd Jost

Originalausgabe
Veröffentlicht im Rowohlt Taschenbuch
Verlag GmbH, Reinbek bei Hamburg,
Oktober 1999
Copyright © 1999 by Rowohlt Taschenbuch Verlag
GmbH, Reinbek bei Hamburg
Umschlaggestaltung Walter Hellmann
(Collage nach Motiven aus
«Geheime Figuren der Rosenkreuzer»
von Wolfram Frietsch)
Satz Stempel Garamond PostScript (PageOne)
Gesamtherstellung Clausen & Bosse, Leck
Printed in Germany
ISBN 3 499 60495 7

Inhalt

KAPITEL 1
unterwegs zu den Rosenkreuzern

Sind Sie ein Rosenkreuzer? ⚭
In welcher Zeit wir leben ⚭ *Rosenkreuzer,*
ein Ideal ⚭ *Wie man ein Rosenkreuzer wird* ⚭
Geheimnis, Geheimgesellschaft und Mystik ⚭
Ein westlicher Einweihungsweg

«Sind Sie ein Rosenkreuzer?»

«Was verstehen Sie unter einem Rosenkreuzer?»

«Nun, das will ich doch gerade von Ihnen wissen. Sie laden hier zu einem Gespräch über die Rosenkreuzer, da kann ich doch annehmen, daß Sie wissen, was ein Rosenkreuzer ist. Also: Sind Sie einer?»

Ich hatte einen Herrn angesprochen, der in meiner Nähe im Eingangsbereich des Vortragssaales herumstand. Neugierig schaute ich ihn an und wollte unbedingt eine Antwort auf meine Frage.

Zufällig hatte ich in der Zeitung von einem Vortrag über: «Die Weltanschauung der Rosenkreuzer» gelesen und war so neugierig darauf, daß ich viel zu früh hierher kam. Es war auch kaum jemand da, außer mir und diesem Herrn, der neben der Eingangstür auf etwas zu warten schien. Es war ja noch reichlich Zeit, denn der Vortrag sollte erst gegen 20.15 Uhr beginnen, und jetzt war es gerade kurz nach 19.00 Uhr. Ich vermutete, daß er zu den Rosenkreuzern gehörte, obwohl ich mir natürlich nicht sicher war.

Viele Gedanken gingen mir durch den Kopf und jetzt, wo ich da war, wollte ich eigentlich schon wieder gehen, denn ich war trotz allem skeptisch. Ich hatte bereits etwas über die Rosenkreuzer gehört, was nicht unbedingt ermunternd war, auf der anderen Seite gab es so faszinierende Aussagen über sie, die nicht nur interessant, sondern auch vertrauenswürdig klangen, daß ich mehr als angezogen von dem Klang ihres Namens war.

Der Herr jedenfalls machte einen sympathischen Eindruck, und mir tat etwas leid, daß ich ihn mit meiner Frage überfallen hatte. Ich nahm mir vor, nun höflicher zu sein. Im Grunde war ich nur sehr unsicher, weil ich nicht wußte, was mich hier erwarten würde.

«Ist es nicht seltsam, daß sich hier Menschen treffen werden, um einen Vortrag über die Rosenkreuzer zu hören?» begann er, ohne groß auf meine Frage einzugehen.

«Wieso seltsam? Ich bin aufgrund einer Zeitungsanzeige hierhergekommen, und draußen habe ich ein großes Plakat gesehen, das ist doch nicht seltsam.»

«Für mich ist es, trotz der Bekanntmachungen und Informationen, immer wieder rätselhaft, daß sich Menschen dafür interessieren. Ob es nun am Thema liegt, an der Zeit oder am Namen ‹Rosenkreuzer› selbst? Ich weiß es nicht.»

«Also hören Sie», und ich meinte, daß es sich wohl nicht lohnen würde, über solch alltägliche Dinge nachzudenken, «wodurch sollen die Menschen denn kommen, würde man nicht auf sich aufmerksam machen?»

«Ich bin nicht so davon überzeugt, daß die Werbung es ist, die die Menschen hierherbringt. Ob es letztlich nicht etwas ganz anderes ist, das die Menschen dorthin geführt hat, wo sie jetzt sind? Schauen Sie, die unterschiedlichsten Beweggründe führen an sich wildfremde Menschen zusammen, nur eines Namens wegen. Das ist doch mehr als sonderbar.»

Ich schaute nun meinerseits etwas ratlos, nicht wissend, worauf er hinauswollte. «Zu Recht kann man sich fragen, was dieser Name bedeutet. Aber hat man damit wirklich eine Antwort gefunden?

Im Laufe der Zeit haben mir viele Menschen gesagt, daß sie im Rosenkreuzertum ihre geistige Heimat gefunden haben. Für viele sei es so gewesen, als ob sie nach einer langen Wegstrecke endlich an ihrem Ziel angekommen wären. Und dennoch ist das ja nicht das Ende, sondern ein Neuanfang. Ist das alles nicht sonderbar?»

«Schon», erwiderte ich nachdenklich, «aber das beantwortet meine Frage nicht. Sind Sie ein Rosenkreuzer?»

«Gut. Also», begann er, «diese Frage ist nicht so einfach zu beantworten, wie Sie glauben. Ich bin *kein* Rosenkreuzer, aber ich beschäftige mich schon sehr lange mit den Lehren, den Ideen und der Philosophie der Rosenkreuzer.

Ein Rosenkreuzer zu sein ist ein Ideal, das man nicht so ohne weiteres erreichen kann. Ich versuche, durch Berücksichtigung dieser besonderen Lebensphilosophie dem Ideal *Rosenkreuzer* gerecht zu werden. Aber erreichen werde ich es wohl nicht.»

Ich schaute ihn skeptisch an. Jetzt hatte ich endlich die Gelegenheit, mit einem Rosenkreuzer zu sprechen, und dann sollte es nun doch keiner sein?

«Das klingt nicht sehr ermunternd. Ein Ideal, sagen Sie. Gibt es also keine Rosenkreuzer, nur ein Ideal?»

«Das kann man so nicht sagen. Jedenfalls gibt es immer wieder Menschen, die bereit sind, diesem Ideal nachzueifern. Vielleicht muß jeder Mensch ein Ideal haben, für das es sich lohnt zu leben. Für manche sind es Geld, Erfolg oder Macht, für andere Wahrheit, Weisheit oder Wissen und für wieder andere eben die Ideen der Rosenkreuzer.»

«Was ist dann ein Rosenkreuzer?»

«Wollen Sie etwa eine Definition?»

«Wenn es Ihnen möglich ist, oder wenigstens», lenkte ich ein, «eine gute Erklärung …»

«… jeder, der bereit ist, sich ernsthaft um Selbsterkenntnis zu bemühen, hat begonnen, diesem Ideal zu folgen. Wie gesagt: Für die meisten Menschen genügt es, einen Beruf zu haben, ein gutes Einkommen und zweimal im Jahr in Urlaub zu fahren. Für einige ist das aber nicht genug. Aus Gründen, die sie vielleicht selbst nicht so genau kennen, fühlen sie sich gedrängt, nach etwas anderem zu suchen. Wenn Sie so wollen, suchen sie nach dem Sinn ihres Daseins und dem Sinn des Lebens. Die Rosenkreuzer geben darauf eine Antwort.»

«Aber», entgegnete ich ein wenig überrascht, »das ist wohl nichts typisch Rosenkreuzerisches, oder? Viele Menschen fragen sich, ob ihr Leben einen Sinn hat. Das kann man wohl nicht abstreiten.»

«Nun: Für die Rosenkreuzer besteht der Sinn des Lebens eben darin, sich selbst zu erkennen und dadurch mit dem Göttlichen bewußt in Verbindung zu treten. Doch am Anfang steht eine unbestimmte Suche.»

«Ich suche ja auch etwas», bemerkte ich.

«Sie können also nicht genau sagen, was Sie suchen?».

«Nein.»

«Einen neuen Glauben vielleicht?»

«Nicht unbedingt. Eher eine Philosophie.»

«Wie wäre es mit einer praktischen Lebensphilosophie?»

«Lehren das die Rosenkreuzer?»

«Ja, durchaus.»

«Was machen die Rosenkreuzer damit?»

«Das, was sie lehren, praktisch anwenden. Ihre Lebenseinstellung ist auf den Alltag zugeschnitten, was gar nicht so selbstverständlich ist. Es geht ihnen um den Menschen, um die Natur, die Welt um uns herum und um die Gesetzmäßigkeiten unseres Daseins. Mit einem Wort: Den Rosenkreuzern geht es um die spirituelle Seite des Menschen.»

«Meinen Sie damit auch so etwas wie Erleuchtung?»

«Ja.»

«Der Sinn des Rosenkreuzerweges, wenn ich ihn so nennen kann, liegt also darin, Erleuchtung zu erfahren?»

«Ja.»

«Da muß ich doch furchtbar viel meditieren oder ein abgeschiedenes Leben führen, in die Einsiedelei gehen oder mich der östlichen Welt zuwenden?»

«Sie haben seltsame Vorstellungen. Nein, nein. Den Rosenkreuzern geht es darum, diesen Bewußtseinszustand zu erreichen, und zwar hier und heute. Ihrer Ansicht nach können wir das auch in der Welt, in der wir leben.»

«Das klingt einfach.»

«Nun, nicht ganz. Um dies zu erreichen, müssen wir gewisse Lehren kennen und sie anwenden.»

«Welche Lehren?»

«Bei den Rosenkreuzer-Lehren geht es darum, dieses Ideal zu erreichen. Und dabei sind Kenntnisse in der mystischen Philosophie, der Symbolkunde, im Ritual und die Fähigkeit zur Meditation – um nur einige zu nennen – notwendig.»

«Und das gibt es hier, bei uns?» Ich schaute ungläubig.

«Absolut. Das Streben nach Erleuchtung als bewußte Verbindung mit dem Göttlichen ist eines der wichtigsten Ziele der Rosenkreuzer.»

«Mit Gott oder dem Göttlichen kann ich im Moment nicht so viel anfangen. Das erinnert mich immer an Religion.»

«Die Rosenkreuzer sehen sich nicht als Religion, und das mit dem Göttlichen, nun, einen Begriff für das Absolute, das eine, wie Sie es auch immer nennen wollen, brauchen wir wohl.»

«Sicher», lenkte ich ein. «Aber im unerleuchteten Zustand sind wir vom Göttlichen getrennt?»

«Nein. Wir sind nicht getrennt vom Göttlichen, wir müssen uns aber dieser Verbindung bewußt werden. Wir sind immer mit dem Absoluten verbunden, nur wir wissen es nicht. Das Bewußtsein darüber ist das Entscheidende dabei.»

«Sind nicht alle Menschen auf diesem Weg?»

«Mehr oder weniger schon. Entscheidend ist, mit welcher Bewußtheit dieser Weg gegangen wird. Es gibt etwas, das uns drängt und antreibt, Dinge zu tun und Gedanken zu haben, die wir eigentlich bei näherer Betrachtung nicht tun und haben können. Dies würde ich der Beschäftigung mit dem Ideal zuschreiben.»

«Warum sollen wir überhaupt dieses Ideal anstreben?»

«Das müssen Sie natürlich nicht. Nehmen wir an, wir kommen ganz gut mit dem Leben zurecht, haben aber das Gefühl, etwas fehle uns. Welches *Etwas*? Wo suchen wir es? Die Welt um uns herum kann uns letztlich keine Antwort darauf geben. Wir selbst müssen uns diese Antwort geben. Niemand sonst kann dies für uns, kein Lehrer, kein Guru und auch kein Rosenkreuzer.»

«Nun einmal langsam. Warum sollte ich mich dann mit den Rosenkreuzern beschäftigen, wenn sie zwar Fragen stellen und Antworten zu geben scheinen, aber ich dann doch meine eigene Antwort finden muß? Ich suche doch gerade Antworten, jetzt von Ihnen, deshalb frage ich ja.»

«Soll das Ihr ganzes Leben so weitergehen, daß Sie von einem zum anderen gehen und ihn mit Ihren Fragen belästigen?»

Ich war nun etwas betroffen, spürte aber, daß er seine Worte nicht so meinte, denn sein Ton war ganz freundlich.

«Das ist doch gerade das Entscheidende daran», fuhr er fort, «daß man trotz allem seine eigenen Erfahrungen machen muß.»

«Auch heute noch? Man kann doch alles in Büchern nachlesen, und jeder behauptet das Gegenteil vom anderen. Und überhaupt: Ich habe das Gefühl, daß heute alles ganz anders ist. Es gibt auch keine festen Vorstellungen mehr. Korrigieren Sie mich, wenn ich mich irre, ich habe keine allzugroßen Hoffnungen auf ein Ideal. Der Verlust von Utopien, Mythen und Wertvorstellungen hat in uns eine große Leere hinterlassen. Die alten Vorstellungen, die einmal Sicherheit gaben, sind aber nicht durch neue, bessere oder sinnvollere ersetzt worden. Ich sehe das so», fuhr ich fort, »man war über Jahrhunderte in ein Weltbild eingebettet, das die materielle Welt und die geistige Welt mit einschloß, und auf einmal soll diese geistige Welt nicht mehr existieren und nie existiert haben? Das kann man zwar verstehen, aber irgend etwas in uns akzeptiert diesen Gedanken trotzdem nicht.»

«Sie haben völlig recht. In uns ist eine gewisse Leere entstanden, die nun von vielen als Sinnlosigkeit empfunden wird. Es fehlt der eigene geistige Grund, auf dem man stehen kann, von dem aus man die Welt betrachten und begreifen kann. Ich sehe das genauso wie Sie. Die Rosenkreuzer versuchen aber, anknüpfend an die Vergangenheit, in der Gegenwart etwas für die Zukunft zu tun. Die Antwort auf Ihre Frage, warum man einem Ideal nachfolgen soll, liegt darin, daß man spürt, gewisse Wurzeln zu haben. Kurzum: Im Rosenkreuzertum kann man sich geistig geborgen fühlen, hat man seinen eigenen Mythos. Wenn Sie so wollen, ist das Rosenkreuzertum eine Möglichkeit den eigenen «Mythos» – seinen innersten Grund also – in sich selbst zu finden.

C. G. Jung hat einmal gesagt: ‹Ich hatte die Mythen vergangener Völker erklärt, ich hatte ein Buch über den Helden geschrieben, über den Mythus, in dem der Mensch seit jeher lebte. Aber in welchem Mythus lebt der Mensch heute?› – ‹Im christlichen Mythus, könnte man sagen.› – ‹Lebst du in ihm?› fragte es in mir. ‹Wenn ich ehrlich sein soll, nein! Es ist nicht der Mythus, in dem ich lebe.› – ‹Dann haben wir keinen Mythus mehr?› – ‹Nein, offenbar haben wir keinen Mythus mehr.› – ‹Aber was ist denn dein Mythus? Der Mythus, in dem du lebst?› – Da wurde es unangenehm, und ich hörte auf zu denken. Ich war an eine Grenze gekommen.» (ETG, S. 174 f.)

Wenn wir die Aufforderung C. G. Jungs ernst nehmen, kann man erst dann wirklich leben, wenn man weiß, in welchem Mythos man selbst lebt. Das kann uns nun einmal kein anderer abnehmen. Was aber ist mein Mythos? Wer hilft mir bei der Suche danach?»

«Wenn ich Sie recht verstehe, dann ist für Sie das Rosenkreuzertum ihr Mythos?»

«Ja. Er ist eine Alternative gegen den Satz des Soziologen Max Weber: ‹Die Moderne ist entzaubert.› Er hat sicherlich recht, aber das genügt uns nicht. Ich meine, daß wir weiterhin an den Zauber glauben sollten, der uns einnert, daß das, was man sieht, was man wahrnimmt, was Naturwissenschaft und Positivismus objektiv als Wirklichkeit bezeichnen, eigentlich nur Abglanz von etwas anderem ist und auf einen geistigen Hintergrund verweist. Objektivität, Beobachtung, Analyse sind nur eine Seite dieser Welt. Wird nur darauf Gewicht gelegt, fehlt etwas Wesentliches.»

«Sie meinen aber nicht eine antirealistische Haltung oder eine, die nur das Subjektive, das Gefühlshafte betonen möchte?»

«Nein, ganz und gar nicht. Andererseits ist gerade die Angst vor dem *nur* Subjektiven bezeichnend für unsere einseitige, isolierte Weltsicht, die meint, daß das Subjektive das Gegenteil des Objektiven sei. Dem ist aber nicht so, weil wir übersehen, daß das Subjektive das Sowohl-Als-auch der Welt ist. Diese Sicht des Ausgleichs zwischen den Extremen ist eine Möglichkeit, das Leben als Ganzes anzusehen und dabei jene Arbeit am eigenen Mythos zu leisten, von dem C. G. Jung sprach. Dies bedeutet aber, den Intellekt und das Gefühl zu berücksichtigen, oder wie es in der Symbolsprache der Rosenkreuzer lautet: Feuer und Wasser miteinander zu verbinden.»

«Also mangelt es unserem Jahrhundert an jener anderen Seite des Lebens, dem Geheimnisvollen …»

»… dem Verborgenen, Dunklen, in dem sich aber das Licht besonders ausdrücken kann. Es fehlt, philosophisch gesprochen, die Transzendenz, die Metaphysik, das Geheimnis. Und jene, die darauf aufmerksam machten, sie wurden als weltfremd eingestuft. Doch die Sehnsucht nach einer über- und unpersönlichen Ordnung bleibt und sucht sich eben andere Wege, zumeist sehr bizarre und seltsame.

Die eigene Sehnsucht nicht ernst zu nehmen oder zu verdrängen führt nur dazu, daß sie durch die Hintertür, auf Umwegen wieder zu uns zurückkommt. Die Psychologie spricht vom Phänomen des Schattens, des Verdrängten, das sich immer wieder eine Möglichkeit sucht, sich bemerkbar zu machen.«

«Das sehe ich auch so.»

«Verstehen Sie aber auch, daß der Mensch Bewohner zweier Welten ist? Er ist nicht eindimensional. Dies führt zu einer inneren Zerrissenheit, die Ausdruck unserer Sehnsucht nach Einheit, und gleichzeitig ein Symptom dafür ist, daß wir etwas verdrängt haben, das tiefer in uns eingeprägt ist, als wir wahrhaben wollen. Bestimmte Ausdrücke werden teilweise gar nicht mehr verwandt. Was bedeuten uns Begriffe wie Geist, Seele, Gott und Mensch wirklich?»

«Man darf sie kaum noch aussprechen, ohne schief angeschaut zu werden», murmelte ich.

«Ich möchte jetzt nicht allzu einseitig werden, aber unser Intellekt hat die Tendenz, alles zu vereinnahmen, und damit hat er den Untergang der wahren Spiritualität beschleunigt.»

«Sind Rosenkreuzer also Menschen, die in der Vergangenheit leben und alten Idealen nachhängen?»

«Nein, aber die Vergangenheit ist notwendig. Sie werden zustimmen, daß der Sturz der alten Ideale und Begriffe, die Möglichkeit an allem und jedem Kritik zu üben, zu jener Sinnentleerung führte, in der wir uns heute befinden. Ich möchte das nicht nur negativ sehen. Aber die Frage, die sich uns stellt: Wie lassen sich gewisse Ideen und Ideale in einer modernen Zeit sinnvoll und zeitgemäß anwenden? Die Antwort der Rosenkreuzer darauf ist, daß sich das daraus entstandene Vakuum durch den Blick auf Ganzheit und durch eine Weltsicht, die das Geistige an die erste Stelle setzt, ausfüllen läßt. Mit einem Wort: Den Rosenkreuzern geht es um das Erlebnis der eigenen Spiritualität.»

Als er mit seinen Ausführungen zu Ende war, wollte ich ihn schon fragen, ob er etwa der Vortragende sei. In diesem Moment aber ging ein anderer Herr mit einer Aktentasche an uns vorbei. Er schien meinen Gesprächspartner gut zu kennen, denn sie nickten einander zu und wechselten einige witzige Bemerkungen. Dann verschwand der andere im Vortragssaal, und ich vermutete, daß dieser Herr der Vortragende sei.

Dann wendete sich mein Gesprächspartner wieder mir zu. Ich bemerkte dann: «Viele Menschen vertrauen lieber ihren Sinnen, als daß sie ihrer, wie sagen Sie: inneren Stimme, vertrauen, nicht wahr?»

Wir hatten uns währenddessen vom Eingangsbereich weg- und auf eine kleine Sitzecke zubewegt. Hier waren wir einigermaßen ungestört, und da noch genügend Zeit war, konnte ich ruhigen Gewissens das Gespräch wieder aufnehmen. Wir setzten uns, und er sprach weiter:

«Am deutlichsten wird das alles an einem Satz von Karl Marx: ‹Das Sein bestimmt das Bewußtsein.› Doch es muß umgekehrt heißen: ‹Das Bewußtsein bestimmt das Sein!› Eine Idee verändert die Welt, und Veränderung geschieht im Einklang mit der Überlieferung.»

«Das klingt etwas antiquiert, oder? Aber das meinen Sie wahrscheinlich nicht?»

«Ich meine, daß die esoterische Tradition auch ganz anders gesehen werden kann. Jenes Neue Zeitalter, das New Age, stellt eben nicht Pluralismus dar, sondern Spiritualität, also Einheit. Es ist nicht Privatvergnügen, Erfahrung einzelner, sondern gesellschaftlich relevant. Auch die Esoterik – und dazu zähle ich die Rosenkreuzer – ist dem Gemeinwesen verpflichtet.»

«Und was ist mit dem New Age? Ist das nicht eine gute Alternative hierzu?»

«Nur bedingt. New Age, das vielgepriesene Neue Zeitalter kann aber nicht die Summe von Teilen sein, sondern nur ein integrales Ganzes. Die Esoterik ist nicht heute, wird nicht morgen sein, ist nicht gestern gewesen, sondern ist jetzt, im *nunc stans*, im Hier und Jetzt – im Immer. Eben das meinen die Rosenkreuzer, wenn sie ihre Philosophie als «ewig» bezeichnen. Eine solche Philosophie trennt nicht, sie vereinigt nicht, sie erweitert das Bewußtsein nicht, es geht ihr nicht um planlose Selbsterfahrung, weder um Ich-Erkenntnis noch um Ich-Erweiterung, weder um Unterordnung noch um Rückzug, sondern um Alleinheit, um Ein-sam-keit im Bewußtsein der Gemeinsamkeit und der immer schon bestehenden Einheit.»

Er hielt inne. Ich spürte aber, daß er wohl noch etwas zu sagen hatte und forderte ihn mit einem leichten Kopfnicken dazu auf.

«Das Leben ist mehr als nur Arbeit, Freizeit und Vergüngen. Wer aber sagt uns das? Von selbst kommt man nur sehr schwer darauf, daß Gedanken und Impulse, die sich unregelmäßig und eher sanft zu Wort melden, Bedeutung haben.»

«Wir Menschen brauchen wohl etwas mehr, als uns materielle Güter geben können, nicht wahr?»

«Genau. Wir sind auf der Suche nach einem Geheimnis, nach dem Wunderbaren, nach der Zukunft, nach Reichtum und Glück, und meist kann man, wie es mir erging, gar nicht genau sagen, wonach man eigentlich sucht. Die Suche aber ist eine Realität. Die Suche ist wirklich, trotz der Unmöglichkeit, sie genau zu definieren. Was bleibt, ist, neben dem Gefühl der Desillusionierung, eine sehr tiefe Sehnsucht. Eine Sehnsucht, die zu einem Wegweiser werden kann.»

«Apropos Sehnsucht», wandte ich ein, «hat Hermann Hesse in seinem ‹Steppenwolf› nicht gesagt: ‹Wir müssen durch so viel Dreck und Unsinn tappen, um nach Hause zu kommen! Und wir haben niemand, der uns führt, unser einziger Führer ist das Heimweh.›»

«Mag sein, aber die Frage bleibt, wonach man Heimweh hat, wohin die Sehnsucht einen wirklich führt.»

Hier unterbrach ich ihn erneut:

«Wenn wir das Heimweh ernst nehmen, wird es uns dann auch dorthin führen, wohin wir gehören?»

«Man kann davon ausgehen, in sich selbst eine Instanz – die Rosenkreuzer nennen es ja das innere Selbst – zu finden, die uns führt. Nur fehlt uns die Geübtheit, diese innere Stimme wahrzunehmen. Für die Rosenkreuzer besteht eine der wichtigsten Arbeiten darin, den Kontakt mit dem eigenen Inneren wieder bewußt herzustellen. Wenn ich meine innere Stimme oder besser: mein Selbst als Lenker und Leiter zur Verfügung habe, dann bin ich wirklich auf dem mystischen Pfad unterwegs. Aber dann habe ich auch eine Entwicklungsstufe erreicht, auf der ich meine Belehrungen direkt von meinem Inneren bekomme.»

«Meinen Sie damit das Unbewußte, so wie die Psychologie es sieht?»

«Nein, so ist es ganz und gar nicht gemeint. Für die Rosenkreuzer hat das Unbewußte oder Unterbewußtsein zwar eine ähnliche Qualität wie für den Psychologen auch, aber sie gehen noch weiter und nehmen an, daß es ein darüber hinausreichendes Bewußtsein gibt, das man Allbewußtsein nennt. Von dort kommen die schöpferischen Impulse und Eingebungen. Nicht eigentlich aus dem Unbewußten. Sie gelangen zwar über das Unbewußte zu uns, kommen aber nicht von dort. Darüber gäbe es noch viel zu sagen. Vielleicht nach dem Vortrag?»

Das wollte ich sehr gerne. Der Vortrag interessierte mich zwar momentan eigentlich immer weniger, da das Gespräch für mich immer spannender wurde, aber warum nicht. Ich schaute auf die Uhr und sah, daß wir noch genügend Zeit hatten. Dabei konnten wir beobachten, wie sich der Saal nun langsam zu füllen begann. Immer mehr Menschen gingen an uns vorbei in Richtung Eingangstür.

«Ein Rosenkreuzer ist demnach jemand, der für sich das Ideal *Rosenkreuz* verwirklichen möchte. Das Ideal ist per Definition nicht erreichbar. Das gleiche gilt auch für eine Organisation, die sich Rosenkreuzer nennt. Ich hatte es ihnen schon gesagt: Man bleibt eigentlich genauso lange bei dieser Vereinigung, bis man ihr Ideal – in dem Falle das Ideal des Rosenkreuzes – verwirklicht hat.»

«Sie sagen, daß sich Ideale prinzipiell nicht erreichen lassen und gleichzeitig soll es doch erreichbar sein? Das widerspricht sich doch!»

«Eigentlich nicht. Ich möchte damit sagen, daß der wahre Grund, warum man einer Rosenkreuzer-Vereinigung angehört, darin liegt, dort und mit anderen zusammen dieses Ideal zu verwirklichen. Dadurch kommt auch die innere Verbundenheit mit dieser Organisation. Sie ist deshalb da, weil man spürt, daß sie notwendig ist, um seinem Ziel näherzukommen, um menschlich und spirituell voranzukommen.»

«Das begreife ich nun nicht so ganz, aber vielleicht können wir später noch darüber sprechen. Jetzt würde mich viel eher interessieren, woher kommen die Rosenkreuzer?»

Er überlegte kurz und sah neben mich auf den Boden, so, als ob dort die Antwort stehen würde. «Das Wort ‹Rosenkreuzer›», setzte er dann an, in Gedanken versunken, so als ob er versuchen würde, die Jahrhunderte Revue passieren zu lassen, «tauchte erst ab 1600 auf. Davor war es unbekannt. Das Ideal Rosenkreuz aber ist viel, viel älter, wenn auch unter anderen Namen. Ich möchte Sie jetzt nicht mit geschichtlichen Daten langweilen, sondern eher deutlich machen, daß hinter dem einfachen Wort Rosenkreuzer eine ganze Weltanschauung steckt. Nicht ohne Grund ist der heutige Vortrag dem Thema gewidmet. Aber auch ein Vortrag kann nur einige Aspekte davon bringen.»

«Und woher kann ich mehr erfahren? Von Ihnen?»

Er schüttelte leicht den Kopf.

«Jedenfalls nicht heute abend. Verstehen Sie, das Rosenkreuzertum ist viel zu komplex, als daß ich es Ihnen in wenigen Worten erklären könnte. Ich kann Ihnen eine Definition geben, aber was würde sie Ihnen wirklich nützen?»

«Können Sie mir dann nicht die Inhalte aufzählen, die zum Rosenkreuzertum gehören?»

«Einige habe ich Ihnen bereits genannt, also: Rituale, Philosophie, Medizin, Wissenschaft. Die Vorstellungen über Tod und Leben, Wiedergeburt, Erleuchtung, all das ist wichtig und alles zusammen gibt das, was man als Rosenkreuzertum bezeichnet. Sie müssen also», sagte er, «wenn Sie tiefer einsteigen wollen, sich mit diesen Inhalten auseinandersetzen, und zwar sowohl mit Ihrem Kopf als auch mit Ihrem Herzen. Das ist zwar mühsam, es führt aber kein Weg daran vorbei. Sie müssen wissen, was mit Karma, Reinkarnation und Gott gemeint ist, was rosenkreuzerische Symbole bedeuten und vor allem: wie man diese Symbole verstehen soll. Dann können Sie zu den Ritualen weitergehen, und darin eingeschlossen finden Sie die praktische Seite der Rosenkreuzer, ihre Meditation, ihre tiefe Spiritualität und am Ende, wenn es Ihnen ernst ist, ihr wahres Selbst.»

«Glauben Sie, daß ich das alles erfahren werde?» fragte ich nachdenklich. «Wollen wir einmal abwarten», antwortete er ausweichend. «Sie sollten dies alles eben nicht nur wissen, sondern aus eigener Erfahrung heraus nach-erleben. Erst dann können Sie etwas über die Rosenkreuzer sagen.»

Er hielt kurz inne.

«Nun gut», fuhr er fort, «in aller Erfahrung steckt ein geistiger Kern. Wenn er erkannt ist, dann kann man Bewußtsein darüber erlangen. Sie können es auch blumiger haben: Ein Rosenkreuzer ist jemand, der Bewußtsein über sein eigenes Bewußtsein erlangt hat, also wahres Selbstbewußtsein. In dem Moment wird er erkennen, daß in ihm ein höheres Bewußtsein schlummert. Es ist dann seine Aufgabe, alles zu erfahren, was mit den Rosenkreuzern zu tun hat. So gut er es eben kann», fügte er beinahe beschwichtigend hinzu. »Das klingt jetzt alles furchtbar theoretisch, gehört aber zum Menschen dazu, der ja nicht nur aus Fleisch und Blut besteht.»

«Sondern auch eine Seele hat?» fragte ich ihn etwas naiv.

«Ja, natürlich. Zum Rosenkreuzersein gehören also verschiedene Lehren, aber vor allem das Bestreben, sich selbst zu erkennen und sich selbst bewußt wahrzunehmen.»

«Ich fürchte, jetzt kann ich ihnen nicht ganz folgen.»

Wir waren an einen Punkt angelangt, wo für mich das Gespräch nicht mehr ganz greifbar wurde. Gleichzeitig spürte ich, daß es nicht so sehr darauf ankam, ihm immer folgen zu können

oder ihn ganz zu verstehen, sondern auch darauf, wahrzunehmen, was hinter den Worten stand und was er über sie hinaus
mir sagen wollte. Ich spürte trotz meiner Verwirrung – oder gerade wegen ihr – eine sehr angenehme Stimmung in mir.

Der Name Rosenkreuzer tat mir sichtlich wohl, und ich
fühlte mich geborgen. Mein Verstand versuchte zwar immer
noch kritisch zu hinterfragen, mein Gefühl der Geborgenheit
aber war stärker, und mein ganzer Körper entspannte sich.
Gleichzeitig hatte ich das deutliche Gefühl, daß etwas anderes
in mir ganz genau wußte, wovon er redete.

«Es ist wirklich sehr schwer, über eine Idee oder ein Symbol
rational nachvollziehbar zu sprechen. Sie müssen entweder wissen, was gemeint ist, oder eben nicht. Hier gibt es nur die beiden
Möglichkeiten. Wissen heißt, daß Sie ein Symbol durch Ihre
eigene Erfahrung, gewissermaßen von Innen heraus, begriffen
haben. Das einzige, was man tun kann, ist, jemanden an dieses
Wissen heranzuführen. Obwohl der Vergleich sicherlich hinkt,
es ist wie mit einem Tier, das man zur Tränke führt. Dort angekommen muß man ihm nur noch sagen, daß es trinken soll. Das
ist alles.»

«Ich wäre ja gerne bereit, zu trinken, wenn ich verstünde, was
Sie genau meinen. Ist es wirklich so schwer, genau zu sagen, was
unter einem Rosenkreuzer zu verstehen ist?»

Ein wenig war ich frustriert, ließ es mir aber nicht anmerken.
Ich hielt mich für einigermaßen intelligent, warum sollte ich also
nicht verstehen, was er meinte? Er sprach genauso ruhig weiter.

«Im Prinzip ja. Wir bewegen uns dabei auf einer Ebene, auf
der jeder für sich das Rosenkreuzertum anders erfährt. Jeder
wird Ihnen eine andere Antwort geben. Es gibt zwar Gemeinsamkeiten, aber ab einer gewissen Verständnisebene kann niemand mehr für den anderen sprechen. Ich kann Ihnen zwar sagen, welche Philosophie die Rosenkreuzer haben, aber das ist ja
nur eine Vorstufe; es genügt bei weitem nicht.»

Er schien kurz nachzudenken.

«Wenn Sie in einen inneren Drang spüren, mehr über sich selbst erfahren zu wollen, dann sind Sie bereits auf dem Weg. Wenn Sie dann versuchen, Ihre innere Persönlichkeit hier in und mit der Welt auszudrücken, haben Sie einen weiteren Schritt getan. Erlangen Sie noch Bewußtheit über Ihr eigenes Bewußtsein, wir können auch von Erleuchtung sprechen, ist ein weiterer Schritt auf dem rosenkreuzerischen Pfad geleistet. Spätestens ab dann versagt aber unsere Sprache. Bis dorthin möchte ich Ihnen so gut es geht Antworten geben. Wir sollten uns nur darüber einig sein, daß jede Antwort unzulänglich ist. Bildlich gesprochen versuche ich also nicht, um den heißen Brei herumzureden, sondern Sie an diesem teilhaben zu lassen. Sie müssen davon essen. Das kann ich nicht für Sie tun. Ob Sie bei den Rosenkreuzern oder bei anderen Idealen ankommen werden, das bleibt ihrer inneren Führung überlassen.»

Konnte es sein, daß ich diese innere Führung nun doch kannte? Doch woher kam dieser Gedanke? Wer führte mich nun wirklich zu diesem Vortrag und ließ mich dieses Gespräch führen? Wer bin ich wirklich? fuhr es mir durch den Kopf. Diese Gedanken blitzten kurz in mir auf, ich schob sie aber gleich wieder beiseite. Dennoch sollten mich diese Gedanken nicht so schnell loslassen.

»Haben die Rosenkreuzer nicht auch etwas mit Rose und Kreuz zu tun? Und was bedeuten sie?»

«Das Kreuz zeigt, daß es eine materielle Grundlage geben muß. So erkennt ein Rosenkreuzer die Welt, in der er lebt, an. Aber er weiß, daß sie nicht alles ist, deshalb die Rose. Die Rose ist seine bewußte und geistige Persönlichkeit, die sich nach und nach in der materiellen Welt entfaltet oder eben erblüht.»

«Also ist derjenige ein Rosenkreuzer, der seine Persönlichkeit in dieser Welt verwirklicht.»

«Nun, das ist aber erst der Anfang. Zum Rosenkreuzertum gehört nicht nur die bewußte Wahrnehmung der inneren Bestimmung, sondern auch der bewußte Umgang mit Symbolen, der Philosophie, den Ritualen. Rosenkreuzertum ist auch eine Weltanschauung – so wie es der Vortrag heute sagt –, aber immer wenn Sie meinen, Sie haben sie, wird sie Ihnen entgleiten. Ich kann Ihnen jetzt wirklich nicht auf die Schnelle eine Antwort geben, die über das, was ich bereits gesagt habe, hinausreicht. Dafür bräuchten wir viel mehr Zeit.»

«Ist das Kreuz nicht ein religiöses Symbol?»

«Auch, aber nicht nur. Die Rose und das Kreuz sind viel älter, ich kann Ihnen das später ausführlicher erläutern. Aber die Verbindung von Kreuz und Rose ist relativ neu. Ein Rosenkreuzer ist also jemand, der in sich selbst seine wahre Persönlichkeit entwickeln möchte. Dazu hat er verschiedene Werkzeuge und Mittel, die er bei den Rosenkreuzern erhalten kann.»

«Was sind das für Möglichkeiten?»

«Nun, einige habe ich ja genannt: der Umgang und die Arbeit mit Symbolen, das Ritual, Meditation, eine mystische Philosophie. Das sind alles Hilfsmittel, die einem helfen, sein angestrebtes Ideal zu verwirklichen. Es ist vergleichbar mit einem Mandala. In der Mitte das Ideal und außen herum all die Wege, die zum Mittelpunkt führen. Ein Rosenkreuzer strebt eben an, sich ganzheitlich auszubilden, an Körper, Geist und Seele.»

«Also nichts weltfremdes, um wieder dieses Thema aufzugreifen.»

«Nein, ganz und gar nicht.»

Wir schwiegen und hatten das Gefühl, daß die Worte in uns nachklingen wollten. Es wurde auch etwas lauter um uns herum, denn es kamen weitere Besucher, die den Vortrag hören wollten. Er schaute sich um und erblickte wohl das eine oder andere bekannte Gesicht. Sicherlich denkt er bei sich, daß dies eine gute Gelegenheit wäre, sich von mir zu verabschieden, obwohl immer noch ausreichend Zeit war. Je länger wir miteinander sprachen, desto mehr stiegen Fragen in mir auf. Also fing ich unsere Unterhaltung erneut an:

»Was ich Sie noch fragen wollte: Warum sind Sie ein Rosenkreuzer geworden?» Diese Frage hatte er sicherlich erwartet. Gleichzeitig aber wollte er wohl nicht spontan darauf antworten. Vielleicht ist es doch keine so einfache Frage?

«Ich hatte Ihnen schon gesagt, daß ich in dem Sinne kein Rosenkreuzer bin. Eher versuche ich, das Ideal, das sich mit dem Rosenkreuzertum verbindet, für mich zu entdecken und anzunehmen.»

Ich ließ mich nicht beirren und fragte weiter.

«Welche treibende Kraft steht bei Ihnen dahinter, so daß Sie versuchen, Ihrem Ideal nachzueifern?»

»Ehrlich gesagt, ich weiß es nicht.»

«Sie wissen es wirklich nicht?»

Ich war nicht sonderlich überrascht, aber leicht enttäuscht.

«Nein. Das einzige, was ich sagen kann, ist, daß ich es tun muß, daß ein innerer Drang mich dazu führt, diesem Ideal zu folgen. Ich kann Ihnen viel über Ideen der Rosenkreuzer erzählen, über ihre Symbolik, ihre Rituale, ihre Philosophie, aber eine einzige und richtige Antwort auf Ihre Fragen, warum ich ein Rosenkreuzer werden will, kann ich Ihnen nicht geben.»

Ich war nun zufriedener. Dennoch wollte ich mehr wissen. Irgend etwas in mir wollte auf etwas Bestimmtes hinaus. Also bohrte ich nach.

«Ich verstehe. Dennoch könnten Sie es doch zumindest versuchen.»

«Schauen Sie, wenn jemand Arzt wird, dann wird er es, um Menschen zu helfen. Wenn jemand Tischler wird, dann aus dem Grund, weil er gut mit Hammer und Nägeln umgehen kann und Holz liebt. Wenn jemand Lehrer werden will, dann wohl deshalb, weil er etwas zu lehren hat.

Natürlich hat es einen Grund, warum man gerade Lehrer geworden ist. Lehren und lernen hängen eng zusammen, und jemand, der helfen will, will in Wahrheit, daß ihm geholfen wird. Aber lassen wir diese Überlegungen einmal beiseite, was bleibt dann? Weiß ein Arzt wirklich, warum er Arzt geworden ist? Ein

Buddhist, warum er Buddhist und ein Christ, warum er Christ ist? Oder wissen es ein Moslem, ein Jude, ein Atheist, ein wer auch immer, wissen sie wirklich, warum sie geworden sind, was sie sind? Sie können es vielleicht erklären, aber wenn man ihren Erklärungen folgt und immer weiterfragt, wird man an einen Punkt kommen, der unerklärlich ist. Und genau an diesem Punkt ist die Antwort auf Ihre Frage, ist der Ort, aus dem heraus der Drang kommt, diesen Weg gehen zu müssen.

Es ist wie mit einem Fluß, der aus einer kleinen Quelle entspringt. Wenn ich an diese Quelle zurückgehe und sie kenne, dann kann ich mit relativ kleinem Aufwand einen ganzen Fluß zum Stillstand bringen. So ähnlich ist es, wenn wir wirklich wissen, warum wir etwas geworden sind. Manchmal ist es besser, es nicht zu wissen oder nicht darüber zu sprechen.»

Er wollte noch etwas hinzufügen, aber ich unterbrach ihn.

«Aber schürt es nicht gerade jene Vorurteile, die man sowieso schon gegenüber Mystikern hat?»

«Welche Vorurteile meinen Sie?»

Er machte eine weit ausholende Handbewegung und sah mich forschend an.

«Nun, ich meine, man kann doch über alles reden, oder? Im übrigen könnte man dabei auf die Idee kommen, daß das, was man den Mystikern nachsagt, stimmt, daß sie weltfremd sind.»

Für einen kurzen Augenblick kam es mir so vor, als ob er jeden Moment loslachen würde. Überhaupt fiel mir auf, daß trotz aller Ernsthaftigkeit ein gewisser ironischer und scherzhafter Unterton bei ihm nicht fehlte. So war es nicht verwunderlich, daß er mir folgendermaßen antwortete:

«Halten Sie mich für weltfremd?»

«Das kann ich so nicht sagen, dafür kennen wir uns zu wenig.» Ich wäre gern witzig gewesen, aber es kam sehr ernst aus mir heraus. «Aber», ich hielt kurz inne, «nein, Sie machen keinen weltfremden Eindruck auf mich. Aber vielleicht sind Sie eine Ausnahme?»

«Zuerst möchte ich Ihnen recht geben, Mystiker können sich sehr leicht ihrer Innenwelt zuwenden, was so aussieht, als ob sie sich von der Alltags- und Umwelt abwenden würden. Doch für die Rosenkreuzer ist dies nicht das Ziel. Sie versuchen in diesen beiden Welten gleich gut beheimatet zu sein.»

«Heißt das nicht, daß der Rosenkreuzer nur um sich selbst kreist?»

«Letztlich heißt es das, aber es ist ganz anders gemeint. Die Wirkung ist auch eine andere. Es bedeutet, daß er im wahrsten Wortsinn um sein Selbst – oder eben sein inneres Selbst – kreist. Er wird also weder ein Egozentriker noch ein Egoist, sondern genau das Gegenteil. Dadurch, daß ich um mich selbst kreise, bin ich mit meinem Mittelpunkt, meinem Selbst, verbunden. Dieser wiederum ist Teil des Mittelpunktes der Schöpfung. Damit lebt er sowohl in der geistigen Welt als auch in der materiellen.»

«Wenn ich Sie richtig verstehe, dann sucht ein Rosenkreuzer den Erfahrungsaustausch und den Umgang mit der Welt, seinen Mitmenschen, ja mit der gesamten Schöpfung?»

«Durchaus. Sie haben ja selbst zugegeben, daß zumindest ich nicht weltfremd bin. Aber auch für mich gibt es Zeiten und Phasen, in denen ich mich zurückziehe, um für eine gewisse Zeit allein zu sein, abgeschirmt von den Alltagssorgen, den Einflüssen der Umgebung und der Welt. Das muß ja nicht lange sein, ein paar Minuten pro Tag, ein oder zwei Stunden die Woche. Das gibt mir eine innere Festigkeit. Dadurch kann ich den alltäglichen Verpflichtungen und Erfordernissen besser begegnen.»

Langsam wurde er doch etwas unruhig wie es mir schien. Obwohl ihm unser Gespräch sicherlich Freude machte, schien es so, daß er nun langsam in den Saal hinein wollte. Immerhin hatte er dem Vortragenden versprochen, anwesend zu sein, so sagte er mir dann. Und gerne wollte er pünktlich sein. Ich bemerkte also seine Blicke in Richtung Saaltür, sah aber auch, daß ihm Zeichen gemacht wurden, daß der Vortrag sich ein wenig verspäten würde. So konnte ich ihn, ohne ein schlechtes Gewissen zu haben, noch eine mir sehr wichtige Frage stellen. Er nickte kurz und wandte sich mir wieder zu.

«Was mich jetzt noch interessieren würde, wie sind Sie eigentlich zu den Rosenkreuzern gekommen?»

«Was soll ich Ihnen darauf antworten?»

Er schaute mich an und war etwas ratlos.

«Ich glaube nicht, daß das von besonderem Interesse sein könnte, wie jemand zu den Rosenkreuzern gekommen ist. Ich denke, daß es wichtig ist, daß man da ist oder zumindest seinen Weg, seinen Mythos eben gefunden hat, nicht wahr?»

Doch ich blieb hartnäckig.

«Ich möchte ja nicht aufdringlich oder gar allzu neugierig sein, aber es würde mich doch interessieren, wie jemand zu einer solch geheimen Gesellschaft gekommen ist.»

«Nun, geheim würde ich die Rosenkreuzer heutzutage nicht mehr nennen.»

«Viele Lexika oder esoterische Nachschlagewerke schreiben dies aber. Da werden die Rosenkreuzer als Geheimgesellschaft bezeichnet», wandte ich ein.

«Sie sind doch hier, so geheim sind die Rosenkreuzer also nicht! Vielleicht galt das für frühere Zeiten, in denen es schwierig war, solche Ideen und Gedanken überhaupt zu haben, geschweige denn, sie mit anderen zu teilen. Wenn Sie vor ein paar hundert Jahren in einer solchen *Geheimgesellschaft* um Aufnahme nachgesucht hätten, vorausgesetzt Sie hätten davon überhaupt erfahren, dann wären umfangreiche Prüfungen und ein umständliches Aufnahmeverfahren notwendig gewesen, um überhaupt erst zu einem Gespräch zugelassen zu werden. Dabei hatte man keine Sicherheit, daß man dort auch fand, was man suchte.»

Nach einem Moment des Nachdenkens fuhr er fort:

«Geheime Gesellschaften oder Geheimgesellschaften sind also nicht geheim oder verborgen, sondern sie hüten ein *Ge-*

heimnis. Es ist dabei zweifelhaft – bisweilen sogar gleichgültig –, ob es ein Geheimnis wirklich gab oder ob es im Weg der Geheimnissuche selbst lag.

Die Kontaktaufnahme mit *geheimen* Gesellschaften verlangte lange Wartezeiten, einem guten Leumund, Verschwiegenheit, Beharrlichkeit und Ausdauer.

Dies galt sicherlich auch für frühere Rosenkreuzerorden.»

«Und wie war das mit den Rosenkreuzern und ihren Organisationen, sagt man das so?»

«Organisationen oder Gesellschaften, beides ist möglich. In dem Sinne gab es ein organisiertes Rosenkreuzertum wohl erst ab der Mitte des 18. Jahrhunderts. Zuvor haben lose Verbindungen, einzelne kleinere Zirkel, die rosenkreuzerisch arbeiteten und sich um besondere Persönlichkeiten herum bildeten, bestanden. Vergleichbar wäre dies heute mit einem Institut oder einem kleinen Verein. Anders als heute wußte man natürlich wenig über solche andere, von der herrschenden Meinung abweichende Gemeinschaften von Mänern und Frauen, die nach neuen Wegen und Antworten suchten.»

«Das sehe ich ein. Vielleicht könnte man aus einem ganz anderen Bereich ein Beispiel nehmen. In der Barockmusik war der Einfluß der Florentiner *Camerata*, eines Kreises um 1600, von maßgeblicher Bedeutung. Die Oper als solche ging aus diesem Kreis hervor. Jahre zuvor hatten andere italienische Zirkel die Menschen beeinflußt, was sich an der Platon-Renaissance ablesen läßt.»

«Sie haben recht», entgegnete er. «Und wenn Sie erlauben, in der Renaissance stand sozusagen eine Wiege der Rosenkreuzeridee, dann kann man den Kreis der Medici, zu dem ebenso Pico della Mirandola – ein Genie der Renaissance, der die Gemeinsamkeiten der Religionen herauszuarbeiten versuchte – und Ficino, dem Übersetzer Platons und des *Corpus Hermeticum* – ein Standardwerk der Hermetik, das die hermetische Philosophie neu bekannt machte –, und viele andere nennen. Auch sie arbeiteten im ‹Geheimen›, ohne eine ausgesprochene ‹Geheimgesellschaft› zu sein.

Im 16. und 17. Jahrhundert gab es Adels- und Fürstenhäuser, die bestimmte Richtungen des Rosenkreuzertums nicht nur tolerierten, sondern sich selbst daran beteiligten. Der Prager Hof und Rudolf II. sind dafür ein gutes Beispiel. Prag war nicht nur ein Sammelpunkt der damaligen Rosenkreuzer, Kabbalisten, Alchemisten und Hermetiker. Rudolf II. selbst war an diesen Forschungen interessiert. Männer wie Robert Fludd, John Dee, Michael Maier, Jakob Böhme, Heinrich Khunrath sind heute noch bekannt. Sie veröffentlichten ihre Gedanken, hatten einen Kreis Schüler um sich und trugen ihre Ideen hinaus in die Welt.»

Ich unterbrach ihn und fragte:

«Können diese als *Geheimgesellschaften* bezeichnet werden?»

Er zögerte, weil, wie ich vermutete, er eigentlich weg wollte von dieser mysteriösen und mißverständlichen Geheimnistuerei.

«Sie waren geheime Gesellschaften, und sie waren es nicht. Besser wäre das Wort abgeschlossen im Sinne von in sich geschlossenen Zirkeln. In dem Sinne ist das Wort Geheimgesellschaft wohl auch auf die Rosenkreuzer anzuwenden, nicht aber im Sinne einer geheimen Gesellschaft, denn das wollten sie wohl nie sein.»

«Ich habe auch gelesen, daß die Rosenkreuzer eher durch ihre Schriften bekannt wurden und daß man zwar vermutet, daß rosenkreuzerische Gemeinschaften existierten, doch erst heutzutage würde man offen darüber sprechen können.»

«Das ist auch so.» Er nickte dazu.

Ich wollte den Faden wieder aufnehmen und sagte:

«Ihr Wortspiel mit Geheimnis klingt interessant. Geheimgesellschaften, die dadurch geheim sind, daß sie ein Geheimnis haben. Als brauchten sie eigentlich gar nicht verborgen zu sein», triumphierte ich.

«In diesem Sinne gibt es auch heute noch wirkliche Geheimgesellschaften. Und das andere, die vielen Nachschlagewerke, sie können ja immer nur eine Momentaufnahme sein. Der Unterschied zwischen dem, was man liest, und dem, was man selbst erlebt, ist ungleich größer, als man annehmen kann. Man sollte nicht einfach nur etwas glauben, weil jemand es sagt, sondern selbst nachprüfen, ob es für einen selbst stimmig ist.»

«Wie wollen Sie das in bezug auf die Rosenkreuzer machen?»

«Wenn schon, dann die alten Bücher hervorkramen und selbst forschen.»

«Viele haben doch überhaupt nicht die Möglichkeit, an solche alten Schriften heranzukommen, oder?» entgegnete ich.

«Mag sein. Aber vielleicht finden die alten Schriften Sie?»

Er versuchte ein geheimnisvolles Gesicht zu machen. Ich blickte skeptisch und fragte, ob er mich wohl auf den Arm nehmen wollte.

«Nein, durchaus nicht. Es ist unsere Gewohnheit, alles *tun* zu müssen. Aber vielleicht ist es umgekehrt, und das, was wir brauchen, kommt zu uns, genau in dem Moment, wenn es für uns richtig ist.»

«Das ist mir jetzt zu mysteriös.»

«Vielleicht müssen wir einmal unsere Weltsicht ändern und eine andere Einstellung zu der sogenannten Wirklichkeit oder Tatsachenwelt einnehmen. Durch die Rosenkreuzer erfahren wir, daß, sobald wir unser Bewußtsein – und damit die Einstellung zur Welt – verändern, sich die Welt ändert. Die Welt ist so, wie wir sie sehen. Sie ist in jedem Augenblick so und dennoch haben wir in uns einen Drang oder ein Bestreben, das uns ahnen läßt, daß die Wirklichkeit nur ein Platzhalter einer anderen, umfassenderen Wirklichkeit ist.»

Mit diesen Worten schaute er mich kurz an, um zu sehen, ob ich wohl verstanden hätte. Mir kam es so vor, als ob er mich insgeheim mustern würde, um herauszufinden, was er mir sagen und vor allem: wie weit er dabei gehen konnte, damit ich ihn verstünde. Ich schien diesen kurzen Test bestanden zu haben, denn er fuhr im gleichen vertraulich-sachlichen Ton fort:

«Ich hatte Ihnen dies bereits angedeutet: Die Rosenkreuzer meinen, daß die wahre Natur des Menschen von geistiger Art ist. Um dies zu erfahren, müssen wir möglicherweise einen Sprung machen, einen Bewußtseinssprung in der Gewißheit, daß es nur scheinbar ein solcher ist. Goethe sagte einmal, daß der Ort der Schwelle der Platz der Erwartung sei. Auf dieser Schwelle stehen wir jederzeit. Und wir sollten uns ein Herz fassen, und diese Schwelle nach Innen hin überschreiten.»

Ich betrachtete ihn nun meinerseits aufmerksam, als er zur Seite schaute, um eine Gruppe von Besuchern zu mustern. Er schien so ruhig wie zu Beginn unseres Gesprächs, gleichzeitig ein wenig besorgt, ob ich ihm wohl folgen konnte. Ich dachte bei mir, daß dies alles rational kaum nachvollziehbar sei. Es ist schon schwierig genug, es überhaupt in Worte zu fassen.

«Kommen wir noch einmal zum Geheimnis», begann er nun seinerseits und griff den Faden unseres Gespräches wieder auf. «Wenn man dort angelangt ist, wo man das Geheimnis zu finden hoffte, kann man enttäuscht sein über den scheinbar geringen Wert. Enttäuschung trägt aber durchaus dazu bei, wirklich zu werden. Die Vorsilbe *ent* – also *gegen* die Täuschung arbeiten –, bedeutet, an die Wirklichkeit herangeführt zu werden. Zwei Wege sind damit angezeigt: der eine führt in eine geheime Welt und hinter vielen Schleiern, die es nach und nach zu lüften gilt, findet man ein wirkliches Geheimnis; der andere Weg besagt, daß den Weg zu gehen, den mystischen Pfad zu betreten, das eigentliche Geheimnis ist, wie es heute heißt: Der Weg ist das Ziel.»

«In der Vergangenheit war es sicherlich notwendig, bestimmte Inhalte ihrer Lehren und ihres Wissens *geheim* zu halten, oder?» ergänzte ich.

«Ja, das war zumeist politisch oder religiös motiviert. Denken Sie nur an die Verhaftung Galileis oder an Giordano Bruno, der 1600 eben wegen seiner Ansichten verbrannt wurde. Was auch immer die Gründe dafür gewesen sein mögen, Dinge geheimzuhalten, so ist dies sicherlich der Hauptgrund: *In jedem Geheimnis liegt eine Kraft verborgen!*»

Nach einem kurzen Augenblick fügte er hinzu:

«Die Rosenkreuzer haben also in ihren Lehren ein inneres Geheimnis verborgen, das ich herausarbeiten muß und sich mir nur dann mitteilt, wenn ich es in mir selbst entdecke. Nur, wenn ich in mir selbst einen Widerhall dieses Geheimnisses erfahre, kann ich seine Kraft nutzen.»

«Da ist doch auch dem Mißbrauch Tür und Tor geöffnet», warf ich ein.

«Nein. Das innere, wahre Geheimnis kann deshalb nicht mißbraucht werden, weil die innere Stimme, auf die ich Sie ja schon hingewiesen habe, den Zeitpunkt bestimmt, ab dem man etwas versteht. Sie können hundertmal an einem bestimmten Gebäude vorbeigegangen sein, oder einen Satz gelesen haben, aber die wahre Bedeutung wird Ihnen plötzlich aufgehen. Woher kommt aber diese plötzliche Erkenntnis? Wer bestimmt den Zeitpunkt, ab dem wir etwas begriffen haben?»

«Es kommt also nicht so sehr drauf an, etwas zu lesen, sondern es zu verstehen», versuchte ich mich aufs Geratewohl.

«Ja. Dieses Verstehenkönnen hängt aber mit unserer Entwicklung zusammen, die sich wiederum in unserer inneren Einstellung spiegelt. Dann erst wird es zu einem mystischen Verstehen. Das mystische Verstehen ist das Wesentliche, denn es schließt in sich Herz und Verstand ein. Im übrigen lautet ein rosenkreuzerisches Prinzip: Die Wahrheit schützt sich selbst! Um dies abzuschließen: Wir bekommen im Prinzip genau das, was wir uns vorstellen können, oder, ein wenig übertrieben vielleicht, sogar das, was wir uns wünschen.»

«Vielleicht wissen wir gar nicht genau, was wir uns wünschen», murmelte ich. Und laut sagte ich:

«Was Sie damit sagen wollen ist doch nur, daß alles vorherbestimmt ist, daß es keinen Zufall gibt, oder?»

«Ich möchte Sie nicht immer auf später vertrösten, aber das Problem Zufall ist nun wirklich zu komplex, um es in wenigen Worten abzuhandeln.»

Ich nickte zustimmend, und er fuhr fort:

«Vielmehr ist jetzt ein guter Zeitpunkt, um auf Ihre Frage einzugehen, wie ich zu den Rosenkreuzern gekommen bin. Daran läßt sich vielleicht besser erklären, ob es Zufall gibt oder nicht.

Als ein guter Bekannter mir in einer ruhigen Minute so ganz nebenbei das Wort Rosenkreuzer erwähnte, war ich sehr betroffen. Das Wort ‹Rosenkreuzer› traf mich blitzartig und gänzlich unvorbereitet. Diese eigenartige und plötzliche innere Vertrautheit, das Gefühl, jetzt, in und durch dieses Wort innerlich zu Hause zu sein, endlich angekommen zu sein, war in mir so stark, daß sich jede Erklärung darüber erübrigte. Es war einfach so. Mehr kann ich darüber nicht sagen, bist heute nicht.

Später dann, als ich Lehren, Schriften, Philosophie, Symbole und die Rituale der Rosenkreuzer nach und nach kennenlernte, bestätigte sich dieses Gefühl. Die innere Vertrautheit wurde zu einer Gewißheit, und alles, was ich im Außen vorfand, bestätigte diese innere, schicksalhafte Entsprechung. Damals erlebte ich, so kann ich heute sagen, meine erste rosenkreuzerische Einweihung oder Initiation, doch ohne es zu wissen.»

Er war sichtlich bewegt, und die damaligen Gefühle und Emotionen schienen langsam wieder in ihm aufzusteigen. Ich fragte ihn dennoch:

«Hatten Sie das Wort Rosenkreuzer nicht schon früher einmal gehört?»

«Höchstwahrscheinlich», erwiderte er, «aber nie bewußt wahrgenommen. Wenn ich es schon früher einmal gehört hatte, warum berührte es mich jetzt? War es also nur Zufall?»

«Ha», ich triumphierte, «da haben wir wieder den berühmten Zufall, oder etwa nicht!?»

«Wenn Sie an Zufall glauben, dann brauchen Sie auch nicht

weiter darüber nachzudenken, warum und wieso dieses Wort überhaupt auf mich wirkte. Ich glaube aber, daß der Zufall im wahrsten Wortsinn ein *Zu-fallen* ist, also als etwas, das nur mit gutem Grund *jetzt* und in *diesem* Moment *zu-fällt.*

Das Wort *Rosenkreuzer* hatte in mir das Gefühl ausgelöst, daheim zu sein. Natürlich hatte ich mein Zuhause, aber noch keine *geistige* Heimat gefunden. Damals wußte ich es nicht einzuordnen. Ich hatte nur dieses merkwürdige Wort. Ich mußte also zu diesem Schluß kommen, daß meine Suche diese Lösung quasi provoziert hatte. Vielleicht kann man sagen, daß nicht die Krise die Suche bestimmt, sondern die Suche die Krise. Oder ein ganz anderes Beispiel: Kranksein ist also nur eine Vorstufe zum Heilsein und nichts Verwerfliches. Um Heilung zu erfahren, muß man sich erst krank erleben. Die Lebenskrise, in der ich mich befand, war zwar der Auslöser meiner Suche, doch nehme ich heute viel eher an, daß das Ziel – gleich einem Magneten – mich anzog, den Weg dorthin – zu den Rosenkreuzern – zu finden.

Der erste Schritt, den wir auf ein Ziel hin tun, ist das Ende einer vorangegangenen Auseinandersetzung, die auf einer geistigen Ebene – und damit meine ich nur bedingt eine gedankliche Ebene – stattgefunden hat. Im geistigen Bereich werden die eigentlichen Weichen gestellt, und das Materielle, die Welt der Formen, ist nur ein Abglanz dieser Welt. Das würde ich also unter Zufall verstehen.» Ich nickte zustimmend, wenn auch immer noch skeptisch.

«Wußten sie eigentlich damals wirklich nichts über *die* Rosenkreuzer?»

«Nicht bewußt. Aber wir wissen ja, daß unser Unterbewußtsein viel raffinierter ist, als wir annehmen. Aber im Endeffekt tut dies nichts zur Sache, denn das Prinzip, das ich hier erfahren konnte, daß zuerst ein Gedanke, eine geistige Auseinandersetzung stattgefunden haben muß, bevor sich eine Wirkung einstellt – und damit meine ich eine materielle, objektive Wirkung – dieses Prinzip konnte ich dann noch oft erfahren. Aber, sei es drum. Ich versuchte mich natürlich mittels Büchern weiter über die Rosenkreuzer zu informieren.

Mir ging es ähnlich wie Ihnen. Das wenige, das ich mir nach und nach zusammensuchte, klang zwar vielversprechend, aber ebenso unverständlich. Ich hatte damals leider keinen, mit dem ich darüber sprechen konnte. Das mag auch ein Grund sein, warum ich Ihnen heute so ausführlich antworte.

Nun denn, was sollte es heißen, daß die Rosenkreuzer Gelehrte der christlichen Kabbala, der Alchemie, der Hermetik, der Philosophie, der *magia naturalis* – der natürlichen Magie also –, der Medizin, der Mystik und der Künste waren? Sie studierten die Lehren des Pythagoras, den Gralsmythos, die Musik, die Architektur, die Mathematik, die Physik und auch – oder vor allem – die Natur. Doch das tun andere vielleicht auch. Weiter wurde gesagt: Rosenkreuzer können im Buch der Natur lesen – ein symbolisch zu verstehender Ausdruck – und wissen, daß das Liber M. (Libre Mundi) das Buch der Welt ist. Sie respektieren die Bibel, kennen die griechische, arabische und hebräische religiöse Tradition. Rosenkreuzer scheinen, obwohl sie sich auf Gott, Jesus Christus und die Bibel beziehen, keine Religionsgemeinschaft im eigentlichen Sinne gewesen zu sein noch eine solche anzustreben. Sie sollen vielmehr religiös sein im Sinne der ursprünglichen Wortbedeutung, dem «religere», der Rückbindung an den Urgrund allen Seins. Sie akzeptieren die Schöpfung und einen Schöpfungsplan, den sie entziffern möchten.»

«Das klingt alles überaus faszinierend, aber wenn ich es kritisch sehe, dann sind das viel zu viele Begriffe, mit denen ich nichts oder nicht viel anfangen kann. Und überhaupt, sie klingen alle ein wenig altmodisch.»

«Das mag sein. Aber sie sind es nicht. Wir hatten doch festgestellt, daß uns heute etwas fehlt? Dieses Fehlende finden wir in diesen Ausdrücken. Wir müssen dorthin zurückgehen, wo es noch eine ganzheitliche Sicht der Welt gab. Deshalb sind die Begriffe vielleicht altmodisch, aber auch der Schlüssel zu einem anderen Weltbild. Wenn Sie es wollen, werden sich Ihnen diese Begriffe im Laufe der Zeit von selbst erklären, und, was besonders wichtig ist, sie werden die Begriffe aus Ihrem Inneren heraus nachempfinden können.»

«Sie nutzen die Vergangenheit, um die Gegenwart besser zu verstehen und vor allem zu begreifen, woran es ihr mangelt?»

«Ja. Aber Sie sollten bedenken, daß sich das Rosenkreuzerwissen auch weiterentwickelt hat, zwar die Vergangenheit einbezieht, aber auf gar keinen Fall antiquiert ist. Ich meine, daß wir leichter über Vergangenes sprechen können, um uns des Gegenwärtigen bewußt zu werden. Der Sinn ist heute wie damals der gleiche.

Um meine Gedanken zu Ende zu bringen: Ich mußte also abwarten, aber, zugegeben: Ich hatte Feuer gefangen und wollte mehr erfahren über die *Rosenkreuzer*.»

«Das würde ich auch gerne», unterbrach ich ihn spontan. «Aber ich fürchte, daß wir uns auf einer psychologischen Ebene befinden und auf einer historischen, nicht wahr? Ich denke aber nicht, daß die Rosenkreuzer nur psychologische Wahrheiten anzubieten haben. Die Rosenkreuzerphilosophie geht wohl tiefer.»

«Da haben Sie natürlich recht. Ich kann Ihnen in einem kurzen Gespräch nicht all das sagen, was zu der Esoterik der Rosenkreuzer gehört.»

Seinen Antworten wollte ich nun nicht nachstehen und kramte mühsam das Wenige zusammen, was ich über Esoterik wußte.

»Esoterik ist heute ein vielgebrauchtes Wort geworden. Eigentlich heißt es doch nur *verborgen*, oder? Heutzutage spricht man esoterischen Wahrheiten ihre Wirkung ab mit der Begründung, sie seien nur psychologisch. Wenn ich Sie nun recht verstehe, dann müßte ich das Geheimnis der Esoterik für

mich annehmen, dann wird ein Argument wie ‹nur psychologisch› unsinnig.»

«Richtig. Dadurch, daß Sie etwas für sich annehmen, verbinden Sie sich innerlich damit, und es wird eine gewisse Wirkung
in Ihnen hervorrufen. Diese Wirkung können Sie aber nicht
leugnen, weil Sie sonst die psychische Wirklichkeit verkennen
würden.»

Ich hatte das Gefühl, daß er die leise Hoffnung hegte, nun
endlich in den Vortragssaal hineingehen zu können. Er rieb sich
aber nachdenklich das Kinn und schaute sinnierend vor sich
hin. Ich dagegen war hellwach und freudig erregt. Sehr viele Gedankengänge drängten sich mir auf, und einige wollte ich noch
unbedingt loswerden.

«Es fällt mir schwer einzusehen, daß der Mensch nicht primär
ein materielles Wesen ist. Das verstehe ich nun nicht. Ist geistig
nicht gleich intellektuell? Also alles, was ich geistig erfahre,
nehme ich durch meinen Intellekt und dann durch mein Gehirn
wahr.»

«Die Rosenkreuzer sagen», antwortete er ausweichend, «in
Übereinstimmung mit der Lehre der Hermetik, daß der Mensch
in erster Linie ein Wesen *geistiger* Natur ist; daß er seine Innenwelt hat, die nicht nur der Hort von Komplexen und Neurosen
ist, sondern durchaus kreativ, produktiv und schöpferisch sein
kann und will.» Dann sagte er noch folgendes:

«Es gab immer wieder Menschen, *Mystiker* genannt, die sich
ihrer Innenwelt anvertrauten und von der Rat, Trost und Hilfe
erfuhren. Mystiker haben gelernt, über ihre eigene materielle
Existenz hinauszugelangen. Sie haben erfahren, daß ihre Sinne
ihnen ein beschränktes und vor allem einseitiges Weltbild liefern. Sie wollten sich aber nicht damit begnügen, so wie es die
Philosophie tut. Nicht einfach nur zu postulieren, daß unsere
Wahrnehmung eben beschränkt sei, sondern sie wollten diese
Beschränkung durchbrechen, um das, was sich hinter der Welt
der Erscheinungen verbirgt, zu erschauen.

Ich möchte bewußt *erschauen* sagen, weil das ja kein Sehen im eigentlichen Sinne ist. Wenn mir das gelungen ist, werde ich in mir eine ganz andere Seite wahrnehmen. Diese andere Seite bewußt kennenzulernen und sie anzunehmen, eine Seite, die nicht nur dunkel, sondern auch sehr hell sein kann, dies heißt für mich einen mystischen Pfad betreten.»

«Wie wollen Sie mir all das beweisen, wenn ich fragen darf?»

«Jedenfalls nicht gleich hier. Es gibt gewisse Techniken und auch Symbole, mit denen ich mir selbst beweisen kann, daß in mir etwas ist, das mich führen und leiten kann.»

«Wäre das dann mystisch?»

«Ja. Die Rosenkreuzer haben von Anfang an ihre Lehren als mystisch bezeichnet. Sie grenzten sich damit von magischen oder okkulten Praktiken ab und zeigten gleichzeitig, daß es ihnen nicht darum geht, etwas zu beherrschen, sondern das Leben zu meistern. Macht auszuüben, seine Ziele durchzusetzen und seinen Willen anderen aufzuzwingen, ist nicht die Sache eines Mystikers und deshalb auch nicht die eines Rosenkreuzers. Wie gesagt: Das Vertrauen in die innere Führung ist notwendig. Ein Mystiker und Rosenkreuzer ist jemand, der auf Gott vertraut und dessen Willen lebt.»

«Und Sie meinen nicht, daß dadurch Manipulationen Tür und Tor geöffnet ist? Wie kann ich mich davor schützen?»

«Manipulation wird es immer geben, so lange, bis ich nicht wirklich frei bin. Erst wenn ich frei bin, werde ich wissen, wo überall ich manipuliert wurde. Die Rosenkreuzer verstehen aber unter Freiheit eine geistige Freiheit. Ich kann dieses Thema leider nur streifen, aber die Besonderheit der Rosenkreuzerlehren ist es, daß die Entscheidung letztlich bei mir selbst liegt, ja immer liegen muß. Zwang auf dem mystischen Pfade auszuüben ist für jemanden, der einen verantwortungsvollen Umgang mit den anvertrauten Weisheiten pflegt, unmöglich. Dies legt schon das Wort *Mystik* nahe, das eigentlich ein anderes Wort für *auf die innere Stimme zu lauschen* ist.»

«Was bedeutet das Wort Mystik überhaupt?»

«Wenn Sie die Wortbedeutung meinen, nun, Mystik wird abgeleitet vom griechischen Verb *myein*, was schließen bedeutet, und zwar die Lippen und die Augen. Das griechische Wort mysos bedeutet verschwiegen und findet sich beispielsweise in Mysterium wieder. Man kann daraus schließen, daß Mystik wieder mit unserem Geheimnis zu tun hat, das man irgendwie erhält und welches nicht mehr ausgesprochen – *verraten* – werden darf, worüber man zu schweigen hat. Aber damit ist ja nun etwas ganz anderes gemeint.»

«Ich verstehe. Nur was mir immer noch unter den Nägeln brennt ist die Frage nach diesem Innen. Wie verhält es sich mit dem Innen und dem Außen genau?»

«Es ist absolut notwendig, eine *innere* Entsprechung zu den *äußeren* Rosenkreuzerbelehrungen zu finden, denn erst dann entdeckt man eine Welt im Inneren, die man nie vermutet hätte. Es wird dabei eine andere Betrachtungsweise von Wirklichkeit verlangt, die über die heute üblich gewordene Gewohnheit, alles und jedes zu sezieren und zu analysieren, hinausgeht.

Es ist nur schwer zu begreifen, daß durch Teilen und erneutes Zusammensetzen des Geteilten die Welt nicht wirklich erkannt werden kann. Sie muß als Ganzes wahrgenommen werden. Die Ratio kann immer nur einen Teilausschnitt der Welt erfassen, nie aber das Ganze. Um diese Ganzheit erfahren zu können, müssen wir uns bekannte Begriffe von innen heraus neu erleben und neu definieren. Das heißt, ich muß den Begriff erst einmal in Frage stellen und darüber eingehend nachdenken, ja sogar meditieren.»

«Und wenn ich dann zu einem Schluß komme, was meinen Sie, welche Bedeutung er dann für mich haben sollte?»

«Jede Definition kann aber immer nur eine Momentaufnahme darstellen, die jetzt, für einen bestimmten Zeitraum und für einen bestimmten Menschen gültig ist. Doch was ist morgen? Was ist mit dem anderen? Erkennt er diese Meinung ebenfalls an? Ein Rosenkreuzer muß auch hier eigenverantwortlich Antworten auf seine Fragen finden. Er kann sich zwar daran orientieren, was andere vor ihm gedacht und gesagt haben – somit ist ein rosenkreuzerischer Weg als Schulung möglich –, doch er muß – was nicht immer einfach ist – zu einer *eigenen* Anschauung der Welt und seiner selbst gelangen. Dabei konfrontiert uns die rosenkreuzerische Lehre mit einer Reihe von Erkenntnissen.»

«Muß ich sie dann einfach glauben?»

«Mit Sicherheit nicht.»

Er blätterte wieder in seinem Notizbuch.

«Es ist aber nicht notwendig, etwas zu glauben, das man nicht glauben kann, denn auch der mystische Pfad hat seine Gewißheit. Der Weg des Rosenkreuzes wird auch als Königsweg der Mystik bezeichnet. Man sagt, daß er der längste, dafür aber der gefahrloseste Weg zur Selbsterkenntnis sei. Nimmt man das Versprechen des Königsweges wörtlich, so wird derjenige, der ihn geht, zu einem König beziehungsweise er erkennt, daß er ein König ist. Und wer vermag einen König im eigenen Königreich zu zwingen?»

«Was gibt es dann für eine Instanz, die einem Rosenkreuzer sagt, was richtig oder falsch ist? Gibt es so etwas wie ein Dogma oder eine unumstößliche Lehrmeinung?»

«Ein Rosenkreuzer untersteht letzten Endes seinem Gewissen, das ihn in Übereinstimmung mit dem allumfassenden Willen führt und lenkt, weil auch das Gewissen ein Teil dieses Willens ist. Toleranz, Geduld, Vertrauen in sich sind notwendige Voraussetzungen für diesen Weg. Dogmen oder Zwang verstoßen dabei gegen die Freiheit der eigenen Persönlichkeitsentwicklung. Dogmatik und Verpflichtungen, die nicht in einem selbst begründet sind und nicht von einem selbst gutgeheißen werden, können keine Bestandteile des rosenkreuzerischen Weges sein. Der Rosenkreuzerweg ist letztlich ein Weg der Freiheit und der Einsicht.»

«Das beruhigt mich nun sehr. Dennoch sehe ich darin eine gute Möglichkeit, die Welt zu verändern und anders zu machen. Da können Sie mir doch sicherlich zustimmen.»

«Wenn Sie verstanden haben, daß es einen gewissen Plan gibt, nachdem sich die Welt entwickelt, dann wird man verstehen, daß es Zeit benötigt, diesen Plan umzusetzen.»

«Also keine Revolution?»

«Nein, nicht in dem Sinne. Die Rosenkreuzer waren wohl zu keiner Zeit Revolutionäre, sondern fühlten sich als Reformer. Vielleicht haben sie damals schon geahnt, daß Gewalt immer Gewalt nach sich zieht, und sich Zwang gegen denjenigen wenden wird, der ihn ausübt.»

«Heißt das dann nicht, daß mir das Land, in dem ich lebe, eher gleichgültig ist?»

«Ganz und gar nicht. Der Rosenkreuzerweg verläuft ja *nicht* abseits der Gesellschaft, denn ‹keiner sollte dazu gezwungen werden, der Bruderschaft wegen ein besonderes Kleid zu tragen, sondern er soll sich nach der Landesart kleiden› wie die ‹Fama Fraternitatis›, die erste Rosenkreuzerschrift, sagt. Der Rosenkreuzer achtet und respektiert die Gesetze des Landes, in dem er lebt, und er bleibt ein Mitglied der Gesellschaft.»

Dann holte er sein Notizbuch hervor und las mir etwas von Franz Hartmann vor: «‹Namen spielen keine große Rolle. Das Prinzip, welches dem Rosenkreuzerorden vorsteht, ist die Wahrheit. – Und der, welcher die Wahrheit kennt und ihr im praktischen Leben nachfolgt, ist ein Mitglied der Gesellschaft, über der die Wahrheit herrscht. Würden alle Namen vertauscht und alle Sprachen verändert, so würde doch die Wahrheit die gleiche bleiben; und derjenige, welcher in der Wahrheit lebt, wird leben, selbst wenn die Völker vergehen sollten.› (Hartmann, Im Vorhof des Tempels der Weisheit, S. 107 f.) Lassen Sie es mich ein wenig poetisch sagen: Der Weg der Rosenkreuzer führt in die Vergangenheit, um dort die alten Bücher der Weisheit zu studieren und sich deren Inhalte anzueignen. Er führt aber auch in die Gegenwart, denn die Theorie muß sich in der Praxis bewähren. Und er stellt die Zukunft dar, denn alles, was ein Rosenkreuzer erfährt, ist im Grunde die Offenbarung dessen, was die Schöpfung zu enthüllen vorgesehen hat.»

«Was bleibt mir dann letzten Endes, wenn alles schon in diesem Schöpfungsplan verankert ist? Was habe ich dann gemacht?»

«Natürlich können Sie stolz sein auf das, was Sie geschaffen haben, was Sie entdeckt und gefunden haben, was Sie wissen und gelernt haben, doch letztlich ist es nichts weiter als eine Momentaufnahme, ein Wassertropfen aus dem ewigen Strom des Bewußtseins.»

»Hierfür», und er bemühte wieder sein Notizbuch; «hat Maurice Maeterlink ein gutes Beispiel gegeben: ‹Sobald wir etwas aussprechen, entwerten wir es seltsam. Wir glauben, in die Tiefe der Abgründe hinabgetaucht zu sein, und wenn wir wieder an die Oberfläche kommen, gleicht der Wassertropfen an unsern bleichen Fingerspitzen nicht mehr dem Meere, dem er entstammt. Wir wähnen eine Schatzgrube wunderbarer Schätze entdeckt zu haben, und wenn wir wieder ans Tageslicht kommen, haben wir nur falsche Steine und Glasscherben mitgebracht; und trotzdem schimmert der Schatz im Finstern unverändert.›»

«Ist das nicht genau so, wie es uns geht, wenn wir eine bestimmte Idee im Kopf haben?» entgegnete ich. «Und wie klein kommt uns diese Idee vor, wenn wir sie nach einigen Tagen betrachten. Woran liegt das?»

«Vielleicht ist sie gar nicht so klein, wie wir denken. Alles hat einmal klein angefangen. Wir sind aber gewohnt in Quantität, statt in Qualität zu denken. Die materielle Welt täuscht. Sie trennt. Doch der Rosenkreuzer weiß, daß alles mit allem verbunden ist, daß er sein Selbstbewußtsein nicht durch den Augenblick erhält, sondern durch die Gewißheit, daß er ewig lebt.»

Ich ließ die Worte in mir nachklingen, wobei ich zeitweise das Gefühl hatte, als ob die Worte nicht von ihm allein kämen, sondern eher durch ihn hindurchgehen würden. Vielleicht kamen sie auch von mir selbst? Für einige Augenblicke wußte ich das nicht so genau.

Dann sagte er noch etwas sehr Wesentliches und für mich überaus Entscheidendes:

«Sie sollten nicht vergessen: Der Weg des Rosenkreuzes ist ein westlicher Einweihungsweg.

Der Westen besitzt eine esoterische Tradition, die immer noch lebendig ist. Wenn Sie diese rosenkreuzerische Tradition wirklich kennenlernen wollen, dann müssen Sie sich mit ihren Inhalten beschäftigen, mit ihrer Weltanschauung, ihrer Philosophie, ihren Symbolen und Ritualen.»

Er hielt kurz inne und schien mich zu fragen, ob ich dies auch wolle. Dann sagte er: «Wir müssen leider nun wirklich hineingehen. Ich habe versprochen, anwesend zu sein und zuzuhören.»

«Gut, ja, nur, können wir das Gespräch vielleicht später einmal fortsetzen?»

«Nach dem Vortrag?», bot er an.

«Nein, da kann ich leider nicht. Wie wäre es nächste Woche. Hier in der Nähe gibt es es kleines Gasthaus, da könnten wir uns doch zum Abendessen treffen?»

«Sagen wir in einer Woche um 19.00 Uhr?»

«Ja. Einverstanden.»

Ich sah ihn dann in den Saal gehen, wo er ganz vorne seinen Platz einnahm. Ich zögerte, ihm zu folgen. Zu viele Gedanken gingen mir durch den Kopf, und so entschloß ich mich, den Vortrag nun doch nicht zu besuchen. Also drehte ich mich kurzentschlossen um und verließ das Haus.

Die Saaltüren schlossen sich hinter mir, und der Vortrag begann.

Auf dem Nachhauseweg wirkte das Gespräch in mir nach. Er

hatte sich sehr viel Zeit genommen, und ich fragte mich, ob ich nicht doch besser noch in den Vortrag gegangen wäre, aber ich vermochte nun wirklich nichts mehr aufzunehmen. Hatte ich nun Glück gehabt oder war es etwas anderes? Ich fühlte in mir eine fiebrige Erregung aufsteigen in der Gewißheit, meinem Leben eine andere Richtung geben zu können. Und so war ich also auf die Rosenkreuzer gestoßen, eben zufällig.

KAPITEL 2

Die Weltanschauung der Rosenkreuzer

Was ist ein Meister? ≈ Die Einheit des Seins ≈
Zahlensymbolik: Dualität und Dreiheit ≈
Eine andere Weltsicht ≈ Der Tagesablauf
eines Rosenkreuzers

Kurz vor 19.00 Uhr traf ich wie verabredet in dem Gasthaus ein. Ich suchte einen abgelegeneren Tisch und wartete. Etwas nervös schaute ich auf die Uhr. Ich hatte mir in den vergangenen Tagen das Gespräch von letzter Woche mehrmals in Erinnerung gebracht und mir zu Hause einige Fragen überlegt, die ich unbedingt stellen wollte.

Mittlerweile hatte ich mir auch in der hiesigen Bücherei einige Bücher über die Rosenkreuzer ausgeliehen, deren Inhalt mir merkwürdig vorkam und teilweise in Widerspruch zu dem stand, was ich erfahren hatte. Was stimmte nun? Das, was ich mündlich erzählt bekam, oder das, was in den Büchern stand?

Ich nahm mir vor, auch dies zu fragen, und begann schon im Geiste mit der Formulierung, als ich durch ein freundliches «Guten Abend» aus meinen Gedanken gerissen wurde.

«Es tut mir leid, ich habe mich ein wenig verspätet. Ich mußte noch einige Abbildungen aus der Druckerei abholen.»

Mit diesen Worten legte er eine große Mappe neben sich auf die Sitzbank und schickte sich an, die Speisekarte zu studieren.

«Rosenkreuzerische Abbildungen?» fragte ich.

Er lächelte und bejahte.

«Haben Sie schon bestellt?»

Wir aßen und tranken erst eine Kleinigkeit und redeten über Belangloses und Alltägliches. Obwohl ich innerlich beinahe vor Neugier platzte, hielt ich mich zurück.

Ganz unvermittelt nahm er seine Mappe zur Hand, schaute erst hinein und dann mich an.

«Wollen Sie ein altes Bild sehen, das sehr viel mit den Rosenkreuzern zu tun hat?»

«Gerne», erwiderte ich. Er öffnete die Mappe wieder und suchte ein Schwarzweißbild heraus. Wir räumten die Gläser und Teller etwas zur Seite und legten das Bild zwischen uns.

«Das ist das Bild des bekannten Alchemisten, Mystikers und vielleicht sogar Rosenkreuzers Heinrich Khunrath. Er hat im 17. Jahrhundert gelebt, genauer zwischen 1560 und 1605. Er war Arzt und von Paracelsus beeinflußt. Einige seiner Bücher werden heute noch aufgelegt. Er hat solche Aussprüche wie ‹Wache im Schlafen› von sich gegeben. Paradox, nicht wahr?»

«Unverständlich wie Zen-Koans», entgegnete ich. «Aber es

hat eine tiefe Bedeutung, so etwa wie: Was bedeutet ‹Mu› oder ‹Wie ist deine wahre Natur, bevor du geboren wurdest› …»

«… oder wie ein Zen-Meister nur seinen Finger als Antwort auf alle Fragen in die Höhe streckte.»

«Ja, genau.»

«Der Rosenkreuzerweg ist ein westlicher Einweihungsweg, der den östlichen Paradoxa nicht nachsteht. Sie werden das schon noch sehen.» Er schmunzelte dabei.

«Das sagten Sie bereits beim letzten Mal. Bedeutet das aber auch, daß wir nicht nach Japan, China oder Indien zu fahren brauchen, um in die esoterischen Geheimnisse eingeweiht zu werden?»

«Wir haben alles hier. Damit möchte ich die anderen Kulturen nicht abwerten. Letztlich treffen sich die beiden Wege, der östliche und der westliche. Das ist das wirklich Faszinierende daran. Im Prinzip hat die westliche Welt eine genauso hohe Spiritualität wie die östliche.»

«Die östliche Philosophie, Sie sagen auch Weg dazu, hat ja die Besonderheit, daß es eine enge Schüler-Lehrer-Beziehung gibt. Ist das bei den Rosenkreuzern auch so? Sind Sie oder können Sie mein Lehrer werden?»

«Ich soll Ihr Guru oder Meister sein, meinen Sie das?»

Ich zuckte mit den Schultern und fuhr unbeirrt fort:

«Kennen die Rosenkreuzer den Begriff ‹Meister› überhaupt?»

«Ja, aber nicht in dem Sinne, wie man es annehmen könnte. Einen persönlichen Meister braucht man auf dem Rosenkreuzerpfad nicht. Dies hat viel damit zu tun, daß man aus der Vergangenheit gelernt hat, daß Abhängigkeit kein guter Lehrmeister sein kann. Jeder Meister wird irgendwann einmal sozusagen überholt oder überlebt sein. Im übrigen ist das Wort Meister eher als Ideal oder Symbol aufzufassen. Auch ein Meister ist ein Mensch. Wir dürfen nicht vergessen, daß auch er ein Suchender ist und es wohl immer bleiben wird.»

«Wie kann sich dann ein Mensch überhaupt Meister nennen?»

«In einem Rosenkreuzer-Ritual gibt es die Rolle eines Meisters. Theoretisch könnte sie von jedem ausgefüllt werden. Sie ist eben ein Symbol, ein Platzhalter, wenn Sie so wollen, für den Meister in unserem Inneren. Alle Rituale sind Spiegel innerer Prozesse. Und zu unserem Inneren gehört es, daß wir darin eine Instanz haben, sie können es Gewissen nennen, innere Führung oder inneres Selbst, das uns lenkt. In einem Ritual ist es personifiziert.»

«Also: Bei den Rosenkreuzern gibt es diese klassische Meister-Schüler-Beziehung nicht?»

«Nein, das gibt es nicht. Der Meister im rosenkreuzerischen Sinne ist ein inneres, geistiges Phänomen. Es kann Momente geben, wo man seinem wahren Meister begegnet, aber er wird nicht aus Fleisch und Blut sein. Das sind sehr seltene und kostbare Augenblicke. Dann weiß ich, oder bin mir zumindest sicher, daß ich den mystischen Pfad wirklich betreten habe. Leider kann dabei auch Selbsttäuschung auftreten.»

«Das heißt, Sie können also nicht mein Lehrer sein?»

«Nein. Warum auch? Ich kann Ihnen das eine oder andere sagen, aber ich kann Ihnen nur Hilfestellung geben, Anleitungen. Sie müssen selbst entscheiden. Abhängigkeit kann nicht das Ziel sein, auch nicht für eine kurze Weile.»

Er überlegte kurz und sagte dann:

«Gerne würde ich Sie für nächste Woche zu einem Informationsabend einladen, an dem Symbole der Rosenkreuzer besprochen werden sollen.»

«Vielen Dank. Sicher werde ich kommen», rief ich aus, «aber, darf ich das überhaupt?»

«Ja, warum nicht? Dieser Abend ist ebenfalls öffentlich, wenn er auch nicht so bekannt gemacht wird wie der Vortrag vergangene Woche. Apropos Vortrag. Wie fanden Sie den Vortrag?»

Ich war ja kurz vor Beginn gegangen und sagte ihm das auch.

Er nickte und schien zu verstehen. Dann kramte er in seiner Tasche und zog ein paar beschriebene Blätter hervor, die mit einer Büroklammer zusammengehalten wurden. Er legte sie vor mir auf den Tisch.

«Ich habe eine Kopie des Vortragsmanuskriptes bei mir. Auch wenn ich es eigentlich nicht aus der Hand geben darf, glaube ich, daß ich bei Ihnen einen Ausnahme machen kann. Wenn Sie wollen, können Sie es mir nächste Woche zurückgeben.»

«Ist das der ganze Vortrag?»

«Nun, ich glaube schon. Aber geben Sie ihn mir unbedingt wieder und fertigen Sie sich bitte keine Kopie davon an.»

Ich versprach es und hielt die Blätter beinahe ehrfurchtsvoll in meinen Händen. Er schaute mir zu und meinte dann:

«Das ist nur Papier. Wichtiger ist, daß Sie den Inhalt begreifen. Vor den Gedanken kann man Ehrfurcht haben, aber noch viel mehr aber vor dem inneren Selbst.»

Der Kellner kam und fing an, die Teller abzuräumen. Ich dachte nach, was ich noch fragen könnte, doch er nahm den abgerissenen Gesprächsfaden wieder auf.

«Fragen Sie sich immer noch, was ein Rosenkreuzer ist? In meiner ersten Antwort letzte Woche sagte ich Ihnen, daß es sich hierbei um ein Ideal handelt, ohne es näher zu bestimmen. Wir können schon eine weitere Annäherung an dieses Ideal wagen. Alles, worüber wir reden, ist Teil dieses Ideals. Auch das scheinbar abgelegenste Thema steht im engen Zusammenhang mit dem Rosenkreuzertum.

Die verschiedenen Aspekte, die wir kennenlernen, müssen Sie also nicht nur verstehen, sondern in sich nachempfinden und lebendig werden lassen. Eigentlich kann ich Ihnen nicht sagen, was ein Rosenkreuzer ist. Auch ich arbeite für mich immer noch und immer wieder an einer Antwort darauf. All das, was wir besprechen werden, ist in gewisser Weise meine Antwort darauf, aber nicht *die* Antwort. Sie müssen Ihre eigene Antwort finden.

Das Rosenkreuzertum ist das, was Sie aus ihm machen. Je höher Ihre eigene Bewußtheit entwickelt ist, desto umfassender Ihre Einsicht. Das Rosenkreuzertum verändert sich, nicht nur in der Zeit, sondern auch in Ihrem Verständnis. Das ist das Faszinierende daran, daß Sie jedesmal eine neue Antwort finden. Keine Definition erschöpft sich. Alle sind nur Teilaspekte, und Sie werden dennoch nicht das Wesentliche erkennen, wenn Sie es nicht aus sich heraus erfahren haben.»

Er sprach nicht sehr eindringlich, dafür aber leise und bestimmt. Es schien, als ob sich hinter seinen Worten eine unermeßliche Weite auftun würde, die ich für einen kurzen Moment erschauen durfte. Ich verstand bei weitem nicht alles, aber das Bild einer inneren Grenzenlosigkeit, verbunden mit einer sanften Bestimmtheit, dieses Bild begleitet mich von nun an.

Er brachte dann seine Gedanken zu Ende:

«Jedenfalls lebt die Idee *Rosenkreuzer* sowohl in der Zeit als auch außerhalb von ihr.»

«Das verstehe ich nun gar nicht.»

«Schauen Sie, in der Vergangenheit gab es Menschen, die man Rosenkreuzer nannte. Gemessen an denen, sind die heutigen Rosenkreuzer ganz anders.»

«Was ist aber dann der *echte* Rosenkreuzer? Einer aus dem 17., 18. oder 20. Jahrhundert?»

«Jeder hat auf seine Weise in seiner Zeit versucht, dieser Idee gerecht zu werden. Wir können von ihnen lernen, so wie wir aus dem Bild von Khunrath lernen können. «Hier», er deutete auf das Bild vor uns, auf dem ein großer Saal zu sehen war, «es wäre unsinnig, sich heute einen ebensolchen Saal einzurichten. Wir müssen das symbolisch sehen und versuchen, hinter diese Bildersprache zu schauen und verstehen, was damit gemeint ist. Dann sehen wir auch den Zusammenhang, der sich durch die Jahrhunderte zieht. Natürlich haben wir heute keine alchemistische Werkstätte, aber wir haben die Alchemie in uns. Das ist wichtig. Die Idee Alchemie, Rosenkreuzer, Mystik und so weiter drückt sich in der Idee, in einem Symbol, in einem Ritual aus. Aber kümmern wir uns erst einmal um das Bild.»

Er deutete mit dem Finger auf das Bild, das zwischen uns lag.

«Das ist eines der berühmtesten Bilder von Khunrath. Sie können heute einen Blick in die Werkstatt eines Rosenkreuzers werfen.»

Ich betrachtete das Bild aufmerksam. Das dreigeteilte Bild zeigt ein alchemistisches Laboratorium. In der Mitte des Bildes befindet sich ein großer Tisch, auf dem viele Gerätschaften ausliegen, unter anderem auch Musikinstrumente. Links ein aufgebautes Zelt, vor dem ein Mann mit ausgebreiteten Armen kniet. Aus einem Gefäß steigt Rauch auf, und im Inneren des Zeltes liegen auf einem Tisch – oder einem Altar – zwei offene Bücher. Die Seiten des einen enthalten Symbole, die des anderen Worte. Man kann aus dieser Aufteilung den Schluß ziehen, daß Arbeit (*Labora*torium) und Beten (*Ora*torium) notwendige Bestandteile des rosenkreuzerischen Pfades sind. Der Tisch mit den Instrumenten in der Bildmitte, könnte als Probierfeld, als Möglichkeit der Umsetzung des Erfahrenen in die Alltagswelt angesehen werden, aber auch als Ausdruck der Erforschung der verborgenen Gesetzmäßigkeiten der Schöpfung.

«Können Sie mir etwas Näheres dazu sagen?»

«Ja, nur, es gibt so vieles, wo also anfangen?»

Er läßt seinen Blick über das Bild schweifen und deutet mit dem Finger dann auf das Zelt in der linken Ecke.

«Was glauben Sie, bedeutet dieses Zelt?»

«Es hat wohl etwas mit Anbetung zu tun. So, als ob dieser Mann sich zurückziehen wolle.»

«Ja. Es ist ein zeitweiser Rückzug von der Welt. Durch diese Praxis …»

«… kann man dazu auch Meditation sagen?»

«Durchaus, ja. So kann dann eine Brücke zwischen der geistigen Welt und der Außenwelt, zwischen der eigenen Persönlichkeit und der Umgebung gebaut werden. Wir haben aber noch mehr, so den Tisch mit den Musikinstrumenten. Er drückt die Harmonie aus, die Gestimmtheit auf das große Ganze, auf die Weltharmonie. Kennen Sie das berühmte Buch von Johannes Kepler, ‹Die Weltharmonie›, in ihm kommt ein ähnlicher Gedanke zum Ausdruck. Die Musik zeigt uns, daß wir Harmonie benötigen und daß sich die ganze Welt in einer gewissen Harmonie befindet. Dieser Gedanke ist sehr alt. Er geht bis auf Pythagoras zurück.»

«Es liegen aber noch mehr Gegenstände auf dem Tisch.»

«Ja, und von jedem gäbe es eine ganze Geschichte zu erzählen. Rechts haben wir ein alchemistisches Laboratorium, was die praktische Arbeit andeutet.»

«Arbeiten und beten sind die beiden Eckpfeiler, aus denen sich die Harmonie ergibt oder umgekehrt: die in Harmonie miteinander sein müssen. Kann man das so sagen?» fragte ich.

«Ja, mit dem Grundprinzip: Es handelt sich um eine bewußte Arbeit an sich selbst.»

«Für sich allein also?»

In mir tauchte dabei die Frage nach rosenkreuzerischen Zentren, Klöstern oder Logen auf. Gab es regelmäßige Gruppentreffen, war man in Kontakt untereinander, und inwieweit werde ich auf mich allein gestellt sein? Ich fragte ihn.

«Es gibt bei den Rosenkreuzern Veranstaltungen, an denen jeder teilnehmen kann. Dabei handelt es sich nicht um ‹geheime› Zusammenkünfte, sondern um solche, die öffentlich zugänglich sind. Andere wiederum sind intern. Sie werden ja nächste Woche an einem Treffen teilnehmen, für das zwar die Öffentlichkeit nicht ausgeschlossen ist, aber auch nicht ausdrücklich eingeladen. Wer kommt, der kommt. Jene Menschen, die kommen, fühlen sich durch irgend etwas angezogen. Das ist das Entscheidende.»

Ich schaute ihn fragend an.

«Keine Sorge, rosenkreuzerische Mystik hat nichts mit Gefühlsduselei oder Mystizismus zu tun. Rosenkreuzerwissen ist weder irrational noch leugnet es die Vernunft oder Rationalität; viel eher ist das Gegenteil der Fall: in ihm sind der Vernunft, dem Verstand und der Ratio der ihnen gebührende Platz zugewiesen. Genauso wie es auf dem Bild hier ist. Jedes gehört an seinen Platz und hat auch seinen Platz.»

«Diesen Ort herauszufinden, ist es das, was Sie, beziehungsweise die Rosenkreuzer, unter dem Bauplan der Welt oder dem Schöpfungsplan meinen?»

«Ja. Es geht hier wie dort darum, seiner Einheit bewußt zu werden. Nicht darum, eine Sehnsucht nach einer verlorenen Einheit durch vermeintlich mystische Erlebnisse zu befriedigen. Ebensowenig haben Eine-Kerze-Anzünden und Musikhören etwas mit Meditation zu tun. Für Sie selbst gilt es zu erkennen, was Sie sind und was Sie vor allem im Geiste sind. Beten und arbeiten, arbeiten an sich selbst und beten zu seinem höheren Selbst, das sind zwei Eckpfeiler des rosenkreuzerischen Weltbildes. Beten meint hierbei durchaus Meditation.

Unser Alltagsleben kennt aktive und passive Phasen, Zeiten, in denen wir tätig sind, und Zeiten, in denen man Stille sucht. Bedauerlicherweise sehen wir heute Stille als etwas Unproduktives an, als Zeitverschwendung. Es gibt Besseres zu tun, heißt es.»

Er hielt kurz inne, und ich führte nachdenklich den Gedanken an:

«Wenn wir das Ganze umkehren würden und sagen, daß Stille *tätig* sei und Aktivität in Wahrheit *still* ...»

«... das würde bedeuten, daß wir Aktivität von der inneren Stille her gesteuert betrachten können», ergänzte er.

«Ja. Man lebt und arbeitet dann aus dieser inneren Mitte und Ruhe heraus. Das ist doch einleuchtend!» schloß ich den Gedankengang ab.

«Eine andere, eine neue Weltsicht von innen heraus ist unumgänglich, um zu erfahren, daß die Welt anders ist, als sie sich uns darbietet. Dabei wird auch ein Mystiker nicht vergessen: Die Basis von Weisheit ist Wissen. Auf der Abbildung sehen wir einen Rosenkreuzer, einen Alchemisten oder auch Mystiker, nennen Sie es, wie Sie wollen, aber wir sehen keinen Tagträumer.»

«Blindes Hoffen zählt also nicht zur rosenkreuzerischen Mystik», ergänzte ich, und er nickte.

«Mystiker waren zu allen Zeiten tätige Menschen, die an sich selbst arbeiteten, um ihrem inneren Auftrag gerecht zu werden. Sie argumentierten dabei nicht immer logisch und rational, sondern benutzten Bilder, Gleichnisse, eigene Erfahrungen, eben auch Paradoxa. Sie hatten kein System im engeren Sinn und kein festgefügtes Weltbild, das wissenschaftlichen Untersuchungen standhalten würde. Warum auch? Für sie ist die Welt nicht nur rational analytisch. Ein *wissenschaftliches* Weltbild umfaßt nicht die gesamte Realität. Das darf man nie vergessen. Viel wichtiger ist es, den eigenen Erfahrungen zu vertrauen und darauf, daß es außerhalb der Sinneswahrnehmung noch eine andere Welt gibt. Trotz aller vermeintlichen Unterschiede überwiegen die Gemeinsamkeiten.»

Er räumte dann das Bild von Heinrich Khunrath wieder in seine Mappe zurück und zog ein farbiges, großes Blatt heraus.

«Es ist doch faszinierend, wenn alte Bilder und Symbole plötzlich lebendig werden. Manche von ihnen sprechen etwas in uns an und wirken, trotz ihres Alters immer noch, vorausgesetzt, man ist bereit und in der Lage dazu, sie in unsere Welt zu übersetzen. Das Bild von Khunrath, das nun doch einige hundert Jahre alt ist, zeigt die Vergangenheit der rosenkreuzerischen Praktiken. Was aber wäre die Gegenwart? Heute könnte man statt dessen einen Videoclip drehen, doch ihm würde etwas Wesentliches fehlen: der Moment der kontemplativen Betrachtung, zu dem man durch ein Bild oder ein Symbol geradezu aufgefordert ist. Ein bedeutender Aspekt des ‹Mystischen›, das zu einem inneren Zwiegespräch nötigt, ginge dabei verloren.

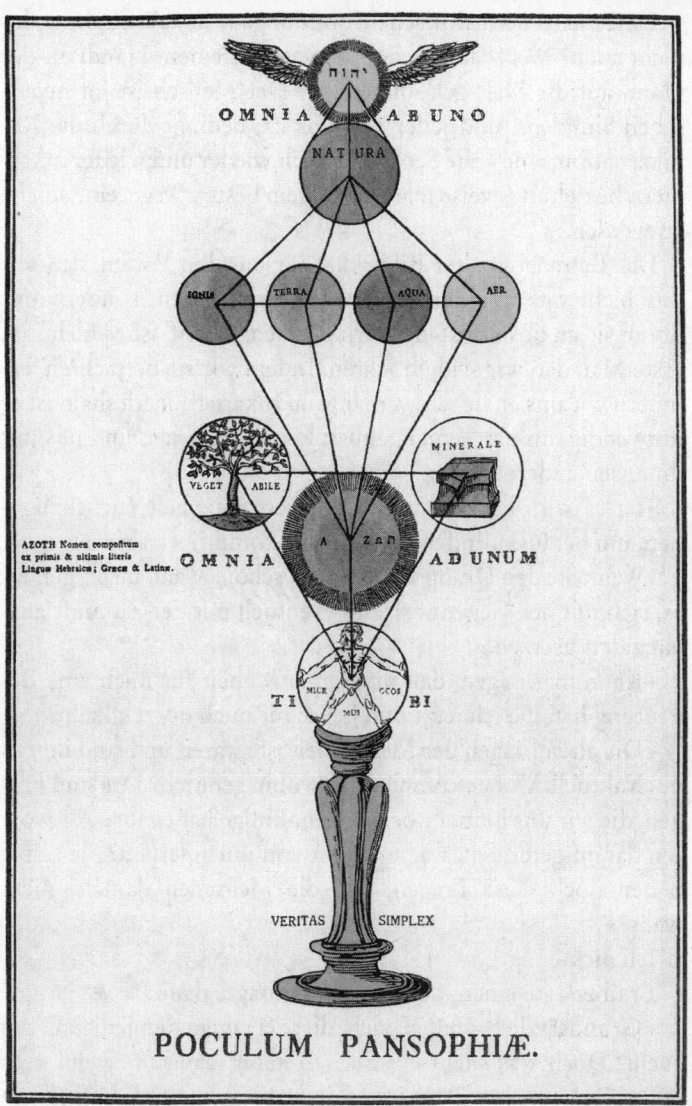

POCULUM PANSOPHIÆ.

Natürlich sind historische Abbildungen alt, aber sind wir das nicht auch? Wer glaubt schon, daß er mit einem Handy in der Hand auf die Welt gekommen ist? Der Mensch ist im mystischen Sinne *alt*, und jeder von uns ist, bedingt durch die Reinkarnation, eine «alte Seele», die sich wieder und wieder inkarniert, beziehungsweise man ist auf dem besten Wege, eine solche zu werden.

Das Betrachten alter Bilder hat für uns den Vorteil, daß wir uns nicht nur mit deren Inhalten beschäftigen, sondern uns durch sie an uns selbst erinnern können. Gewiß ist es nicht das erste Mal, daß wir sie betrachten. Indem wir sie betrachten, erinnern wir uns an unsere vergangene Inkarnation, deshalb ist es notwendig, unsere Vergangenheit kennenzulernen und uns mit ihr auseinanderzusetzen.»

«Ist es wirklich wichtig, in die Vergangenheit zurückzugehen, um herauszufinden, woher man kommt?» fragte ich.

«Wenn Sie den Drang dazu haben, schon. Wenn nicht, genügt es, sich mit der Gegenwart und eventuell mit der Zukunft auseinanderzusetzen.»

«Kann man sagen, daß die Vergangenheit für mich eine Bedeutung hat, die ich jetzt und heute für mich nutzen kann?»

«Die alten Fragen der Menschheit, sie waren und sind immer noch aktuell. Woher komme ich?, wohin gehe ich? Das sind Fragen, die wir uns immer noch stellen. Einige haben ihre Antworten darauf gefunden, warum nicht von ihnen lernen? Sie selbst haben doch diese Fragen, wie die Menschen damals, nicht wahr?»

Ich nickte.

Er überlegte einen Augenblick und sagte dann:

«Grundsätzlich stellen sich diese Fragen demjenigen, der sucht. Doch was sucht er? Suchen kann man nur, wenn man etwas verloren hat. Was aber hat man verloren? Letztlich ein grundsätzliches Gefühl für sich selbst. Man ist aus der Vertrautheit mit sich in einen Zustand der Entfremdung getreten. Zwiespältig ist wohl das beste Wort dafür. Man hat etwas verloren, das Gefühl des Einsseins mit allem. Ich glaube, daß das ein zentraler Gedanke ist: der Verlust der Einheit, mit sich selbst und mit der Welt.»

Er hielt inne.

«Eine rosenkreuzerische Antwort haben wir durch dieses Bild. Am besten ist, wir werfen einen Blick zurück, und zwar auf eine faszinierende Sammlung von Bildtafeln aus dem 18. Jahrhundert: ‹Die Geheimen Figuren der Rosenkreuzer›. An ihnen stellt sich uns das Weltbild der Rosenkreuzer dar, und sie zeigen, welche Antworten sie auf verschiedene Fragen geben.»

Wir betrachteten gemeinsam die vor uns liegende Tafel mit der Nummer 15, worauf ein sonderbarer Kerzenleuchter abgebildet ist. Oben sieht man eine Schwinge und darunter einen Kreis. In diesem Kreis erscheint das hebräische JHVH und darunter: «Omnia ab Uno», also «Alles von Einem». Unter der Schwinge steht «Natura», und daran schließen sich die vier Elemente: Feuer, Erde, Wasser und Luft sowie die drei Ausdrucksformen: mineralisch, vegetabilisch und menschlich – hier steht: «Microcosmus». Wieder findet sich ein lateinischer Ausdruck: «Omnia ad Unum» – «Alles zum Einen hin»; und dann, gewissermaßen in der Mitte des Menschen, findet sich das Wort: «tibi», dort. Das Ganze wird von einem Kerzenhalter eingefaßt, an dem steht: «Veritas simplex», «die Wahrheit ist einfach».

Unter dem Bild, sozusagen als Titel, steht: «Poculum Pansophiae», was Gefäß, Becher oder Trinkgefäß der Pansophie heißt. Abgeleitet aus dem griechischen Wort *pansophos*, allwissend, womit die Universalwissenschaft gemeint ist.

Die drei erwähnten Welten bilden ein Dreieck mit der Spitze nach unten, in dessen Mitte sich ein grüner Kreis befindet, von dem Strahlen ausgehen. Darinnen steht ein Wort – man kann dessen Erläuterung nebenan lesen –, aus zwei lateinischen, einer griechischen und einer hebräischen Letter, das Wort AZOTH oder A, Z, Omega und Tav.

Die Alchemie sagt, daß Azoth ein Allheilmittel ist, dessen symbolische Entsprechung die von Gott in der Natur ist. Das Buch «Lignum Vitae» sagt, daß Azoth «alle anderen Medizinen sowie die Urprinzipien aller übrigen Substanzen enthält» (Lexikon Esoterischen Wissens). Es ist eine Universaltinktur, ein Universalheilmittel, dem Stein der Weisen ähnlich.

Die vorhandene Symbolik ist eine Mischung aus alchemistischem, kabbalistischem, hermetischem und pansophischem Gedankengut. Die Tafel betont den Zustand der Einheit: «Alles von Einem» und «Alles zum Einen hin». Jene Linien, welche die Elemente mit den Prinzipien und der Schwinge verbinden, unterstreichen die Einheit von allem mit allem.

Die Alchemie würde an dieser Stelle eine Abbildung des Ouroboros anführen, jener Schlange, die sich in den eigenen Schwanz beißt, um zu zeigen, daß das Sein als Einheit aufgefaßt werden muß. Um den Zustand der Einheit bewußt alchemistisch-paradox auszudrücken, paßt ein rosenkreuzerischer Ausspruch von Michael Maier aus dem 17. Jahrhundert: «Es ist ein Stein auch nicht ein Stein, sondern im Gleichnis nennen wir es einen Stein, weil die vier Elemente in ihm verborgen sind; es hat auch keines Steins Art und Natur, und ist dennoch ein Stein. Es ist Feuer, Luft, Wasser, Erde, und hat doch deren keines Gestalt, Art oder Natur, sondern ist ein abgesondert Ding.»

Was ist *es* nun, ist *es* ein Stein oder nicht? Nimmt man den Stein wörtlich, wäre dies verkehrt. Nimmt man den Stein symbolisch, würde der Bezug zu einem selbst fehlen, so wie die Umsetzung und Erweckung des im Inneren schlummernden Seins, welches auf praktische Umsetzung im Alltag Wert legt.

Mit «es» ist der Mensch gemeint, der in der Alchemie auch als «Stein» bezeichnet wird. Die Gleichsetzung des Menschen mit dem Stein, mit dem «lapis philosophorum», ist Teil einer uralten Geheimtradition, die dadurch bewußt macht, wie selbst das scheinbar Unwandelbare veränderbar ist und geläutert werden kann.

Die wahre Alchemie hat zum Ziel, den Menschen umzuformen, seine Persönlichkeit zu gestalten und zu bilden. Dann wird der Stein zu einem Symbol und die Alchemie zu einer geistigen und rosenkreuzerischen Alchemie mit dem Ziel der Veredelung des Menschen.

Nachdem er mir dies alles erzählt hatte, sagte er noch:

«Eine der wichtigsten Erkenntnisse, die wir aus dieser Tafel gewinnen können, lautet: Ein Rosenkreuzer glaubt nicht an die Einheit, er weiß darum. Für die Rosenkreuzer stellt alles Sein eine Einheit dar. *Die Einheit* ist nie verlorengegangen, was bedeutet, daß der Mensch immer mit seinem Ursprung verbunden bleibt. Er ist nie getrennt von der Schöpfung, von der Natur, von seinen Mitmenschen und der Welt. Die Sprache ist aber nicht in der Lage, diesen Zustand der *Alleinheit* zu beschreiben. Auch *wissen* wir nicht, daß wir immerzu mit allem verbunden sind. Ob Sie diese *All-einheit* als zukünftig ansehen, in der Überzeugung, man würde sie irgendwann einmal erreichen; oder als etwas Vergangenes, etwas, das einmal war und das wir nun verloren haben, dies ist eine Frage Ihres Standpunktes *in der Zeit*! Sich dieser Einheit bewußt zu werden ist eines der Anliegen der Rosenkreuzerphilosophie und ist der Schlüssel für unsere Fragen.»

Er holte ein abgegriffenes Buch aus seiner Jackentasche hervor und blätterte darin.

«Warten Sie, einen Moment, gleich habe ich es. Ich habe mir einige Zitate aus Rosenkreuzerschriften notiert, die die Einheit als Grundproblem sehen. Man meint immer, die Einheit bestimmen zu können, aber das Paradoxe ist doch, daß wir aus der Einheit und in der Einheit über die Einheit reden. Ein merkwürdiger Zustand.»

«Auch nicht viel merkwürdiger, als die sonderbaren Ausführungen und Gedankengänge, die ich mittlerweile über die Rosenkreuzer gehört habe», bemerkte ich.

«Hier, jetzt habe ich es. Eine Schrift aus dem 16. Jahrhundert, die von einigen als Vorläuferschrift der Rosenkreuzermanifeste gesehen wird, die ‹Theologia Germanica›, sagt über die Einheit: ‹Was ist das Vollkommene und das Geteilte? Das Vollkommene ist ein Wesen, das in sich und in seinem Wesen alle Wesen begriffen und beschlossen hat, und ohne das und außer dem kein wahres Wesen ist und in dem alle Dinge ihr Wesen haben; denn es ist aller Dinge Wesen und ist in sich selber unwandelbar und unbeweglich, und verwandelt und bewegt alle anderen Dinge› (Theologia Germanica, S. 13).

Das ist doch faszinierend, nicht? Einheit wird zur Vollkommenheit. Das Vollkommene faßt *alles* in sich, und es kann nichts außerhalb dieser Einheit geben. Es ist unbeweglich und bewegt doch, als erster Beweger, als Anfang ohne Anfang.»

«Also lebt das Alte immer noch», sagte ich so vor mich hin.

Er schien mein Gemurmel nicht zu hören, denn er blätterte unbeirrt weiter in seinem Buch.

«Eine weitere Tafel aus den ‹Geheimen Figuren› (Tafel 14) sagt dazu: ‹Was war Gott ohn Anfang. Ohn Mittel. Ohn Ende. Alles in Allem.› Das ist doch immer noch wahr. Wir brauchen zwar die Kybernetik, die Netzwerkphilosophie und all das, aber damals wurden diese Gedanken auch gedacht. In dem ‹Rosenkreuzer-Gebet› der Geheimen Figuren (Tafel 49) heißt es: ‹O großer Gott: du alles in allem! O Natur! du Ichts aus dem Nichts, was soll ich doch mehr sagen; ich bin Nichts in mir, Ichts in dir, und lebe in deinem Ichts aus Nichts, lebe du doch in mir, und bringe mich aus dem Ichts in dir, Amen.› Das ist natürlich eine verschlüsselte Aussage, die in sich zeigen will, daß das Etwas, das Ichts, aus dem Nichts entstanden ist. Dieses Nichts ist kein Nichts im heutigen Sinne, sondern ein schöpferisches Nichts, vergleichbar dem ‹Nichts› des Taoismus.»

Er hielt inne und sah von seinem Notizbuch auf. Dann legte er es beiseite.

«Diese Antwort auf die Sinnfrage – durch die Einheit – ist

nicht nur rational, sondern auch gefühlsmäßig nachvollziehbar. Ich möchte ja nicht allzuviel vorwegnehmen, aber in den Ritualen der Rosenkreuzer wird diese Antwort auch meditativ erlebt. Wenn Sie den Vortrag vergangener Woche gehört hätten, wäre Ihnen einiges klarer, denke ich.»

Der Versuch, Entwicklung, Einheit, Fortschritt und Schöpfung in mir miteinander zusammenzubringen, brachte nur einen unbestimmten, gefühlsmäßigen Eindruck in mir hervor. Die Rosenkreuzerabbildungen mit der heutigen Wissenschaft zu verbinden, kam mir unmöglich vor. Und doch war ich mir sicher, daß die Frage nach dem Anfang der Schöpfung auch ganz anders gesehen werden kann. Wo gehöre ich hin? Wie läßt sich etwas ohne Anfang denken? Sind wir immer da?

Für einen Moment hatte ich das Gefühl, als ob mir der Boden unter den Füßen weggezogen würde, aber nur, um einen noch sichereren Stand zu bekommen. Ich ließ diese Gedanken auf mich wirken, versuchte mich aber dann wieder auf unser Gespräch zu konzentrieren. Die Sinnfrage war der Frage nach Einheit und Anfang gewichen.

Deshalb fragte ich auch etwas besorgt, an die Naturwissenschaft und ihren genauen Berechnungen des Urknalls denkend: «So etwas wie einen Anfang der Schöpfung gibt es für die Rosenkreuzer nicht?»

Er schwieg einen Moment.

«Die Rosenkreuzer leugnen weder den Anfang noch die Möglichkeit, daß sich aus dem Anfang etwas entwickelt. Sie leugnen auch nicht die Schöpfung oder den Fortschritt. Es gehört zu ihren Zielen, Licht und Wahrheit wieder im ursprünglichen Maße den Menschen zugänglich zu machen. Aber sie sagen auch, daß vor dem letzten Mysterium der Einheit ein Schleier liegt, den niemand so ohne weiteres lüften kann.»

Für einen kurzen Moment wurde es still um uns herum, und ich schaute mich um und stellte fest, daß wir mit zu den letzten Gästen gehörten. Wir waren so im Gespräch vertieft gewesen, daß wir nicht bemerkten, wie sich die Gaststube nach und nach geleert hatte.

«Es ist wirklich wichtig, daß Sie sich vergegenwärtigen, daß die Welt um uns herum in Wahrheit eine Einheit ist. Für den Philosophen Plotin ist das Schauen der Einheit und damit Gottes nur jenseits der Vernunft und jenseits des Sagbaren möglich. ‹Es ist doch unmöglich, über den Schauenden zu sagen, daß er schaut, weil er nicht zwei verschiedene Dinge (den Schauenden und das Geschaute) betrachtet und unterscheidet.› Dann wird Gott für ihn zu einer erfahrbaren Ganzheit: ‹Eingetaucht in Gott bildet er ein Ganzes mit ihm wie der Mittelpunkt eines Kreises, der sich mit dem Mittelpunkt eines anderen Kreises berührt.›

Schauen und Geschautes werden eins, wobei wir dazu eines Verständnisses in uns bedürfen, das über die Ratio und die Vernunft hinausgeht und ermöglicht, eine Ganzheit zu *er-schauen*. *Erschauen* ist in seiner passivischen Bedeutung gemeint, die zeigt, daß die Schau außerhalb des menschlichen Willens liegt. Das ist die rosenkreuzerische Antwort auf die heutige philosophische Diskussion nach Subjekt und Objekt, nach Beobachter und Gegenstand der Beobachtung.»

Er sinnierte ein wenig über die letzten Sätze, was mir Gelegenheit gab, dagegen einzuwenden, daß die Einheit natürlicherweise die Frage nach dem Anfang dieser Einheit nahelegte.

«Was ich jetzt sage, ist bewußt paradox, dafür aber um so wahrer. Scheinbar setzt die Frage nach dem Anfang etwas von dem Anfang voraus, was wiederum der Annahme eines Anfanges widersprechen würde. Deshalb müssen wir folgern: Es ist nicht möglich, ein Sein vor dem Sein anzunehmen. Einen Anfang nicht vorauszusetzen ist aber nicht gleichbedeutend damit, Schöpfung zu leugnen. Die Frage nach dem Anfang, nach der uranfänglichen Ursache wird philosophisch von den Rosenkreuzern so gelöst, daß es einen Anfang *in dem Sinne* nicht geben kann.»

Ich nickte nachdenklich und erwiderte dann etwas verwirrt:

«Ich glaube, das ist alles etwas zuviel für mich. Es ist ein ganzes Weltbild, das dahintersteht, und dennoch so verwirrend, also kein Bild, ich meine eher viele Bilder, oder?»

«Gewiß, ihre Verwirrung verstehe ich, ich möchte sie nicht unbedingt vergrößern, aber wissen Sie, wir haben nur über diese eine Tafel gesprochen und genauer, nur über einen kleinen Ausschnitt davon. Mehr nicht. Im Grunde genommen ist es nur ein Symbol, das wir ansatzweise gestreift haben.»

Wir reden jetzt schon mehr als eine Stunde über nur ein Symbol? dachte ich bei mir. Wie soll das nur weitergehen?

Irgend etwas in mir aber sagte – oder besser: Es fühlte sich wie ein Sprechen an –, daß ich dies alles bereits gewußt hätte. Bedurfte es wirklich nur eines Gegenübers, um all diese Gedanken aus mir herauszuholen? Ich wischte diesen Gedanken, der mir so ungeheuerlich vorkam, beiseite.

«Sind Sie sicher, daß all das, was Sie mir gesagt haben, von den Rosenkreuzern damals so gemeint war? Ist das nicht alles Interpretation?»

Er nickte und schaute mich ruhig an.

«Nein, ich bin nicht sicher, ob dies wirklich so gemeint war. Aber wir haben die Tafeln, wir haben ihre Worte, und wir haben vor allem unsere Intuition, die Fähigkeit der inneren Schau. Ob wir dies nun wahrnehmen oder nicht, jedes Wort, jeder Satz löst Bilder in uns aus. Sie sind es, die mit unserem Inneren verbunden sind. Um diese Bilder geht es letztlich. Ihretwegen versuchen die Menschen, das Wissen festzuhalten.

Aber das mystische Wissen in uns kann nie verlorengehen, da es tief in uns gespeichert und jederzeit abrufbar ist. Wir brauchen nur einen Schlüssel dafür. Bilder und Symbole sind diese Schlüssel. Um also unsere wahre Bestimmung und unser Wesen herauszufinden, müssen wir diese Bilder kennenlernen.»

«Ich brauche also ein Gegenüber, um mir meines Inneren bewußt zu werden.»

«Genau das ist es, das ist eines der Geheimnisse der Schöpfung. Wir sind keine Historiker, die sich an Fakten klammern, wir gehen schöpferisch mit den Dingen um.»

«Dabei ist doch Selbsttäuschung möglich?» fragte ich.

«Ja, aber Sie vergessen immer wieder, daß Sie eine innere Stimme haben, die Ihnen sagt, was für Sie richtig und was falsch ist. Diese innere Stimme ist, rosenkreuzerisch gesprochen, Ihr Führer und Meister.»

«Dann muß ich wohl zuerst diesen inneren Meister kennenlernen?»

«Nach und nach, schon. Das geht aber nicht von heute auf morgen. Wir haben Zeit.»

«Wie sicher kann ich mir sein, daß ich auf meine innere Stimme gehört habe?»

«Manchmal können Sie das nicht, manchmal wissen Sie es ganz genau. Eine gute Möglichkeit besteht darin, sich immer innerlich selbst zu fragen, bevor Sie etwas tun. Eine andere Möglichkeit ist es, zu meditieren oder ein Symbol zu betrachten. All das schafft die Voraussetzung dafür, daß Sie Ihre innere Stimme wahrnehmen.»

«Sind das also nur Voraussetzungen, um mich selbst kennenzulernen?»

«Ja. Die Arbeit mit Symbolen ist kein Selbstzweck. Jedes Symbol zeigt Ihnen eine bestimmte Seite Ihres Menschseins. Und übrigens, alles worüber wir gesprochen haben, läßt sich in einem Symbol ausdrücken: ein Kreis mit einem Punkt in der Mitte.»

«Einfach ein Kreis mit einem Punkt?»

«Ja. Vielleicht sogar nur der Punkt, das kommt darauf an.»

Wir schwiegen nun, und ich schaute mich in der Gaststube um. Wir waren zwar nicht die letzten, aber so ziemlich. Es war kurz vor zehn Uhr, und meine Konzentrationsfähigkeit ließ etwas nach. Ich hörte ihn noch sagen, daß ich nicht vergessen solle, daß die Rosenkreuzerphilosophie davon ausgeht, daß aus dem ewigen Nichts, aus dem schöpferischen Nichts heraus es einen Impuls gab, der die Schöpfung oder das Sein erschuf. Man könnte auch sagen, daß der Schöpfer der Welt eine Sehnsucht nach einem Gegenüber verspürte. Aus dieser Sehnsucht ist die Schöpfung entstanden. Dieser geheimnisvolle Vorgang der Schöpfung wird bei den Rosenkreuzerritualen jedesmal neu belebt und vergegenwärtigt. Dadurch wurde die Schöpfung *geschöpft* und die Frage: «Woraus wurde sie geschöpft?» läßt sich einfach wie rätselhaft beantworten: aus dem Unendlichen, aus dem ewigen Nichts, aus dem Sein. Damit ist nicht ein Nichts gemeint, sondern ein Etwas, das sich der Logik entzieht, verbunden mit der Sehnsucht, diese Ahnung zu begreifen und in sich zu erfahren.

Er fuhr dann fort:

«Wir dürfen nicht vergessen, daß die Realität trotz ihrer Vielfalt letztlich eine Einheit ist, die sich entfaltet, entwickelt und deren verborgene Möglichkeiten offenbart. Entwicklung ist ein Vorgang, der etwas Kompaktes, Zusammengeschnürtes *auseinander-wickelt* und in einen Zustand der Entfaltung und Ausweitung bringt. Die verborgenen Möglichkeiten der Einheit werden uns nach und nach bewußt, vervielfältigen sich und lassen sich stufenweise beschreiben.»

Er schaute mich an und meinte:

«Sie sind wohl müde geworden. Es war auch etwas viel für einen Abend, nicht wahr?»

Ich nickte, und er schlug vor, zu bezahlen und das Gasthaus zu verlassen.

Bevor die Rechnung kam, wollte ich wenigstens noch wissen, was er mit dem Punkt und dem Kreis gemeint hatte.

«Wenn Sie noch aufnahmefähig sind, dann werde ich Ihnen das gerne erklären. Ich versuche mich dabei kurz zu fassen. Für die Rosenkreuzer symbolisiert der Punkt die Zahl Eins, den Ausgangspunkt und den Anfang. Er ist Symbol für die erste Ursache, den Keim, das erste Element, die Saat, aus der die Formenwelt hervorgeht. Er symbolisiert die latente schöpferische Kraft, die immer zum Tätigsein bereit ist, die schwingende universale Kraft, die sich zu den Urformen verdichtet, das Unsichtbare, das sich zum ersten Element des Sichtbaren wandelt.

Der Kreis ist das Symbol der Ewigkeit, der Unendlichkeit. Er schließt die sichtbare Welt und die unsichtbare Welt mit ein. Ein Punkt im Kreis ist das erste Gesetz der rosenkreuzerischen Symbolik: die Schöpfung. Alles, was lebendig ist, nimmt seinen Anfang in einer Zelle: Pflanzen, Tiere, der Mensch und das Universum. Kreis und Punkt stellen das Erste und das Letzte, stellen das Eine und das Alles dar, das mystische Alpha und Omega, den Anfang und das Ende, so wie Sie es aus der Abbildung aus den ‹Geheimen Figuren› bereits kennen.

Ein Punkt symbolisiert die Ansammlung von Kräften und Energien, die auf einen *Punkt* hingelenkt oder konzentriert werden. In der klassischen Symbolsprache wird der Punkt mit dem Kreis als Symbol der Sonne und des Goldes angesehen. In der ersten Rosenkreuzerschrift kommt dieses Symbol ebenfalls vor.»

Ich erwiderte:

«Sie können aber nicht leugnen, daß der Mensch sich – trotz der kopernikanischen Wende – immer noch als der Mittelpunkt der Welt fühlt. Wir nehmen noch alles in bezug auf uns selbst wahr. Wir fühlen uns dann selbst als Punkt in diesem Kreis.»

«Von einer anderen Seite aus ist dies nicht unbedingt verkehrt. Vom rosenkreuzerischen Standpunkt aus gesehen ist es sogar durchaus sinnvoll, denn der Mensch ist als Mikrokosmos, als kleine Welt, das Gegenstück zum Makrokosmos, der großen Welt, dem Universum. Im Mikrokosmos steht der Mensch im Mittelpunkt, und in bezug zum Makrokosmos erhält er seine Wertigkeit. Jedoch ist Ich-Zentriertheit die *negative* Auswirkung davon, solange nicht erkannt wird, daß es nicht das Ego ist, das Pläne schmiedet, lenkt und führt, sondern die innere

Persönlichkeit des Menschen. Symbolisch gesehen wird dann das Ich vom Mittelpunkt an die Peripherie des Kreises angehängt und das innere Selbst übernimmt die Führung.»

Ich verstand nun besser, was er mit der inneren Stimme meinte, und ein Gefühl der Erhabenheit durchrieselte mich. Es war, als ob in mir etwas aufgeschlossen wurde. Bilder tauchten in mir auf. Darunter vergessene Kindheits- und Jugenderinnerungen, in denen ich das Gefühl hatte, nicht allein zu sein, obwohl ich es körperlich war. Ein Gefühl des Aufgehobenseins, des Beschütztwerdens, daran erinnerte ich mich. Es war ein Zustand der inneren Versöhnung.

Dann sah ich Bilder, die aus dem letzten Jahrhundert zu stammen schienen. Ich sah Menschen über Abbildungen brüten und sich Notizen machen; sah große Bücher mit vielen bunten Bildern und jemanden, der diese Bilder mühsam kolorierte. Menschen unterhielten sich über deren Inhalte. Jemand legte Skizzen vor. Andere berieten darüber. Es war vertraut und verwirrend zugleich.

Ich stellte mir vor, daß man sich früher in eben solchen Gasthäusern getroffen hatte, um Gespräche zu führen, ebenso wie wir heute abend. Vielleicht wurden solche Gespräche sogar aufgeschrieben? Ich tauchte für Augenblicke in eine seltsam-vertraute Welt ein.

Viel später erfuhr ich, daß sich die «alten» Rosenkreuzer tatsächlich in Gasthäusern getroffen hatten, wo sie in einem separaten Raum ihre Zusammenkünfte abhielten. Es war deshalb nur natürlich, daß man munkelte, spekulierte und seine Phantasie anstrengte, was wohl hinter diesen Türen getrieben wurde. Ein Resultat dieser geheimen Treffen hatte ich also gesehen. Es war völlig unspektakulär, aber voll berührender Tiefe.

Ob meine Bilder der Wirklichkeit entsprachen oder nicht war jetzt nicht wichtig. Irgend jemand mußte diese Tafeln angefertigt haben und wieder andere mußten sich darüber Gedanken gemacht haben. Alles andere würde ich später selbst herausfinden.

In dem Moment kam unsere Rechnung. Wir bezahlten und schickten uns zu gehen an. Doch ich fühlte, daß unser Gespräch noch nicht zu Ende war.

«Würden Sie bitte, um Ihren Gedankengang abzuschließen, noch mehr über den Punkt und Kreis sagen?»

«Wenn Sie noch einen Augenblick Zeit haben. Also: Der Kreis entspricht in der rosenkreuzerischen Zahlensymbolik der Neun. Er ist eine endlose Linie, in der das Ende in den Anfang übergeht. Er symbolisiert Ewigkeit, Unendlichkeit und ‹Anfang ohne Ende›. Das kennen Sie ja bereits. Der Kreis ist ein esoterisches Symbol für kosmische Harmonie und Ausgeglichenheit und stellt die Fortdauer und Entwicklung des Lebens durch die Inkarnationszyklen dar. Er symbolisiert einen vollendeten Zyklus, bedeutet das Universum, den Kosmos.

Der Kreis hat immer einen Mittelpunkt, der sichtbar oder unsichtbar sein kann. Das Kreissymbol symbolisiert bewußt Geschlossenheit, die nichts durchläßt und nichts hinausläßt, eine Grenze also, die vor dem Eindringen bewahrt. Ein alter Ausspruch lautet sinngemäß, daß Gott ein Kreis sei, der alles umfaßt und in sich einschließt. Die Beziehung, in der sich der Mensch mit dem Universum befindet, wird auch seinem Körper deutlich durch die Beziehung, die jede einzelne Zelle zum Menschen als Ganzem einnimmt.

Jede Zelle hat einen Zellkern, der als Mittelpunkt die Zelle am Leben hält. Und so ist auch der Mensch zu sehen, der aus seiner Mitte heraus seinen Umkreis überschaut und erkennt. Dies trifft sowohl auf seine Möglichkeiten wie auf seine Grenzen zu. Andererseits muß man sich immer wieder bemühen, aus seinem eigenen ‹Dunstkreis› herauszufinden und die Welt so zu betrachten, wie sie ist, nicht wie sie zu sein scheint.»

«Wir hatten letzte Woche schon über den freien Willen gesprochen, und Sie haben heute wieder betont, daß man sich täuschen kann. Es ist wohl absolut notwendig, unterscheiden zu lernen zwischen dem, was die Welt vorgibt zu sein, und dem, was sie wirklich ist.»

«Wir können es nun so formulieren: Ein freier Wille, ohne Abhängigkeiten, ist eine der Illusionen, die das Ich uns vorgaukelt. In Wahrheit ist der Mensch eingebunden in Ordnungssysteme, Muster (*patterns*), soziale und ideelle Abhängigkeiten. Wirkliche Freiheit kann – so die rosenkreuzerischen und mystischen Lehren – nur dann erreicht werden, wenn der Mensch im Einklang mit der kosmischen Ordnung lebt und wirkt.»

«Die Illusion besteht darin, zu glauben, man sei frei?»

«Mehr oder weniger. Obwohl der Mensch den freien Willen hat, kann er nur dann frei sein, wenn er sich aus ‹freien Stücken› – *frei-willig* – mit dem einen universalen Willen verbindet, dann durchbricht er für Augenblicke den engen Kreis seiner Persönlichkeit. Dennoch entbindet diese Sicht des freien Willens nicht von den zu treffenden Entscheidungen. Mehr kann ich Ihnen heute abend leider nicht darüber sagen.»

Es war eine sehr schöne warme Sommernacht, und ich fühlte mich etwas frischer.

«Vielleicht hat mich die Luft in dem Gasthaus müde gemacht», sagte ich, «jetzt fühle ich mich ganz munter und hätte noch Lust auf einen Spaziergang. Vielleicht zum See hinunter?»

Der Herr nickte, und wir schlenderten langsam den Spazierweg hinab zum See. «Im Prinzip ist es ganz einfach. In jedem von uns ist der Wunsch nach Harmonie, nach Zusammenarbeit, nach Ganzheit. Wir wünschen uns dies so sehr und erleben für einige Momente so etwas wie ein Gefühl des Einsseins und der Einheit. Und im nächsten Moment empfinden wir wieder Trennung. Das ist merkwürdig genug, noch seltsamer aber ist, daß die Eins die Zwei quasi fordert.

Die Einheit kann zwar aus sich heraus bestehen, doch scheint in ihr schon der Wunsch nach einem Gegenüber angelegt zu sein.»

«Das Gegenüber ist auch gar nicht aus der Einheit wegzudenken», erwiderte ich.

«Genau. In einem Buch, ‹Kybalion› genannt, einer Sammlung von sieben hermetischen Sätzen beziehungsweise Prinzipien, wird es so formuliert: ‹Alles ist zwiefach, alles hat zwei Pole, alles hat sein Paar von Gegensätzlichkeiten; gleich und ungleich ist dasselbe; Gegensätze sind identisch mit der Natur, nur verschieden im Grad; Extreme berühren sich; alle Wahrheiten sind nur halbe Wahrheiten; alle Widersprüche können miteinander in Einklang gebracht werden.›»

«Was ist eigentlich das Symbol für die Zwei?»

«So wie der Punkt die Eins, kann die Linie die Zwei symbolisieren. Wir sollten dabei nicht vergessen, daß alles, was besteht, sich – durch bloßes Vorhandensein – sein Gegenteil schafft. Das Positive schafft sich etwas Negatives; ein aktives Prinzip bringt sein Gegenteil, ein passives Prinzip mit sich. Wo Licht ist, ist auch Dunkelheit, und Dunkelheit ist im Licht bereits enthalten und vice versa.

Alles um uns herum ist von zweifacher, dualer Erscheinungsform, sowohl das Sichtbare als auch das Unsichtbare, das Materielle sowie das Informelle. Ihnen ist vielleicht das hermetische Gesetz der Entsprechung bekannt, das lautet: ‹Wie oben, so unten!›

Und wir haben wieder die Entsprechung, nicht den Gegensatz, sie besagt, daß die Zweiheit aus der Einheit kommt, daß sie damit immer vereint ist und somit als eine Kraft wirkt, die ‹Wunderdinge› verrichten kann. Die Alchemie stellt die Zweiheit oft als Mann und Frau oder ‹weiblich› und ‹männlich› dar, womit nicht das Geschlecht des Menschen gemeint ist, sondern der Versuch, zwei offensichtlich gegengeschlechtliche Tendenzen in der Natur auszudrücken. Daraus sind seltsame Spekulationen entstanden, die allesamt den wahren Sachverhalt eher verschleiern als erhellen. Ebensowenig wie die eindeutig geschlechtlichen Darstellungen der klassischen indischen Tempel das besagen, was sie auf den ersten Blick zeigen, ebensowenig tun es die alchemistischen Bilder.» Er machte eine kurze Pause.

«Hell und dunkel, heiß und kalt, männlich und weiblich, aktiv und passiv und so weiter sind also Erscheinungsformen der Zweiheit. Bei uns Menschen heißt dies wohl: ‹Wer nicht für mich ist, ist gegen mich!› Dahinter steckt ein Schwarzweißdenken, eine ausschließende Logik, wobei nicht beachtet wird, daß es, um im Bild zu bleiben, zwischen dem Schwarz und dem Weiß viele Zwischenstufen von Farben gibt.

Für den Rosenkreuzer gilt es, immer auch die andere Seite des Seins zu berücksichtigen. Befinde ich mich – bildlich gesprochen – an einem Pol, muß ich den anderen Pol sehen und umgekehrt. Der Gedankengang des ‹Sowohl-Als-auch› integriert die Gegensätze, ohne daß sie ihren Wert verlieren.

Extreme können umschlagen und Freunde zu Feinden werden. Und wenn etwas seinen höchsten Entwicklungspunkt überschritten hat, folgt notwendigerweise der Verfall. Durch immer größere Expansion kann man dem Verfall vorbeugen, doch auf Kosten der Übersichtlichkeit, was eine andere Art von Verfall zeitigen wird. Bei der Dualität darf nicht vergessen werden, daß Gegensätze zusammengehören.»

Er kramte in seiner mitgeführten Mappe und hielt mir unter einer Straßenlaterne ein Bild entgegen, eine Zeichnung, die von dem «Rosenkreuzer» Michael Maier (1568–1622) stammt.

Abgebildet ist ein Mann, der mit einem Zirkel einen Kreis gezogen hat, in dem sich ein Dreieck befindet, dessen Spitze den Kreis nicht berührt. Das Dreieck selbst umschließt ein Quadrat und in diesem stehen ein Mann und eine Frau, die selbst wiederum in einen Kreis eingefaßt sind. Den Hintergrund der Zeichnung bildet eine Steinmauer, deren Putz stellenweise abgebröckelt ist, so daß man vermuten könnte, die noch übriggebliebenen Formen könnten eine Landkarte der Welt sein.

Er las mir auch den Begleitspruch vor, dem zufolge man einen
Mann und eine Frau nehmen soll, also zwei Gegensätze, die zu
einer Einheit – eben durch den Kreis – werden. Gegensätze werden zu Ergänzungen, dadurch aber noch lange nicht aufgehoben. Aus der Zweiheit muß erst die göttliche Trinität erkannt
werden, das Dreieck also, und erst wenn alles durch den Kreis
geeint ist, kann von einer Einheit gesprochen werden, sowohl
im Mikrokosmos, dem Menschen, als auch im Makrokosmos,
jener ganzen Welt – symbolisiert durch die Mauer und die Welt-
karte.

Er steckte das Bild wieder ein, und ich wollte weitergehen, doch
er hielt mich mit seinen Worten zurück.

«Der Mensch ist ein duales Wesen», sagte er, «mit einem ‹äußeren›, materiellen Körper, der als Wohnung der Seele dient, und einen ‹inneren›, geistigen Körper, der sich im psychischen Bereich manifestiert. Da haben wir also die Dualität in uns selbst.»

Dann fügte er, ehe wir weitergingen, hinzu:

«Wenn Sie in sich Ihrer Einheit bewußt werden, treten sie automatisch in Widerspruch zu Ihrer Umgebung. Das ist schon fast eine Gesetzmäßigkeit. Dem erwachenden Gefühl der Einheit steht jene Zweiheit gegenüber, die Sie auffordert, auch das andere in sich zu integrieren und Ihren Zustand zu überprüfen. Dies hat praktische Auswirkungen, weil alles, was wir tun, sagen oder denken, im selben Augenblick mit seinem Gegenteil, mit der Zweiheit konfrontiert wird. Die Rosenkreuzer sagen: ‹Die Wahrheit prüft sich selbst durch ihr Gegenteil!› Das Mitdenken des Gegenteils, des anderen ist Teil der rosenkreuzerischen Philosophie.»

Ich war beeindruckt von diesem Gedanken, obwohl ich ihn nicht fassen konnte.

«Eine faszinierende Aussicht, die weitreichende Auswirkungen hat, wendet man sie auf die Psychologie oder die Naturwissenschaften an.»

«Sie wird ja dort bereits angewandt, doch ist sie schon viel früher zu finden, bei den Alchemisten, Hermetikern und Rosenkreuzern. Warum sollte man das ignorieren? Aus der Vergangenheit ist viel zu lernen. Aber um unser Thema etwas philosophisch abzuschließen: Die Zweiheit ist also unsichtbar, dialektisch in sich und mit sich selbst verbunden.»

Mittlerweile hatten wir den See erreicht und folgten dem schön angelegten Uferweg mit seinen aufgereihten Sitzbänken. Wir waren nicht die einzigen, die den schönen Sommerabend zu einem kleinen Abendspaziergang nutzten.

Ich hing meinen Gedanken nach. Ich erinnerte mich an Vorfälle in meiner Vergangenheit, als aus Vertrauten plötzlich

Fremde wurden. Menschen, die man jahrelang zu kennen glaubte, wurden anders, nicht gerade Feinde, aber ich hatte mich von ihnen gelöst, sie aus den Augen verloren, wir hatten uns nichts mehr zu sagen und ignorierten uns.

Gerade in der letzten Woche war in mir der Gedanke aufgetaucht, die Welt aus seiner umgekehrten Perspektive zu betrachten. Ist es also notwendig, daß Menschen sich auseinanderlebten und einen anderen Weg einschlugen, nicht nur, weil man sich nichts mehr zu sagen hat, sondern auch, weil – jeder für sich – Teile des anderen in sich aufgenommen hatte? Das andere war zum Eigenen geworden, das Fremde zum Vertrauten. Das hatte doch auch etwas mit der Dualität zu tun? War das typisch rosenkreuzerisch?

Muß ich also lernen, die Welt umzudrehen? Eine merkwürdige Vorstellung. Ich war völlig meinen Gedanken gefolgt, so daß ich ein wenig aufschreckte, als er mich fragte, ob wir uns hierhin setzen wollten.

«Es ist ein besonders schöner Blick auf den See. Die Lichter der Häuser am anderen Ufer sind zu sehen, und das sanfte Licht der Uferlaternen läßt es ohne weiteres zu, etwas zu lesen.»

Im selben Moment hält er mir einen längeren, handschriftlichen Abschnitt entgegen.

«Für unser beider Gedanken etwas Drittes», er lächelte fast ummerklich, «denn nicht die Einheit oder Zweiheit wirken, sondern auch die Drei hat ihren Einfluß auf uns. Die Rosenkreuzer verbinden die Drei mit dem Gesetz der Ursache und Wirkung. Sie sehen es nicht nur als ein streng mechanisches Gesetz, so wie Sie es vielleicht aus der Physik her kennen, sondern es hat einen tiefen geistigen Hintergrund. Lesen Sie doch einmal folgendes Zitat von Gustav Meyrink, übrigens: er wohnte am Ufer eines Sees.»

Ich las:

«Die Geschichte mit der Ursache und Wirkung verhält sich, scheint mir, ganz anders. Ursachen können wir nie erkennen;

alles, was wir wahrnehmen, ist Wirkung. Was uns Ursache zu sein scheint, ist in Wahrheit nur ein – Vorzeichen. Wenn ich diesen Bleistift hier loslasse, wird er zu Boden fallen. Daß das Loslassen die Ursache des Herunterfallens ist, mag ein Gymnasiast glauben, ich glaub's nicht. Das Loslassen ist ganz einfach das untrügliche Vorzeichen des Herunterfallens. Jedes Geschehnis, auf das ein zweites folgt, ist dessen Vorzeichen. Ursache ist etwas vollständig anderes. Allerdings bilden wir uns ein, es stünde in unserer Macht, eine Wirkung hervorzubringen, aber es ist ein unheilvoller Trugschluß, der uns die Welt beständig in einem falschen Licht sehen läßt. In Wahrheit ist es nur ein und dieselbe geheimnisvolle Ursache, die den Bleistift zu Boden fallen macht und mich kurz vorher verleitet hat, ihn loszulassen. Eine plötzliche Denkänderung des Menschen und ein Beben der Erde kann wohl gleiche Ursachen haben, – aber daß das eine die Ursache des anderen wäre, ist vollkommen ausgeschlossen, so plausibel es auch dem ‹gesunden› Verstand dünken mag. Das erste ist genauso Wirkung wie das zweite; eine Wirkung ruft die andere niemals hervor, – kann, wie gesagt, ein Vorzeichen sein in einer Kette von Geschehnissen, aber sonst auch nichts. Die Welt, in der wir leben, ist eine Welt der Wirkungen. – Das Reich der wahren Ursachen ist verborgen; wenn es uns gelingt, bis dorthin vorzudringen, werden wir zaubern können» (Meyrink, Das grüne Gesicht, S. 153 f.).

Nachdem ich den Abschnitt fertig gelesen hatte, sagte ich:
«Meyrink kehrt die wissenschaftliche Auffassung von Kausalität einfach um, nicht wahr? Für Meyrink fällt der Bleistift nicht durch die Schwerkraft zu Boden, nicht einmal das Loslassen ist die eigentliche Ursache. Er sagt, daß die eigentlichen und wesentlichen Ursachen geistiger Art sind, daß sie aus einem Bereich stammen, der sich unserem Wissen und noch mehr unserer Wahrnehmung entzieht. Das ist doch so, oder?»
«Und noch vieles mehr. Gustav Meyrink – man sagt von ihm,

daß er den Rosenkreuzern nahestand und ihr Wissen sehr schätzte – führt die Kausalkette ad absurdum: Was veranlaßte das Loslassen des Bleistifts? Was waren die Beweggründe des Loslassens? Was waren dann die Gründe dieser Gründe? und so weiter. Er landet schließlich bei der geistigen Realität. Und noch mehr: Der ‹anderen› Kausalität liegt eine ‹andere› Auffassung von Wirklichkeit zugrunde, eine Wirklichkeit, die ‹Wirkung› ist und deren Ursachen unsichtbar sind.»

«Die Stelle paßt wirklich zu unser beider Unterhaltung heute abend, liegt die Ursache bei Ihnen?»

Im See vor uns spiegelten sich die Lichter der Laternen. Die Lichter auf dem See wurden vom sanften Wellenschlag bewegt. Und dennoch bewegten sie sich trotz allem nicht. Es war ja das Wasser, das sich bewegt, nicht die Lichter. Eine Täuschung, und dennoch für einem Moment wirklich. Was aber ist das Licht der Laternen wirklich? Strom? Eine Glühbirne? Das alles machte jetzt keinen Sinn mehr.

Die Welt um mich herum war verzaubert, oder nahm sie nur wieder jenen ursprünglichen Glanz an, den sie einst hatte? Es war einfach schön, den Lichtern zuzusehen, wie sie sich verzerrten und sich im Wasser spiegelten. Es war überaus angenehm, den warmen Abendwind zu spüren und entfernt, kontrapunktisch dazu ein wenig Straßenlärm zu hören. All das war nicht verkehrt und war nicht wirklich. Hier zu sitzen, auf das Wasser des Sees zu schauen, mir selbst und meiner Umwelt bewußt zu sein, das vermittelte mir ein Gefühl der Einheit. Eine friedliche Stimmung, voller Zuversicht und Vertrauen.

«Es tut mir leid, aber ich glaube, daß ich jetzt den Heimweg antreten sollte.» Der Herr erhob sich. Ich löste mich nur sehr schwer aus diesem Gefühl von Zufriedenheit und Müdigkeit.

«Wirklich, es tut mir leid, diese überaus friedvolle Stimmung zu stören, aber ich habe morgen noch einen langen Tag vor mir und ich möchte noch das eine oder andere erledigen.»

«Heute noch?», fragte ich verwundert.

«Nun», er lächelte, «ich kann jetzt nicht so einfach ins Bett gehen.»

«Werden Sie etwa noch meditieren?»

«Das nicht gerade, aber es gibt eine rosenkreuzerische Methode, den Tagesablauf für sich festzulegen.»

«Also gibt es doch Regeln oder Vorschriften bei den Rosenkreuzern?»

Ich erhob mich, und wir gingen in Richtung unseres Treffpunktes.

«Es ist eine schwierige Frage, die Sie mir stellen. Es gibt schon einige rosenkreuzerische Regeln oder Vorschriften. Doch das rosenkreuzerische Weltbild ist eher von der Toleranz und Einsicht geprägt, was wiederum verhindern soll, daß man gezwungen ist, sich an Gebote oder Regeln zu halten, die der eigenen Erfahrung entweder widersprechen oder noch nicht entsprechen.

Es wäre einfacher zu sagen: Tu dies oder tu das nicht! Das widerspricht aber dem rosenkreuzerischen Geist. Also kann ich an Sie nur weitergeben, was ich mir selbst erarbeitet habe und so ist es durch meinen Kenntnisstand gefiltert. In dem Sinne bin ich kein Rosenkreuzer, weil alles, was ich Ihnen sagen kann, zwar rosenkreuzerisch ist, aber auch noch etwas anderes mitschwingt. Deshalb: Inwieweit es den ‹wahren› Rosenkreuzerlehren entspricht, vermag ich zwar nicht zu sagen, aber es gibt sicherlich viele Übereinstimmungen.»

«Können Sie mir nicht noch etwas mit auf den Weg geben, damit ich das alles besser verdauen kann?»

Er nickte und hielt mir einen kleinen Vortrag, den ich mit meinen Fragen nicht unterbrechen wollte. Teils lag dies an meiner erneut aufkommenden Müdigkeit, teils daran, daß ich so sehr in mich gekehrt war, daß ich beinahe unfähig war, zu sprechen. Die Müdigkeit allein, die Stimmung und unser Gespräch bewirkten bei mir, wie selbstverständlich schweigsam zuzuhören.

«Es gibt den alten Spruch», begann er, «der Schlaf ist der kleine Bruder des Todes. Die Gleichsetzung von Nacht = Schlaf = Tod und Tag = Wachen = Leben ist, nimmt man sie wörtlich, zu kurz gedacht. Dennoch ist im Schlaf unser Bewußtsein ein anderes als im Wachsein. Wir, so die Mystiker, gehen im Schlaf wieder dorthin, woher wir gekommen sind, treten ein in den Ursprung unserer Existenz. Die Nacht wird zu einem Symbol der Dunkelheit, des Nicht-Bewußten, des Unbewußten und dennoch geschieht so vieles in der Nacht.

Man spricht dem Unbewußten ein wirkliches Sein ab, indem man behauptet, es sei ein Reflex des Bewußtseins, eine dunkle Kammer, die wir mit allem möglichen vollstopfen. Diese Ansicht kann ich nicht mehr teilen. Viel eher meine ich, daß die Anregungen, die schöpferischen Impulse, auch aus dem oder besser: über den Bereich des Unbewußten kommen, und von daher möchte ich den Begriff *Unterbewußtsein* bewußt gebrauchen, um anzudeuten, daß in uns noch ein anderes Sein ist, zwar unbewußt, aber dennoch *seiend*. Natürlich darf man nicht den Fehler begehen und das Präfix ‹unter› wörtlich nehmen. ‹Unter› kann genausogut neben, hinter, vorne oder darüber meinen, es ist nicht räumlich lokalisierbar und nicht wertend.

Das Tages- oder mundane Bewußtsein ist für die Rosenkreuzer *eine* Seite unserer Bewußtheit, zu der noch das Unterbewußtsein kommt, aber auch noch etwas Drittes, was sie als Allbewußtsein bezeichnen. Letztlich verbinden wir uns also im Schlaf mit unserem Unterbewußtsein und dadurch mit dem Allbewußtsein. Wir kehren in unsere geistige Heimat zurück. Dies geschieht unbewußt, und wir merken wenig davon. Doch gerade durch dieses Eintauchen ins Allbewußtsein können wir uns inspirieren lassen, Antworten auf Lebensfragen erhalten, sei es durch Träume, intuitive Einsichten, Geistesblitze oder einfach dadurch, daß wir es ‹wissen›, ohne genau lokalisieren zu können woher.

Die Nacht ist eine ganz besondere Zeit, unsere Sinne sind geschärft, wir sind wesentlich aufnahmefähiger und sensibilisiert für unsere Innenwelt. Nicht umsonst nutzen die Rosenkreuzer und Mystiker gewisse Nachtzeiten, um sich auf die eigene Innenwelt einzustimmen. Wenn wir also zu Bett gehen, dann sollten wir dies als einen Akt der zusätzlichen Ein- und Abstimmung auf unser inneres Bewußtsein ansehen. Schlafen ist eine Kommunion mit dem Göttlichen in uns.

Alle Alltagssorgen und Alltagsgedanken sollten nicht in die Schlafenszeit hineingetragen, sondern vor dem Schlafengehen abgelegt beziehungsweise gereinigt werden. Es hat sich als sehr hilfreich herausgestellt, den Tag, so wie man ihn erlebt hat, im Geiste rückwärts ablaufen zu lassen und dabei zu versuchen, jene Geschehnisse, die einem unangenehm waren, auszugleichen. Dies kann durch einen positiven Gedanken, durch Verständnis für die andere Seite oder durch Eingeständnis der eigenen Unzulänglichkeiten – also falsch reagiert zu haben – geschehen. Ein Beispiel: Beim Autofahren werde ich scheinbar von einem anderen Autofahrer geschnitten oder jemand läßt mich nicht einfädeln, oder ich verhalte mich nicht den Verkehrsregeln und dem Gebote der gegenseitigen Rücksichtnahme entsprechend. Es hat jetzt keinen Sinn mehr, das Geschehene zu beschönigen oder zu beklagen. Es ist passiert. Würde ich es aber negieren oder ignorieren, so würde ich es verdrängen.

Mittlerweile ist ja hinreichend bekannt, daß das, was man verdrängt, uns wieder begegnet, auf die eine oder andere Art. Also gilt es, Ereignisse, an denen man beteiligt war und die einem im nachhinein unangenehm sind, weil man für sich selbst das Gefühl hat, falsch gehandelt zu haben, nicht von sich wegzuschieben, sondern man sollte versuchen, sie neutral zu betrachten und dann gute Gedanken, Gedanken der Harmonie, des Verzeihens und der Einsicht in dieses Bild zu geben. Wie das genau vor sich geht, das muß jeder für sich herausfinden. Erklären läßt sich das nicht. Dieser Vorgang der inneren Reinigung vor dem Schlafen, den Tagesablauf rückwärts ablaufen zu lassen, stimmt uns auf Schlaf ein und wird diesen friedlicher und intensiver gestalten. Die Träume werden klarer und nicht mehr verwirrend sein. Der Respekt vor meiner Innenwelt wird so ebenfalls zum Ausdruck gebracht. Ich verbinde mich mit meiner anderen, dunklen Seite und versuche mit ihr im Einklang zu leben.

Zur Vorbereitung auf den Schlaf gehört es ebenfalls, daß das Zimmer ausreichend gelüftet ist, ruhestörende Faktoren beseitigt sind und so weiter. Es kann auch helfen, ein Glas frischen Wassers zu trinken, um auch äußerlich anzuzeigen, daß man sich innerlich von den Alltagssorgen reinigt. Mit einem Gefühl des Dankes für den Tag begibt man sich voller Vertrauen in die Hände des Schöpfers, um es einmal so auszudrücken.

Am anderen Morgen bedanke man sich für den Schlaf, dafür, wieder bei Bewußtsein zu sein und besinne sich auch auf seine Träume. Ein Notizbuch für die Einfälle, die man hat, sollte bereitliegen. Die Einstimmung auf den Tag kann also damit beginnen, daß man nach dem Aufstehen sich nach Osten wendet, der aufgehenden Sonne entgegen, und ein paar Atemzüge vor dem offenen Fenster nimmt und ein paar Worte spricht, die das eigene Gefühl ausdrücken.

Es ist jetzt die Zeit, sich Gedanken über den kommenden Tag zu machen und sich vorzustellen, was man heute erledigen will, welche Probleme oder Schwierigkeiten und welche angenehmen Ereignisse einem bevorstehen. Im Vertrauen auf die innere Führung, gibt man seine Gedanken nach innen ab und denkt nicht mehr daran.

Der Morgen ist eine sehr interessante Zeit zur Einstimmung auf das Allbewußtsein und zur Meditation. Er ist anders als der Abend oder die Nacht, durch seine Reinheit und Frische kann er in uns Gefühle der Erneuerung hervorrufen, des Optimismus und der Zuversicht: ein neuer Tag, ein neues Glück. Im mystischen Sinne stimmt dies, da sich der Körper ständig erneuert und es eigentlich keinen Grund gibt – außer unserem starren Festhalten an den Gewohnheiten –, sein Leben ebenfalls nicht sofort, im Augenblick zu verändern. Der Körper tut dies in regelmäßigen Abständen, warum dann wir nicht?

Jeder neue Morgen kann etwas Neues bringen. Im Laufe des Tages wird es viele Impulse geben, die uns leiten und lenken, wenn wir dafür offen sind. Die abendliche Abstimmung und die morgendliche Einstimmung tragen viel dazu bei, die eigene Persönlichkeit zu erkennen und zu festigen. Es ist nicht mehr nötig, auf jemanden zu warten, der einem die Hand auf die Schultern legt und sagt, wo es langgeht. Ich werde dies selbst erfahren, wenn ich offen bin für den Tag. Diese Offenheit und das Gestimmtsein auf die innere Führung ermöglichen es mir, mich im rosenkreuzerischen Sinne selbst zu erkennen und mein Leben eigenverantwortlich zu gestalten.»

Wir waren mittlerweile wieder am Gasthaus angekommen und blieben davor stehen.

«Um dies abzuschließen», sagte er, «es gibt keine Vorschriften, wie das Leben oder der Tagesablauf eines Rosenkreuzers auszusehen haben. Es liegt in der eigenen Verantwortung, die Empfehlungen, die man im Laufe seines Studiums der Rosenkreuzerphilosophie erhält, zu übernehmen oder nicht. Man muß für sich prüfen und entscheiden, ob man sie annehmen kann oder nicht. Der Rosenkreuzerweg ist auch da ein Weg der Freiheit.

Die Weltanschauung und das Weltbild der Rosenkreuzer müssen immer wieder in Frage gestellt werden. Rosenkreuzer sind wandelnde Fragezeichen, sagt man. Aber dies ist keine krittelnde und destruktive Haltung, sondern eine, die das annimmt, was einem selbst entspricht, und das verwirrt, was einem nicht entspricht. Das, was ich annehme, kann durchaus verschieden von dem sein, was mein Nachbar oder Bekannter gutheißt und umgekehrt.

Jeder muß seine eigene Methode für sich finden, um die Anlagen, Möglichkeiten und Vorstellungen zu verwirklichen, die im Innern verborgen sind. Der bewußt gestaltete Tagesablauf hilft dabei, dies zu tun. Mehr kann ich Ihnen nun wirklich nicht sagen.»

Ich nickte, und wir verabschiedeten uns, nicht ohne auf übernächste Woche zu verweisen, wo jener besondere Vortrag stattfinden sollte.

Die Nacht war sehr angenehm, und ich trug das Vortragsmanuskript, das ich die ganze Zeit in meinem Händen hielt, mit einem gewissen Hochgefühl nach Hause.

Am nächsten Tag nahm ich mir den Vortrag über ‹Die Weltanschauung der Rosenkreuzer› vor. Nachdem ich mir dann sicher war, daß keine Störungen drohten, begann ich die Manuskriptseiten hervorzuholen, machte es mir gemütlich und begann mit der Lektüre:

Die Weltanschauung der Rosenkreuzer

Karma ≋ Reinkarnation ≋ Was verstehen die
Rosenkreuzer unter Seele? ≋
Die Akasha-Chronik ≋ Der Tod als Übergang ≋
Das Gottesbild der Rosenkreuzer ≋
Erleuchtung und unio mystica

Die Weltanschauung der Rosenkreuzer beruht einerseits auf Erfahrung, aber der Grund dieser Erfahrung ist kein rationaler, sondern er basiert auf der inneren Schau.

Wir bilden uns selbst in einer Weltanschauung. Damit ist kein

Weltbild gemeint, denn Weltbilder verbilden die Welt, statt uns den Blick auf sie zu ermöglichen. Es ist wirklich der Blick auf die Welt gemeint, die aus der Schau, aus einem meditativen Zustand heraus gewonnen wird.

Zur rosenkreuzerischen Weltanschauung gehören – einen kleinen Ausschnitt werden wir behandeln – Begriffe wie Karma, Reinkarnation, Initiation, Mythos, Symbolik und Ritual. Es wird oft der Fehler gemacht, diese Begriffe analytisch zu betrachten, so, als ob sie sich aus dem menschlichen Verstehen ableiten ließen. Doch dem ist nicht so.

Mythen werden nicht erfunden, sie sind. Alles, was wir tun können, ist, unseren eigenen Mythos zu erfahren und zu leben, möglicherweise sogar weiterzugeben. Mag sein, daß wir ihn im Weitergeben verwandeln werden, doch diese Veränderung wird nicht willkürlich sein, sondern aus der Erfahrung erwachsen.

Ebenso ist es mit einem Ritual, dessen Form wir zwar begründen können: aber sein inneres Wesen, sein Geheimnis, werden wir dadurch nicht erfahren. Ebensowenig wie wir einen Mythos machen können, ebensowenig können wir ein Ritual erfinden, jedenfalls nicht in seiner Ganzheit, seiner Tiefe und seiner Wirksamkeit.

Alle rosenkreuzerischen Schriften sprechen von einer universalen Gesetzmäßigkeit, die sie «Gesetz des Ausgleichs» nennen, ein Begriff, der später durch den «Karma-Gedanken» abgelöst wurde.

Karma, ein Konzept, das aus der indischen Philosophie übernommen und als solches erst im 19. Jahrhundert – im Zuge der theosophischen Bewegung – verwandt wurde, bedeutet übersetzt «Tat». Häufig wird Karma als Strafe für böse Taten angesehen, doch das würde dem Prinzip der allumfassenden göttlichen Liebe widersprechen.

Unter Liebe verstehen die Rosenkreuzer nicht eine subjektive Gefühlsregung, sondern eine reine Form der Liebe, die sich nie erschöpft und immer *da* ist. Sie durchdringt die gesamte Schöpfung. Wird sie im richtigen mystisch-rosenkreuzerischen Sinne verstanden, entdeckt sie alle Geheimnisse, die es gab, gibt und geben wird. So ein Begriff von Liebe umfaßt die Bereiche der körperlichen Liebe, die Liebe zu Dingen und Gegenständen, die Liebe zu einem Menschen bis hin zur Gottesliebe als ihr höchster Ausdruck. Ralph M. Lewis, ein moderner Rosenkreuzer, schreibt: «Es ist die Liebe der in uns lebenden universalen Seele zum Absoluten, die Liebe zur Einheit, von der sie immer ein Teil ist» (Das innere Heiligtum). Damit bringt er zum Ausdruck, daß Liebe immer mit dem Absoluten verbunden ist und damit der Quelle allen Seins, ja, Liebe ist nicht nur diese Quelle, sie ist auch Teil der von ihr ausfließenden Energie.

Liebe bedeutet nicht, alles zu tolerieren, denn dabei wird vergessen, daß auch das Nein zur Liebe gehört. Oder wie sollte sonst zum Beispiel ein Kind von seinen Eltern erzogen werden, wenn es nicht vor den Gefahren gewarnt beziehungsweise es durch Ermahnung von gewissen Handlungen zurückgehalten wird? Auch dies gehört zur Liebe und ist verbunden mit dem eigenen Selbstverständnis in bezug auf die Schöpfung. Dann werden Aussprüche wie: «Warum geschieht dies und das immer nur mir?» oder eine mögliche Unzufriedenheit mit sich und der Welt eine ganz andere Gewichtung erhalten, denn dies alles ist letztlich nur Ausdruck und Manifestation der eigenen Gedanken, Taten und Gefühle.

Wahre Liebe uns selbst und anderen gegenüber ist aber nur möglich, wenn wir gelernt haben, uns selbst anzunehmen, so, wie wir sind.

Jeder Mensch hat seine Schattenseiten und projiziert diese auf einen anderen. Beispielsweise wird ein kleines Kind dem Stuhl, an dem es sich gestoßen hat, die Schuld für seine Schmerzen zuschreiben. Es wird mit dem Stuhl schimpfen. In einem gleichen Fall wird der Erwachsene aber wissen, daß es nicht der Stuhl, sondern seine eigene Unaufmerksamkeit war, weshalb er sich gestoßen hat. Übertragen wir dieses Beispiel auf die zwischenmenschlichen Beziehungen, so wird rasch deutlich, daß es nicht die Eltern sind, die uns in unserer Entwicklung hemmen – zumal dann, wenn wir bereits erwachsen sind –, sondern daß wir selbst es sind, weil wir uns nicht von dem Einfluß anderer befreit haben. Es ist daher nutzlos, den Eltern, der Umwelt, der Erziehung Schuld an gewissen Lebensumständen zu geben. Auf dem rosenkreuzerischen Pfad muß man lernen, für sich selbst Verantwortung zu übernehmen.

Jeder kommt in Situationen, in denen er etwas Bestimmtes lernen muß. Lernt er es nicht sofort, so wird er immer wieder Ähnliches erleben, um seine Lehre daraus zu ziehen. Das gilt auch für die gesamte Menschheit. Sie wird immer wieder in Situationen geraten, die sie selbst verursacht hat und woraus sie sich selbst befreien muß.

Das Annehmen der jeweiligen Umstände und der Wille, eigenverantwortlich zu handeln, geben dem Menschen seine Freiheit zurück. Karma als Gesetz tritt in Aktion, wenn wir mit dem göttlichen Plan in Konflikt geraten. Korrigieren wir unseren Weg, dann verändert sich die Situation. Begreifen wir es nicht, werden wir immer wieder auf das hingewiesen, was wir lernen müssen. Dies kann mitunter recht eindringliche Formen annehmen, denn es muß ein karmischer Ausgleich für frühere Taten erbracht werden. Unter Umständen wird man eine gewisse Wegstrecke, die man bereits gegangen ist, zurückgehen müssen, um etwas in Ordnung zu bringen.

Der Mensch hat die freie Wahl: Er kann aus eigener Erkenntnis und aus eigenem freien Tun die entstandene Disharmonie – das *Nicht-Übereinstimmen* mit den kosmischen Gesetzen – ausgleichen, um in seinen früheren, ursprünglichen Zustand zurückzukehren. Diese besonderen Anstrengungen um Wiedergutmachung beinhaltet unter Umständen Leiden, Mühsal, Opfer und Entbehrungen. Karma bedeutet also nicht Strafe, sondern Ausgleich. Und der Mensch sollte seine Haltung dahingehend ändern, daß er sich um Ausgleich bemüht, nicht weil er es muß, sondern weil er es will!

Die Rosenkreuzer sagen, daß alles Übel, alles Böse in der Welt eine Abwesenheit des Guten ist. Führt der Mensch ein Leben in Übereinstimmung mit den kosmischen Gesetzmäßigkeiten, bleibt er im Einklang mit dem positiven, kreativen Guten, das im Universum waltet.

Handelt der Mensch *böse*, verletzt er die kosmische Ordnung, dann *tut* er nichts im Sinne von dem, was die Rosenkreuzer unter *Tun* verstehen. Wir können aber nur für Dinge die Verantwortung übernehmen, die wir wirklich *tun*. In diesem Sinn zeichnet das absolute Gedächtnis also nicht das auf, was wir tun, sondern das, was wir *unterlassen* haben zu tun, und das ist das Nicht-Tun des Guten. Dafür muß ein Ausgleich erbracht werden.

Der Rosenkreuzer sieht also in der *Unterlassung* das eigentliche kosmische Problem, nämlich in der Unterlassung des Guten. Es werden weder die sogenannten Sünden oder bösen Taten in der Akasha-Chronik – dem kollektiven Gedächtnis der Menschheit, in dem alles aufbewahrt ist, was war, ist und sein wird – aufgezeichnet, sondern daß etwas nicht getan wurde. Die Aufgabe muß es sein, diese Unterlassung auszugleichen, was durch die Tat geschieht. Denken allein genügt nicht. Auch schöne Worte helfen nicht. Das alles nützt deshalb nichts, weil es keine positiven Energien freisetzt. Will der Mensch in Übereinstimmung mit den göttlichen Gesetzmäßigkeiten leben, so sollen sie ihm bekannt sein, denn Nicht-Wissen schützt nicht vor Leiden.

Um dies noch einmal deutlich zu sagen: Karma tritt dann in Kraft, wenn ich es unterlasse, in Übereinstimmung mit dem Schöpfungsplan zu handeln. Karma wirkt wie eine Kraft, die mich, wenn ich von dem mir vorgeschriebenen Weg abweiche, wieder dorthin zurückführt. Wie ein Hirte seine Herde mittels einiger Hirtenhunde, die unter Umständen bellen und beißen, auf dem Weg hält, so sorgt das Gesetz vom Karma dafür, daß ich von meinem Weg nicht abkomme. Abweichungen von meinem Weg sind also Unterlassungen meiner Möglichkeiten zu reifen.

Ein Zug, der aus seinem Gleis geraten ist, wird auch wieder auf die Schiene zurückgesetzt, ebenso der Mensch, der von seinen Möglichkeiten und Mitteln keinen Gebrauch macht. Er wird durch das Karma «gezwungen», sich selbst anzunehmen und sich selbst zu verwirklichen. Die dabei auftretenden Schicksalschläge sind vergleichbar mit den Schlägen eines Stokkes, der den Ochsen antreibt. Wir sind, bildlich gesehen, dieser Ochse, und Karma ist der Stock.

Ein grundsätzliches Mißverständnis ist es ebenfalls, anzunehmen, man könne dem Karma entfliehen. Wohl kann man es ausgleichen, indem man vorzeitig einsieht, daß etwas nicht so ganz richtig war, und daraufhin einen Ausgleich erbringt, zum Beispiel in dem man einen Fehlgriff zugibt, eine vorschnelle Bemerkung entschuldigt und so weiter. Dennoch wird das Gesetz von Karma wirksam, nur eben gemildert.

Völlig verkehrt ist es zu glauben, daß eigene karmische Verwicklungen sich quasi von selbst lösen. Die karmischen Verpflichtungen sind ja gerade dazu da, den Betroffenen zu zeigen, was er tun und was er unterlassen sollte. Es gibt also keinen Grund, wieso sie von uns genommen werden sollten. Auch im Nirvana zu sein bedeutet letztlich dem Karma überantwortet zu sein. Der Unterschied besteht darin, daß ich dann *im* Karma bin und Ursache und Wirkung sich gegenseitig aufheben. Dies ist es auch, was letztlich unter Gnade und Erlösung zu verstehen ist.

Vieles könnte uns leichter fallen, würden wir einsehen, daß nicht alles nur gegen uns ist. Warum freuen wir uns nicht über berechtigte Kritik oder auch über unberechtigte. Daran können wir wachsen und innerlich reifen. Leichter gesagt als getan. Eitelkeit und Eigenliebe sind doch sehr groß.

Es ist ein grundlegendes Mißverständnis anzunehmen, daß man sich durch Tun ein «falsches» Karma auflädt. In der Bhagavad Gita – eine Schrift, die die Rosenkreuzer des 19. und 20. Jahrhunderts schätzen – wird der Held gezwungen zu handeln! Auch wir werden nicht darum herumkommen zu handeln. Es kommt aber darauf an, *wie* es getan wird.

Die Rosenkreuzer haben immer betont, daß der Mensch zwar ein geistiges Wesen ist, aber auf der irdischen, materiellen Ebene wirken muß. Er *muß* tätig sein! Der Ausspruch aus der «*Fama* Fraternitatis» «nequaquam vacuum» (Nirgends leerer Raum) deutet darauf hin, daß es nie Stillstand geben kann und keinen Ort, an den man sich zurückziehen kann, um den Erfordernissen des Lebens zu entfliehen.

Was aber ist Leben? Was ist Seele? Was Bewußtsein? Wie können wir uns selbst bewußt werden? Was inkarniert sich wieder neu, der Körper, die Seele, die Persönlichkeit? Ist es möglich, einmal als Mensch, dann als Tier, dann als Pflanze wiedergeboren zu werden?

Wenn man begreift, was die Rosenkreuzer unter «Seele» verstehen, dann ist es klar, daß sich ein Mensch nicht als Pflanze oder Tier inkarnieren kann. Wenden wir uns nun dem Begriff Seele zu, um dann erläutern zu können, wie die Rosenkreuzer die Reinkarnation verstehen.

Seele, im Griechischen «Psyche» genannt, im Lateinischen «Anima», hat die Grundbedeutung «Hauch» und gilt als Bewegendes, als «die Bewegliche». Bei Homer galt die Seele nur als Lebensgeist, der im Körper wohnt und diesen beim Tod verläßt. Die Seele war damals weder Instrument des Willens, des Gefühlslebens und der Wertempfindung, noch hatte sie etwas mit dem Selbst und damit dem Selbstbewußtsein zu tun.

Die Mystiker der Vergangenheit und vor allem Meister Eckhart sprechen von einem Seelengrund oder Seelenfunken. Meister Eckhart sagte dazu «fünkelin» (Seelen-Fünklein) – «Die Seele hat etwas in sich, einen Funken der Rechtschaffenheit, der nie erlöschen wird.» («Diu sele hat etwas in ir, ein fünkelin der redlichkeit, daz niemer erleschet») oder: «Wisset, es gibt eine Kraft in der Seele, die ist umfassender, als es der Himmel sein kann.» («Nu wizzent, ez ist ein kraft in der sele, diu ist witer, denn der wite himel.») Dieses *Seelenfünklein* ist der Ort, an dem die Seele fähig ist, sich mit dem Göttlichen zu vereinen, Aufnahme in das Göttliche zu finden.

Giordano Bruno sprach dem Weltall seelische Attribute zu, Paracelsus den organischen Elementen, Johannes Keppler in gewissem Sinne den Himmmelskörpern. Die Seele war in all ihren Abstufungen – Plotin würde sagen: Emanationen – ein fester Bestandteil der Philosophie und der Religion. Im Volksglauben und in Märchen wird sie durch den Schmetterling und den Vogel symbolisiert und in der Umgangssprache meint man, wenn man sagt, daß der- oder diejenige die «Seele» des Hauses sei, eine Belebung, eine *Beseelung* des Hauses.

Durch das 17. Jahrhundert, durch die Leib-Seele-Problematik und die Frage nach dem Sitz der Seele, wurde begonnen, die Seele mehr und mehr als Anhängsel des Körpers anzusehen, um im 19. Jahrhundert die Seele und damit das Bewußtsein aus der Gehirntätigkeit abzuleiten. Durch die Psychologie und Physiologie hat man sich angewöhnt, lediglich von Psyche zu sprechen. Der Begriff Seele blieb den Religionen vorbehalten.

Die Rosenkreuzer nehmen den Gedanken einer Welt- oder Universalseele an, mit der alle Menschen verbunden sind. Weiter sagen sie, habe jeder Mensch eine Einzel- oder Individualseele, die die Rosenkreuzer *Seelenpersönlichkeit* nennen, entsprechend dem «Seelenfünklein» von Meister Eckhart.

Die Seelenpersönlichkeit, jener Anteil am Menschen, welcher göttlich, unsterblich und ewig ist, steht dem Charakter, dem, was unter Individualität verstanden wird, entgegen. Letztere bildet sich im Laufe der Jahre durch die Sozialisation heraus. So sagen die Rosenkreuzer, daß unter Seelenpersönlichkeit derjenige Anteil der Seele verstanden wird, der zur Entwicklung fähig ist; denn die Seele an sich ist vollkommen.

Nach ihrer Vorstellung tritt die Seele beziehungsweise die Seelenpersönlichkeit um der Erfahrung und der Reifung willen aufgrund der eigenen Entscheidung in den Kreislauf der Geburt ein. Dieser Kreislauf wird Reinkarnation genannt.

Die Rosenkreuzer haben über die Reinkarnation die Vorstellung, daß sich die Seelenpersönlichkeit nach dem Tod wieder auf der Erde verkörpert. Dies geht nach einem gewissen Zyklus vor sich, der ein Verweilen auf der geistigen Ebene mit einschließen kann, das heißt die Seelenpersönlichkeit muß sich nicht sofort wieder inkarnieren, sondern es kann eine gewisse Zeit zwischen den Inkarnationen verstreichen. In dieser Phase ist sie wieder mit der universalen Weltseele verbunden, jedoch ohne körperliche Ausdrucksmöglichkeit. Der Kreislauf des Lebens ist also mit dem Tod nicht zu Ende.

In welche Umstände, Verhältnisse, mit welchen Fähigkeiten die Seelenpersönlichkeit inkarniert wird, hängt von verschiedenen Faktoren ab, denn jede Inkarnation verläuft anders und jedesmal wird die zu inkarnierende Seele sich eine andere äußere Persönlichkeit schaffen, andere Fähigkeiten, ein anderes Leben. Dies bedeutet, daß verschiedene Fähigkeiten, die wir haben, unter Umständen aus vergangenen Inkarnationen stammen können, neue sollen aber hinzugelernt werden.

Wenn eine frühere Individualität, eine frühere Fähigkeit wieder hervortritt, dann nicht deshalb, um das zu wiederholen, was bereits getan wurde, sondern um die Fähigkeiten in neuer Form kennenzulernen und zu einer neuen Harmonie des Wesens zu kommen, die nicht die Wiederholung dessen sein kann, was vorher bereits war. Einige der äußeren, kennzeichnenden Eigenschaften mögen wiederkehren, jedoch in veränderter Form. Die Energie wird in andere Richtungen gedrängt, um das zu vollbringen, was zuvor nicht möglich war.

Die Seele oder die Seelenpersönlichkeit, sobald sie sich vom Körper löst und ihre mentalen und vitalen Hüllen auf dem Wege zu ihrem Ruheplatz zurückläßt, bewahrt in sich den Kern der

Erfahrung. Damit sind nicht unbedingt die physischen Geschehnisse und Fähigkeiten gemeint, sondern das Wesentliche, die Essenz, die man aus ihnen gezogen hat, etwas, das man das göttliche Element nennen könnte, um dessentwillen das Übrige bestand. Und das ist die immerwährende Hinzufügung, die dem Göttlichen entgegenwächst. Daher hat man gewöhnlich keine Erinnerung an die äußeren Ereignisse und Umstände des vergangenen Lebens, die zwar im Unterbewußtsein vorhanden sind, meist aber nicht ins Bewußtsein treten. Es ist aber möglich, sich an vergangene Inkarnationen zu erinnern, um die Persönlichkeitsentwicklung und Selbsterkenntnis voranzutreiben.

Es ist heute Mode geworden, sich mit Reinkarnation zu befassen, und sie – ohne groß nachzudenken – in das eigene Weltbild zu übernehmen. Vieles, was aber als vergangene Inkarnation ausgegeben wird, ist leider reines Wunschdenken, was nicht weiter verwunderlich ist, wie wir noch sehen werden. Dennoch äußern immer mehr Menschen Bedenken darüber, was alles über Reinkarnationserfahrung ausgegeben wird. Betrachten wir nun den Weg, den ein Impuls aus dem Unbewußten zurücklegt, um sich als Eindruck einer vergangenen Reinkarnation in unserem Alltagsbewußtsein zu manifestieren.

Wenn wir uns mit unseren möglichen vergangenen Inkarnationen beschäftigen wollen, dann gehen wir automatisch davon aus, daß wir eine Antwort darauf aus unserem Gedächtnis erhalten. Weiter gehen wir davon aus, daß es nicht unser Alltagsgedächtnis ist, sondern eine bestimmte Art des Gedächtnisses, das als «absolutes Gedächtnis» oder aus der Überlieferung heraus als Akasha-Chronik bekannt ist, der Ort, an dem unsere Inkarnationserfahrungen gespeichert sind.

Die rosenkreuzerische Tradition sagt, daß Bewußtsein sich in verschiedene Bereiche aufteilen wird. So gibt es das Bewußtsein, das der Mitwelt oder Umwelt zugewandt ist, dann das Unterbewußtsein, welches sowohl persönlich als auch unpersönlich (C. G. Jung spricht vom «Kollektiven Unbewußten») sein kann.

Erst nach diesen Bereichen nähert man sich dem absoluten Gedächtnis oder der Akasha-Chronik.

Aufgrund eigener Träume – sie kommen aus dem Bereich des Unterbewußtseins – weiß man, wie relativ und unzuverlässig Trauminhalte wiedergegeben werden können. Wie muß es dann erst mit den Inhalten sein, die noch eine Stufe weiter *dahinter* liegen? Wie schwer kann man sich an ein eben gesprochenes Wort erinnern, an das, was gestern war? Wie schwierig ist es, genau zu sagen, was man im Alter von zehn Jahren am 17. August getan hat. Und dennoch ist es verwunderlich, daß «man» ganz genau «weiß», wie man damals in den letzten Inkarnationen gelebt hat, welchen Namen man trug, was man getan hat.

Diese kurze Illustration des Weges in die verborgenen Seiten des Bewußtseins – über das Alltagsbewußtsein und das Unterbewußtsein hinaus in die Akasha-Chronik und dann wieder von dort zurück – zeigt, mit welch Vorsicht und Bedacht sogenannte Reinkarnationserlebnisse und Bilder vergangener Inkarnationen genommen werden müssen, wie viele Unsicherheitsfaktoren dabei zu berücksichtigen sind. Vieles wird sich sicherlich als Wunschdenken herausstellen, und das wenige, das bleibt, muß sich anhand der Realität überprüfen lassen, sei es durch intensive historische Nachforschungen vor Ort, sei es durch zutreffende Erinnerungen, die zweifelsfrei nachgeprüft werden können.

Im Zuge der Selbsterkenntnis muß ich herausfinden, welche Fähigkeiten, Eigenschaften und Möglichkeiten ich in mir trage. Dabei können Erinnerungen an oder aus früheren Inkarnationen hilfreich sein. Es ist dabei nicht so wichtig, sich an Namen, Ereignisse, Berufe aus vergangenen Leben zu erinnern, sondern es geht vielmehr um die *Essenz* der letzten Inkarnation, über die man etwas wissen sollte. Daraus läßt sich das eigene Wesen, die eigene unvergängliche Persönlichkeit erkennen.

Reinkarnation als Hypothese anzunehmen, dabei kritisch und selbstkritisch zu bleiben, kann eine große Hilfe sein, um gewisse Phänomene unseres Alltags zu verstehen, die sonst unerklärlich sind. Dazu gehören besondere Begabungen, Fähigkeiten und Fertigkeiten, die man sich unmöglich innerhalb einer kurzen Zeitspanne angeeignet haben kann. Die Psychologie spricht dann von Begabung. Aber was ist Begabung wirklich? Warum ist der eine begabt und der andere nicht? Dazu kommen scheinbare Ungerechtigkeiten, die man dem Schicksal anlastet, die gesellschaftliche Stellung betreffend, Krankheiten, Leid und auch unverhofftes Glück, Erfolg und Anerkennung.

Die Rosenkreuzer sagen, daß das Sein aufbauend und schöpferisch ist und daß die Seelenpersönlichkeit durch Erfahrung reift. Wenn also Leiden auftritt, dann geschieht dies um dieser Erfahrung willen und nicht als Strafe. Der Mensch lernt und muß Erfahrungen sammeln. Das Gesetz des Ausgleichs, Karma, ermöglicht ihm dieses Lernen. Das Gesetz der Reinkarnation oder Wiedergeburt ist ein Teil dieses Lernprozesses auf dem Weg zur Selbsterkenntnis und damit ein wesentlicher Beitrag zur bewußten Rückbindung an den einen Ursprung, aus dem alles kam und in den alles eingeht.

H. Spencer Lewis, ein amerikanischer Rosenkreuzer, hat dies einmal folgendermaßen formuliert: «Eine wahre Lehre von der Reinkarnation versichert uns, daß wir viele Inkarnationen auf Erden haben, daß wir schließlich jedoch nach vielen Gelegenheiten, die Lektionen des Lebens zu lernen und unsere falschen Taten wiedergutzumachen, zum Bewußtsein des Jüngsten Tages kommen werden. Die Lehre von der Reinkarnation zeigt neben vielen anderen wunderbaren Dingen, die zu umfassend und zu zahlreich sind, als daß man sie hier einzeln aufführen könnte, daß der Zweck des Lebens und seiner Inkarnationsperioden darin besteht, uns die Mittel und Möglichkeiten zu geben, daß wir unser Heil vollenden. Es wird von uns erwartet, daß wir für Unzulänglichkeiten, die wir verursacht haben, Ausgleich schaffen, damit wir schließlich in das Kosmische Bewußtsein Gottes aufgenommen werden können und darin ewig verbleiben.»

Es stellt sich jetzt die Frage: Woher wissen «Karma» oder «Reinkarnation», was mit mir zu tun ist? Die Antwort darauf gibt die «Akasha-Chronik». Sie ist auch bekannt als das «Absolute Gedächtnis», in dem die Ereignisse der Vergangenheit, der Gegenwart und der Zukunft festgehalten sind. Wer kann aber darin lesen? Und in welcher Sprache werden diese Erlebnisse aufgezeichnet? Wenn diese Fragen von einem ganz anderen Gesichtspunkt aus betrachtet werden, wird dies vielleicht verständlicher. Stellen wir dazu die Frage: Wie offenbart sich Gott oder das Göttliche dem Menschen?

Das Göttliche wird sich jedem in *seiner* Sprache offenbaren. Ein Hindu erlebt das Göttliche in seiner Welt, ein Christ wird es in eine christliche Symbolik übersetzen, und ein Moslem sieht es im Kontext seiner Kultur und seines Erlebniskreises. Die vergleichende Religionswissenschaft zeigt weiterhin, daß unterschiedliche Religionen Gemeinsamkeiten aufweisen. Obwohl es schwierig ist, eine Religion oder ein mystisches System mit einem anderen zu vergleichen, ist es möglich, Ähnlichkeiten und Gemeinsamkeiten herauszuarbeiten. Es gibt zwar Unterschiede in Begriffen, Handlungen, Worten, auf der anderen Seite jedoch *ist* Einheit im Wesen des Göttlichen selbst begründet. Das Wesen des Göttlichen wird in allen Kulturen ähnlich dargestellt, und jeder Mensch interpretiert es aus seiner Sicht.

Die verschiedenen Vorstellungen vom Göttlichen entsprechen im Prinzip den Vorstellungen, die man sich von den Aufzeichnungen in der Akasha-Chronik machen kann. Genauso wie es eng mit dem jeweiligen Volk, den Lebensumständen, dem Kulturkreis und der Sozialisation zusammenhängt, wie eine göttliche Offenbarung gedeutet werden kann, verhält es sich mit den Informationen, die man aus der Akasha-Chronik entnimmt. Auch sie sind gefärbt von den Vorstellungen, Erlebnissen und Lebensumständen desjenigen, der sich in die Sphäre des absoluten Gedächtnisses begibt.

Dadurch, daß die Akasha-Chronik immer symbolisch beziehungsweise wortlos ist, bleibt jede Mitteilung aus der Akasha-Chronik Interpretation, Übersetzung und Auslegung. Die Mitteilungen der Akasha-Chronik werden als Symbol, Bild oder Impuls wahrgenommen, der *übersetzt* werden muß. Anders gesagt: Wir nehmen an, daß wir einen gewissen Impuls aus dem göttlichen Bereich wahrnehmen und diesen als Symbol deuten. Dabei sollte man sich langsam von der Vorstellung lösen, daß etwas unabhängig von dem Bewußtsein geschieht. Immer interpretiert es, legt aus und macht sich darüber Gedanken. Alles ist notwendigerweise subjektiv geprägt, oder wie es Goethe im «Faust» formulierte: «Du gleichst dem Geist, den du begreifst.» In diesem Sinne ist «lesen» in der Akasha-Chronik immer die eigene Auslegung eines Geschehens.

Bei der Akasha-Chronik gewinnt leicht die Phantasie die Oberhand. Die Rosenkreuzer raten deshalb zur Vorsicht und zu einer gewissen Skepsis all jenen Aussagen gegenüber, die ein einzelner für sich oder für andere aus dem absoluten Gedächtnis *geholt* – heute sagt man «gechannelt» – hat.

Durch die Idee der Akasha-Chronik wird auch der Gedanke der Unvergänglichkeit ausgedrückt, denn in der Akasha-Chronik herrscht keine Zeit, alles ist gleichzeitig, ewig und unvergänglich. Dieser Gedanke findet seinen Gegenpart im sogenannten Sterben oder Tod.

Für die Rosenkreuzer hat der Tod seinen Stachel verloren, denn er wird nicht nur in das ewige Werden und Vergehen des Seins integriert, sondern als Übergang betrachtet, der bewußt wahrgenommen und vollzogen werden sollte.

Der Mensch kann seiner Bestimmung nicht entfliehen, er kann nur seine Einstellung dazu ändern. Auch beim sogenannten Tod, der Transition oder dem Übergang von einer Seinsform in eine andere, kommt nach der Rosenkreuzer-Philosophie das Rad des Lebens nicht zum völligen Stillstand, denn das eigentliche Leben des Menschen beginnt nicht mit der Geburt und endet nicht mit dem Tod. Beides sind Durchgangsstationen, Tore oder Pforten, die der Mensch passiert.

Seit es Menschen gibt, wurde versucht, das Geheimnis des Todes zu ergründen. Es wurden Mittel und Wege gesucht, die Jugend zu bewahren, den Tod zu überlisten und unsterblich zu werden. Dahinter steht zumeist eine Grundangst, die lähmen und den Menschen unfähig machen kann, bewußt die Initiation der «großen Wandlung» – ein symbolischer Ausdruck für den Tod – zu erleben.

Für die Rosenkreuzer überdauert die Seelenpersönlichkeit den Tod, was zur Konsequenz hat, daß man über das Unausbleibliche, den Vorgang der Transition oder des Todes, intensiv nachdenken sollte, um zu begreifen, was da wirklich geschieht.

Es gibt viele Dinge auf dieser irdischen Welt, die wir nicht wirklich verstehen. Über Kummer und Leid sind wir betroffen, und es beunruhigt uns, wenn unser Leben nicht so verläuft, wie wir es uns vorstellen. Doch jeder muß Kummer und Leid bis zu einem gewissen Grade hier auf Erden ertragen. Es sind Erfahrungen, entsprechend der Evolution der gesamten Menschheit, die durchlebt werden. Sich ihnen zu stellen, gehört zum Leben. Und zum Leben gehört das Sterben.

Im Grunde genommen sollte die Transition eine Belohnung für ein erfülltes Leben sein, eine Erfüllung, die das jeweilige Leben abschließt, nicht aber das Ende der Existenz. Von daher ist kein Grund gegeben, die Transition zu fürchten, da sie ein Teil des Daseins ist. Sie verschafft uns einen Punkt der Manifestation, wo wir eins sind mit unserer Quelle, mit dem Urgrund allen Seins. Dies darf aber nicht dazu führen, daß man seine Transition vor der Zeit begehen sollte, was ein grober Eingriff in den Ablauf der natürlichen Gesetze des Daseins wäre. Konkret heißt das, daß Selbstmord für die Rosenkreuzer unvereinbar mit den kosmischen Gesetzen ist, nach denen zu leben sie sich bemühen. Wir müssen leben, bewußt leben, solange wir die Fähigkeit dazu haben, das ist Teil der rosenkreuzerischen Philosophie.

Aus dieser Sicht ergibt sich die Aufgabe, das Dasein nach bestem Wissen und Vermögen zu gestalten, um für eine höhere Ebene des Seins vorbereitet zu sein.

Die Dauer der Zeit aber, die jene individuelle Ausprägung benötigt, um sich im Leben zu äußern, liegt jenseits unserer menschlichen Verfügungsgewalt. Vieles von dem, was wir an Erfahrungen in der gegenwärtigen Inkarnation durchleben müssen, hängt von unserem Entwicklungsstand ab und davon, was wir aus einer vorangegangenen Inkarnation mitgebracht haben. Aber, so schmerzlich es klingen mag, wir sind für unsere jetzige Lebenszeit selbst verantwortlich. Der Schöpfer allen Seins hat uns den freien Willen gewährt, immer entscheiden zu können, ob wir etwas tun oder lieber lassen. Das bedeutet aber auch, daß wir die Konsequenzen unserer Entscheidungen zu tragen haben.

Der Mensch wurde zu einer lebenden Seele, um in sich das Geheimnis der Schöpfung zu tragen. Nach und nach enthüllt sich dieses Geheimnis und entfaltet sich vor unseren Augen, und wir erfahren das Eins-sein mit allem. Dies ist die eigentliche Philosophie der Rosenkreuzer, die maßgeblich mit ihrer Vorstellung von Gott verbunden ist.

In alten Rosenkreuzer-Manuskripten wird der Begriff «Gott», «Herr» oder «Jehova» beinahe gleichbedeutend nebeneinander gebraucht. Die Gottesvorstellung hat sich im Laufe der Jahrhunderte und Jahrtausende gewandelt. Heute würde niemand mehr ein Gottesbild, das einen Herrscher auf seinem Thron zeigt, wörtlich nehmen, sondern symbolisch sehen. Die Rosenkreuzer haben versucht, Gott nicht im Außen, sondern im Innen zu finden. Sie haben den Begriff des Seelenfünkleins ernst genommen und tradiert. Heute sprechen sie vom Gott in uns selbst und meinen damit jenen göttlichen Funken, der in allem lebt, was ist, im Menschen aber zu Bewußtsein, ja zu Selbstbewußtsein erwacht. Eine wichtige Akzentverschiebung liegt darin, daß sie nicht glauben, daß der Mensch Gott ist, durchaus aber, daß er göttlich ist. Die Allmacht des Menschen findet in der göttlichen Allmacht ihre Beschränkung.

Der Gott im eigenen Innern ist nicht getrennt oder verschieden vom universellen Einen. Es ist auch kein Privatgott oder, im Sinne eines göttlichen Pantheon, eine eigene, individuelle Personifizierung des Göttlichen. Die rosenkreuzerische Auffassung ist die, daß jeder Mensch mit dem Göttlichen verbunden ist – hier haben wir wieder den Gedanken der Eins, der Einheit – und daß diese Verbundenheit sich in einem Widerhall in uns selbst – dem Gedanken der Dualität, der Zwei – ausdrückt.

Für die Rosenkreuzer ist Gott die universale Intelligenz, die in der gesamten Schöpfung unerkennbar west, sie beseelt und ihr Gesetze gab. In Einklang mit diesen Gesetzen zu wirken, durch die sich Gott manifestiert, ist das höchste Ziel der Rosenkreuzer. Es ist teilweise erreicht, wenn der Weg der Selbsterkenntnis zur Gotteserkenntnis gelangt ist.

Über die Gotterkenntnis führt der Weg notwendigerweise zur Frage nach dem Anfang allen Seins. Die Rosenkreuzer behaupten, daß das *Sein* schon immer existierte und niemals einen Anfang hatte: «Alles, was *ist*, ist auf irgendeine Art und Weise *Sein*. Wenn etwas aus dem sogenannten *Nichts* entstehen kann, dann ist dieses nach aller Logik nicht Nichtsein, sondern es ist *etwas*. Ein Nichts könnte aus sich selbst nie existieren, ohne daß es ein Etwas wäre. Aus philosophischer und logischer Sicht müssen wir akzeptieren, daß das Sein *immer war*. Es kann keinen Anfang haben, denn woher sollte es auch kommen?» (Ralph M. Lewis, Mentale Alchemie, S. 29). Diese Überlegung kann noch weiter ausgeführt werden: «Das Sein kann nicht zerstört werden, denn seine Zerstörung würde die Annahme eines *Nichts* erfordern, in dem es aufgeht, und ein Nichts gibt es nicht» (Ralph M. Lewis, Mentale Alchemie, S. 29).

Ein anderer Philosoph, Eliphas Levi, sagt: «Das Sein besteht durch sich selbst, und weil es ist. Das Sein selbst ist die Vernunft des Seins. Möglich ist die Frage: ‹Warum ist etwas?› das heißt ‹warum ist dies und jenes?› Aber unmöglich: ‹Warum ist das Sein?› So würde man das Sein vor dem Sein voraussetzen.»

Die Erfahrungslogik ist durch solche Überlegungen an einem Endpunkt angelangt. Die Sprache ist notwendigerweise paradox. Das Unverkennbare des Göttlichen wird bei den Rosenkreuzern also in den Menschen selbst verlegt, obwohl es doch eigentlich außerhalb seiner selbst sein müßte. Dies bedeutet, daß der Mensch, um Gott zu erkennen und sich darüber klarzuwerden, zuerst sich selbst erkennen muß. Dadurch, daß jeder Mensch ein Teil Gottes ist und dies als Gewißheit in sich trägt, schließen die Rosenkreuzer, daß Gott im eigenen Innern gesucht und gefunden werden muß. Die Gotteserkenntnis geht damit notwendigerweise mit der Selbsterkenntnis einher, die sich an dem Satz «Erkenne dich selbst» festmachen läßt.

Der Satz: «Erkenne dich selbst» ist aber unvollständig. Es muß heißen: «Erkenne dich selbst, und du erkennst Gott», wie es in den griechischen Mysterienschulen hieß. Selbsterkenntnis wird zur Gotteserkenntnis, ein mühsamer Prozeß, der Zustände größter Klarheit und dunkelster Unwissenheit einschließt.

Die bewußte Hinwendung zur göttlichen Quelle, aus der alles kam und in die alles wieder eingehen wird, ist die Möglichkeit, die die Rosenkreuzer anbieten, um sich seiner selbst bewußt zu werden. Sie sprechen dann von Selbsterkenntnis, wenn man gelernt hat, sein wahres Selbst in sich zu vernehmen, um von dort Hilfe, Inspiration und Weisheit zu empfangen. Das «Ich», das Teil der äußeren Welt ist, findet im Prozeß der Selbsterkenntnis seinen ihm angemessenen Platz, als ausführendes Instrument, das der inneren Stimme gehorcht.

Die «innere Stimme» ist ein alter Ausdruck für jenen göttlichen Funken im Menschen, der den Menschen wieder zu seiner ursprünglichen Bestimmung führen soll. Ein anderer Name für die innere Stimme ist das Gewissen, eine beratende Instanz, die dem Ich helfend zur Seite steht. Da der Mensch nach den Rosenkreuzern frei wählen kann, hat er die Möglichkeit, den Ratschlag seines Gewissens entweder anzunehmen oder zu ignorieren. Es ist die innere Stimme, die letztlich die Gottesvorstellung der Rosenkreuzer prägte.

Die Rosenkreuzer gehen davon aus, daß man ab einem gewissen Grad nicht von selbst auf dem mystischen Pfade vorangehen kann, sondern auf ein bestimmtes Zeichen, einen Hinweis oder einen Ruf achten müsse, was bedeutet, daß man sich dann an einer Grenze befindet und nur noch abwarten kann. Das Ich kommt nun nicht mehr aus eigener Kraft voran. Es ist auf das Selbst angewiesen, das das Ich *rufen* muß.

Wenn also dieser Ruf ergangen ist, wird man ihm Folge leisten müssen, um zu neuen, ganzheitlichen Bewußtseinserfahrungen zu gelangen. Die Reise dahin kann weit und lang sein, sie kann kurz und beschwerlich sein, sie kann ein Vergnügen sein oder eine Qual. Wir wissen es vorher nicht, nur, daß wir sie antreten müssen, das wissen wir.

Wenn man in sich den Impuls wahrgenommen hat, etwas ganz Bestimmtes zu unternehmen, das der Gewohnheit zuwiderläuft und sich mit dem geregelten Alltag nur bedingt vereinbaren läßt, dann ist man nicht so ohne weiteres bereit, dem Folge zu leisten. Schon gar nicht, wenn eine bequeme und angenehme Lage, sei es beruflich oder privat, aufgegeben werden müßte. Nein, das wollen wir dann doch nicht. Sich des Bewußtseins bewußt werden, ja, aber bitte nicht zu viel.

Ein Aufbruch ist aber nötig. Im Wort *Aufbruch* steckt schon das Verb aufbrechen, ein Bruch mit etwas, der etwas anderes aufbrechen läßt. Etwas, das vielleicht verhärtet, verkrustet oder erstarrt war. Es bedarf eines Bruches, um sich zu befreien, und es bedarf eines inneren Impulses, der *nicht* vom Ich kommt, um im rosenkreuzerischen Sinne etwas zu verändern.

Jeder Mensch möchte gerne Außergewöhnliches erleben. Meistens wird dabei vergessen, auf die innere Stimme zu hören, denn diese – und nicht nur unser Wunsch – ist die Voraussetzung und die Gewähr dafür, daß man auf dem mystisch-rosenkreuzerischen Pfad sein Ziel erreicht.

Auf diesem Weg wird sich das Ich bewußt, daß noch etwas anderes existiert, nämlich das innere Selbst. Dann, einem gewissen Drang folgend, beginnt das Ich dieses Selbst zu suchen. Selbsterkenntnis wird zur Selbstsuche. Auf diese Selbstsuche muß man geschickt werden. Es ist einfach so. Mehr kann darüber nicht gesagt werden. Und in Wahrheit ist es dann keine Suche, sondern ein Finden. Eben weil an einen selbst der Ruf ergangen ist, eben deshalb wird man alles, was man benötigt, unterwegs finden, was letztlich bedeutet, gefunden zu *werden*. Die Schwierigkeit besteht darin, sich finden zu lassen, sein Ich vom Selbst finden zu lassen.

«Erkenne dich selbst», dieser uralte Ausspruch bedeutet nicht, daß das Ich das Selbst erkennt, sondern daß das Selbst das Ich erkennt, daß das Selbst sich im Ich wiedererkennt respektive widerspiegelt. Übersetzt hieße dies: «Erkenne dein Ich Selbst.» Und dann haben wir jenen eigenartigen Verschmelzungszustand erreicht, über den die Mystiker sagen: «Ich und die Welt, Ich und Gott, Gott und Ich sind eins.»

Es gibt für Rosenkreuzer nur *einen* Weg zur Selbsterkenntnis, den Weg, der nach Innen führt. Er führt geradewegs in das Zentrum allen Seins, zum eigenen Selbst und damit letztlich zu Gott.

Das Selbst jedes Menschen ist Teil einer umfassenden Ganzheit. Wird sich der Mensch seines Selbst bewußt, gelangt er über den jetzigen momentanen Bewußtseinszustand hinaus. Dadurch erreicht er vorübergehend das Absolute oder – wie es die Rosenkreuzer nennen – das Kosmische Bewußtsein, das mit den Begriffen wie: Unio mystica, Erleuchtung, Satori, Nirvana, *hieros gamos* (himmlische Hochzeit) umschrieben wird.

Das Bewußtsein des Menschen ist normalerweise an die Realität von Zeit und Raum gebunden, die mit den begrenzten Sinnen wahrzunehmen ist. Im Verlauf der Menschheitsgeschichte hat es aber immer wieder Männer und Frauen gegeben, deren Bewußtsein eine umfassendere Realität zu erleben schien. Für die Zeitspanne eines Augenblicks fühlten sich die Menschen mit der Gesamtheit des Daseins in unmittelbarer Verbindung. Alle Unterscheidungen der Wirklichkeit, alle Trennungen waren aufgehoben. Sie fühlten sich auf rätselhafte Weise in das ungeheure Eine aufgenommen und waren sich trotzdem ihres eigenen Selbst in einem hohen Maße bewußt. Dieser Zustand ist das höchste Ziel aller geistig-seelischen Vervollkommnung.

Die Rosenkreuzer bezeichnen diesen Zustand als «kosmisches Bewußtsein». Wie aus diesen beiden Worten hervorgeht, ist darunter das Bewußtsein des Kosmos zu verstehen. Es beschreibt einen Zustand der intuitiven Erkenntnis der Zusammenhänge des Menschen mit sich selbst und mit dem Universum, der allumfassenden Ordnung allen Seins. Einfacher gesagt: Kosmisches Bewußtsein ist: Eins mit allem zu sein, was ist. Es muß deshalb so sein wie das Bewußtsein Gottes – das vollkommene, ein Bewußtsein –, das alles durchströmt.

Was aber ist nun der Kosmos? Wir sind von einer Vielzahl von Realitäten umgeben, von Dingen, die genauso da zu sein scheinen, wie wir für uns selbst da sind. Die Rosenkreuzer definieren den Kosmos als einen Seinszustand. Er ist das, was ist.

Das, was ist, muß seiner inneren Natur nach aktiv sein, denn sonst würde es nicht sein. Es ist dabei zu bedenken, daß es kein Nichts als ein Gegenstück zum Kosmos geben kann, denn nichts ist nur die relative Abwesenheit von etwas, das ist. Wenn aber etwas ist, dann muß es zwangsläufig aus etwas Vorhandenem entstanden sein, aus einem schöpferischen, dynamischen Ursprung sozusagen. Es ist offensichtlich, daß es niemals etwas gegeben hat, und es niemals etwas geben kann, das etwas vollständig Leeres wäre. Eine solche Vorstellung ist menschliche

Täuschung. Deshalb hat es ein Sein, den Kosmos, schon immer gegeben.

Alles, was Bestand hat, muß in sich ein Streben tragen, um das sein zu können, was es ist. Sonach hat die uranfängliche kosmische Energie einen ihr innewohnenden Drang, zu *sein*. Das Bewußtsein ist das Gewahrwerden der Natur eines Dinges. Im Menschen ist das Bewußtsein kein für immer festgelegter Zustand. Es durchfließt wie ein Strom, der verschiedene Tiefen aufweist, fortgesetzt sein ganzes Wesen.

Bei der Einswerdung mit dem kosmischen Bewußtsein entfallen alle unterscheidenden Eigenschaften wie Zeit, Raum, Materie, Klasse und Art. Sogar das Selbst, wie wir es sonst kennen, ist dann anders. Es gibt keine Einzelteile des Körpers oder der Persönlichkeit. Wohl haben wir noch das Empfinden des «Ich bin», aber dieses «Ich bin» ist dabei doch zugleich der Kosmos oder, wie es in der kabbalistischen Tradition heißt: «Ich bin, der ich bin», was eine andere Art der Umschreibung für Gott oder das Göttliche ist; eine Auffassung, die die Rosenkreuzer teilen.

Die Einheit, das kosmische Bewußtsein und die Gegenwart Gottes in sich selbst wahrzunehmen, macht den Menschen zu einem Mystiker. Die Rosenkreuzer begnügen sich nicht damit, dies für sich selbst zu erleben, sie wollen dieses Einheitserlebnis anderen vermitteln. Dabei darf man nicht vergessen, daß jeder im Prinzip ein Mystiker ist, er weiß es nur noch nicht oder hat es bislang noch nicht erfahren.

Den Schritt in die Alleinheit bewußt zu gehen ist das Anliegen der Rosenkreuzer und dementsprechend ist auch ihre Auffassung eines Mystikers. Schließen wir diesen Vortrag mit einem Zitat von Ralph M. Lewis, das andeuten soll, wie weit verbreitet eigentlich «Mystiker» sein können und welch kleiner Schritt es zur Selbsterkenntnis sein kann beziehungsweise ist: «Wenn wir einen Mystiker kennenlernen wollen, sollten wir ihn nicht nur in Klöstern und Tempeln suchen, sondern auf den belebten Straßen und Nebenwegen, in Städten und im Getriebe der Weltstädte. Finden Sie einen Menschen, der immer emsig am Werk ist, immer lernbegierig, immer mitfühlend und geliebt von seinen Freunden und Nachbarn, der in seinen religiösen Ansichten tolerant ist und Ihnen den Glanz und die Macht Gottes in den einfachsten Dingen des Lebens weisen kann ..., dann haben Sie einen Mystiker gefunden. Mit solchen Eigenschaften ist er, sei er nun in ein priesterliches Gewand gekleidet oder trage er den Overall eines Mechanikers, auf jeden Fall ein Mystiker» (Das innere Heiligtum, S. 254).

symbole und werkzeuge der rosenkreuzer

Das Kreuz ≈ Die Rose ≈ Das Rosenkreuz ≈
Das hermetische Rosenkreuz ≈ Die Hermetik
der Rosenkreuzer

Ich hatte an diesem Tag sehr viel in der Stadt zu tun, und erst
spät am Nachmittag kam mir wieder der abendliche Vortrag
über die Symbole der Rosenkreuzer in den Sinn. Ich beeilte
mich, schaffte es gerade noch rechtzeitig nach Hause, um mich
umzuziehen, und war einigermaßen pünktlich an Ort und
Stelle. Dennoch gehörte ich zu den letzten. In der Nähe der
Eingangstür stand mein Bekannter, der, als ich kam, mit einem
älteren Herrn sprach. Als er mich sah, ging er auf mich zu und
stellte mir seinen Gesprächspartner vor, der, wie sich heraus-
stellte, diesen Symbolabend leiten würde.

Ich hatte noch Zeit, mich etwas umzusehen. Es war ein großer, hoher Eingangsraum, der eine freundliche Atmosphäre
ausstrahlte. An den Wänden hingen Bilder, Originale, in sehr
unterschiedlichen Techniken ausgeführt, teilweise waren ab-
strakte Gemälde darunter. Nichts deutete hier darauf hin, daß
es sich um einen «Rosenkreuzer-Raum» handelte. Man sagte
mir später, daß hier auch Konzerte, Ausstellungen, Lesungen
und Vorträge stattfinden würden, da es mit ein Anliegen der
Rosenkreuzer sei, Kunst und Kultur zu fördern. Nach ein paar
Minuten wurden wir gebeten, ein Stockwerk höher zu kommen, denn dort sollte der Vortrag stattfinden.

Am Treppenaufgang hingen Bilder mit alchemistischen und
rosenkreuzerischen Motiven. Es schien mir, als würden wir, hö-
hersteigend, auf eine andere Welt vorbereitet. Oben angelangt,
gingen wir durch eine sehr schön gearbeitete Holztür, die in
einen leicht abgedunkelten Raum führte. Wir nahmen auf Stüh-

len Platz, die in Richtung einer kleinen Bühne hin angeordnet waren.

Der Bühnenvorhang war geschlossen. Wir wurden unweigerlich still, erwartungsvoll still. Leise ertönte angenehme Musik, die nach einer Weile verstummte. Dann kam der Herr, der mir vorgestellt worden war, und sagte, daß er mit uns heute abend über Symbole aus rosenkreuzerischer Sicht sprechen würde.

«Für die Rosenkreuzer sind Symbole keine willkürlichen Zeichen, sondern vielmehr Schlüssel für den Zugang zu unserem Inneren. Ein Symbol ist eine bildliche Darstellung einer Idee oder eines Begriffes. Seine Form ist nicht zufällig und steht in Beziehung zu der Idee, die das Symbol ausdrückt.

Das Symbol ist eine materielle Manifestation einer an sich geistigen Wirklichkeit. Es kann eine geometrische Figur sein, aber auch die bildliche Wiedergabe eines Gegenstandes: einer Rose, einer Tür, eines Hauses, eines Sees oder eben das Rosenkreuz.

Symbole aus der Welt des Unterbewußtseins und des allumfassenden Bewußtseins – mystische Symbole also – sind mit dem Intellekt allein nicht faßbar, da sie der geistigen Welt entstammen, die nicht den Bedingungen von Zeit und Raum unterliegt. Das Unterbewußtsein spricht dabei eine symbolische Sprache, die man selbst entziffern muß.

Jedes Symbol hat einen persönlichen und einen unpersönlichen Aspekt. Durch seine Vielschichtigkeit kann es unterschiedlich interpretiert werden, so daß es wichtig ist, den Zusammenhang, in dem es auftaucht, mit zu berücksichtigen. Ein Symbol kann unendlich viele Informationen speichern, wobei jedes Symbol auf ein anderes verweist, und verschiedene Aspekte der geistigen Wirklichkeit ausdrücken.

Symbole können lebendig oder tot sein. Lebendig sind sie, wenn sie uns etwas sagen oder in uns etwas anklingen lassen und Antworten auf unsere Fragen geben. Tote Symbole sind solche, denen wir nicht mehr die Möglichkeit geben, uns etwas mitzuteilen. Letztlich sind wir es, die darüber entscheiden, ob ein Symbol uns noch etwas gibt oder nicht.

Obwohl jedes Symbol nur von *einer* Wahrheit spricht, gibt es unterschiedliche Symbole. Die rosenkreuzerische Tradition bedient sich einiger Symbole bewußt, die einen Schlüssel zu der unendlichen Weisheit darstellen. Wir werden jetzt Symbole kennenlernen, die von den Rosenkreuzern verwandt werden. Beginnen werden wir mit dem Kreuz und gehen dann zur Rose über.»

Er zündete nun eine Kerze an, die vor der Bühne bereitstand. Er sagte uns, daß auch dieses Licht symbolisch zu verstehen sei, als Ausdruck unserer Suche nach Erleuchtung.

Es wurde nun dunkler im Raum. Der Bühnenvorhang wurde geöffnet und eine Leinwand heruntergelassen. Darauf wurde ein Kreuz mit einer Rose projiziert.

«Sie sehen ein Kreuz mit einer Rose, das Rosenkreuz, Symbol und Sinnbild für eine geistige Haltung und Ausdruck eines spirituellen Ideals. Wir werden uns nach und nach dieses Symbol erschließen, um seine tiefere Bedeutung kennenzulernen, um sie für uns selbst und in uns selbst nachvollziehen zu können. Die beiden Symbole Kreuz und Rose für sich genommen sind schon jahrtausendelang in Gebrauch, aber erst seit rund vierhundert Jahren eine ganz besondere Symbiose eingegangen, die des *Rosenkreuzes*.

Das Kreuz ist ein uraltes, weltweit gebräuchliches Symbol, älter als das im Christentum gebrauchte Kreuz. Die Assyrer stellten ihren Gott des Himmels Anu durch das gleichseitige Kreuz dar. Sie hielten sich an die Sonne und sprachen von acht Regionen, die durch einen Kreis mit acht Strahlen dargestellt wurden, wodurch das Strahlenkreuz entstand. Dies erinnert wiederum an die alchemistische Quintessenz, an das achtspeichige Rad, das aus zwei gleichen Kreuzen besteht und von einem Kreis eingeschlossen wird.

Das Kreuz in Form eines T ist ein uraltes Heils- und Schutzzeichen, das aus den Anfängen der Menschheitsgeschichte bekannt ist. Lange vor unserer Zeitrechnung finden wir dieses Symbol auf chaldäischen Schrifttafeln, in den Ruinen von Troja sowie im alten Ägypten. Es war das Zeichen des Gottes Thot, des Götterboten und Seelenführers, der im Griechischen *Hermes* und im Lateinischen *Mercurius* genannt wurde. Das Henkelkreuz, Ankh oder Crux Ansata (Lebenskreuz), ist eine Ableitung davon. Es galt in den alten ägyptischen Königreichen als ‹der Stab des Lebens›. Aus der Überlieferung ist der Spruch bekannt: ‹Wer das Crux Ansata in seinen Händen hält, besitzt den Schlüssel zum ewigen Leben.›

Wenn wir ägyptische Hieroglyphenschrift betrachten, so begegnet uns immer wieder die Hieroglyphe *Ankh* im Zusammenhang mit Leben. Alleinstehend drückt sie den Wunsch aus, ‹es lebe›, mit einem Zusatzzeichen «das Leben» und mit einem anderen Zeichen etwas ‹Lebendiges›.

Wir finden das Ankh auf Bilderreliefs der ägyptischen Gräber und Tempel. Die Götter tragen es am Henkel gefaßt. In der Amarna-Zeit – in der 18. Dynastie oder im Neuen Reich – wird auf vielen Reliefs eine Sonne gezeigt, die mit ihren Strahlenhänden dieses Lebenssymbol darreicht, denn ohne das Licht und die Wärme der Sonne würde auf der Erde nichts gedeihen.

Andere Abbildungen zeigen, wie das Ankh am Längsbalken gehalten wird, wodurch eine Übergabe des Henkelkreuzes verdeutlicht wird, so daß der Empfänger in den Ring greifen kann. Bei der Amtseinsetzung eines Pharao ist es der Sonnengott Amun, auch Re oder Aton genannt, der das Ankh reicht. Er übergibt das Lebenskreuz, das er mit seiner rechten Hand am Stiel umfaßt, und führt es mit dem Ring meist vor die Nase des Empfängers, an jenes Tor, aus dem der Lebensodem ein- und ausgeht. Gleichzeitig hält er ein zweites Ankh am Henkel. Das Ankh war in der altägyptischen Kultur weit verbreitet. Selbst Stirnbänder und Gürtel wurden wie ein Ankh geknotet.

Für Riten wurde ein besonderes Gefäß verwendet, das der Form des Ankh nachgebildet ist. Anstelle der Schlinge ist eine kleine Vase eingesetzt, die das Wasser des Lebens enthielt. Diese Abänderung der Ankh-Schlinge zum Lebenswassergefäß, die Einhüllung oder Fassung des Wesentlichen, ist unter anderem ein wichtiger Hinweis für die Deutung des Symbols.

Darüber hinaus finden wir das Ankh mit Armen, die einen Fackelhalter umfassen. Offensichtlich wird eine Beziehung zwischen diesem Symbol und dem Licht oder Feuer hergestellt. Man kann daran ersehen, daß Feuer und Wasser durch das Ankh eingeschlossen werden.

Wir finden das Ankh auf Grabbeigaben wie Kopfstützen, Truhen, hölzernen Sesseln. Sehr früh wurde es als Amulett benutzt. Soweit es farbig dargestellt wurde, sind die Farben immer entweder Grün, Blaugrün oder Blau. In der Amarna-Zeit finden wir es in gelber, roter und weißer Farbe. Als Schmuck wurde es aus einem einfachen und glasierten Ton oder aus verschiedenen Metallen, gelegentlich auch aus Holz und Speckstein hergestellt. Den alten Ägyptern galt das Henkelkreuz als Symbol des Glaubens an die ewige Wiederkehr, des ewigen Lebens der Seele, welche immer wiederkehrt. ‹Sie ist das›, sagt Herodot, ‹was seit je war, heute ist und in alle Zukunft sein wird.›

Eine weitere Kreuzform stellt das Hakenkreuz oder die sogenannte *Swastika* dar. Schon vor dreitausend Jahren war es bekannt und im frühen Christentum in Gebrauch. Mit der Sonnenanbetung ist es in Verbindung zu bringen, weil es die Drehbewegung der Sonne symbolisiert. Das Kreuz als großes X, finden wir in der Antike. Nach Plato habe Gott die Welt selbst der Länge nach in zwei Teile geteilt, die er wie den Buchstaben X zusammengefügt und zwischen Himmel und Erde ausgespannt habe. Das Kreuz wird ebenso in den östlichen Ländern wie Indien, Tibet, China wie auch bei den Mayas und Inkas in Südamerika benutzt.

Im vorchristlichen Nordeuropa war das Kreuz weitverbreitet. Man sagt, daß die Druiden einer Eiche die Form einer Säule, einer Pyramide oder eines Kreuzes gaben und sie dann verehrten. Sie sollen Eichen gesucht haben, die in Kreuzform wuchsen oder haben einen Kreuzbalken an den Baum angebracht beziehungsweise Äste zurechtgebogen, so daß sich die Form eines Kreuzes ergab. Die Bedeutung des Kreuzes, die ihm durch das Christentum gegeben wurde, weist Parallelen zu früheren Zeiten und antiken Göttern auf. Die Tötung durch Hängen ans Kreuz und anschließender Auferstehung, verbunden mit der Einweihung in die Mysterien – Wotan erhielt die Bedeutung der Runen, der Schrift, als er am ‹Galgenbaum› hing –, widerfuhr neben Wotan auch den Göttern Attis, Odin und Marcyas.

Das Kreuz ist für die Rosenkreuzer ein Symbol des Lebens, der Lebenskraft, der Erneuerung und Wiedergeburt. Es symbolisiert die Vereinigung von Getrenntem, das Zusammenhalten von Ähnlichem.

Der Längsbalken des Rosenkreuzes, der die Vertikale bildet, symbolisiert den aufbauenden, lebendigen positiven Aspekt der universalen Schöpferkraft. Der Längsbalken stellt die Verbindung zwischen Oben – dem Himmel – und Unten – der Erde – her. Die Lebenskraft symbolisiert für die Rosenkreuzer den Träger des individuellen Lebens und der Seele, die, so die Rosenkreuzer, beim ersten Atemzug des Kindes in den Körper des Neugeborenen einzieht und das Mysterium des Lebens bildet. An einer bestimmten Stelle des Kreuzes schneidet der Querbalken den Längsbalken. An diesem Schnittpunkt des Kreuzes erblüht – symbolisch gesehen – die Rose.

Symbolisiert der Längsbalken die Verbindung zwischen oben und unten, so der Querbalken die materielle Welt, das Gefäß, das die Lebenskraft auffängt. Das Zusammentreffen der beiden Bereiche, des geistigen Bereiches (Längsbalken) und des materiellen Bereiches (Querbalken), bringt etwas Neues hervor, eine Manifestation der Schönheit und des Bewußtseins.

Warum wurde die Rose dem Kreuz beigegeben?

Die rote Rose symbolisiert die erwachende Seelenpersönlichkeit des Menschen. Ihre rote Farbe erinnert an das Blut, den Träger des Lebens, an das Element Feuer, das die Instinkte und Gefühle symbolisiert, an den Planeten Mars, der für Energie und Kraft steht. Die Farbe Rot – vor allem Purpurrot – ist die Farbe der Macht, des Herrschens, der Kaiser und Könige.

Die Rose ist seit jeher der Venus zugeordnet und symbolisiert die Liebe, die zur Erreichung des rosenkreuzerischen Zieles, in Übereinstimmung mit der geistigen und materiellen Welt zu sein, eine Grundvoraussetzung ist. Der hebräische Buchstabe Resh wird in der rosenkreuzerischen Tradition der «Rose» zugeschrieben. Er symbolisiert die Kraft der ordnenden Vernunft.

Die Rose symbolisiert die Quelle aller Lebenskraft, das Gold des Lebens, die strahlende Energie der Sonne, die wahre ‹prima materia›, und verdeutlicht die ‹Große Arbeit› der Adepten. Ergänzend entspricht dem Kreuz der hebräische Buchstabe Kaph. Er weist auf den Ausgleich hin, auf Errichtung von Harmonie und Ordnung, auf Eintracht, Übereinstimmung, Friede, Freundschaft und Ruhe; er verweist ebenso auf die Spirale. Durch das Zusammenwirken dieser beiden Kräfte werden Sanftheit und Güte erzeugt.

Das Kreuz symbolisiert den Körper des Menschen. Die Rose ist das Symbol für die Entfaltung der menschlichen Seele. Das Rosenkreuz entspricht dem Menschen, der sich langsam, durch die gewonnenen Erfahrungen auf der irdischen Ebene, entwickelt, ebenso wie die Rose langsam aufblüht, um schöner und strahlender zu werden. Erst – so die Rosenkreuzer – wenn nach dem Durchlaufen zahlreicher Inkarnationen die Seelenpersönlichkeit sich zu ihrer letzten Stufe der Vervollkommnung entwickelt hat, wird sich die Rose vom Kreuz lösen, und das Bewußtsein des Menschen wird sich für alle Ewigkeit wieder mit Gott respektive dem Göttlichen vereinigen. Das ist das eigentliche Ziel der Rosenkreuzer.

Das Rosenkreuz symbolisiert den Mikrokosmos im Sinne eines auseinandergefalteten Würfels mit einer fünfblättrigen Rose, die Seelenessenz darstellend, in seinem Zentrum. Die innere Bedeutung der Rose kann auch durch ein anderes Symbol, dem Punkt im Zentrum eines Kreises, symbolisiert werden, wobei Punkt und Kreis eine Zelle bilden als Ausdruck des ersten Elementes, in dem sich Leben äußert.

Die fünfblättrige Rose symbolisiert die Seelenessenz, die sich sieghaft über die vier Elemente (Feuer, Wasser, Luft und Erde), aus denen der Mensch besteht, erhebt, über: Körper, Bewußtsein, Gefühl und Verstand. Der Mensch, der von dem kubischen Stein dargestellt wird und aus dem Staub der Erde besteht, muß sich durch die Kämpfe des Lebens zu dem geöffneten Würfel entfalten, und somit seine kosmische Natur offenbaren. Das Rosenkreuz ist Sinnbild der Situation des Menschen, der hier auf der materiellen Ebene leben und gleichzeitig den Weg zu Gott zurückfinden muß.»

Er hielt mit seinem Vortrag inne und projizierte ein anderes Kreuz vor uns auf die Leinwand.

«Eines der berühmtesten Rosenkreuze», begann er nach einer Weile in die Stille hinein zu sprechen, «ist das *hermetische Rosenkreuz*, das in sich verschiedene Bedeutungsebenen einschließt.

Das hermetische Rosenkreuz wurde von dem Orden der Goldenen Dämmerung, dem *Order of the Golden Dawn*, ‹erfunden›. (Einige Quellen nennen unsinnigerweise Aleister Crowley, was nur ein Mißverständnis sein kann.) In der Mitte des hermetischen Rosenkreuzes finden wir ein kleines Rosenkreuz mit *einer* Rose als Pendant (Mikrokosmos) zur *einen* großen Rose auf dem Kreuz (Makrokosmos). Das hermetische Rosenkreuz enthält:

– kabbalistische Elemente:

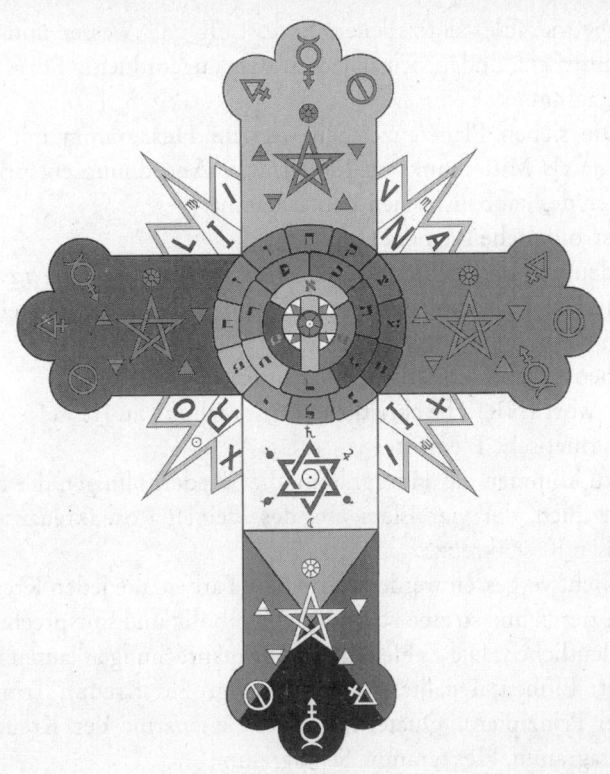

Die 22 hebräischen Buchstaben: drei Mutterlettern, sieben Doppel- und 12 Einzellettern, die vom Zentrum ausgehend in drei Kreisen angeordnet sind. Dann sehen wir die vier Elemente als Malkuth am Fuß des Längsbalkens. Ihre Farben sind verwaschen, schmutzig, was auf die noch nicht reine Form der Elemente hinweist, die erst geläutert werden müssen;

– alchemistische Elemente:

Die Enden des Kreuzes werden von den drei Prinzipien Mercurius, Sulphur (der alchemistische Schwefel) und Sal (das alchemistische Salz) gebildet, die sich in ihrer Anordnung abwechseln.

Die vier Elemente: Feuer, Erde, Luft und Wasser und die Quintessenz finden sich an jedem Arm angeordnet in Form des Pentagramms.

Die sieben Planetenzeichen sind im Hexagramm mit der Sonne als Mittelpunkt zu finden. Ihre Anordnung entspricht Teilen des kabbalistischen Lebensbaumes;
– astrologische Elemente:
Andeutung der 12 Sternkreiszeichen, einmal durch die 12 hebräischen Einzelbuchstaben, dann durch die Strahlen, welche vom Kreuzmittelpunkt ausgehen;
– theosophisch-christliche Elemente:
Das Wort INRI, die christliche Entsprechung zu JHVH;
– hermetische Elemente:
Dazu kommen das Hexagramm, die Wiederholungen der drei Prinzipien, der vier Elemente, des kleinen Rosenkreuzes im großen Rosenkreuz.

Nicht vergessen werden dürfen die Farben, die jeden Kreuzarm zieren und so eine zusätzliche Symbolik und Entsprechung verdeutlichen. Die Zahlen und ihre Entsprechungen lauten wie folgt: Einheit, Dualität (kleines und großes Kreuz); Trinität (drei Prinzipien), Quaternität (vier Seitenarme der Kreuze), Pentagramm, Hexagramm, Septagramm.

Das hermetische Rosenkreuz ist zwar in dieser Form eine Erfindung des Golden Dawn – ob es auf ältere Abbildungen zurückgreift, ist nicht auszumachen –, aber deren Elemente und deren Anordnung sind traditionell rosenkreuzerisch, obwohl verschiedene esoterisch-mystische Disziplinen vereint sind.

Eine Bedeutung des hermetischen Rosenkreuzes ist folgende: Die große Welt (Makrokosmos) und die kleine Welt (Mikrokosmos) gehören zusammen. Diese Einheit wird in der Lehre der Hermetik ‹Entsprechung› genannt. Die Entsprechung als Denkform, das analoge Denken, steht dem kausal-logischen Denken gegenüber. Beide Denkformen und somit beide Weltbetrachtungsweisen können zusammen verwandt werden, um dem Geheimnis der Schöpfung näherzukommen, um ein ganzheitliches Bild der Welt zu erhalten. Eine mystisch-rosenkreuzerische Betrachtungsweise schenkt *beiden* Möglichkeiten Beachtung. Kausalität wird ebenso anerkannt wie Entsprechungen.

Die Lehre der Entsprechung ist Bestandteil der hermetischen Tradition. Man nimmt an, so der Mythos, daß der legendäre Hermes Trismegistos, Hermes der Dreimalgroße, diese Disziplin begründet habe. Es ist sehr wahrscheinlich, daß es diesen Hermes nie gegeben hat, und daß er ebenso wie vergleichbare Gestalten der westlichen und östlichen Mystik die Personifizierung eines gewissen Prinzips verkörpert.

Nichtsdestoweniger wurde ihm das ‹Corpus Hermeticum› zugeschrieben (1. Jhdt. v. Chr. bis 4. Jhdt. n. Chr.), obwohl man heute weiß, daß es eine Textsammlung verschiedener Autoren ist. Das ‹Corpus Hermeticum› bildet eine Orientierungshilfe, die das Phänomen *Einheit* mitsamt ihrer paradoxen Problematik mehr und mehr bewußt werden läßt. So beschreibt Asklepius Gott (in einem Brief an König Ammon): ‹Ihn, der als der Eine alles ist und als das All der Eine. Denn die Gesamtheit des Alls ist eine einzige und ist in dem Einen, wobei das Eins-Sein sich nicht wiederholt, sondern beide zusammen eine Einheit bilden.› Was ist nun dieses Eine aus hermetischer Sicht? Ist es der Geist, Pneuma oder Lebenshauch? ‹Durch das Pneuma aber wird alles im Kosmos besorgt und belebt; es ist gleichsam als Werkzeug und Hilfsmittel dem Willen des höchsten Gottes unterworfen.› –

Die Einheit, Geist (nous), Pneuma, Gott, Seele, Materie, der Mensch als Mittelwesen und Träger des Geistes, der Wille Gottes, die Leere, die Kosmogonie, Anthropogonie, der Tod, das All, die Schönheit, Gott, der Anfang, all dies sind Themen, die in der Hermetik behandelt werden. Es werden Antworten geliefert, die anders sind als die gewohnt rein philosophisch-rationalen, da sie aus einer anderen Tradition und einem anderen Weltverständnis herkommen. Das ‹Corpus Hermeticum› ist Philosophie in ihrer tiefsten Tiefe und höchsten Vollendung. Und so nimmt es nicht wunder, daß jahrhundertelang die hermetische Tradition gehegt und gepflegt wurde und sich die Rosenkreuzer eingehend damit beschäftigt haben.

Das hermetische Rosenkreuz ist ein sehr komplexes Symbol und zeigt, wie vielfältig die Symbolsprache verwandt wurde. Eine Symbolsprache ganz anderer Art ist die des geschriebenen Wortes. Worte haben symbolische Bedeutung. Beides zusammen finden wir auf folgender Tafel der Rosenkreuzer.» Mit diesen Worten war ein anderes Bild auf der Leinwand zu sehen.

TABULA SMARAGDINA HERMETIS.

VERBA SECRETORUM HERMETIS.

«Kommen wir jetzt zu der legendären Tafel des Hermes Trismegistos, die sich in den ‹Geheimen Figuren der Rosenkreuzer› wiederfindet und einige Prinzipien der Rosenkreuzer symbolisiert, so daß sie für uns von besonderem Interesse ist. Da ich vorausschicken kann, daß Ihnen dieser Text wahrscheinlich unbekannt ist, möchte ich ihn in seiner ganzen Länge vorlesen:

Tabula smaragdina Hermetis —
verba secretorum Hermetis

1. Wahrhaftig ohne Lügen gewiß, und auf das allerwahrhaftigste, dies, so Unten, ist gleich dem Obern, und dies, so Oben, ist gleich dem Untern, damit man kann erlangen und verrichten Wunderdinge eines einigen Dinges.

2. Und gleich wie alle Dinge von einem Dinge alleine geschaffen, durch den Willen und Gebot eines Einigen, der es bedacht: also entstehen auch alle Dinge nunmehro aus diesem einzigen Dinge, durch Ordnung der Natur.

3. Sein Vater ist die Sonne, und seine Mutter der Mond; Die Luft trägt es gleich als in ihrer Gebärmutter; Seine Ernährerin oder Säugamme ist die Erde.

4. Dies Ding ist der Ursprung aller Vollkommenheiten so in der Welt sind.

5. Seine Kraft ist am vollkommensten wann es wieder in Erde verwandelt ist.

6. Scheide alsdann die Erde vom Feuer, und das Subtile oder Dünne vom Dicken oder Groben, fein lieblich mit grossen Verstand und Bescheidenheit.

7. Es steigt von der Erde gen Himmel, und von dannen wiederum zur Erde, und nimmt an sich die Kraft des Obern und Untern.

8. Allso wirst du haben die Herrlichkeit der ganzen Welt.

9. Derohalben weiche von dir aller Unverstand und Unvermögenheit.

10. Dies ist von aller Stärke die stärkste Stärke: denn es kann überwinden alle subtile Dinge, und kann durchdringen ein jedes hart oder vest Ding.

11. Also ist die Welt geschaffen, dahero entstehen seltsame Vereinigungen, und werden mancherley Wunder gewürket, welcher Weg dieselbige zu würken dieser ist.

12. Derhalben bin ich genannt worden: Hermes Trismegistus, habe drey Theile der Weisheit der ganzen Welt.

13. Dies sey gesagt von dem Meisterstück der chymischen Kunst.

(GEHEIME FIGUREN, Seite 17)

Es sind 13 Sätze, die die sogenannten geheimen Worte der Hermetik ausmachen. Es wird von der Einheit gesprochen, aus der alles kommt und zu der alles wieder eingeht, damit stellt sich aber gleichzeitig die Frage nach dem Getrenntsein, der Zweiheit. Wie löst nun die Hermetik das Problem der Dualität? Indem sie annimmt, daß zwischen den anscheinend getrennten Dingen eine Entsprechung besteht, also zwischen Himmel und Erde, zwischen Sonne und Mond und so weiter besteht eine Verbindung im Sinne einer Analogie.

Weiter wird auf die Ordnung der Natur hingewiesen, die keine willkürliche Ordnung ist, sondern sie ist der Einheit verpflichtet. Eine Einheit, die die Gegensätze bewahrt, ohne sie zu negieren oder zu verwischen und dennoch Einheit *ist*. Erst dadurch, daß ich etwas in mir trage (Mikrokosmos), erkenne ich es in der Außenwelt (Makrokosmos). Erkennen ist für die Hermetik ein passiver Vorgang, der auf das erkennende Ich zukommt. Die Bereitschaft zur Erkenntnis setzt ein Gestimmtsein, eine dementsprechende Disposition zwischen dem Erkennenden und dem zu Erkennenden voraus, sonst wäre Erkenntnis nicht möglich. Konsequent weitergedacht wird das durch den Ausspruch deutlich: ‹Du mußt erst ein Rosenkreuzer sein, um ein Rosenkreuzer werden zu können!›

Beide Welten – die obere und die untere – müssen berücksichtigt werden, erst dann kann man darangehen, die Schöpfung nachzuahmen, indem man an sich selbst – und nichts anderes ist mit dem Werk gemeint – anfängt zu arbeiten. Es gilt, sich selbst umzuwandeln, gemäß der Entsprechungslehre. Da alles in der Natur in ständiger Wandlung auf ein Ziel hin begriffen ist, warum nicht auch beim Menschen? Warum sollte ausgerechnet er, die Krone (!) der Schöpfung, nicht diese Wandlungsphasen – wiederum der Ordnungsgedanke, wie beim alchemistischen Prozeß – durchlaufen? Es ist dem Menschen vorbehalten, diese Stationen nicht nur zu kennen, sondern den Prozeß schneller, effektiver und gezielter voranzutreiben, um zu einem bewußten Helfer der Natur und deren Kräften zu werden. Erst dann, wenn dieser Prozeß erfolgreich vonstatten geht, wenn das Geheimnis verstanden und in sich erfahren wurde, erst dann ist das Meisterstück der alchemistischen Kunst geleistet worden.

Die Verbindung von Hermetik, Rosenkreuzertum und Alchemie ist wesentlich, wobei ihre Gemeinsamkeiten sind: der Ordnungsgedanke, der Gedanke der Einheit, der Zweiheit, die im Grunde genommen eine Einheit darstellt, der Prozeß oder Wandlungscharakter des Werkes und die unbedingte Zusammenarbeit mit der Natur und dem Schöpfer, mit Gott.

Betrachten wir die Abbildung der ‹Tabula Smaragdina Hermetis› etwas näher. Ein kreisrundes Band, auf dem die Inschrift steht: VISITA INTERIORA TERRAE RECTIFICANDO INVENIES OCCULTUM LAPIDEM, was übersetzt bedeutet: ‹Suche das Innere der Erde, vervollkommne es und du wirst den verborgenen Stein finden.›

Oder, um es in der Sprache der Alchemie zu sagen: VITRIOL, nimmt man jeweils die ersten Buchstaben. ‹Vitriol› ist nach Basilius Valentinus jenes symbolisch zu verstehende Wort für den Prozeß der Umwandlung oder Transformation.

Wir sehen weiter die sieben traditionellen Planeten. Die

Sonne und der Mond gießen ihre Flüssigkeit (?) in einen goldenen Kelch, welcher von Merkur (oder auch Mercurius) aufgefangen wird, eingeschlossen in die Planeten: Mars, Saturn, Venus und Jupiter.

Merkur scheint die Verbindung zwischen Sonne, Mond und einer goldenen Kette zu sein, welche drei Wappen zusammenhält, drei Königshäuser, die sich die Herrschaft über die Erde und den Himmel teilen. Zwei Hände kommen zur Linken und Rechten aus den Wolken und deuten ebenfalls auf den Mittelpunkt des Bildes, Merkur. Da wir wissen, daß Hermes mit Merkur gleichzusetzen ist, ist es nicht verwunderlich, daß Merkur im Mittelpunkt dieser Abbildung steht.

Um die Auseinandersetzung mit der traditionellen Rosenkreuzer-Symbolsprache noch intensiver zu gestalten, wenden wir uns jetzt einer rosenkreuzerischen Symboltafel, dem ‹Mons Philosophorum›, dem ‹Berg der Philosophen› zu. Sie ist aus den ‹Geheimen Figuren der Rosenkreuzer›, und an ihr läßt sich gut zeigen, wie lebendig und vielfältig die Symbolsprache der Rosenkreuzer ist.

Interessant wird es, wenn Symbole miteinander kombiniert werden und so ein Prozeß stattfindet, der aber auf einem Bild nur in einer Gleichzeitigkeit dargestellt werden kann.»

Ein neues Bild erscheint vor uns, das er dann folgendermaßen beschreibt:

«Auf der Tafel 11 der ‹Geheimen Figuren› sehen wir folgendes: Drei Männer in blauem, rotem und grünem Gewand machen ihre Aufwartung vor einem alten, nackten Mann, der als Wächter vor einem Höhleneingang sitzt und keine Anstalten macht, sie hereinzulassen. Es gibt viele Abbildungen rosenkreuzerischer Art, die Menschen zeigen, die um Einlaß bitten. Es scheint also nicht selbstverständlich zu sein, daß man überall und jederzeit Eintritt gewährt bekommt.

Ein Hase hoppelt im Mittelpunkt des Bildes. Der Berg ist umgeben von einer roten Ziegelsteinmauer. Wir können auf den

Berg blicken und entdecken wieder einen Hasen und ein Huhn. Beides Symbole der Fruchtbarkeit. Die Verbindung zum Ei und damit zum ‹Ei der Philosophen›, zum kosmischen Weltenei, liegt nahe. Das Ei symbolisiert auch Wiedergeburt.

Eine Stufe höher im Bild erkennen wir einen Drachen und einen Löwen. Der Löwe ist genau in der Bildmitte und dominiert diesen Bereich eindeutig. Im alchemistisch-rosenkreuzerischen Prozeß symbolisiert der Löwe nicht nur Stärke, Macht und Herrschaft, sondern auch einseitige Ausrichtung in bezug auf Egoismus im Menschen. Dieser Löwe muß überwunden werden, ebenso wie der Drache, der die niederen Instinkte symbolisiert, aber die Tendenz hat – angedeutet durch die Flügel –, diese zu transzendieren.

Links sehen wir einen Waschzuber, in dem sich Sonne und Mond befinden. Ein Mann schaut herab, einen Baum in den Händen haltend, um anscheinend diesen in den Waschzuber einzupflanzen. Sonne und Mond sind Symbole für Bewußtsein und Leben, für die Dualität der Schöpfung und die ihr zugrundeliegenden Kräfte. Sie werden im alchemistischen Bade zubereitet und vereinigt. Daneben steht ein Ofen, der sogenannte alchemistische Ofen, auf dem – oder besser in dem – ein *vas hermeticum*, ein hermetisches Gefäß, ist. Das *vas hermeticum* ist jenes legendäre Gefäß, in dem der Umwandlungsprozeß, von dem wir bereits gehört haben, stattfindet. Da beide – Waschzuber und Ofen – sich auf einer Bildebene befinden, gehören sie wahrscheinlich zusammen und unterstützen gegenseitig den Prozeß der Gärung, der Fermentierung und des Ausharrens, des Gefangenseins im eigenen Reich.

Der Löwe bewacht eine Eingangstür, die dem Wanderer den Zugang zu einer höheren Stufe ermöglichen würde. Daneben ist ein zweiter Baum mit Sternen versehen. Insgesamt gibt es drei Bäume. An der roten Mauer, die aussieht wie die Zinne eines Turmes, sind alchemistische Symbole angebracht, davor sitzen zwei Vögel, wahrscheinlich ein Rabe und eine Taube. Hoch oben auf dem Berg steht ein Haus mit einem rauchenden Kamin. Es scheint so, als ob dort Menschen geschäftig an der *Arbeit* sind. Über dem Haus finden wir Reichsapfel und Königskrone, neben diesen beiden noch einmal Sonne und Mond. Die Krone schwebt über allem und erinnert an Kether, jene Sephira aus dem kabbalistischen Lebensbaum, welche als oberstes Zentrum diesen regiert.

Die Bedeutung oder Unterteilung des Berges in verschiedene Ebenen liegt nahe. Sie drücken verschiedene Bewußtseinsebenen aus. Jeder Bereich hat seinen Schwerpunkt und offenbart einen Weg, der gangbar ist. Alchemistische, hermetische, kabbalistische Elemente sind hier zu finden und vereinigen sich zu einer rosenkreuzerischen Darstellung, wenn man die eine Jahreszahl 1604, die sich am rechten unteren Bildrand befindet, nicht vergißt. 1604 ist für die Rosenkreuzer ein überaus wichtiges Datum, das mit dem Auftauchen der ersten Rosenkreuzermanifeste zu tun hat.

Es ist unmöglich, die vielen Entsprechungen und Möglichkeiten aufzuzeigen, die in dieser symbolischen Abbildung enthalten sind. Für uns ist es wichtig, daß es verschiedene Ebenen oder Stufen gibt, die zu einem Ziel führen, und daß man sich um dieses Ziel bemühen muß. Man muß einen Berg erklimmen, einen philosophischen Berg, einen Berg der Weisheit.

Die Komplexheit der dargebotenen Bildersprache, ihre vielfältigen Hinweise auf verschiedene esoterische Traditionen, ihre Möglichkeit der Übersetzung, gleichsam als Hin-über-setzung an ein anderes Ufer, sprich in eine andere Bewußtseinsform, ihre Transformation und Transzendierung, dies alles als Einheit zu erkennen, verändert unsere Weltsicht und fordert uns auf, die geistigen Hintergründe der Welt wahrzunehmen.

Lassen Sie mich diese Überlegungen mit folgenden Sätzen abschließen: Symbole sind letztlich unsere einzigen Lehrmeister. Sie sind stumm, und wir müssen ihnen unsere Stimme leihen, doch sie sind *die* Begleiter auf unserem rosenkreuzerischen

Pfad. Sie sind unsere treuesten Freunde in der Einsamkeit und Führer durch die scheinbare Dunkelheit unserer Unwissenheit.

Symbole sind das Umfassendste, was wir uns vorstellen können, und in diesem Grenzbereich der Vorstellung berühren sie den göttlichen Impuls und das Allbewußtsein, so daß wir, trotz der Unmöglichkeit, dennoch einen Blick davon zu erhaschen vermögen.»

Der Vorhang schloß sich, und das Bild verschwand in der Dunkelheit. Das Licht ging wieder an. Es wurde ein wenig Musik gespielt, wobei der Vortragende die Kerze löschte. Wir lösten uns langsam aus dieser anderen Welt und blieben doch in ihr gefangen. Dann wurden wir durch seine Frage aus unserer Passivität herausgeholt.

«Haben Sie noch Fragen zu den rosenkreuzerischen Symbolen?» Der Vortragende schaute erwartungsvoll in die Runde. Nach anfänglichem Zögern meldete sich eine junge Frau.

«Sind Symbole eigentlich vollkommen? Ich meine», sagte sie, «ob sie wahr sind, verstehen Sie?»

«Ich versuche es. Also, Symbole sind für die Rosenkreuzer der vollkommenste Ausdruck der Wirklichkeit. Der Mensch kann sich dieser geistigen Wahrheit annähern, er kann sie zu erfassen suchen, ob er sie letztlich begreift, das hängt nicht von ihm allein ab. Jedes Symbol und die dadurch verkörperte Wahrheit entziehen sich dem profanen Verstehen immer wieder. Die Sehnsucht, ein Symbol einmal ganz verstehen zu können, bleibt. Mystische Symbole schließen in sich ein ‹ewiges› Wissen ein und sollten mit Respekt und Ehrfurcht betrachtet werden.»

Jemand aus der hinteren Reihe fragte:

«Ich habe gehört, daß Rosenkreuzer auch heilen, können Sie uns dazu etwas sagen?»

«Das hat nun nicht direkt etwas mit den Symbolen zu tun, aber dennoch: In den ersten Rosenkreuzerschriften wurde auf Heilung immer wieder Bezug genommen. Die Rosenkreuzer verstehen und verstanden darunter geistige Heilung. Sie wollen den Menschen als ganzen Menschen heilen. Ihnen geht es nicht um die Symptomebene, also die körperliche Erscheinung von Krankheiten, sondern um deren Ursache. Diese sind letztlich geistiger Art. Es geht also nicht darum, Leiden zu mildern – dafür sollten Sie unbedingt zu einem Arzt gehen –, sondern darum, daß der Mensch als Ganzes geheilt wird, da er daran krankt, daß er an einem Mangel, am Fehlen seiner spirituellen Seite leidet.

Meiner Meinung nach ist dieser Passus, auf den Sie vielleicht anspielen, vor allem symbolisch zu nehmen. So heißt es in der ersten Rosenkreuzerschrift: ‹Keiner solle sich einer anderen Betätigung annehmen, als Kranke kurieren und dies umsonst.› Ich denke, daß damit nicht körperliche Krankheiten, sondern vor allem die Zeit gemeint ist, denn es wird zu einer Generalformation ausgerufen. Darauf einzugehen würde jetzt wohl zu weit führen.

Sie sollten aber nicht vergessen, daß auch Symbole Heilkraft haben. Sie wirken heilend auf denjenigen, der sich mit ihnen beschäftigt. Der Grund liegt darin, daß sie aus der Einheit stammen und der menschlichen Zersplitterung und dem Zweifel entgegenwirken können. Eben weil sie auf die göttliche Welt weisen, sind Symbole ganzheitlich, und jeder, der mit ihnen in Berührung kommt und diese Ganzheit spürt, kommt durch sie mit seinem eigenen inneren Wesen in Kontakt. Immer dann, wenn man sich seines unvollkommenen Daseins bewußt wird, kann ein Symbol eine Quelle der Linderung des Leidens und der Sehnsucht darstellen, dadurch, daß es an die Einheit und Vollkommenheit der geistigen Welt erinnert. Dies könnte nicht geschehen, wenn das Symbol nur eine intellektuelle oder gefühlsmäßige Basis besäße.»

«Die wichtigste Frage ist doch wohl, jedenfalls sehe ich das so», sagte ein junger Mann, «was mache ich mit einem Symbol und noch dazu mit einem rosenkreuzerischen?»

«Nun, das ganze Geheimnis eines rosenkreuzerischen Symbols liegt in der praktischen Anwendung. Ihre Erfahrung und das Wissen, das Sie sich über ein Symbol angeeignet haben, führen dazu, daß Sie das Symbol in sich neu erschaffen. Sie beginnen also sich mit dem Symbol zu beschäftigen und richten Ihr Bewußtsein dementsprechend aus. Dadurch ändern Sie ganz allmählich Ihre Einstellung und gleichen sich, jedenfalls ist dies das Ziel der Symbolarbeit, den ewigen Wahrheiten an. Mit anderen Worten: Durch die praktische Symbolarbeit ändern Sie Ihre Einstellung zur Welt und vor allem zu sich selbst.»

«Wie mache ich das?»

«Indem Sie das Symbol betrachten, über es kontemplieren, meditieren und zu einem Teil von sich selbst werden lassen. Sie müssen sich nicht unbedingt nur der bekannten Symbole bedienen. Sie können auch neue Symbole *er-finden*. Diese Symbole sind dann für Sie selbst bestimmt und geben Ihnen Hinweise darüber, wo Sie stehen, wo Sie sich also in Ihrer mystischen Entwicklung befinden.»

«Können Sie uns ein Beispiel geben?»

«Nehmen wir an, daß Sie über ein Problem meditieren, Sie haben Ärger an ihrem Arbeitsplatz. Mit einem Kollegen oder einem Mitarbeiter kommen Sie nun gar nicht aus. Was tun? Sich Tag für Tag streiten?»

«Sie können ein Gespräch führen», schlug jemand vor.

«Oder ihm gute Gedanken schicken», meinte ein anderer.

Noch jemand sagte, daß es wohl das beste sei, den Arbeitsplatz zu wechseln.

«Sie haben sicherlich mit allem recht, was Sie sagen. Aber, wenn Sie den Arbeitsplatz wechseln, könnten Sie an einem anderen Arbeitsplatz auf dasselbe Problem stoßen, denn das Problem liegt in Ihnen selbst begründet. Davon müssen Sie ausgehen. Nehmen wir weiter an, Sie hätten den Weg der Meditation gewählt, und sie wäre erfolgreich verlaufen, denn Sie erhielten ein Symbol.»

«Was für eines?»

«Wie wäre es mit einer Waage?»

«Eine Waage?» wurde von verschiedenen Anwesenden gefragt.

«Eine Waage kann ein Symbol sein. Aber: Was machen Sie damit? Was sagt Ihnen das Symbol? Und welchen praktischen Rat leiten Sie für sich daraus ab? Das sind die wesentlichen Fragen. Nehmen wir weiter an, Sie wissen, was eine Waage bedeutet: Ausgleich, einen Zustand ausbalancieren, beide Seiten sehen und einen Mittelweg einschlagen. Das ist Ihnen geläufig.»

«Dann erkenne ich doch genau, was ich tun muß», sagte jemand.

«Und was?» fragte der Vortragende.

«Ich muß versuchen mit meinen Kollegen die Waage zu halten.»

«Sie streiten also zurück?»

«Nicht unbedingt. Ich muß wohl einsehen, daß der Fehler auch bei mir liegt.»

«Ja, dieser Gedanke, daß beide Seiten möglicherweise recht haben, liegt nahe. Der klare Auftrag wäre für Sie, einen Zustand des Ausgleiches zu schaffen. Nicht nur der andere, sondern auch Sie selbst haben eine Teilschuld. Aber es kann noch weitergehen. Die Waage besagt auch einen Zustand des relativen Gleichgewichtes. Sie müssen sich also zusammennehmen und auch sich selbst anders betrachten. Es könnte heißen, daß Sie die Aggressivität des anderen ausgleichen müssen. Das würde sich von Fall zu Fall ergeben.»

«Gibt es da keine Patentrezepte?»

«Nein. Jedes Symbol hat einen einmaligen Hintergrund, der nur durch Meditation erfahren werden kann. Alles andere sind Hinweise. Aber um ein Symbol ganz zu verstehen, müssen Sie darüber kontemplieren und meditieren. Nachdenken allein genügt nicht.»

«Wie meditiert man?»

«Ich denke, das wissen Sie bereits?»

Der Vortragende war sichtlich überrascht, denn es gab nur allgemeines Kopfschütteln.

«Dann würde ich vorschlagen, daß wir dies bald nachholen, indem wir uns in einem Monat wieder treffen, um die praktische Seite kennenzulernen, wenn Sie einverstanden sind?»

Man stimmte zu und vereinbarte, sich wieder in einem Monat zu treffen.

Dann fuhr er mit seinen Überlegungen fort.

«Ich möchte Ihnen einen wichtigen Hinweis geben: Schweigen Sie vorerst über Ihre Arbeit an und mit Symbolen. Ich meine, wenn Sie sich ein Symbol vornehmen und es entspannt betrachten, dann werden in Ihnen Gedanken und Ideen auftauchen. Darüber sollten Sie vorerst mit niemandem sprechen.»

Damit waren wir alle nicht so ohne weiteres einverstanden.

Jemand sagte:

«Ist schweigen wirklich so wichtig? Heißt es nicht, daß, wenn man schweigt, man etwas zu verbergen hat?»

«Nicht unbedingt. In der heutigen Zeit kann schweigen wichtiger sein als reden. Wer kann anderen schon wirklich zuhören? Ich meine damit aktiv und bewußt zuhören?»

Er machte eine kurze Pause, auch, um uns Gelegenheit zu geben, noch einmal darüber nachzudenken. Dabei sah ich, daß er die Menschen beobachtete, die sich zu diesem Vortrag versammelt hatten. Nach einer Weile begann er wieder:

«Mystik – und vor allem Rosenkreuzer-Mystik – bedeutet, eigene Erfahrungen zu machen, und diesen dann auch zu vertrauen. Das erfordert, zeitweise zu schweigen, um sich seiner eigenen Erfahrung sicher zu werden.»

«Warum legen Sie einen so großen Wert auf Erfahrungen? Ich habe sehr viel gelesen und kann das Gelesene auch gut wiedergeben und damit diskutieren. Ist das nicht genug?»

«Nicht für einen Rosenkreuzer. Die Summe der eigenen Erfahrungen bildet die Persönlichkeit des Menschen. Sie wissen

sicherlich, daß man allzu schnell bereit ist, diesen Schatz leicht-
sinnig wegzugeben. Nach und nach wird, um im Bilde zu bleiben, die Schatzkammer der eigenen Persönlichkeit ausgeplau-
dert und damit leer.

Eigene Erfahrungen müssen aber ernst genommen werden.
Sie sind doch das Wertvollste, das wir besitzen. Was haben wir
von all dem Wissen, das wir uns angelesen haben, wenn wir es
nicht selbst in uns wiederfinden? Das wird gern vergessen. Rosenkreuzer sind Menschen, die sich trotz Hilfestellungen von
seiten anderer aktiv darum bemühen, diesen Persönlichkeits-
schatz selbständig zu finden und zu bergen.»

«Heute ist es nicht gerade üblich, zu schweigen», meinte jemand.

«Ja, das ist richtig. In unserer Zeit hat das Schweigen eine un-
tergeordnete Bedeutung. Überall hört man Kommentare, Dis-
kussionen, Auseinandersetzungen. Schweigen wird kaum praktiziert. Man wird eher verdächtig, wenn man in seinem Tun von
dem abweicht, was alle machen. Dennoch bleibt Schweigen notwendig, aber, ich betone das, *zeitweise*. Uns fehlt sonst die eine
für uns wesentliche Kraftquelle. Verstehen Sie? Um die Kraft
des Schweigens in sich zu erfahren, muß ich mich darin üben.
Erst dann läßt sich begreifen, daß im Schweigen Kraft und Geheimnis verborgen liegen.

Aber es geht noch weiter und vor allem tiefer: Die durch das
Schweigen angesammelte Kraft ist absolut notwendig, um einen
Plan oder ein Vorhaben erfolgreich in die Tat umzusetzen. Also
kann ich doch diese Kraft für mich selbst nutzen.»

«Sollte ich dann nicht darüber sprechen, wenn ich, jedenfalls
nach Ihrer Definition, ein besonderes inneres Erlebnis hatte?
Das ist doch etwas Schönes, oder etwa nicht?»

«Bei der mystischen Arbeit kann sich aber der Drang, anderen alles mitzuteilen, verselbständigen. Sicherlich ist jener
Drang ein Hinweis darauf, daß sich innerlich etwas getan hat,
sich ein gewisses mystisches Verständnis eingestellt hat. Je stär-

ker der Drang ist, dieses mystische Erleben mitzuteilen, desto mehr muß ich mich bemühen, es nicht zu tun. Was sollen andere Menschen mit meinen ureigensten Erfahrungen anfangen?»

«Und wann kann ich endlich darüber sprechen?»

«Später, vielleicht nach ein paar Jahren. Es sollte also eine längere Zeit verstrichen sein. Außerdem darf nicht vergessen werden, daß mystische Erlebnisse in der Regel nur für mich selbst bestimmt sind. Was wir im Laufe unseres eigenen Weges erfahren und erleben dürfen, ist beinahe ausschließlich für uns selbst bestimmt.»

Er schaute in seinen Aufzeichnungen nach und zitierte dann folgenden Satz:

«Franz Hartmann, ein Rosenkreuzer der Vergangenheit, hat Merksätze gesammelt, die er als Rosenkreuzer-Regeln veröffentlichte. ‹Der Rosenkreuzer weiß zu schweigen.› Und weiter: ‹Der Rosenkreuzer hält sein Wissen in seinem Herzen verschlossen, denn im Schweigen liegt Macht.› Er sagt, daß der Rosenkreuzer ‹nicht vor der Öffentlichkeit mit den Offenbarungen, die ihm von seinem König im Innern gemacht wurden, der edler und weiser ist, als alle irdischen Könige und Prinzen› prunken würde» (Hartmann, Im Vorhof des Tempels der Weisheit, S. 106).

Er machte eine Pause.

«Ein alchemistischer Spruch lautet: ‹Lege. Lege. Lege. Tace. Tace. Tace.› Also: Lese, lese, lese. Schweige, schweige, schweige. Dieser Spruch zeigt, etwas immer wieder tun, lesen also – dreimal wird nahegelegt –, und dann darüber zu schweigen, woran man gerade *innerlich* arbeitet. Der Alchemist kennt also das Schweigen und deren Kraft. Warum sollten wir diese Quelle nicht für uns nutzen?

Die Alchemie zeigt, daß neben ‹beten und arbeiten› – ora et labora – das Schweigen ein fester Bestandteil des alchemistischen Werkes ist. Diese Auffassung können Sie auch bei den Rosenkreuzern finden. Nur ihr Verfahren ist etwas anders.»

«Es ist mir nicht ganz klar», meinte eine ältere Dame, «warum ich nicht einer Freundin erzählen darf, was ich erlebt habe!»

«Sie dürfen schon, doch wäre es besser, es nicht sofort zu tun. Ich habe ja bereits gesagt, daß man deshalb schweigen soll, weil sich durch das Schweigen in einem genügend Zuversicht, Gewißheit und Vertrauen herausbildet, die allesamt notwendig sind, um sein Inneres, sein wahres Selbst zu erkennen. Die Kraft, die Sie sich durch das Schweigen erwerben, werden Sie dafür nutzen können, um mehr über sich selbst zu erfahren. Nicht von anderen, sondern durch sich selbst.»

«Also ist ein Rosenkreuzer doch kein Geheimniskrämer», meinte ich.

«Nein, natürlich nicht. Auch ein Gärtner, der einen Samen, den er eben in die Erde gelegt hat, wird ihn nicht gleich wieder ausgraben, um zu sehen, ob er schon Wurzeln geschlagen hat. Ein Baum erhält die Festigkeit durch seine Wurzeln, die tief in der Erde verborgen sind. Ist das geheimnisvoll? Ja! Aber auch sehr natürlich.»

«Ein Künstler weiß dies auch», ergänzte jemand anderes.

«Richtig, jeder kreative Mensch hat erfahren, daß er sein Werk gefährdet, wenn er allzufrüh darüber spricht. Durch unbedacht gesprochene Worte wurde schon manches zerstört oder eine Tat durch vorzeitige Ankündigung geschwächt, ja sogar unmöglich gemacht. Hier liegt ein Naturgesetz zugrunde, das besagt, daß alles seine Zeit zum Reifen braucht.»

Damit schien das Thema abgeschlossen zu sein.

«Hat jemand noch eine Frage, sonst würde ich diese Veranstaltung gerne beschließen?»

«Ja, ich», meldete sich ein älterer Herr. «Würden Sie uns bitte genauer erklären, wie man mit Symbolen arbeitet? Sie haben uns Bedeutungen gesagt und ein praktisches Beispiel, aber das allein genügt wohl nicht, oder?»

«Wir werden Tag für Tag und Nacht für Nacht mit Symbolen und Bildern konfrontiert. Einige bleiben uns besonders im Gedächtnis haften, und um sie sollten wir uns auch besonders kümmern. Sie muten uns vielleicht fremd an, aber wir können sie deuten, wenn wir sie in ihre Bestandteile zerlegen, deren Grundbedeutung wir kennen. Darauf aufbauend werden Symbole uns zu Wegweisern, Lehrern und Ratgebern. Sie täuschen uns nie. Aber ihre Bedeutung ist vielschichtig.»

«Und wo führt uns das hin?»

«Der praktische Umgang mit der Symbolsprache des Unterbewußtseins muß uns tiefer ins uns selbst führen. Dann werden wir auch Symbole von umfassenderer, persönlicherer Tragweite, die über unser persönliches Erleben hinausreichen, gewahr werden. Wenn Sie Schwierigkeiten mit einem Symbol haben, so sollten Sie es zuerst teilweise zu verstehen versuchen. Dann, vom Bekannten weiter zum Unbekannten gehen. Wir haben ja zwei sehr komplexe Symbole kennengelernt, einmal das ‹Hermetische Rosenkreuz› und dann ‹Der Berg des Philosophen›. Je tiefer Sie in die Symbolsprache einsteigen, desto komplexer werden die Symbole. Wenn Sie eine Sprache lernen oder ein Buch lesen, ist das genauso. Zuerst kennen Sie nur wenige Zeichen, dann lernen Sie mehr und mehr kennen, bis Sie erst ein Wort, dann einen ganzen Satz lesen können. Die beiden Symboltafeln sind wie ein Buch, das man lesen muß, eine Geschichte, die man verstehen will. Dazu kommt, daß sich hinter der Geschichte nicht nur Inhalte, sondern eine richtige Lehre verbergen.»

«Wie meinen Sie das?»

«Ich meine, daß ein Symbol ja eine spirituelle Tiefe hat, die Sie erkennen müssen und dazu hilft Ihnen die Meditation.»

«Ich beschäftige mich also mit Symbolen», warf ein junger Mann ein, «damit ich durch sie andere, komplexere Symbole begreifen lerne?»

«Durchaus.»

«Das hat so einen Geschmack von Selbstzweck», warf der ältere Herr ein.

«So ist es aber nicht, das Symbol führt in die Spiritualität. Jedes Symbol ist ein Wegweiser dorthin. Der Umgang mit Symbolen hilft Ihnen, den Weg, den Sie gehen, besser zu begreifen. Wir unterhalten uns über eine Weltsicht, die zu komplex und vieldeutig ist, als daß wir sie in Worte fassen könnten. Wäre dies möglich, so bräuchten wir keine Symbole.»

«Das ist mir doch zu wenig», meinte eine ältere Dame. «Warum sollte ich mich selbst kennenlernen, ich komme gut mit mir aus. Mehr möchte ich eigentlich gar nicht.»

«Das ist doch in Ordnung so», wandte eine andere Dame ein.

«Es zwingt Sie ja niemand, Symbole zu studieren», meinte ein Herr.

«Ich glaube», begann der Vortragende wieder, «daß es an Ihnen selbst liegt, ob Sie das wollen oder nicht, niemand kann Sie zwingen. Für einen Rosenkreuzer ist aber eine grundlegende Beschäftigung mit den mystischen Symbolen unerläßlich. Die Arbeit mit ihnen ist das wertvollste Werkzeug, wenn man das eigene Innere kennenlernen und jene Teile des Bewußtseins aktivieren will, die bei der Entwicklung der Persönlichkeit notwendig sind. Wenn ich Ihnen allen davon einen Eindruck vermitteln konnte, dann wäre mein Ziel erreicht.»

Techniken und geistige Werkzeuge
der Rosenkreuzer ≋
Konzentration ≋ *Visualisation* ≋
Imagination ≋ *Meditation*

«Die Rosenkreuzer sprechen von geistigen Werkzeugen und meinen damit: Konzentration, Visualisation, Imagination, Kontemplation und Meditation. Mit ihnen können wir bewußt in Kontakt mit unserer Innenwelt treten.

Die genannten Begriffe hängen eng miteinander zusammen. Um sich zum Beispiel ein geistiges Bild von etwas zu schaffen, um also etwas zu visualisieren, muß man sich auf das Bild konzentrieren. Die Fähigkeit zu schöpferischer Imagination setzt die Fähigkeit zu Visualitation, Konzentration und Kontemplation voraus. Schlußendlich sind das nur Voraussetzungen für die Meditation. Jede dieser Fähigkeiten benötigt die andere. Je besser ich sie anwende, desto genauer wird mein Bild von der geistigen Welt. Die Gefahr der Selbsttäuschung wird dadurch kleiner, und ich komme dem Ziel, meine wahre Persönlichkeit zu erkennen, näher.»

Damit hatte der Vortrag über die geistigen Techniken und Werkzeuge der Rosenkreuzer begonnen. Wir waren diesmal im unteren Raum geblieben, wo die Stühle kreisförmig gestellt waren, mit einem runden, halbhohen Tisch in der Mitte. Ich hatte gleich in der Runde das eine oder andere bekannte Gesicht entdeckt. Glücklicherweise war ich neben meinem Bekannten zu sitzen gekommen, und wir konnten noch ein paar Worte wechseln bis zu dem Moment, da eine Frau den Raum betrat und sich zu uns in die Runde setzte. Sie hatte sich als die Vortragende für diesen Abend vorgestellt und erklärt, daß sie den vorgesehenen Leiter vertrete.

«Konzentration», fuhr sie dann fort, «ist aus dem französischen *concentrer* abgeleitet worden und bedeutet: ‹in einem Mittelpunkt vereinigt›. Konzentriere ich mich, richte ich alle Kräfte, Energien und Vorstellungen auf einen Punkt aus.

Konzentration heißt, sein Bewußtsein auf etwas auszurichten, das man selbst vorher ausgewählt hat. Alles, was störend wirken könnte, wie Umwelteinflüsse, Gedanken und Vorstellungen, die nicht damit zusammenhängen, werden ausgeschaltet. Was zählt ist nur das eine Bild, dieser eine Gedanke. Es ist dabei nicht möglich, sich auf mehrere Dinge gleichzeitig zu konzentrieren. Die Aufmerksamkeit springt schnell von einem

Gegenstand zum anderen und wieder zurück, so daß der Eindruck entsteht, man könne sich auf vieles gleichzeitig konzentrieren, in Wahrheit ist es aber ein Nacheinander.

Für einen Rosenkreuzer ist ein gutes Konzentrationsvermögen wichtig, da er dadurch lernt, Überflüssiges aus seinem Bewußtsein zeitweise auszugrenzen. Die Konzentrationsfähigkeit ist die Basis jeglicher mystischer Übung.»

Sie zündete die Kerze an, die in der Tischmitte stand. Dann schlug sie vor, uns auf die Kerzenflamme zu konzentrieren.

«Achten Sie jetzt nicht auf die Fülle an Gedanken und Bildern, die auftauchen können», fuhr sie fort, «nehmen Sie nur die Kerzenflamme wahr. Mehr nicht. Versuchen Sie sie einige Augenblicke so festzuhalten, daß sie von keinem anderen Gedanken verdrängt wird. Bleiben Sie dabei entspannt und locker, ohne zu verkrampfen.»

Nach ein paar Minuten holte sie uns aus unserer Konzentrationsphase zurück.

«Ist es Ihnen gelungen? Sicherlich haben sich Ihnen viele Gedanken aufgedrängt, die Sie verscheuchen mußten, bis Sie wieder zu ihrem ursprünglichen Gedanken gekommen sind, oder?»

Wir waren noch unschlüssig, ob es uns gelungen war. Erst einmal abwarten. Die Vortragende sprach weiter:

«Neben der Konzentration ist es die Visualisation, die mit als Grundbasis angesehen werden kann. Visualisieren heißt, in sich ein genaues Abbild von einem Gegenstand zu schaffen. Es darf dabei nichts weggelassen und nichts hinzugefügt werden.

Um zum Beispiel ein bestimmtes Symbol zu visualisieren, muß man dieses Symbol zuerst genau betrachten und jede noch so kleinste Einzelheit kennen. Am besten ist es, man zeichnet sich das Symbol selbst auf. Dies bedeutet, trotz Computerisierung, es «selbst» zu zeichnen und «selbst» auszumalen. Dann schließt man die Augen und läßt das Symbol vor seinem geistigen Auge *neu* entstehen, so, als ob man das Symbol tatsächlich sieht. Alles muß nun stimmen, Größe, Form, Farben. Ein Kreis muß rund sein und nicht oval. Farben müssen so sein wie auf der Vorlage. Und zu alledem kommt, daß das Bild nicht allein als zweidimensionales Gebilde gesehen werden muß, sondern in seiner räumlichen Tiefe, also dreidimensional, verbunden mit den dazugehörenden Gefühlen.

Wir wollen dies wieder gemeinsam üben. Hier habe ich eine Symboltafel aus verschiedenen rosenkreuzerischen Motiven.

Ganz rechts außen das Kreuz mit einer weißen Gestalt, die man wohl als Christus deuten kann. Ein Hinweis darauf, daß es sich um eine Abbildung aus dem 18. Jahrhundert handelt. Hier wird eine deutliche Beziehung zwischen der einen roten Rose und der Christusfigur gezeigt, wodurch beide austauschbar werden, beziehungsweise die jeweilige Bedeutung des anderen annehmen können.

Im Hintergrund ist ein Fünfstern angedeutet, das mystische Symbol für den Menschen. Zwischen den Buchstaben R und C ist ein Strahlenkreuz von goldener Farbe zu sehen. Die beiden Buchstaben R und C deuten auf Rosae Crucis hin, also auf Rosenkreuz beziehungsweise Rosenkreuzer. Sie haben aber noch eine symbolische Bedeutung, wenn man sie ins Hebräische übersetzt.

Das Kreuz von der Rose umschlossen zeigt auch wieder, daß es sich bei den Rosenkreuzern um ein Kreuz und eine Rose handelt. Wir haben verschiedene Farben, Weiß, Rot, Violett, Gold, Schwarz. Soweit also diese kurze Beschreibung.

Für sich zu Hause können Sie jedes andere Bild oder Symbol visualisieren. Nehmen Sie sich ein Symbol Ihrer Wahl vor. Dies kann schwarzweiß sein oder auch farbig. Es bleibt Ihnen überlassen.

Hier aber wollen wir mit dieser Tafel üben. Sitzen Sie wieder bequem und betrachten nun aufmerksam das Bild. Dann schließen Sie die Augen und visualisieren Sie dieses Bild. Es muß in Größe und Aussehen genau Ihrer Vorlage entsprechen. Nichts anderes. Bei einer Visualisation sollten Sie also vor Ihrem geistigen Auge ein exaktes Abbild des Gegenstandes erschaffen.»

Nach einer Weile fragte sie uns, ob es uns gelungen sei und ob die Konturen der Symbole deutlich zu sehen waren, ob die Farben stimmten und die Größe des Bildes. Wir waren alle ein wenig kleinlaut, denn was auf den ersten Blick so einfach aussah, entwickelte sich als schwieriges Unterfangen. Doch wir wurden ermuntert, weiterzuüben, auch wenn es Fehlschläge gab. Sie erzählte, daß sie immer noch eifrig üben würde, um ein nahezu perfektes Abbild von etwas vor sich sehen zu können.

«Aber warum brauchen wir das?» fragte jemand.

«Erst einmal trainieren und aktivieren Sie dadurch ihre innere Vorstellungskraft. Zum anderen: Wenn Sie schon nicht in der Lage sind, ein Bild, daß Sie klar vor sich sehen, mit in sich hinein zu nehmen und in sich wieder zu reproduzieren, wie soll es dann mit den Bildern werden, die Sie in einer Meditation erhalten? Je besser Sie die Visualisation beherrschen, desto klarer werden Sie Ihr Symbol oder das Bild, das Sie vor sich sehen, erkennen. Es liegt den Rosenkreuzern sehr viel daran, daß Täuschungen vermieden werden, vor allem Selbsttäuschungen.

Nehmen wir an, Sie haben bei einer Meditation einen Baum gesehen. Wissen Sie, um welchen Baum es sich handelt? Welche Farbe er hatte? Wie die Blätter aussahen, die Zweige, der Himmel und so weiter. All das kann für Sie persönlich wichtig sein, da Form und Gestalt des Baumes Rückschlüsse auf Sie selbst zulassen. Sie üben deshalb perfekt zu visualisieren, damit Sie zur geistigen Schau fähig sind. Hier können Sie noch nachprüfen, welches Ergebnis Sie hatten, dort dann nicht mehr, denn der Eindruck aus der geistigen Welt ist meist einmalig und flüchtig.»

Dann stellte sie uns folgende Frage:

«Haben Sie sich einmal darüber Gedanken gemacht, wo sich eigentlich dieses farbige Bild befindet? Es ist doch alles schwarz vor unseren Augen? Vielleicht denken Sie zu Hause auch darüber nach.»

«Kommen wir nun zu der Imagination. Die Imagination geht weit über die Visualisation hinaus. Imaginieren heißt kreativ sein. Man erschafft etwas Neues, etwas völlig Neues, das es zuvor noch nicht gab.

Die Visualisation dient dazu, ein orginalgetreues Abbild von etwas zu schaffen. Ein imaginiertes Bild muß keine *wirkliche* Entsprechung im realen Leben haben.

Für eine Imagination sind Visualisation und Konzentration Voraussetzungen. Sie können sich bei der Imagination zum Beispiel vorstellen, daß Sie sich auf einem Weg befinden, ein Haus in der Ferne wahrnehmen, dort eintreten, ein Licht sehen und so weiter. Ob dies alles einen realen Hintergrund hat, bleibt Ihnen überlassen. Es muß dafür keine Entsprechungen in der Wirklichkeit geben.

Die Begriffe ‹Weg›, ‹Haus›, ‹Licht›, sind uns sicherlich vertraut, wir aber erschaffen ein ganz eigenes, *unser* eigenes Bild dieser Begriffe. Wir beleben sie mit unseren Vorstellungen und entdecken dabei ein stückweit unsere Innenwelt. Jedes Bild hat seine Farben, seine Formen, seine Besonderheiten, die wiederum Rückschlüsse auf uns selbst zulassen.

Durch die Imagination wird der Mensch zu einem Künstler, zu jemandem, der sich ein eigenes Bild der Wirklichkeit schafft. Er schöpft aus dem unermeßlichen Bereich der Wirklichkeit. Und wie ein wahrer Künstler ein Künder einer geistigen Welt ist, so kann jeder, der den Umgang mit der schöpferischen Imagination meistert, ein solcher Künder werden. Dies muß aber nicht unbedingt öffentlich geschehen. Gerade im Verborgenen, im Kleinen hat man die größten Möglichkeiten zu wirken.

Das Kybalion nimmt hierfür das Pendel als Beispiel: Ein Pendel am unteren Teil in Schwung zu bringen, benötigt weitaus mehr Kraftaufwand, als wenn es an einem höheren Punkt bewegt wird. Auf die Rosenkreuzerphilosophie übertragen heißt dies, daß ein Gedanke größere Kraft hat, als ein Wort, ein Wort mehr als die Tat.

Es ist der Gedanke, der etwas in Bewegung setzt, nicht die Hand, nicht das Gehirn und nicht die materiellen Gegebenheiten. Geht es mir als Mystiker und Rosenkreuzer darum, Gedanken zu verwirklichen, also wirklich werden zu lassen, dann muß ich sie erst einmal denken. Damit erhalten Sie eine gewisse Bewußtheitsenergie, die nach Materialisation drängt. Das Zusammenspiel von Konzentration und Visualisation bringt solch eine Wirkung hervor. Die Meditation zeigt mir, welche Gedanken ich hierfür ‹denken› soll, und die Kontemplation zeigt mir die Vielfalt der Möglichkeiten, wie diese Gedanken wirken können.» Sie machte eine Pause, damit das Gesagte von uns aufgenommen werden konnte.

Wenden wir uns jetzt wieder der Imagination zu, um diese praktisch anzuwenden. Wenn Sie das nötige Vertrauen zu mir haben, dann würde es mich freuen, wenn Sie mir bei der Imaginationsreise folgen. Schließen Sie die Augen und stellen Sie sich das Folgende genau vor:

Sie gehen auf einer langen, staubigen Straße. Der Wind bläst Ihnen ins Gesicht, und Sie kommen nur langsam und mühsam voran. Sie sind durstig und hungrig, müde und erschöpft und würden sehr gerne rasten, einfach stehenbleiben und ausruhen. Doch das geht nicht. Sie sehnen sich nach einer helfenden Hand, nach Erleichterung, Führung. Doch nichts dergleichen geschieht. Es wird nun dunkel, und der Wind wird stürmischer.

Ein Gewitter zieht auf, und weit und breit bietet sich kein Platz zum Unterstellen. In Ihnen wächst tiefe Verzweiflung, aber auch Unmut über die Situation, über den Weg, den Sie gehen und über die Unannehmlichkeiten.

Plötzlich sehen Sie in der Ferne ein Licht. Sie gehen darauf zu. Durch die Dunkelheit können Sie es schwach leuchten sehen. Näher und näher kommen Sie dem Licht. Doch seltsam, je näher Sie herankommen, desto weiter scheint es sich wegzubewegen. Nun erreichen Sie eine kleine Hütte und klopfen an. Niemand ist darinnen, und Sie treten ein, um sich aufzuwärmen und sich auszuruhen. Seltsam: Wem gehört diese Hütte?

Sie gehen ein wenig im Raum umher und entdecken eine Treppe, die nach oben führt. Eine wacklige, alte Holztreppe ist es.

Nun, im Schutz der Hütte etwas gestärkt, steigen Sie Stufe um Stufe der steilen Treppe hoch und treten, oben angelangt, in einen größeren Raum, der völlig leer ist. Nichts ist darin. Gerade als Sie wieder umdrehen möchten, entdecken Sie, daß sich in der hintersten Ecke ein kleiner Tisch mit einer brennenden Kerze darauf und einem Stuhl davor befindet. Sie nähern sich diesem Tisch und setzen sich. Das Kerzenlicht flackert unruhig hin und her. Sie warten, ja. Sie erwarten etwas. Aber nichts geschieht.

Dann stehen Sie wieder auf und gehen auf die Treppe zu. Linkerhand sehen Sie eine Tür, die Sie öffnen wollen, doch Sie scheint verschlossen zu sein. ‹Wenn ich doch nur einen Schlüssel hätte›, denken Sie sich und suchen im ganzen Zimmer danach.

Sie bemerken auf dem Tisch etwas, das Ihnen zuvor entgangen war. Es ist etwas, das Ihnen sehr vertraut vorkommt und doch fremd zugleich. ‹Ein Symbol›, denken Sie und betrachten es. ‹Vielleicht kann ich damit die Tür öffnen›, denken Sie, und wirklich, der Schlüssel paßt. Sie öffnen langsam die Tür und treten in einen Raum ein, den Sie noch nie zuvor gesehen haben und den Sie als angenehm und heimelig empfinden. Sie fühlen sich sehr wohl und empfinden eine innere Ruhe, einen inneren Frieden mit sich.»

Leise beginnt dann Musik zu spielen, und es wird ganz still um uns herum. Nach einigen Minuten hören wir wieder ihre Stimme:

«Viel später verlassen Sie den Raum wieder, steigen die Treppe hinab und treten vor die Tür. Wie verändert ist die Umgebung nun. Es weht ein sanfter, wärmender und angenehmer Wind, der Ihnen etwas zu erzählen scheint. Die vielen Blumen neigen ihre Köpfe, ganz so, als ob Sie Ihnen zunicken würden. Auch der Weg ist sehr schön anzusehen.

Es ist ein heller, klarer Tag, und voll neuem Mut machen Sie sich auf Ihren Weg, sicher, daß er Sie zu Ihrem Ziel bringen wird. Noch oft denken Sie an diesen seltsamen Raum zurück, in dem Sie allerlei kostbare und wunderschöne Dinge gesehen haben, die Sie eigenartig berührten, Ihnen vertraut schienen und Sie deutlich an etwas erinnerten. Sie nehmen sich nun fest vor, öfters diesen Raum aufzusuchen, um an dessen erhabener Stille teilzuhaben. Da bemerken Sie, daß Sie den Schlüssel zu diesem Raum immer noch in Ihren Händen halten.»

Wir verweilen noch eine Weile in dieser Stimmung und denken über unser erhaltenes Symbol nach.

«Sind wir mit der rosenkreuzerischen Technik der Konzentration, der Visualisation und der Imagination vertraut, ist es ein leichtes, eine gefühlsmäßige Verbindung zu einem Symbol aufzubauen, so daß man das Gefühl hat, daß das Symbol ‹spricht›. Dabei gilt es natürlich zu unterscheiden, was ‹Einbildung› und was ‹Phantasie› ist und was tatsächlich ‹neu› und eine Offenbarung an Weisheit und Wissen sein kann. Dies können Sie dadurch erlernen, daß Sie Ihre Ergebnisse mit der Alltagswelt vergleichen.

Ein Beispiel: Wenn Sie sich auf etwas konzentriert haben, und Sie wurden in Ihrer Konzentration gestört, dann haben Sie sich eben nicht genügend konzentriert. Ebenso bei der Visualisation: Wenn Ihr Bild nicht mit der Vorlage übereinstimmt, dann ist die Visualisation gescheitert. Beides sind aber die Grundpfeiler für die Imagination, denn dort muß man sich konzentrieren können und Bilder visualisieren. Alles andere ist eine Vorstufe dazu, ebenso wie die Kontemplation, die wir jetzt behandeln wollen.»

Ich rutschte auf meinem Stuhl hin und her, um eine bequemere Sitzhaltung zu finden.

«Kontemplation ist aus dem lateinischen *contemplatio* – was Betrachten heißt – abgeleitet. Eine Betrachtung anzustellen ist ein passiver Vorgang. Es ist kein Sehen in dem Sinne, wie wir es gewohnt sind, sondern ein Schauen, ein Sichversenken in ein Gegenüber. Dieses andere kann ein Bild, eine Landschaft, ein Musikstück, ein Geruch oder ein Symbol sein. Ist dieser Gegenstand vertraut, kann man die Augen schließen und versuchen, ihn in seinem Inneren neu zu erschaffen und dazu bedarf es der Konzentration, denn ich muß jede Störung ausschalten und nur diesen einen Gedanken festhalten.

Die Fähigkeit der Kontemplation kann mit dem Zuhören bei einem Gespräch verglichen werden. Man kann bei einem Gespräch, in dem man an sich passiv bleibt und ‹nur› zuhört, aktiv sein, indem man im Geiste Fragen stellt. Sie können durch den

Gesprächspartner beantwortet werden, ohne daß dieser es weiß. Kontemplieren kann man über Kunstwerke, Musikstücke, Symbole, die Natur und so weiter. Man läßt sie auf sich wirken und wartet auf einen Widerhall in sich selbst, ebenso lange, bis Sie zu ‹sprechen› beginnen.

Kontemplation ist zwar vordergründig passiv, aber auch ein sehr aktiver Vorgang, nur auf einer anderen, einer geistigen Ebene. Vergleichbar ist die Kontemplation mit einem Zustand, in dem man wahrnimmt und doch nicht wahrnimmt. Man hat das Gefühl, daß alles um einen herum *ist* und zu einem *spricht*. Wir müssen nur lernen, diese Antworten bewußt wahrzunehmen.

Nehmen wir doch einfach wieder unsere Symboltafel. Betrachten Sie das Dargestellte, ruhig und aufmerksam. Achten Sie auch auf die Empfindungen, die in Ihnen auftauchen. Geben Sie sich ganz passiv dem Bild hin und warten Sie.»

Ich betrachtete die besagte Symboltafel, aber meine Gedanken schweiften viel zu oft ab, und ich war irgendwo, aber selten dort, wo ich sein sollte. Andererseits war es Sinn und Zweck dieser Übung, auf seine Gedanken zu achten. So versuchte ich mir auch so gut es eben ging, das zu merken, was mir bei der Betrachtung durch den Kopf ging. Wir übten so einige Minuten. Alles in allem war es schwieriger, als wir es uns vorgestellt hatten.

«Ebenso wie über ein Bild, können wir über und mit Musik kontemplieren, oder, was sehr viel zur inneren Entwicklung beiträgt, über oder in der Natur. Betrachten Sie einen Baum, eine Pflanze, die Erde, den Himmel und so weiter. Lassen Sie es auf sich wirken. Es kann sein, daß Sie das Gefühl haben, als ob es irgendwann einmal zu Ihnen zu sprechen scheint. Leihen Sie ihm Ihre Stimme und achten Sie auf Ihre Gedanken. Behalten Sie das ‹Gesprochene› aber vorerst für sich, denn es ist nur für Sie bestimmt. Sie können es auch einem Notizbuch anvertrauen.

Durch die Kontemplation kommen wir dem am nächsten,

was unter dem Ausdruck ‹das Symbol spricht zu mir› zu verstehen ist. Kontemplation ist nicht nur ein visueller Akt, sondern auch ein hörender. Der hörende Mensch, der seiner inneren Stimme lauscht, ist dabei auf die geistige Welt eingestellt.

Das Sprechen mit anderen Menschen geht zwar immer über die menschliche Stimme vor sich, doch das Verstehen kann auch auf nonverbaler Ebene geschehen. Jeder hat sicherlich einmal erlebt, daß er zwar nicht genau verstanden hat, was der andere sagte, aber wußte, was er meint. Dieses ‹meinen› ist es, das einer kontemplativen Betrachtung am nächsten kommt: Ich weiß, was es meint, ohne daß es das sagt. Es entsteht ein Zwiegespräch mit Frage und Antworten in meiner Vorstellung. Ich möchte Ihnen dazu ein Beispiel geben:

Eines Abends saß ich entspannt in meinem Zimmer und hörte Musik. Es war ein schöner Abend, und die Abendsonne erhellte noch angenehm den Raum. Mein Blick schweifte im Zimmer umher und blieb an einem Paar Schuhe hängen, die zufällig da standen. Ich betrachtete sie ohne große innere Anteilnahme, und plötzlich hatte ich das Gefühl, daß sie mich ebenfalls anschauten. Es war, als ob sie ein Gesicht hätten.

Fasziniert und gebannt ließ ich dieses Gefühl in mir wirken. Jetzt, dachte ich, fehlt nur noch eine Winzigkeit, und mein Gegenüber wird lebendig werden und zu mir sprechen. Ich hatte das Gefühl, daß es mit und durch die Schuhe ausgelöst wurde. Eine eigenartige Empfindung der Wahrnehmung machte sich breit. Ich will nicht behaupten, daß die Schuhe ‹wirklich› zu mir sprachen, eher daß sie in mir etwas auslösten, was ich als ‹sprechen› interpretierte.

Durch die Kontemplation wird ein zartes Band zwischen dem Betrachter und dem Gegenstand seiner Betrachtung geknüpft. Dieses Band besteht aus den Vorstellungen und inneren Regungen, die unbewußt in einem schlummern und durch die Kontemplation bewußtseinsfähig werden. Für die Rosenkreuzer ist das, was man als Gegenüber ansieht, im Prinzip ein Teil von einem selbst. In der Imagination – und später in der Rosen-kreuzer-Meditation – wird das zu einem Dreiecksverhältnis: Betrachter, Gegenstand und als Drittes die Inhalte, die daraus entstehen.»

Jetzt waren wir bei einem anderen Thema angelangt.

«Meditation oder meditieren bedeutet nachsinnen, nachdenken, religiöse Versenkung. Es gibt auch bei den Rosenkreuzern verschiedene Meditationstechniken. Sie sollten aber nicht meinen, es genüge, eine Kerze anzuzünden, etwas Musik zu hören und sich gut zu fühlen. Zur Meditation gehört mehr. Im Prinzip all das, was wir bisher kennengelernt haben.

Jene Meditationstechniken, die uns meist bekannt sind, stammen aus der östlichen Tradition. Gemeinsam ist ihnen mit der Rosenkreuzer-Meditation, daß eine echte Meditation immer Arbeit an sich selbst ist. Eine solche Meditation dient weder der Entspannung noch dem Wohlfühlen, sondern ist eher Mittel zum Zweck.

Die Meditation ist *das* geistige Werkzeug der Rosenkreuzer, um eine Antwort auf eine vorher präzis gestellte Frage zu erhalten.

Diese Prämisse muß ich etwas erklären: Die Rosenkreuzer gehen davon aus, daß dadurch, daß es eine Frage gibt, bereits eine Antwort existiert: Sie ist in der Frage verborgen. Ziel der Meditation ist es, eine verborgene Antwort zu erhalten aus einem Bereich in uns selbst, der umfassender und weiser ist, als wir es mit unserem Bewußtsein sind. Man muß sich dieser Antwort bewußt werden und sie tätig und praktisch in den Alltag integrieren. Woher aber kommt diese Antwort wirklich?

Die Rosenkreuzer sagen, daß der Mensch ein duales Wesen ist, der aus einem materiellen Körper besteht, welcher durch eine immaterielle Wesensseite belebt wird. Die geistige Seite ist das Wesentliche im und am Menschen. Weiter gehen sie davon aus, daß das menschliche Bewußtsein, zu dem die Eindrücke der Sinnesorgane, der Wille, die Gefühle, das Erinnerungsvermögen und die Imagination, kurz alle willkürlichen Tätigkeiten zählen, sich noch einmal unterteilen läßt in das erwähnte nach außen gerichtete Bewußtsein und das Unterbewußtsein.

Das Unterbewußtsein hat Anteil an unserem Denken, an allen unwillkürlichen Tätigkeiten unseres Körpers und steht in ständiger Verbindung mit dem kollektiven Unterbewußtsein, das alle Menschen auf einer unbewußten Ebene miteinander verbindet. Darüber hinaus gibt es eine weitere Stufe des Bewußtseins, zu dem die Symbole gehören. Zu ihnen will man in der Meditation Zugang erhalten.

Es geht also nicht darum, das Unterbewußtsein zu aktivieren, es geht darum, über das Unterbewußtsein hindurch zu einem allumfassenden Bewußtsein zu gelangen, das als Teil des göttlichen Bewußtseins bezeichnet wird oder als Akasha-Chronik. Die Meditation wendet sich letztlich ihr zu und versucht, von dort direkt eine Antwort zu erhalten.

Es gibt alte traditionelle Symbole der Menschheit, deren Bedeutungen sich im Laufe von Jahrtausenden aus der Tiefe des menschlichen Bewußtseins entfaltet haben, weil sich schon so viele Menschen damit beschäftigt haben. Manchmal wurden die Erfahrungen mündlich oder schriftlich weitergegeben, so daß es uns heute möglich ist, Auskunft über die traditionelle Bedeutung einiger Symbole zu erhalten.

Wenn man über ein Symbol meditiert, wächst die Bedeutung dieses Symboles für einen selbst, und man gewinnt – zusätzlich zur traditionellen Bedeutung – etwas hinzu. Dann wird das kollektive Symbol zu einem persönlichen Symbol. Je länger man sich mit einem solchen Symbol beschäftigt, desto größer wird das eigene Erfahrungs- und Bedeutungsfeld. Deshalb kann es auch keine vollständige Einigung über die Bedeutung eines Symboles für alle Menschen geben, da dieser Prozeß niemals abgeschlossen ist.

Konkret geht man in der Rosenkreuzer-Meditation folgendermaßen vor: Man entscheidet sich, worüber man meditieren will, sei es ein Problem, eine Frage oder ein Symbol. Dies sollte aber nicht aus Neugierde geschehen, sondern weil es für einen selbst existentiell ist.

Zuvor gilt es, alles, was man über dieses Problem weiß, zu beantworten, indem man eingehend darüber nachdenkt. Mehr und mehr wird sich eine Frage herauskristallisieren, über die man wiederum nachdenkt. Dieser Prozeß kann sich über einige Tage oder Wochen hinziehen. Wir befinden uns aber immer noch in der Vorbereitungsphase. Dann, hat man alle Möglichkeiten ausgeschöpft, entschließt man sich zur Meditation und legt einen Tag und eine Stunde fest, an der diese ausgeführt werden soll.

Am Tag der Meditation stimmt man sich auf das Vorhaben ein, indem man übertriebene Gefühlsmomente vermeidet. Ein Platz in der Wohnung sollte für die Meditation bereit sein. Ein Stuhl, ein Tisch, eine Kerze gehören zur Grundvoraussetzung. Musik und Räucherwerk können als Vorbereitung dienen, dürfen aber die eigentliche Meditationsphase nicht stören. Zu dem festgelegten Zeitpunkt, und nach den Vorbereitungen, stellt man sich noch einmal innerlich die Frage, um sie dann zu ‹vergessen›, das heißt, sie wird nach Innen abgegeben. Man hat sein möglichstes getan, jetzt muß die Antwort von innen heraus kommen.

Betrachten wir hierzu den Weg einer Meditation. Die Frage oder das Thema der Meditation wird bewußt gestellt und dann als Auftrag an das Unterbewußtsein weitergegeben. Über das persönliche Unterbewußtsein – welches ja keine Antwort geben konnte, deswegen wird ja meditiert – geht es zum kollektiven Unterbewußtsein, das ständig in Verbindung mit dem allumfassenden Bewußtsein steht. Hier, wenn der Meditierende für einen kurzen Augenblick still und eins geworden ist mit allem, was ist, wenn er – um es einmal so zu formulieren – von der Stille *ge-stillt* wird, dann wird in ihm etwas bewußt und er spürt, daß er eine Antwort erhalten hat.

Von dort geht der Weg wieder zurück. Beim Übergang von der kollektiven zur persönlichen Ebene des Unterbewußtseins beginnt die individuelle Interpretation der symbolisch verschlüsselten Antwort.

Bereits diese verkürzte Darstellung zeigt, daß die Auslegung der Ergebnisse einer Meditation nur eine ganz persönliche Angelegenheit sein kann.

Um die Antwort empfangen zu können, ist eine offene, entspannte und vorurteilsfreie Haltung ohne Erwartungen und Wunschvorstellungen Voraussetzung. Die symbolisch verschlüsselten Antworten müssen anschließend gedeutet und in die alltägliche Praxis umgesetzt werden.

Aus meinen eigenen Meditationserfahrungen weiß ich, daß es kein leichtes Unterfangen ist, mich zu einer Frage durchzuringen, die wirklich auch das meint, was ich will. Selbst wenn ich alle einzelnen Schritte gewissenhaft ausgeführt habe, kann die Antwort dennoch enttäuschend sein. Also denkt man nach der Meditation weiter über die Frage nach, und je nachdem, ob man ein Symbol, ein Bild oder ein bestimmtes Gefühl erhalten hat, versucht man dieses auszuwerten. Ich habe mich mit vielerlei solcher Bilder und Symbole herumgeschlagen und kann doch nicht sagen, daß ich alles gelöst beziehungsweise alle Antworten verstanden habe. Oft taucht vor dem geistigen Auge gar nichts auf und auch hinterher will sich nichts einstellen.

Die Antwort ist aber da, wir sind nur noch nicht empfangsbereit. So kann es passieren, daß wir Stunden oder Tage später plötzlich wissen, was wir wissen wollten, sei es, weil ein Gedankenblitz uns unsere Situation vor Augen geführt hat, sei es, weil ein beiläufiges Wort bei einer Unterhaltung uns die Augen oder die Ohren öffnete. Dann hat sich all unsere Mühe gelohnt, und wir können weiter gehen zur nächsten Meditation.

Nun, das hört sich alles sehr theoretisch an, deshalb möchte ich Ihnen ein praktisches Beispiel geben, so, wie ich die Meditation erfahren habe.

Ich hatte vor einigen Jahren beruflich keine allzugroße Perspektive und wollte mich unbedingt verändern, wußte aber weder in welcher Richtung noch was ich machen wollte. Nachdem ich bei Freunden und Bekannten mir Rat gesucht, bei einem Berufsberater Informationen gesammelt und Stellenangebote aufmerksam studiert hatte, waren aus meiner Sicht alle Hilfsmöglichkeiten erschöpft, und ich mußte enttäuscht feststellen: Ich komme so nicht weiter.

Es gab eine Fülle an Vorschlägen und Meinungen, die mich eher verwirrten, als daß sie im Augenblick hilfreich waren. Die große Frage war nicht nur, was ich tun, sondern auch, wofür ich mich entscheiden sollte. Im Laufe der Zeit wurde ich unsicherer und verwirrter. Die Frage nach meiner beruflichen Zukunft ließ mich aber nicht mehr los und verfolgte mich bis in den Schlaf. Ich mußte bald eine Antwort und Lösung finden. Da ich alle Möglichkeiten in der äußeren Welt ausgeschöpft hatte, besann ich mich auf die Meditation.

Es handelt sich hierbei ja nicht um eine neue Technik, die gerade eben erst erfunden worden ist, sondern die Meditation der Rosenkreuzer basiert auf einer jahrhundertealten Überlieferung. Man kann dies ernst nehmen oder auch nicht, jedenfalls: Es würde funktionieren, sagte man mir. Was hatte ich zu verlieren?

Ich besann mich auf das, was man mir erzählt hatte, und zwar genauso abstrakt, wie ich es nun an Sie weitergegeben habe.

Damals wußte ich wenig mit der Meditation anzufangen, hatte sie kaum ausprobiert, lieber wäre es mir, mich in theoretischen Fragen über das Für und Wider von Meditationen und ihre Wirksamkeit im allgemeinen zu verlieren, statt mich hinzusetzen und es einfach auszuprobieren.

Dennoch: Ich besorgte mir eine Kerze, etwas Weihrauch und verfuhr genauso, wie man es mir gesagt hatte. Ich bestimmte einen Abend in der Woche und schrieb erst einmal das auf, was ich bisher wußte. Dabei versuchte ich genau die Frage zu formulieren, auf die ich eine Antwort erhalten wollte. Das war aber gar nicht so einfach. Ich versuchte es mit den verschiedensten Formulierungen, zum Beispiel: ‹Welchen Beruf sollte ich ergreifen?› Aber was heißt das, Beruf? Einen anderen Job oder wirklich Beruf von Berufung? War es dann nicht besser, nach meiner Berufung zu fragen, um dann darüber den Beruf zu finden? Die nächste Frage war auch nicht besser: ‹Womit soll ich mein Geld verdienen?› Geht es mir nur ums Geldverdienen? Damit war ich also auch nicht glücklich. Auch eine konkrete Frage: ‹Ist dies der richtige Beruf für mich?› brachte mich insofern nicht weiter, denn so hätte ich alle mir vorschwebenden Berufe durchgehen müssen. Das würde wohl Jahre dauern. Schließlich besann ich mich darauf, daß mein ursprünglicher Gedanke war, mich zu verändern. Diese Veränderung sollte nicht beliebig sein, sondern eine Änderung hin zu mehr Spiritualität, die ich in meinem Beruf zu verwirklichen wünschte.

Nach einigem Hin und Her entschloß ich mich zu der Frage: ‹Wie verwirkliche ich meine inneren Fähigkeiten beruflich?› Ganz glücklich war ich auch mit dieser Formulierung nicht, doch ich wollte nicht länger warten. Ich prägte mir diese Frage gut ein und ließ sie einige Tage in mir wirken.

In den Tagen spürte ich, daß sich in mir eine gewisse Erwartungshaltung aufbaute, ein Verlangen nach einer Antwort. Ich kam mir vor wie ein Fischer, der einen Köder ausgeworfen hatte und nun abwarten mußte, welcher Fisch an diese Angel gehen würde.

Der Tag meiner Meditation war gekommen, und ich bereitete mich darauf vor, indem ich versuchte, innerlich so ruhig wie möglich zu werden. Dann setzte ich mich an den Tisch und zündete die Kerze an, brannte etwas Weihrauch ab und sagte mir halblaut meine Frage vor. Ich schloß die Augen und versuchte ganz still zu werden, keinen unnötigen Gedanken zu haben und wenigstens für einige Augenblicke die innere Stille zu erreichen. Es war ein sehr erhabenes Gefühl, so, als ob man etwas sehr

Schönes erlebt. Ein Empfinden, das vergleichbar ist mit einem besonderen Musikstück, einem Naturerlebnis oder einer großen Freude. Dieser Zustand dauerte vielleicht Bruchteile von Sekunden, aber ich war mir sicher, daß etwas passiert war mit mir. Ich hatte meinem Inneren die Möglichkeiten gegeben, zu mir zu sprechen.

Ich kam nun langsam aus meiner Meditation zurück und achtete auf meine Empfindungen. Ich hatte erwartet, daß Gedanken und Vorstellungen nur so über mich hereinprasseln würden, aber nichts dergleichen geschah. Es geschah einfach nichts. Keine Idee, kein Gedanke, kein Bild, kein Symbol, gar nichts. Man hatte mir zwar gesagt, daß nach der Meditation so etwas in einem auftauchen würde und man es notieren und festhalten solle; aber bei mir ergab sich nichts.

Zunächst war ich sehr enttäuscht und dennoch irgendwie sicher, daß etwas in mir durch mich selbst passiert war. Ich war mir so sicher, daß ich immer noch freudig, trotz dieser kleinen Enttäuschung, die Kerze löschte und mich entschloß, einen kleinen Spaziergang zu machen.

Es war ein sehr schöner Abend, und ich ging den Weg entlang, den ich abends oft zu gehen pflegte. Niemand kam mir entgegen, und es war eine sehr friedliche und angenehme Stimmung. Ich setzte mich auf eine Bank im nahegelegenen Park, und als ich so die Stimmung auf mich wirken ließ, tauchte plötzlich in mir das Bild eines Kindes auf. Also fragte ich mich, ob ich etwas mit Kindern machen sollte, oder was damit gemeint sein konnte. Ohne lange darüber nachzudenken, ob dies nun die gewünschte Antwort war, beschäftigte ich mich in freudiger Erregung mit ihr.

Die Meditation hatte also gewirkt, wenn auch nicht so, wie ich es mir vorgestellt hatte. Ich befand mich in einer Hochstimmung und war gleichzeitig neugierig, was mit dem Bild eines Kindes gemeint sein konnte. Den Gedanken, etwas beruflich mit Kindern machen zu wollen, verwarf ich rasch. Was sich aber mehr und mehr aufdrängte, war das deutliche Empfinden, gedanklich in meine Kindheit zurückzugehen und die längst vergessenen Wurzeln meiner damaligen Kreativität, meines Einfallsreichtums und meiner naiven, kindlichen Unschuld hervorzuheben. Jetzt ahnte ich zumindest, in welche Richtung sich mein beruflicher Werdegang hin entwickeln konnte.

Rasch ging ich nach Hause und schrieb mir das alles auf. Jetzt kamen mir viele Gedanken, und ich war mir sicher, daß ich das Richtige tun würde.»

Sie schwieg einen Augenblick. Dann fuhr sie fort:

«Die Rosenkreuzer-Meditation ist *das* Instrument und Werkzeug, mit dem ich mein Innenleben erkunden kann.

Es versteht sich von selbst, daß ich nicht alles über die Rosenkreuzertechniken sagen kann. Die Feinheiten ergeben sich beim Üben. Nur noch soviel, daß es selbstverständlich sein sollte, ein spezielles Notizbuch für sich selbst anzulegen, in dem man das aufschreibt, was man zu welcher Zeit versucht hat, was davon gelungen ist, welche Hindernisse sich auftaten, welche Schwierigkeiten überwunden werden mußten, welche Gedanken, Empfindungen und Ideen auftreten und so weiter. Auf diese Weise wird der eigene Fortschritt dokumentiert, und wer nach längerer Zeit die älteren Niederschriften noch einmal hervorholt und nachliest, sollte auf einige Überraschungen gefaßt sein. Das Notizbuch ist nur für einen selbst bestimmt und sollte entsprechend sorgsam verwahrt werden.

Um diese Stunde abzuschließen: Die Fähigkeit der Konzentration ermöglicht es, einen einzigen Gedanken im Bewußtsein festzuhalten. Die Visualisation erzeugt ein genaues Abbild von etwas Vorhandenem in der eigenen Vorstellung. Die schöpferische Imagination schafft etwas Neues und gibt die Vorstellung davon an das Unterbewußtsein weiter. Durch die Meditation ist es möglich, über das Unterbewußtsein hinausreichend auf einer Zwischenebene in Kontakt mit dem Kosmischen Bewußtsein zu kommen, das in Kontakt mit der allumfassenden ewigen Weisheit steht, woher Antworten auf Fragen möglich sind.

Konzentration, Visualisation, Imagination, Meditation und Kontemplation sind Werkzeuge und rosenkreuzerische Techniken, ohne die eine mystische Entwicklung nicht möglich ist. Die Rosenkreuzer haben diese Techniken geübt und angewandt, so, wie man es aus ihren Schriften entnehmen kann.

Man sollte sich bewußt machen, daß diese Fähigkeiten an sich nichts Besonderes sind, sondern uns immer und jederzeit zur Verfügung stehen, wenn wir dies wollen. Den Rosenkreuzern geht es darum, diese Fähigkeiten als Instrumente zur Selbsterkenntnis zu benutzen, so daß man frei wird von Selbsttäuschungen und sich mehr und mehr der Wahrheit und allumfassenden Liebe öffnet. Dann wird rosenkreuzerische Mystik wirklich ein Gefühl vermitteln, daß man eins mit allem ist. Das ist das größte Geheimnis, das jeder für sich entdecken kann.»

Sie bedankte sich für unsere Anwesenheit, und nach einer kurzen Besinnungsphase ermunterte sie uns, Fragen zu stellen. Es schien, als ob nicht viele nach diesem doch recht anstrengenden Abend fähig waren, Fragen zu stellen.

«Zu der Meditation hätte ich noch eine Frage», meinte ein Herr. «Sie sprechen von einem Innen, an das man sich wenden soll. Können Sie das näher erläutern?»

«Die Rosenkreuzer glauben, daß der Mensch sich an die geistige, göttliche Wesensseite in sich selbst und in der Welt wenden muß. Alle seine Bestrebungen, Ziele und Bemühungen sind nutz- und sinnlos, wenn er sich nicht um diesen Aspekt der inneren Führung bemüht. Anders gesagt: Der Weg des Rosenkreuzers geht von ‹Oben› dem Geistigen, Göttlichen, nach ‹Unten›, hin zum Materiellen, Körperlichen. Der Körper ist Ausdruck der Seele und nicht umgekehrt. In gewisser Weise ist es wahr, daß die Meditation den Meditierenden sucht, daß die Antwort die Frage sucht, um gefunden zu werden.»

«Wenn ich Sie recht verstehe, gehen die Rosenkreuzer davon aus, daß in uns ein Wissen oder eine Weisheit ist, die über unser jetziges Wissen hinausreicht?»

«Richtig. Das Besondere der Rosenkreuzer-Meditation besteht ja darin, daß man sich bewußt an dieses allumfassende, göttliche Bewußtsein wendet, um von dort Inspirationen, Anregungen und Antworten zu erhalten.»

Eine Dame meinte noch, daß sie gehört habe, daß manche Menschen stundenlang meditieren würden. Ob das bei den Rosenkreuzern auch so sei.

«Nein, so etwas würden die Rosenkreuzer als Kontemplation bezeichnen. Die Rosenkreuzer-Meditation ist ein persönliches Instrument der Selbsterkenntnis. Höhepunkt jeder Meditation ist die Phase der absoluten Stille, in der Kontakt mit der umfassenderen Bewußtheit zustande kommen soll. Dies dauert aber nur Augenblicke. Meditation befreit uns für einen Augenblick aus der Alltagswelt, um bewußter wieder in ihr *sein* zu können. Es ist jener faustische Augenblick, der alles in sich enthält, was ist, war und sein wird.

Die Meditation kann ein bis zwei Stunden dauern, wobei die eigentliche Meditationsphase nur wenige Augenblicke dauert, alles andere ist Vor- beziehungsweise Nachbereitung. Der Höhepunkt der Rosenkreuzer-Meditation liegt in diesen Momenten, in denen man ganz still ist, in dem man sich mit allem eins fühlt.»

Da niemand sonst eine Frage hatte, verabschiedeten wir uns voneinander und traten den Heimweg an. Noch an der Tür sagte mir mein Bekannter zum Abschied: «Sie hat recht. Das Bewußtsein, mit allem eins zu sein, ist der Sinn des Rosenkreuzerweges.»

Die vier Elemente des Menschen:
Erde ≋ Luft ≋ Wasser ≋ Feuer ≋ Das fünfte
Element, die Quintessenz

Mittlerweile war aus uns eine interessante Gruppe von Gästen geworden, die sich bemühte, die Geheimnisse der Rosenkreuzer besser kennenzulernen. Mir wurde ja von Anfang an gesagt, daß ich mich tiefer in das rosenkreuzerische Weltbild einarbeiten müßte, wenn ich mehr über mich selbst erfahren wollte. Man sagte mir auch, daß die Geheimnisse der Rosenkreuzer in Wirklichkeit tief in mir selbst schlummerten. So war es mir sehr recht, daß ein Vortrag über die vier Elemente der Rosenkreuzer geplant war, die mir einen anderen Einblick in meine Gefühle, mein Denken, das Bewußtsein und meinen Körper geben sollten.

Wir trafen uns also verabredungsgemäß an dem Abend, um den Vortrag zu hören. Wiederum wurden wir in den Vortragssaal im oberen Stock geführt und nahmen auf den bereitgestellten Stühlen Platz. Es war Musik zu hören, und auf der Bühne stand eine Leinwand. Eine Kerze brannte bereits. Nach und nach wurden wir ruhiger. Ganz automatisch und beinahe von selbst breitete sich erwartungsvolle Stille aus, als der Vortragende mit seinen Ausführungen begann.

«Das Wissen um die vier Elemente entstammt einer Zeit, in der die Welt noch direkter und intuitiver wahrgenommen wurde. Im rosenkreuzerischen Weltbild haben sie ihren festen und erprobten Platz, warum sollte ich sie vernachlässigen, nur weil sie vielleicht für einige nicht mehr zeitgemäß sind? Für die Rosenkreuzer sind sie es. Sie können mit ihnen umgehen, denn für sie liegt das Ziel der vier Elemente darin, sich durch sie über sich selbst bewußt zu werden.

Bewußtheit über das eigene Bewußtsein ist ein entscheidender Schritt auf dem Pfad der Selbsterkenntnis, der zum Ziel hat, wahre Meisterschaft über sich selbst zu erlangen. Meisterschaft im Sinne der Rosenkreuzer erreicht nur derjenige, der bereit ist, sich selbst zu vertrauen und auf jene zarte, innere Stimme seines Gewissens zu hören, die ihm Ratgeber und Wegweiser sein wird. Eine wichtige Voraussetzung dafür ist, daß er ein Meister seiner Wesenselemente geworden ist. Dafür muß er aber erst wissen, was die vier Elemente sind.

Der Begriff ‹Element› stammt von dem griechischen Philosophen Empedokles. Es bedeutet: Anfang, Wurzel, Idee, Keim, Urstoff. Die Elemente gelten als Emanation oder / und Modifikation eines ewigen Urstoffes. Dieser Prozeß läuft immer und immer wieder ab. Für die alten Philosophen waren die Einheit und die Vielheit zwei sich einander bedingende Zustände, die sich abwechseln. Die Trennung und die Verbindung der Elemente wurden als ewiger Kreislauf des Werdens und Vergehens gesehen.

Empedokles, der erste, der die Elemente in ihrer Vierheit wahrnahm, sagt über sie: ‹Sie allein gibt es, und indem sie durcheinander kreisen, werden sie bald dieses, bald jenes, und so geht es in alle Ewigkeit. Nur Mischung gibt es und wieder Trennung des Gemischten. Im Kosmos gibt es kein Leeres. Woher sollte also etwas hinzukommen?› (Die Vorsokratiker, S. 196).

Die Elemente, so wie sie die alten Philosophen sahen, waren unveränderliche Bestandteile der Welt und in ihrer Vierzahl von besonderer Bedeutung. Hippokrates entwickelte in Anlehnung an die Lehre der vier Elemente die Säftelehre und ordnete den Elementen die vier Temperamente des Menschen zu.

Wir können zu den vier Elementen folgendes Schema angeben:

Luft	Erde	Feuer	Wasser
sanguis	melancholia	cholera	phlegma
Blut	schwarze Galle	gelbe Galle	Schleim
Zwilling	Stier	Widder	Krebs
Waage	Jungfrau	Löwe	Skorpion

wassermann	steinbock	schütze	fische
warm	kalt	trocken	feucht
Osten	Norden	Süden	Westen
Gelb	Grün	Rot	Blau

Zu den vier Elementen gehört noch ein fünftes Element, die Quintessenz, das in dem Sinne kein Element ist, sondern die Essenz der vier Elemente. Gemäß den Rosenkreuzern erscheint sie dann, wenn sich die vier Elemente in Harmonie miteinander befinden.

Die Elementenlehre war jahrtausendelang im philosophischen und medizinischen Denken der Menschheit präsent. Erst in den letzten zwei-, dreihundert Jahren wurden die vier Elemente durch das Aufkommen der Chemie als überholt betrachtet. Die Mystik und die Alchemie haben sie als Möglichkeit der Sinngebung und Erklärung von Welt angesehen und ihnen dementsprechend Beachtung geschenkt.

Es gibt zahlreiche symbolische Darstellungen der Elemente, ihrer Formen und Farben, die zeigen, wie lebendig der Umgang durch die Jahrhunderte mit ihnen war. Sie dienten als Rahmen, der durch – im besten Sinne – philosophische und mystische Spekulationen ausgefüllt wurde. Ich möchte hier diejenige Interpretation der vier Elemente geben, die mir für die rosenkreuzerische Betrachtung des Menschen am sinnvollsten erscheint. Die Erde, der Körper, wird dabei als Basis angesehen, auf der man aufbaut. Die Luft, der Verstand, folgt dieser Bewußtwerdung, um zum Bewußtsein selbst zu gelangen, dem Wasser. Die Gefühle in sich zu wandeln ist dann der nächste Schritt.

Hildegard von Bingen, die christliche Mystikerin des Mittelalters, hat die Elementenlehre mit der Bibel und der Schöpfungsgeschichte verbunden. Sie schreibt über die Menschwerdung, daß Gott den Menschen aus einem irdenen Lehm beschaffen habe, ‹damit er durch den Geisthauch der Seele als eine wasser-haltige, feurige und luftartige Erde bestehe; so kann nämlich die Seele den Menschen mit Hilfe der vier Elemente in Bewegung versetzen: Durch die Erde hat er Bestand als eine von Gottes Finger geformte Gestalt, durch das Wasser wird er gemischt, durch die Luft bewegt und mit dem Feuer durchgekocht.› Dies zeigt, daß auch in der christlichen Mystik die Elementenlehre existierte.

Die Rosenkreuzer gehen ebenfalls davon aus, daß die uran-fängliche, ewige Energie der Bildung der Materie zugrunde-liegt. Der Körper des Menschen wird dem alchemistischen Element Erde zugeordnet.

Die rosenkreuzerische Überlieferung stellt die Erde dar als ein gleichseitiges Dreieck mit der Spitze nach unten und einem Querstrich im oberen Drittel des Dreiecks. Die Erde gilt als ‹weiblich›, ‹passiv› und ‹negativ›, was aber nicht im Sinne einer Bewertung zu verstehen ist. In den Tarotkarten wird die Erde den Münzen zugeordnet. Sie symbolisiert die materielle Grundlage, auf der etwas erbaut werden kann. Dies ist deshalb wichtig, weil der Mensch zuerst einer materiellen Grundlage bedarf, um überhaupt existieren zu können. Die Erde zeigt das Gefäß an, die formgewordene Energie, die die notwendige Voraussetzung zur Aufnahme der weiteren Elemente bildet, und stellt damit den ersten wichtigen Abschnitt zur Lebensmeisterung dar.

Die rosenkreuzerische Tradition besagt, in Anlehnung an den Neuplatonismus, daß die gesamte Schöpfung aus einer einzigen Substanz geschaffen wurde, die sich in immer gröber werdenden Emanationen verdichtet, um letztlich im sichtbaren Bereich der Materie wahrgenommen zu werden. Gleichzeitig spricht man davon, daß die Materie der Seele gegenübergestellt werden kann, daß aber beide im Grunde in dieser uranfänglichen, ewigen Engerie vereint sind, trotz ihrer Unterschiede.

Die Materie zu leugnen oder zu verdammen hieße gleichzeitig die Existenz der Seele zu leugnen. Beides, das Materielle und das Immaterielle, sind in unserer Welt vorhanden und notwendig. Nehmen wir zur Seele noch den Geist und den Körper hinzu, so kann man folgendes feststellen: ‹Der Körper, der Geist und das höhere Bewußtsein, das Selbst, *Seele* genannt, sind alle nichts anderes als Auswirkungen dieser *einen* Bewußtseinsgruppe in uns. Die Unterschiede liegen nicht in ihrem Wissen, sondern in den Funktionen, die erzeugt werden› (Ralph M. Lewis, Mentale Alchemie, S. 60).

Sie können also Abschied von der Vorstellung nehmen, daß die Materie dem Mystiker wesensfremd sei. Ganz im Gegenteil: Die Erde ist, im doppelten Sinne, als Element und als Materie, die Basis der mystischen Entwicklung.»

Es wurde nun ein grünes Dreieck mit der Spitze nach unten und einem Querstrich in der Mitte vor uns auf die Leinwand projiziert, das Symbol für die Erde. Musik spielte, und wir wurden aufgefordert, über uns und das Element Erde zu kontemplieren.

Ich versuchte, mich auf das Symbol vor mir einzustellen und es eingehend zu betrachten. Dann schloß ich die Augen und nahm es ganz in mich auf. Es war mir, als ob ich und das Symbol einander annäherten und wir eine Einheit bilden würden, zugleich wurde mein Körper träge und schwer. Es war mir auch, als ob ich auf einem sicheren Grund stehen würde. Mein Körpergefühl wurde so intensiv, daß ich meinte, meinen ganzen Körper wahrnehmen zu können.

Mehr und mehr schien es mir, als ob eine grüne Farbe mich umgeben würde. Empfindungen stiegen in mir auf, die mir das Gefühl vermittelten, daß auch die Materie durchaus schöpferisch und produktiv sein konnte, ja, daß sie lebendig war.

Mein Körper lebte und etwas lebte in ihm. War ich das, der in diesem Körper lebte? Zu wem gehört aber dieser Körper? Ich wußte, daß dies mein Haus war und ich dort ein Gast. Aber ein Gast von wem?

Dann tauchte das Bild einer Landschaft vor mir auf. Es muß Herbst oder Winteranfang sein. Die Erde war braun, und tiefe Furchen waren in die Felder geschnitten. Wind blies, und ein Unwetter braute sich zusammen. Kurze Zeit später brach es herein. Die Erde aber blieb trotzdem, wie sie war. Erdklumpen zerfielen vor meinen Augen, wie Sand, den man durch seine Finger rieseln läßt. Es war aber immer noch Erde. Das Unwetter konnte ihr nichts anhaben.

Eine grüne Wiese, die voller Saft und Kraft stand und bald Frucht tragen würde, ein Wachsen, Blühen und Gedeihen war nur aus und auf der Erde möglich.

Dann fühlte ich wieder meinen Körper. Ich wohnte in ihm, und ein großes Glücksgefühl überkam mich darüber, daß er mir Heimatstatt und Behausung zugleich war. Ich nahm mir vor, sorgsam auf ihn zu achten und ihn mit dem gebührenden Respekt zu behandeln. Mein Körper war mein wirkliches Zuhause. Ein Zuhause, das ich aber auch irgendwann einmal verlassen würde.

Mit diesem Gedanken tauchte ich wieder aus meiner Kontemplation auf. Die Musik war verstummt und das Symbol von der Leinwand verschwunden. Nachdenklich lauschte ich den weiteren Ausführungen.

«Der Intellekt, der Verstand und das Denken, wird durch das Element Luft symbolisiert. Es liegt nahe, die Luft mit dem Wind und dem Atem zu verbinden. Sie gilt als beweglich, aktiv und männlich. Dem Element Luft wird die Farbe Gelb zugeordnet. Einer alten alchemistischen Tradition zufolge kann man auch von der Luft als dem «feurigen Wasser» sprechen, um anzudeuten, daß sie eine enge Beziehung zu Wasser und Feuer hat.

Für die Rosenkreuzer ist das Denken – und damit die *Luft* – ein weiteres geistiges Werkzeug, das, richtig eingesetzt, dem Menschen helfen kann, sein Leben zu meistern. Der Mensch wird nicht allein aus dem Denken bestimmt, und die Welt kann nicht nur durch Denken und über den Intellekt erfahren und erklärt werden.

Die Mystiker und Rosenkreuzer haben durch sogenannte Paradoxa – eine getroffene Aussage, die in sich gewollt widersprüchlich ist – ihre mystischen Erfahrungen weitergegeben. Paradoxa sind für die Logik schwer nachvollziehbar und werden als unsinnig, als absurd oder als Spinnerei abgetan, tragen in sich aber einen verborgenen Sinn, der ein *anderes* Denken notwendig macht.

Im Gegensatz zur wissenschaftlichen Welt, die ausschließlich – auch wenn alternative Ansätze da sind – über den Intellekt die Welt wahrnehmen will, mittels ausschließlicher Logik und natürlich widerspruchsfrei, gestalten die Rosenkreuzer ihr Weltbild ganzheitlicher in dem Sinne, daß sie dem Denken *eine* Teilfunktion zur Erklärung von Welt zugestehen, so wie auch das Element Luft *ein* Element von vieren ist.

Bei den Rosenkreuzern hat das Denken eine *nachgerichtete* Funktion, ohne daß es dadurch unterschätzt und abgewertet werden soll. Ebenso wie ein Wissenschaftler allzu leicht bereit ist, dem Denkvermögen zuviel Gewicht zu geben, ist der Esoteriker allzu leicht bereit, dem Denken diese Gewichtigkeit abzusprechen. Beide Haltungen sind für einen Rosenkreuzer aber nicht annehmbar.

Im Gegensatz zu einem wissenschaftlichen Experiment, das an jedem Ort und zu jeder Zeit ‹funktionieren› muß, ist es bei den mystischen Experimenten anders. Sie hängen sowohl von objektiven als auch von subjektiven Faktoren ab. Bei rosenkreuzerischen Initiationen, Ritualen und Zeremonien ist es wesentlich, daß man sich bewußt an eine höhere, übergeordnete respektive göttliche Instanz wendet. Sie, respektive das eigene Selbst, entscheiden letztlich über Erfolg oder Mißerfolg, nicht die ausführenden Menschen. Sie sind lediglich Mittel und Werkzeug des Göttlichen.

Ebenso wie es notwendig ist, die Gesetze der materiellen Welt zu kennen, so müssen wir uns der Prinzipien des Denkens bewußt werden. Die Denkgewohnheiten bestimmen unser Bild von Wirklichkeit. Um Täuschungen zu vermeiden, müssen wir uns also unseres Denkens bewußt werden, nicht nur was wir denken, sondern auch *wie* wir denken. Dieses Wie drückt sich in dem Ausspruch ‹Gott geometrisiert› aus, der, gemäß der hermetischen Entsprechungslehre, auf das Denken übertragen werden kann. Das Denken mittels geometrischer Figuren – dem Kreis, der Linie, dem Dreieck – darzustellen, ist eine Möglichkeit, die wir nutzen, wenn wir uns des Denkens – und damit des Elementes Luft – bewußt werden.

Denken wir zum Beispiel syllogistisch, so verbinden wir ein Argument mit einem anderen und erhalten etwas Drittes, auf der Basis der ersten Ausgangsüberlegung. Geometrisch würde es ein Dreieck ergeben. Das Dreieck ist auch die Basis des dialektischen Denkens, das über die Schriften Platons, der mittelalterlichen Philosophie bis ins 19. und 20. Jahrhundert durch Hegel, Marx und den Marxismus und dann in der Folgezeit in Deutschland durch die sogenannte ‹Frankfurter Schule› – die breiten Einfluß auf die Geisteswissenschaften ausübte – weitergegeben wurde. Es versucht, zwischen den Gegensätzen zu vermitteln oder etwas Neues auf der Basis des Alten entstehen zu lassen. Dialektik nimmt nicht etwas unreflektiert hin, sondern hinterfragt eine Sache, um das ‹Haar in der Suppe› zu finden. Je nachdem wie die dialektische Methode angewandt wird, kann sie Ergebnisse zeitigen. In diesem Sinne kann man das Symbol des Schwertes verwenden, das in den Tarotkarten dem Element Luft zugeordnet wird. Es ist zweischneidig und kann Schaden oder Nutzen bringen.

Wenden wir die ‹Luft› bewußt an, so müssen wir an uns selbst anerkennen, daß sie, respektive das Denken, ein Element der Lebensmeisterung darstellt. Die Basis von Weisheit ist Wissen. Eine Möglichkeit, sich dieser Basis bewußt zu werden, besteht darin, die Gesetzmäßigkeiten unseres Denkens zu studieren. So kann man erkennen und akzeptieren, daß der mystische Weg nur bedingt logisch und intellektuell nachvollziehbar ist, ohne deshalb ihn gleich zu verwerfen, denn *Luft* ist eben nur eines der vier Elemente.

Der Fehler der von sogenannten Kritikern der Esoterik gemacht wird, wenn man überhaupt von Fehler reden kann, ist der, daß sie ihren Maßstab – den eines (vermeintlich) kritischen Rationalismus – einseitig auf ein Phänomen anwenden, das sich teilweise diesem Maßstab entzieht, ja, entziehen muß.

Denken ist *eine* Möglichkeit der Weltbetrachtung und nicht nur *die* Möglichkeit. Über das Denken gelangen wir aber zu Argumenten, die uns in Widersprüche führen können. Widerspruchsfreiheit wiederum ist das oberste Postulat von Wissenschaftlichkeit. Gerade durch Widersprüche lebt aber die Mystik. Das Dilemma läßt sich auf dieser Basis nicht lösen. Im übrigen ist auch das Leben nicht eindeutig und rational. Damit haben wir mit dem Denken das Denken beschrieben. Dies ist deshalb möglich, da jedes der vier Elemente zweifach ist. Luft ist sowohl Verstand und Denken als auch Vernunft. Letztere basiert auf der Erfahrung, die, gepaart mit dem Intellekt, die einseitig rationale Haltung transzendiert. Damit verlieren wir uns zwar einerseits in Widersprüchen, andererseits wenden wir eine Art ‹kreisförmiges Denken› an: der Beginn eines Satzes wird mit dem Ende des Gedankenganges verbunden, wodurch eine Einheit hergestellt ist. Diese analoge Art zu Denken spiegelt sich in der Hermetik (‹Wie oben, so unten, wie unten, so oben!›) aus, das Untere wird an das Obere geknüpft und beide kreisförmig vereint. Das Kreisdenken anzuwenden bedeutet soviel wie im Kreis zu sein. Da der Kreis Ausdruck der geistigen Einheit ist, kann man sich dieser so bewußt werden.

Für die Symbolarbeit wird eine andere Art von ‹Luft› bevorzugt, ein Analogiedenken, das Assoziationsketten bildet. Die Symbolarbeit, die durch das Bilden von Ähnlichkeiten erst lebendig wird, eröffnet am und durch das Symbol andere, neue

Erkenntnismöglichkeiten. Wenn wir das Analogiedenken mit dem kausalen Denken bewerten würden, ergeben sich natürlich Verzerrungen und Widersprüche. Aber beide Denkmodelle sind in sich stimmig und liefern jeweils einen Ausschnitt von Wirklichkeit oder einen anderen, symbolischen Aspekt von ‹Luft›.

Kommen wir zu einer dritten Art zu denken, dem linearen Denken: Ein Geschehen reiht sich an das andere und so weiter. Im Alltag schmieden wir Pläne und sagen: ‹Zuerst kommt das, später das, und dann dies und dann jenes ...› Doch entspricht diese Vorstellung in den seltensten Fällen auch der Realität. Es wird dennoch angewandt, und wir sollten es kennen.

Das lineare Denken steht dem analogen Denken und dem dialektischen Denken gegenüber, obwohl alle drei Gemeinsamkeiten aufweisen. Der Mensch in der heutigen Zeit hat gelernt, sich dieser Denkweisen zu bedienen und sie für den Fortschritt einzusetzen. Vor allem die mechanistische Denkweise, die die Welt atomisiert, das heißt in Einzelteile zerfallen läßt und keinen Unterschied mehr macht zwischen Werten und Dingen – die Aussprüche ‹Geschäft ist Geschäft› oder ‹Geld ist Macht› – zeigen dies deutlich. Es fehlt dabei das Gleichgewicht zwischen der geistigen Seite des Menschen und seiner materiellen. Voraussetzung dafür ist aber, daß man sich den geistigen Seiten des Seins zuwendet, worüber die Rosenkreuzer einiges an Erkenntnissen zusammengetragen haben.

Das Denken abzulehnen – auch im Bereich der Mystik und Esoterik – wäre ebenso unsinnig, wie dem Denken eine übergeordnete Rolle zuzuschreiben. Da die Rosenkreuzer versuchen, den Menschen als harmonisches Ganzes zu sehen, heißt dies für das Denken, seinen Platz in der Ganzheit zu finden; heißt es, daß das Denken, als dem Element Luft zugehörig, als *eines* der vier Elemente zu sehen ist, als eine Eigenschaft, die der Mensch für seine Lebensmeisterung braucht.»

Hier hielt er wieder inne und ließ ein gelbes Dreieck mit der Spitze nach oben und einem Querstrich in der Mitte vor unserem Auge auftauchen. Wieder erklang die Musik, und wir betrachteten das Symbol.

Diesmal kam ich innerlich nicht zur Ruhe. Gedanken überschwemmten mich und schwirrten um mich herum wie ein aufgescheuchter Schwarm Vögel, die am Himmel sich zu versammeln schienen. Ihre Bewegungen waren aufgeregt und ihre Bahn unberechenbar. Wohin flogen sie und woher kamen sie? Wer gab ihnen ihren Halt und ihre Richtung?

Nach und nach besann ich mich auf mich selbst und ließ diese Vögel fliegen, wohin sie wollten. Dann aber bemerkte ich, daß ich in der Lage war, meine Gedanken zu lenken, ihnen eine neue Richtung zu geben. Sie waren nun wie hilfsbereite Diener, die vor mir einen möglichen Pfad erkundeten.

Ein wichtiger Gedanke tauchte in mir auf, und ich wollte diesen Faden aufnehmen, ihn weiterspinnen, verlor mich aber in Gedankengängen, die mir zugleich vertraut und fremd schienen. Mehr und mehr suchte ich nach einem Bezugspunkt, nach einem festen Halt, als mir wieder die Erde einfiel. Nun wurde ich auch ruhiger und konnte mich intensiver meinen Empfindungen überlassen.

Ich war mir nun sicher, daß ich mein Denken steuern konnte. Mit dieser Gewißheit bemerkte ich zugleich, daß wir unsere Kontemplation abgeschlossen hatten und uns dem nächsten Element zuwenden wollten.

«Das Element Wasser wird als gleichseitiges Dreieck mit der Spitze nach unten dargestellt. Es ist von blauer Farbe. Das Wasser wird als passiv, kühl und negativ eingestuft. Die Verbindungen von *Meer, mare, maya, Materie, Maria* und *Mater* drängen sich assoziativ-bildhaft auf. Das Symbol fordert, das Verschleierte wahrzunehmen, das etwas anderes verborgen hält. Wasser ist geheimnisvoll und tief.

Die Rosenkreuzer haben in ihren ‹Geheimen Figuren› eine eigene Tafel (Tafel 28) über die vier Elemente, worin es – in einer typisch paradoxen Sprache heißt: ‹Wasser ist Wasser und bleibt Wasser; vom Himmel der Weisen regnet Wasser; der Weisen Stein meiner Tränen: Wasser; dennoch achtet die Welt nicht solch ein Wasser. Ihr Feuer brennt im Wasser, und lebet im Wasser. Mach das Feuer Wasser, und locke das Feuer im Wasser: So wird ein feurig Wasser.›

Versuchen wir dies zu erklären: Bewußtsein, also Wasser, ist auch in der Überhöhung, als Selbstbewußtsein, immer noch Bewußtsein, und dann in der dritten Stufe, als göttliches Bewußtsein, ebenso Bewußtsein. Es wird dreimal bestätigt. Mit dem alchemistischen Ausdruck Himmel der Weisen ist ein geistiger Himmel gemeint, der bereit ist, göttliches Bewußtsein zu verströmen. Sein Pendant hat das himmlische Wasser in unseren Tränen. Wenn wir unsere Leidenschaften, das Feuer, nicht nur zügeln, sondern umwandeln, wird aus dieser großen instinktiven Kraft eine bewußte Kraft. Feuriges Wasser ist ein alter Ausdruck für die Erde, womit angedeutet ist, daß ein leichtes Übergewicht im Element Erde auf dem Wasser liegt. All das zusammengenommen zeigt uns nicht nur eine anscheinend verworrene alchemistisch-rosenkreuzerische Sprache, sondern eine tiefe Symbolik.

Das Element Wasser symbolisiert Bewußtsein. Bewußtsein ist ein wesentlicher Teil unseres Lebens. Bewußtsein hat mit Reflexion zu tun und so wie ein Gewässer die Strahlen der Sonne reflektiert, so reflektiert unser Bewußtsein die Einflüsse aus dem Bereich des ewigen Seins. Es ist schwierig, über das Bewußtsein zu sprechen, da jede Aussage über das Bewußtsein vom Bewußtsein geprägt ist. Wie bereits ausgeführt, geht es bei den Rosenkreuzern nicht darum, sich von der materiellen, körperlichen Welt zu lösen, sondern es geht, alchemistisch gesprochen, um die Erkenntnis der beiden Wasser.

Das erste Wasser steht für all die psychischen Fähigkeiten, die

ein Mensch haben kann und die allein für sich genommen mit-
nichten ein Gradmesser für eine hohe, spirituelle Meisterschaft
sind. Das andere Wasser ist das ursprüngliche Wasser, von dem
auch Thales spricht, wenn er die Schöpfung auf das Wasser zurückführt. Es ist damit der Zustand im Menschen gemeint, der
sein wahres Wesen ausmacht und von geistiger Natur ist.

Das Bewußtsein wird von den Rosenkreuzern in verschiedene
Phasen eingeteilt, mit der höchsten Stufe, dem *allumfassenden,*
göttlichen Bewußtsein, das für die umfassendste Bewußtseins-
stufe für den Menschen überhaupt steht. In der mystischen und
rosenkreuzerischen Tradition ab dem 18. Jahrhundert wird
auch vom *Christusbewußtsein* gesprochen, das dem göttlichen
Bewußtsein am nächsten ist. Im Laufe der Jahrhunderte änderte
sich der Name des Trägers dieses Bewußtseins in Adept oder

Avatar. Gemeint ist damit jemand, der seine Aufgabe im göttlichen Plan nicht nur erkannt hat, sondern bereit ist, diese durchzuführen.

In den ‹Geheimen Figuren› sind auf der Tafel 10 zwei ineinander verschlungene Dreiecke – das Wasser- und das Feuerdreieck – abgebildet, in einem Viereck eingeschlossen. Ein mehrfacher Strahlenkranz geht davon aus und in deren Mitte sieht man eine menschliche Gestalt. Dies veranschaulicht den Zustand des allumfassenden Bewußtseins. In bezug auf die Lehre der vier Elemente ist das der Zustand, der durch die Quintessenz ausgedrückt wird. Im kabbalistischen Lebensbaum ist es der Bewußtseinszustand von Tipharet. (Würde die Psychologie auf dem kabbalistischen Lebensbaum einzuordnen sein, so müßte man sie Jesod zuordnen. Da über dieser Sephira noch acht (!) weitere Sephiroth liegen, kann man daraus ermessen, was vor demjenigen liegt, der bewußt versucht, die Psychologie zu überwinden, um zur Spiritualität zu kommen.)

Das Unterbewußtsein ist eine weitere Phase des Bewußtseins. Es sollte aber nicht so verstanden werden, daß es irgendwie *unter* dem Bewußtsein wäre, sondern so, daß es neben dem Bewußtsein noch etwas anderes gibt, das unbewußt also *nicht-bewußt* ist und sich unserer unmittelbaren Einflußnahme entzieht. Die unbewußte Tätigkeit (Aufrechterhalten der körperlichen Funktionen) sowie das absolute Gedächtnis, Akasha-Chronik, gehören ebenso zum Unterbewußtsein dazu. Damit unterteilen die Rosenkreuzer das Bewußtsein in drei Bereiche: allumfassendes oder göttliches Bewußtsein, Unterbewußtsein und mundanes oder Alltagsbewußtsein. Zu jeder dieser Phasen gehören weitere Unterteilungen, die alle zusammen das Element Wasser in seiner symbolischen Bedeutung bestimmen.»

Wieder wurde auf die Leinwand ein Symbol projiziert, diesmal das für Wasser, ein blaues Dreieck mit der Spitze nach unten. Musik ertönte, und wir betrachteten dieses Symbol.

Vor mir tauchte ein großer Wasserfall auf, dessen schäumende Gischt ein eindrucksvolles Schauspiel bot. Die Kraft des Wassers schien unglaublich und gleichzeitig zart und nachgiebig. Die Kühle der blauen Farbe wirkte beruhigend auf mich. Dann tauchte ein Fluß vor meinem geistigen Auge auf, und ich verfolgte ihn von der Quelle zur Mündung in einen riesigen Ozean.

Wasser, so weit ich schauen konnte, und darüber der blaue Himmel, die sich im Horizont mit dem Meer zu vereinen schienen. Der Himmel als Gegengewicht zu der unermeßlichen Weite des Ozeans. Mit dem Gedanken an die Wasser des Himmels tauchte ich aus meiner Kontemplation auf und hörte weiter zu.

«Dieses Jahrhundert hat nicht nur die erste Mondlandung erlebt, einen Moment, auf den viele Jahrhunderte hingearbeitet wurde, sondern der Mondlandung ging, sieht man es analog und symbolisch, die Entdeckung des Bewußtseins respektive des Unbewußten beziehungsweise Unterbewußtseins im Menschen voraus. Daß Mond, Wasser und Bewußtsein symbolisch zusammengehören, ist sicherlich kein Zufall. Und es kommt auch nicht von ungefähr, daß Friedensforschung und weltweiter Einsatz von ‹Friedenstruppen› am Ende dieses Jahrhunderts immer aktueller werden, und zwar zeitgleich mit der ersten Marslandung, was symbolisch bedeutet, daß nach der Bewußtseinsforschung die Meisterung der Instinkte, Triebe und vor allem kriegerischen Impulse ansteht, etwas, das die Rosenkreuzer auch mit dem Element Feuer in Verbindung bringen.

Feuer fasziniert den Menschen, denn es symbolisiert das reine Sein. Dieses Element brennt als göttlicher Funke in den Herzen und zeigt Bereitschaft zur Aktivität. Feuer ist eine aktive Kraft, männlich, positiv. Das Feuer läutert den Menschen und erinnert an den Schmelzofen der Alchemisten. Auf den Menschen übertragen hieße das, daß er in diesem Schmelztiegel durch das

Feuer in seinen Gefühlen, Instinkten und Leidenschaften gekocht wird, um umgewandelt und geläutert zu werden.

Die ganze Bandbreite unserer Gefühle, die vom heftigsten Zorn bis zu den tiefsten mystischen Gefühlen reichen, wird durch das Feuer symbolisiert. Gefühle sind Gradmesser dafür, wie man auf die Welt reagiert und wie sie sich uns darstellt. Gefühle bewerten, eine Eigenschaft, die durchaus nützlich und sinnerhellend sein kann.

Rot symbolisiert die Triebkraft, die hinter allen schöpferischen oder zerstörerischen Handlungen steht. Rot wirkt belebend auf unsere Gedanken, damit diese Formen annehmen.

Die Rosenkreuzer fordern und fördern die Ausbildung zu einer ganzheitlichen Persönlichkeit und dazu gehört auch das Ich und dessen Fähigkeiten. Dieser dabei benötigten Energie ihre richtige Ausdrucksmöglichkeit zu geben, sie in die richtigen Bahnen zu lenken, wird durch Feuer symbolisiert. Die Kraft des Feuers ist an sich neutral und kann zum Aufbau oder zur Zerstörung eingesetzt werden. Feuer kann zerstören und auflösen, aber auch antreiben, schöpferisch zu sein, etwas zusammenzufügen und zu reproduzieren.

Rosenkreuzer und Mystiker allein mit einer kontemplativen Haltung gleichzusetzen hieße, Wesentliches zu übersehen oder falsch zu verstehen. Natürlich gehören Meditation, Kontemplation und Nachdenken zu einem rosenkreuzerischen Studium. Doch dies ist nur die eine Seite. Die andere Seite ist diejenige, die versucht, die aus der Meditation gewonnenen Ergebnisse in die Tat umzusetzen. Dazu bedarf es der Energie und Entschlußkraft, eben des Feuers.»

Als viertes Element tauchte dann mit passender Musik das Feuerdreieck von roter Farbe und mit der Spitze nach oben auf der Leinwand auf.

Vor meinem inneren Auge erschien ein Vulkan, der im Begriff war, auszubrechen. Rote, flüssige und zerstörerische Lava floß an der Außenwand des Kraters herab, um zu verzehren, was vorher grünte, wuchs und blühte. Dann sah ich ein Schlachtfeld, auf dem Krieg tobte. Menschen schrien. Gewehrkugeln pfiffen, und Pulverdampf benebelte die Stätte. Sinnlose Zerstörung und unbarmherzige Gewalt raubten mir für Momente den Atem.

Ich sah ein Wohnhaus in sich zusammensinken. Dichte Staubwolken stoben auf, und ein Trümmerhaufen blieb zurück, wo vorher trotzig ein Hochhaus gestanden hatte. Auf dem freigewordenen Gelände konnte nun Neues entstehen. Menschen räumten die Trümmer beiseite, bauten wieder auf, zogen Wände in die Höhe, mit großer Kraft und übermenschlichen Anstrengungen wurde Stockwerk um Stockwerk errichtet. Ob sich alles ausgleicht, die Energie, die zerstört, und die Kraft, die erschafft?

Mit welcher Brutalität Natur und Mensch vorgehen konnten, um etwas zu zerstören oder etwas aufzubauen. Aber auch in mir spürte ich diese Kraft und ihre Macht. Wie kann ich diese Energie meistern und lenken?

Mit diesen Fragen tauchte ich aus meiner Betrachtung auf, um gerade noch die ersten Sätze des Vortragenden mitzubekommen.

«Wir haben nun immer wieder von den vier Elementen gehört und dabei verschwiegen, daß sie nur dadurch harmonisch vereint sein können, wenn sie transzendiert, also erhöht werden. Dies geschieht durch das mysteriöse ‹Fünfte Element›, die *Quintessenz*. Sie erscheint, laut rosenkreuzerischer Überlieferung, dann, wenn der Prozeß der Meisterschaft über sich selbst zu einem gewissen Abschluß gekommen ist. Das Bewußtwerden und Offenbarwerden dieses Zustandes hat innere und äußere Ausgeglichenheit zur Voraussetzung, die die Harmonisierung der vier Elemente bedingt.

Die Quintessenz oder *quinta essentia* (das ‹fünfte Wesen›, das ‹fünfte Seiende›) ist es, das die vier Elemente zusammenhält, zusammenfügt und bildet. Aristoteles, Paracelsus, die mittelalterliche Mystik und die Alchemie haben sich ausführlich mit der *quinta essentia* beschäftigt. Sie wurde mit dem Äther in Verbindung gebracht, und war als lebenserzeugender und -erhaltender Geist oder ‹spiritus› bekannt.

Die Quintessenz wird als fein, alles durchdringend und überall seiend angenommen. (Die Verbindung zum ‹flüchtigen Alkohol› liegt darum nahe.) Die Quintessenz bezeichnet das Wesen einer Sache, ihren Hauptgedanken, das Endergebnis. Sie kann mit dem ‹Stein der Weisen›, der bekanntlich als höchste zu erreichende, aber verborgene Kostbarkeit gilt, verbunden werden. Ihn zu besitzen hieße, in vollendeter Harmonie mit sich selbst und der Schöpfung zu sein. Wenn man infolge richtigen Denkens und Handelns mehr und mehr fähig wird, jene Harmonie, die man sucht, zu erlangen und zu erleben, wird jenes Einssein mit der Welt verwirklicht, so wie es mit der Bedeutung des Wortes Harmonie in Aussicht gestellt ist.

Die vier Elemente: Feuer, Wasser, Luft und Erde wirken im Menschen, und in all seinen Handlungen bewegen sie sich wie ein Rad in raschem Kreislauf. Das Bild des Rades, das in rosenkreuzerischen Schriften verwendet wird, ist traditionell das Symbol der Quintessenz, ein Rad mit acht Speichen. Die Verdoppelung der Vier zur Acht wird als Bewußtwerdung der Dualität des jeweiligen Elementes aufgefaßt, wodurch die Quintessenz zum Lenker und Leiter der Elemente wird und den inneren Persönlichkeitskern bildet.

Für die Rosenkreuzer sind die vier Elemente ursprüngliche Grundlagen aller körperlichen Dinge. Aus diesen sind alle Naturgegenstände unserer Welt zusammengesetzt, jedoch nicht auf dem Wege der Zusammenhäufung, sondern durch Verwandlung und Verbindung.

Jedes Element hat *zwei* spezifische Eigenschaften, wovon es die erste ausschließlich für sich besitzt, durch die zweite aber wie durch ein Medium mit dem folgenden Element zusammenhängt. Das Feuer ist warm und trocken, die Erde trocken und kalt, das Wasser kalt und feucht, die Luft feucht und warm. Nach den zwei entgegengesetzten Eigenschaften sind auch die Elemente einander entgegengesetzt, wie das Feuer dem Wasser und die Erde der Luft. Die Erde und das Wasser gelten als ‹schwer›, die Luft und das Feuer als ‹leicht›, deshalb wurden die ersten von den Stoikern *passiv* und die anderen *aktiv* genannt.

Die Lehren der Rosenkreuzer erkennen spezifische Eigenschaften in jedem Element und fördern diese – und das ist das besondere – im Einklang mit den anderen Elementen. Kein Element kann isoliert betrachtet werden. Das Denken kann nicht ohne das Gefühl und nicht ohne Bewußtsein und den Körper gedacht werden; Fühlen allein genügt nicht, ebensowenig ist eine einseitige materialistische Einstellung sinnvoll für die Lebensmeisterung.

Das rosenkreuzerische Geheimnis der Elementenlehre besteht in ihrer gegenseitigen Bedingtheit und gleichen Gewichtung. Wer ein Meister seines Lebens werden will, muß die vier Elemente in sich zur Harmonie bringen. Abhängigkeiten werden dann zu Gemeinsamkeiten; Bindungen werden zur Freiheit und Ichzentriertheit wird zur Selbstbestimmung. Dies ist ein lebenslanger Prozeß, der auch noch länger dauern kann.

Die vier Elemente sind die Grundlage all dessen, was existiert. In der materiellen Welt kommt nichts rein vor, sondern alles ist eine Mischung der anfänglich reinen Substanzen. Die Alchemie – auch als große Läuterungskunst anzusehen – versucht den ursprünglich reinen Zustand wiederherzustellen. Dabei sagen die alten Alchemisten: ‹Die vier Elemente sind nicht unsere vier Elemente.› Sie meinen damit, daß die Elemente noch eine verborgene Seite haben, die der bloßen materiellen oder auch profanen Auffassung entgeht und ihr nicht bekannt ist. Die verborgene Seite kann auch nicht aufgeschrieben werden, da sie nur mündlich weitergegeben wird.

Die Umwandlung, Verwandlung und Veredelung der Elemente schließt den menschlichen Körper ein. Der ‹feinstoffliche Körper› ist dann identisch mit einem flüchtigen Merkur, dem merkuralischen Wasser, welches in einem besonderen Gefäß – dem *vas hermeticum* – gefangengehalten wird, um nicht entweichen zu können, bevor der Prozeß vollendet ist. Alles benötigt seine Zeit. Zu schnelles Vorgehen verhindert den Prozeß der Wandlung.

Ich kann nur dann von den vier Elementen profitieren, wenn ich mir dieser allgemeinen Inhalte bewußt bin. Darauf aufbauend kann ich mir der Vierheit in mir selbst bewußt werden und sie praktisch anwenden: Mangelt es mir an persönlichem Feuer, an Energie oder Engagement, muß ich mich mit meinem Feuer beschäftigen. Dies kann dadurch geschehen, daß ich mir das Element Feuer aufmale und darüber meditiere oder kontempliere.

Eine einfache Übung, um herauszufinden, an welchem Element es mir mangelt besteht darin, sie alle vier zu zeichnen und vor mir zu plazieren. Dann betrachte ich eines nach dem anderen und achte auf die Empfindungen und Ideen, die mir dazu aufscheinen. Ich stelle mir selbst die Frage, welches der Elemente ich eher anziehend oder eher abstoßend empfinde. Gemäß dieser Auseinandersetzung werde ich rasch herausfinden, woran es mir mangelt. Diesen Mangel gilt es auszugleichen, denn es kommt darauf an, alle vier Elemente harmonisch zu verbinden und in Einklang miteinander zu bringen. Das ist das rosenkreuzerische Geheimnis der vier Elemente. Es gibt keine Bevorzugung und keine Benachteiligung. Denken ist ebenso wichtig wie Gefühl, der Körper ist genauso notwendig wie Bewußtsein. Und eines kann ohne das andere nicht sein. Eine einseitige Bevorzugung würde dem Zustand der Meisterschaft nicht entsprechen.»

Uns wurden dann alle vier Elemente nacheinander auf die Leinwand projiziert. Dann, über die Elemente, die Quintessenz, ein Kreis mit acht Speichen, die doppelte Vierheit also.

Hier liefen nun endlich all die Gesprächsfäden der letzten Wochen und Monate zusammen. Die Quintessenz als Lenker und Leiter, als mein inneres Selbst, mein innerer Meister. Er bedient sich der Leidenschaften, des Körpers, des Denkens und des Bewußtseins, um zu erreichen, daß jedes für sich und in bezug auf die anderen existieren kann. Das Ziel, ein ganzheitlicher Mensch zu werden – dies wurde hier symbolisch verschlüsselt ausgedrückt.

«Die vier Elemente werden auch in Form eines Pentagramms angeordnet. Es gibt viele irrtümliche Annahmen und Vorurteile über das Pentagramm. Da ist die Rede von magischen Praktiken und Beschwörungsformeln, die durch das Pentagramm ausgedrückt sein sollen. Man vergißt dabei ganz, daß der Körper des Menschen selbst so ein Pentagramm darstellt – muß man erwähnen, daß es mit der Spitze nach oben steht? – und daß der Überlieferung nach der Mensch mit der Zahl Fünf in Verbindung gebracht wird. Stellen Sie sich mit leicht auseinandergestellten Füßen hin und breiten Sie Ihre Arme aus: Sie bilden ein Pentagramm.

Das Pentagramm wird als fünfzackiger Stern gezeichnet. Es symbolisiert den Menschen, den Mikrokosmos, und aus diesem Grunde wird es das ‹Zeichen des Menschen› genannt. Betrachten Sie die Zeichnung mit den vier Elementen und der Quintessenz. Die Quintessenz – an der Spitze der Figur – symbolisiert den Seelenfunken, die Seelenpersönlichkeit im Menschen. An die vier anderen Spitzen des Fünfecks sind die Symbole der vier Elemente gezeichnet. Oben rechts das Wasser, unten rechts Feuer, oben links Luft und unten links die Erde.

Der Mensch als Mikrokosmos integriert in sich die ‹fünf› Elemente. Das Pentagramm bedeutet das fünfte Gesetz der rosenkreuzerischen Symbolik. Jetzt hat der Mensch Meisterschaft über die vier Elemente seines Wesens erreicht, über: Körper, Bewußtsein, Gefühle und Verstand. Die Rosenkreuzer sagen, daß durch die Prüfungen, die das Leben dem Menschen auferlegt, durch seine Leiden und Erfahrungen, der Mensch siegreich die vier Elemente überwinden und sich zur Meisterschaft entwickeln kann.

Wenn der Mensch seine Gefühle und Instinkte erkannt und gemeistert hat, wenn er sich seines Bewußtseins *bewußt* wurde, er die Vernunft und seinen Körper lenken und leiten kann, dann ist er im rosenkreuzerischen Sinne ein ‹Meister›. Dieser Titel wird ihm aber nicht von außen verliehen, sondern er wird sich dessen nach und nach gewahr, vielleicht ohne daß er es will oder herausgefordert hatte.

Wenn der Mensch also gelernt hat, die vier Elemente in sich in Einklang zu bringen, nähert er sich einem höheren Bewußtsein. Das doppelte Quadrat oder das Achteck weist darauf hin, daß der Mensch diese Stabilität auf beiden Ebenen erreichen muß: auf der physischen wie auf der geistigen Ebene. Wenn er es verstanden hat, diese Standfestigkeit auf beiden Ebenen zu erreichen, hat er eine gute Grundlage geschaffen, sicher und gefahrlos mit der transzendenten kosmischen Ebene in Verbindung zu treten.»

Damit endete der Vortrag und damit auch die Demonstration dieser rosenkreuzerischen Symbolik. Es wurde nach und nach wieder hell in dem Vortragssaal. Ich war zwar viel zu sehr mit mir selbst beschäftigt, beobachtete aber auch, daß niemand unbeeindruckt von dieser Demonstration geblieben war. Es hatte auch niemand eine Frage oder eine Bemerkung zu machen. Man hatte eher das Gefühl, daß alle mit ihren Gedanken allein sein wollten. So wurden wir mit unserem tiefen inneren Gefühl der Dankbarkeit und der Zuversicht über die neugewonnenen Zusammenhänge in den Abend entlassen. Ich ahnte nun, wie beeindruckend Symbole von der unermeßlichen Vielfalt der Schöpfung zu vermitteln vermochten, daß sie in der Lage sind von ihrer erhabenen Schönheit und, was noch viel wichtiger ist, von ihrer Ordnung, ihrem Plan und ihrem Aufbau einen tiefen Eindruck zu hinterlassen. Die Frage aber, welchen Platz der Mensch in diesem Plan einnimmt und einnehmen wird, bleibt.

KAPITEL 4

Die Rosenkreuzer
melden sich zu Wort

Der Mythos ‹Christian Rosencreutz› ≈

Die Rosenkreuzerschriften ≈ Wie viele Rosen

trägt das Kreuz?

Kurz entschlossen machte ich mich auf den Weg zur Wohnung meines Bekannten und klingelte an der Tür. Er war etwas überrascht mich zu sehen. Ich fragte, ob er wohl einen Moment Zeit habe, da in mir drängende Fragen aufgekommen wären. Er aber erwiderte, daß der Zeitpunkt ungünstig sei, da er eben Gäste habe.

Ich konnte während unseres kurzen Gespräches einen Blick in den Flur seiner Wohnung werfen. An den Wänden waren Bücherregale, die dem kurzen Gang jenen Hauch von Gelehrsamkeit gaben, der sowohl beeindruckt als auch neugierig macht. Die wenigen Titel, die ich auf die Entfernung hier sehen konnte, verrieten ein weitgefaßtes Interesse des Besitzers. Ich konnte auf die Schnelle naturwissenschaftliche Bücher, Werke über Literatur, Kunst, Philosophie und auch alte Werke, die wohl der Alchemie, Mystik und der Hermetik zuzurechnen sind, ausmachen.

Ohne allzu aufdringlich wirken zu wollen, versuchte ich mich während unseres kurzen Gespräches auf die Buchrücken zu konzentrieren, was er bemerkte, und weshalb er anbot, ein andermal mir seine kleine Bibliothek zu zeigen. Dann schlug er vor, daß wir uns morgen treffen könnten. Morgen um die gleiche Zeit wäre ein guter Termin. Ich stimmte zu und um ihn auf meine morgigen Fragen schon vorzubereiten, deutete ich auf die Bücherregale und sagte: «Wer hat die Rosenkreuzer-Schriften verfaßt und was hat das mit ‹Christian Rosencreutz› auf sich?»

Er versprach mir morgen einiges darüber zu sagen, und wir verabschiedeten uns.

Anderntages klingelte ich zur vereinbarten Zeit an seiner Wohnungstür. Er empfing mich freundlich und geleitete mich ins Wohnzimmer. Ein heller Raum, dem man nicht ansah, daß er einen Rosenkreuzer beherbergte. Er fragte, ob ich etwas trinken wolle. Ich bejahte und nahm auf einem Sessel Platz. Nach einiger Zeit kam er mit Tee und Gebäck zurück und setzte sich gegenüber.

«Nun, dann schießen Sie doch einfach los. Was ist aus Ihren gestrigen Fragen geworden?»

«Zuallererst würde mich interessieren, was das alles mit den Rosenkreuzern zu tun hat, der Vortrag, den Sie mir zu lesen gegeben haben, dann die verschiedenen Themen, die wir besprochen haben, die Symbolabende und alles, hätte das nicht auch von ‹Nicht-Rosenkreuzern› stammen können?»

«Nicht unbedingt. Sicherlich ist es auf den ersten Blick schwierig zu sagen, dies oder jenes ist nun ganz typisch rosenkreuzerisch und diese Inhalte sind es ganz besonders. Ich glaube eher, daß es an der richtigen Mischung liegt. Der Versuch, Extrempositionen zu meiden und eine ausgewogene Verbindung zwischen verschiedenen durchaus unterschiedlichen Themenbereichen herzustellen und sie vorurteilsfrei zu betrachten, das ist sicherlich ein rosenkreuzerisches Merkmal. Dabei können auch bekannte Inhalte behandelt werden. Dies alles in ein System zu bringen und die konsequente Anwendung und Umsetzung dieser Inhalte im Alltag, ist typisch rosenkreuzerisch. Sie sollten auch schon versuchen, ein Gespür dafür zu bekommen, was *hinter* den Worten steht. Nicht nur, was sie bedeuten oder was mit ihnen gemeint ist, sondern was sie in Ihnen auslösen.»

«Das soll mir einen anderen Zugang zu mir selbst eröffnen?»

«Und zur Welt. Für einen Rosenkreuzer ist die Welt letztlich Abglanz einer geistigen Realität, die unwandelbar ist. Diese geistige Realität in die materielle Welt zu übertragen, dazu bedarf es eines umfangreichen Wissens. Es ist wie ein Puzzle mit vielen Teilen. Erst wenn Sie alle Teile zusammenhaben, ergibt sich ein Bild.»

«Welche Rolle spielt dann der Mensch dabei?»

«Der Mensch wird zu einem Mittler zwischen der geistigen und der materiellen Welt, da er nun in beiden leben kann. Das Ziel des Rosenkreuzer-Weges ist es ja, Bewußtsein seiner selbst zu erlangen und damit göttliches oder kosmisches Bewußtsein. Dann wird uns bewußt, daß der Weg, den wir gehen, mit allen anderen mystischen Wegen vereinbar ist. Es ist aber dennoch ein individueller Weg.»

«Was können Sie mir über diesen Weg noch sagen?»

«Es wird Ihnen jetzt verständlich sein, daß das echte Wissen der Rosenkreuzer nur in Symbolform vorliegt. Alles andere ist im Prinzip eine Ausdeutung dieser Symbole. Jeder, der in sich den Schlüssel hierfür entwickelt hat, kann die Fackel der Weisheit und des Wissens aufnehmen und weitergeben.»

«Unabhängig, ob er einen persönlichen Lehrer hat oder nicht?»

«Der wahre Lehrer ist ohnehin der innere Lehrer oder Meister, der uns individuell führt und lenkt. Seine Gegenwart bewußt zu erfahren und zu erleben ist das große Ziel.»

«Dazu bedarf es doch besonderer Fähigkeiten?»

«Der Rosenkreuzer-Weg strebt aber nicht an, die psychischen Fähigkeiten eines Menschen zu entwickeln, um damit außergewöhnlich zu werden. Die Entwicklung der psychischen Zentren oder der inneren Fähigkeiten, die unter dem Stichwort ‹übersinnlich› kursieren, gehören für den Rosenkreuzer zum natürlichen Leben: Es gibt weder etwas Übernatürliches noch etwas Übersinnliches, das es zu fürchten oder verdammen gilt. Im Menschen schlummern viele Fähigkeiten, die er entwickeln sollte, aber trotz alledem sind sie keine Garantie dafür, daß man durch sie besser auf dem mystischen Weg vorankommt. All das dürfte sich aus dem, was Sie bisher wissen, von selbst ergeben.»

Ich stimmte ihm zu, doch gleichzeitig sprudelt aus mir die Frage heraus, was ihn eigentlich auch nach seiner Entwicklung und seinem Wissen noch bei den Rosenkreuzern hält.

«Ja. Was mich hält, habe ich Ihnen zu Beginn unseres Gespräches bereits angedeutet, es ist das Ideal, daß es irgendwann einmal zu verwirklichen gilt. So lange werde ich den Rosenkreuzern wohl angehören. Dabei ist es gar nicht so sicher, ob ich das Ideal verwirkliche oder ob es sich durch mich verwirklicht. Das Ideal ist wie ein Magnet, es zieht und lenkt, es führt und beharrt auch auf einer gewissen Richtung. Ich habe mein Bewußtsein dahingehend ausgerichtet und werde also auch in seine Nähe geführt. Letztlich», und er senkte seine Stimme und wurde ernst, «ist es gleichgültig, welchen Weg Sie gehen, wenn Sie ihn nur mit Herz und innerer Überzeugung gehen. Der Weg muß zu Ihnen passen. Dies scheint bei mir der Fall zu sein. Mehr kann ich nun wirklich nicht darüber sagen.»

Dann schwieg er, und ich beneidete und bewunderte ihn dafür, daß er sich seiner Sache so sicher sein konnte.

Ich rührte nachdenklich in meiner Tasse und ließ die Atmosphäre auf mich wirken. Mein Blick fiel zufällig auf den alten dunklen Holzschrank in der Zimmerecke. Er hatte zwei Türflügel, deren oberer Teil aus Glas war. Dahinter standen noch mehr Bücher. Von weitem konnte ich hin und wieder das Wort Rosenkreuzer auf den Buchrücken entziffern. Dies also war wohl seine ganz besondere Büchersammlung. Allzu gerne wäre ich hinübergegangen.

«Nun zu meiner Hauptfrage: Wer hat denn Rosenkreuzer-Schriften eigentlich geschrieben? Gibt es solche Schriften überhaupt, und wer ist der Autor?»

«Hat sich Ihre Frage also doch über die Nacht hierher gerettet? Das hatte ich erwartet und mich auch ein wenig darauf vorbereitet. Unterbrechen Sie mich ruhig, wenn ich zu ausführlich werde.»

Er holte eine Mappe und einige Papiere, die er vor sich auf

den Tisch legte. Bei unserem Gespräch schaute er dann ab und zu in seinen Notizen nach, und ich durfte einige Werke aus seiner Rosenkreuzer-Bibliothek kennenlernen.

«Also, für mich ist die Geschichte der Rosenkreuzer-Schriften spannender als ein Krimi. Denn weder wissen wir genau, wer sie verfaßt hat; noch wissen wir, wann sie wirklich geschrieben wurden, welche Vorlagen es für sie gab und ob sie überhaupt für die Öffentlichkeit bestimmt waren.»

«Haben wir Beweise, ob es die Rosenkreuzer gegeben hat?»

«Indirekt schon. Es bleiben uns aber drei Schriften, die mit den Rosenkreuzern zu tun haben und eine ganze Reihe anderer, die auf zwei von ihnen schriftlich antworteten. Aber es gibt über die Rosenkreuzer-Schriften so viele Meinungen wie es Forscher über sie gibt. Auch wenn sich in den letzten Jahren eine Meinung mehr durchzusetzen scheint, kann es ein paar Jahre später genau umgekehrt sein. Und obwohl zahlreiche Nachschlagewerke und esoterische Gruppierungen meinen, daß die Verfasserfrage geklärt sei und der Name ‹Christian Rosencreutz› als ihr Gründer feststehen würde, ist dem nicht so.

Je tiefer man in die Rosenkreuzer-Forschung einsteigt, desto weniger weiß man und um so mehr wird man dann mit sich selbst konfrontiert, mit seinen Vorurteilen, Meinungen und Weltbildern, die es nach und nach zu revidieren und zu verändern gilt. Die Erforschung der Rosenkreuzer-Schriften gleicht einer Reise in unser eigenes Innere.»

«Warum soll das so sein?»

«Weil die Rosenkreuzer-Schriften voller Geheimnisse, versteckter Hinweise und Andeutungen sind. Man kann sie zwar lesen, aber man braucht Vorkenntnisse, um sie verstehen zu können. Sie sind voller Symbole, das macht sie so schwierig.»

«Ich habe gelesen, daß es nicht viele Rosenkreuzer-Schriften gibt. Und wenn, dann sind sie schon sehr alt, mehrere hundert Jahre.»

«Man sagt, daß es drei ‹ächte› oder ursprüngliche Rosenkreuzer-Schriften gebe: *Fama Fraternitatis, Confessio Fraternitatis* und *Chymische Hochzeit.* Sie sind alle nach 1600 entstanden. Da die *Chymische Hochzeit* inhaltlich und formal von den beiden anderen Schriften abweicht, sehe ich sie nur sehr bedingt als ‹ächte› Rosenkreuzer-Schrift an.»

«Von ihr hört man aber sehr viel.»

«Zu viel, meiner Meinung nach. Das deutet auch darauf hin, daß die anderen beiden Schriften kaum gelesen werden. Die *Fama* und die *Confessio* sind nicht nur anonym erschienen, über ihren Verfasser beziehungsweise Autor herrscht noch immer Unklarheit und – vor allem – Uneinigkeit.»

«Es ist aber in Nachschlagewerken üblich geworden, als Autor und Verfasser der Rosenkreuzer-Schriften den Namen von Johann Valentin Andreae anzugeben, oder?»

«Andreae war ein protestantischer Geistlicher aus der Calwer Gegend. Er wurde auch als literarisch tätiger Reformator bekannt, der mit zahlreichen historischen Persönlichkeiten in regem Briefwechsel stand, so mit Jan Amos Comenius und Johannes Kepler. Sicher ist, daß Andreae die *Chymische Hochzeit* geschrieben hat. Er hat dies in seiner Biographie – die aber erst im 18. Jahrhundert veröffentlicht wurde – selbst zugegeben.»

Er stand auf und ging zu jenem Bücherschrank hinüber, öffnete eine Flügeltür und zeigte mir einen Nachdruck dieser Biographie. Ich blätterte ein wenig darin, während er weitersprach.

«Ob Andreae auch die beiden anderen Schriften – *Fama Fraternitatis* und *Confessio Fraternitatis* – schrieb, darüber kann man zweifeln, auch weil er die Autorschaft der ersten beiden Schriften nie ausdrücklich anerkannt, ja diese sogar als ‹Scherz› abgetan hat, beziehungsweise sich eindeutig davon distanziert hat. Dies alles führte dazu, daß einige Historiker meinten, daß das Rosenkreuzertum eine literarische Fiktion wäre, eine dichterische Erfindung, eine Satire, ein Spiel, ohne realen Hintergrund.»

«Gibt es dafür also keine Beweise?»

«Nein. Es fehlt also immer noch ein eindeutiger Beweis *für* die Autorschaft Andreaes, so daß man zu Recht schließen kann, daß es möglicherweise noch einen anderen Autor oder sogar andere Autoren geben könnte.»

«Sie meinen mehrere Autoren?»

«Die Rosenkreuzer-Forschung sucht heute nicht mehr allein nach einem einzelnen Verfasser, sondern nach einem Kreis oder Zirkel, in dem oder durch den die Rosenkreuzer-Manifeste entstanden sein können. Anbieten würde sich dabei der sogenannte ‹Tübinger Kreis›, zu dem so interessante Männer gehörten wie der erwähnte Johann Valentin Andreae (1586–1654), Tobias Hess (1568–1614) oder Christoph Besold (1577–1638). Sie sollen im Bereich Tübingen mit dazu beigetragen haben, die Rosenkreuzer-Manifeste zu gestalten und bekannt zu machen. Tübingen scheint aber nicht das einzige Rosenkreuzer-Zentrum gewesen zu sein.»

«Wann sind diese Schriften gedruckt worden?»

«Die ersten Rosenkreuzer-Schriften sind 1614 beziehungsweise 1615 gedruckt und veröffentlicht worden. Es gab aber bereits vor 1610 handschriftliche Ausgaben davon. Ich möchte Sie nicht mit rein historischen Daten langweilen, aber es ist dann interessant, wenn wir das Abfassungsdatum dieser Schriften, das ja nicht feststeht, um einige Jahre zurückschieben, von 1614 auf 1610 und eventuell weiter auf 1608, unter Umständen sogar auf 1604. Ich kann Ihnen noch Belege für diese Thesen geben. Dies wäre folgenreich, denn die Absicht, Johann Valentin Andreae als alleinigen Autor der Schriften auszumachen, hängt eng mit ihrer Datierungsfrage zusammen.»

«Je früher die Rosenkreuzer-Schriften zu datieren sind, um so unwahrscheinlicher ist es, Andreae als deren Autor anzunehmen. Das wollen Sie wohl damit sagen?»

«Ja, genau. Vielleicht tue ich dem armen Andreae unrecht, aber ich glaube nicht daran, daß er in jungen Jahren zu einer solchen Leistung fähig war.»

«Können Sie mir etwas zu Andreae erzählen?»

«Johann Valentin Andreae wurde 1586 geboren, die gedruckte Ausgabe der *Fama* erschien 1614. Zu diesem Zeitpunkt war Andreae also 28 Jahre alt. 1604, dies ist die bisher früheste Datierung unserer Schriften, wäre Andreae 18 Jahre alt gewesen, was bedeutet, daß er die beiden Schriften (*Fama* und *Confessio*) *und* die ‹Chymische Hochzeit› im Alter zwischen 18 und 28 Jahren geschrieben haben müßte. Allein hier können starke Bedenken angemeldet werden, ob es einem jungen Mann um die zwanzig zuzutrauen wäre, so eine komplexe Schrift mit all den Anspielungen und Hintergründen zu schreiben.»

«Das heißt, Sie haben Zweifel gegenüber der Autorschaft Andreaes?»

«Ich habe neben dem Alter noch inhaltliche und vor allem sprachliche Bedenken. Aber um Ihnen das zu verdeutlichen, müßte ich ein wenig ausholen.»

Ich nickte zustimmend.

«Die ‹Chymische Hochzeit› ist in der Ich-Form geschrieben, die beiden anderen Schriften in der Wir-Form. Sie strotzen vor Selbstbewußtsein, Behauptungen und Versprechungen, woraus man erahnen kann, daß hier nicht ein Autor einfach in der Wir-Form schreibt, sondern im Auftrag von vielen.

Der Reformwille ist deutlich aus den beiden Schriften *Fama* und *Confessio* herauszuhören. In der ‹Chymischen Hochzeit› fehlt er völlig. Sie ist eine allegorisch-symbolische Geschichte, die einen alchemistischen Einweihungsweg beschreibt, bei dem es fraglich ist, ob es der *Vatter R. C.* wirklich nötig hatte, aufgrund der in der *Fama* beschriebenen Verdienste, sich im hohen Alter – die ‹Chymische Hochzeit› gibt 81 Jahre an – diesem Initiationsdrama zu unterziehen –, dabei immer vorausgesetzt, man bewegt sich bewußt im Rahmen der inhaltlichen beziehungsweise textlichen Vorgaben. Es ist aber richtig, daß dort der Name *Christian Rosencreutz* vollständig ausgeschrieben auftaucht, und von daher könnte man sich auf dieses Werk berufen

– aber auch auf die *Confessio*, wo der Name ebenfalls erwähnt wird –, faßt man die drei Schriften als Einheit auf und schließt man von C. R. oder R. C. auf ‹Christian Rosencreutz›.

Eigenartigerweise soll nach Andreas eigenen Aussagen die ‹Chymische Hochzeit› um 1605 – der Historiker Carlos Gilly meint, daß es eher 1607 gewesen sei – entstanden sein, mit dem ausgeschriebenen Namen also, der in den beiden anderen Schriften (*Fama* und *Confessio*, die 1614 veröffentlicht wurden) fehlt, obwohl doch eigentlich keine Notwendigkeit bestünde, diesen *nicht* zu erwähnen.

Das alles ist mehr als merkwürdig und läßt mich sehr an Andreae zweifeln.»

«Es gab doch wohl Reaktionen auf diese Schriften?»

«Natürlich, ja. Autoren wie Michael Maier und Robert Fludd haben sich in ihren Schriften zur Verteidigung des Rosenkreuzertums berufen gefühlt. Dann gibt es noch eine ganz eigenartige, geheimnisvolle Schrift, die ‹Naometria›, die handschriftlich erschien und von Simon Studion verfaßt wurde. Von ihr heißt es, sie sei Resultat einer geheimen Zusammenkunft vor 1600, an dem verschiedene gekrönte Häupter teilnahmen und aus der sich eine Bewegung, die ‹Militia Crucifera Evangelica› ableitet, die zur Verteidigung des Kreuzes gegründet wurde. Man sieht allgemein diese Bewegung als Vorläufer der Rosenkreuzer an, obwohl sich inhaltlich keine Entsprechungen zur Rose *und* zum Kreuz finden. Jedoch: Die ‹Naometria› atmet den Geist der Rosenkreuzer, aber die Verbindung von Rose und Kreuz zu Rosenkreuz findet sich auf den über 1500 Seiten nicht, da gibt es eher Hinweise auf die damals durchaus üblichen ‹prophetischen› Bücher.»

«Und diese Schrift gehört zu den Rosenkreuzer-Schriften?»

«Indirekt. Sie wird als Vorläuferschrift angesehen. Die ‹Naometria› besteht im übrigen aus zwei Teilen, von denen der zweite Teil wiederum zweigeteilt ist. Er enthält viele Abbildungen, aber ohne Bezug zum ‹Rosenkreuz› als solchem. Zahlensymbolische, kabbalistische und prophetische Elemente kennzeichnen dieses Werk ebenfalls. Aber es gibt keine inhaltlichen Hinweise auf das Rosenkreuz oder die Rosenkreuzer.

Zugegeben, wir sind etwas weit von unserem Thema abgewichen, aber es ist von Nutzen, wie Sie noch sehen werden. Wenn Sie wollen, können wir die Reihe der wichtigsten Forscher auf diesem Gebiet einmal durchgehen. Ich habe alle Bücher da.»

Mit diesen Worten nahm er mir das Buch aus der Hand und gab mir ein anderes.

«Hier, ein Buch von Will-Erich Peuckert, einer der wohl interessantesten und faszinierendsten Forscher auf dem Gebiete einer alternativen Geistesgeschichte. In seinem Buch ‹Die Rosenkreuzer› (1928, 1973), schreibt er, daß die *Fama* 1604 entstanden sein muß, denn zu dieser Zeit fand die in der *Fama* beschriebene Graböffnung des Fraters R. C. statt. Des weiteren trennt Peuckert zwischen dem Herausgeber der Schrift und dem Autor (Peuckert, S. 45, S. 76). In seinem Werk liebäugelt Peuckert zwar immer mit Andreae als Autoren, spricht sich aber nicht allzu deutlich dafür aus. Peuckerts Materialreichtum und Detailfülle machen ihn für mich zu einer wichtigen Quelle über die Rosenkreuzer.»

Dann gab er mir ein Buch von Hans Schick und erwähnt dazu, daß dieses – eine Habilitationsschrift – ‹Das ältere Rosenkreuzertum› (1942) sich für Andreae als Verfasser ausspricht. Schick betont, daß mit Andreae als Autor die ‹Enthüllung und Deutung der Rosenkreuzer-Bruderschaft, ihres Mitgliederkreises, ihres Sinnes und ihrer Entwicklung steht oder fällt› (Schick, S. 77).»

«Also ist doch Andreae der Autor?»

«Warten wir's ab. Frances A. Yates, eine bedeutende Forscherin auf ihrem Gebiet, die in letzter Zeit aber auch kritisiert wird, kommt in ihrem Buch ‹Aufklärung im Zeichen des Rosenkreuzes› (1972) zu der Feststellung, daß Andreae zwar die ‹Chymische Hochzeit›, nicht aber die anderen beiden Schriften geschrieben habe (Yates, S. 40). Sie versucht zu zeigen, daß der Engländer John Dee maßgeblichen Einfluß auf die Rosenkreuzerbewegung auf dem Festland hatte (Yates, S. 49). Dennoch räumt sie ein, daß die drei erwähnten Schriften sinnverwandt sind. Hier, hören Sie einmal folgendes: ‹Zwar ist es durchaus möglich, daß *Fama* und *Confessio* nicht von derselben Hand geschrieben sind wie die *Hochzeit*, aber die allen zugrundeliegenden Allegorien tragen Stempel eines ähnlichen Denkens, einer geistigen Zusammenarbeit, der es darum geht, den Mythos von ‹Christian Rosencreutz›, einer wohltätigen Gestalt, die Mittelpunkt von Bruderschaften und Orden ist, in der Welt zu verbreiten› (Yates, S. 75).

Yates repräsentiert die angelsächsisch-rosenkreuzerische Ansicht und bringt neben John Dee und Robert Fludd auch Francis Bacon ins Spiel von möglichen Autoren und Ideengebern des Rosenkreuzertums. Gerade Francis Bacon und die – ebenfalls im Umkreis des Rosenkreuzertums geführte – ‹Bacon-Shakespeare-Theorie›, vielleicht wissen Sie, daß manche annehmen, daß die Stücke Shakespeares in Wahrheit von Francis Bacon geschrieben wurden, hat im 19. und beginnenden 20. Jahrhundert weite Kreise gezogen. Yates politisiert die Rosenkreuzer-Bewegung, so daß sie zu dem Ergebnis kommt, daß der oder die Autor(en) der RC-Schriften politischen Einfluß gewollt hätten. Der ‹geheime Drahtzieher› wäre nach Yates demnach nicht Andreae gewesen, sondern John Dee. Sie erteilt dem Tübinger Kreis eine deutliche Absage. Leider hat sie nicht die *Originalfama* berücksichtigt, so daß sie ungenau von ‹Christian Rosencreutz› spricht.

Wenn wir schon bei den Engländern sind», mit diesen Worten holt er ein dickes, rötlich gebundenes Buch hervor, «hier, Arthur Edward Waite, Mitglied des Golden Dawn, später Begründer einer eigenen Rosenkreuzergemeinschaft, schreibt in diesem monumentalen Werk ‹The Brotherhood of the Rosy Cross› (1924) – das wie fast alle Werke Waites immer noch nicht in deutscher Sprache veröffentlicht wurde –, daß die *Fama* vor 1614 erschienen sein müsse (Waite, S. 115 f.). Weiterhin meint er, daß die Legende des RC in enger Beziehung zur freimaurerischen Legende von Hiram Abiff stehen würde (Waite, S. 123). Das Ziel der Bruderschaft sei die höhere Magie, die reine Kabbala, eine verborgene Art von Heilkunde und das Geheimnis der alchemistischen Verwandlung von Metallen (Waite, S. 124). Er bemerkt ausdrücklich, daß in der *Fama* nicht Christian Rosencreutz (Waite, S. 188 f.) stünde und daß Andreae kein Eingeweihter gewesen sei, obgleich er mit diesen Kontakt gehabt hätte (Waite, S. 189, S. 181). Die *Fama* wäre weiter beeinflußt vom Reformwillen der damaligen Zeit, von dem okkulten Gedankengut, von Paracelsus und von der apokalyptischen Astrologie (Waite, S. 210). Waite spricht sich gegen Andreae als Verfasser der *Fama* aus.»

Es war beeindruckend, mit welcher Materialfülle über das Rosenkreuzertum geforscht und geschrieben wurde. Dann gab ich ihm das Buch wieder, und er stellte es in den Schrank zurück. Er legte neue Bücher vor mir auf den Tisch.

«Ich hoffe, ich langweile Sie nicht allzusehr. Aber es ist für mich wirklich spannend zu sehen, wie sich Meinungen herausbilden und sich ändern.»

«Weiß man heute immer richtig noch nicht, wer der Verfasser ist?»

«Wir kommen noch dahinter.»

Er deutet auf ein Buch von Christopher McInthosh, ‹The Rosicrucians – The History of an occult Order› (1987). Es sei eine Auseinandersetzung jüngeren Datums mit den Rosenkreuzern. Er beschreibt die Anfänge des Rosenkreuzertums, den Tübinger Kreis, die Nachwehen der Manifeste, das langsame Ausbreiten der Rosenkreuzer-Bewegung, die Gold- und Rosenkreuzer und die modernen Rosenkreuzer-Orden. Für ihn ist die Rosenkreuzer-Bewegung nicht Religion, Kult oder Philosophie (McIntosh, S. 14). Ab einer gewissen Zeit habe es Verbindungen zu den Freimaurern gegeben (McIntosh, S. 145). Er meint, reduziere man das Rosenkreuzertum auf seine Basiselemente, so gäbe es nichts mehr als einen Namen, ein Symbol und eine Legende (McIntosh, S. 145). Dennoch sagt er, daß vieles für Andreae als Autor der *Fama* und *Confessio* spräche (McIntosh, S. 42), da dieser in einer Atmosphäre aufgewachsen sei, die dies begünstigt habe, durch seinen Großvater, seinen Vater, durch Christoph Besold und dessen Kreis.

Dann erwähnt er noch J. R. Ritman, Gründer der ‹Bibliotheca Philosophica Hermetica›, die die größte Sammlung rosenkreuzerischer Texte beherbergt. Er las mir aus dem Aufsatz: ‹Im Zeichen der Bruderschaft C.R.C.› folgendes vor: «‹Die Öffnung der Gruft des Ordensvaters Christian Rosencreutz im Jahre 1604, die in der *Fama Fraternitatis* beschrieben wird, markiert die Geburtsstunde der Bruderschaft der Rosenkreuzer. Sie war der Beginn eines großen geistigen Impulses, der zur Bildung der ersten Bruderschaft – des Tübinger Kreises – führte. Sein Inspirator und Prophet war Tobias Hess, der spirituelle Erbe von Paracelsus und dem eminenten Gelehrten Christoph Besold, und sein jüngster Bruder war Johann Valentin Andreae, der für die Zusammenstellung der schriftlichen Äußerungen verantwortlich zeichnete.›

Sehen Sie: Auch dies ein Beleg dafür, daß die Anteile der Person Andreaes am Rosenkreuzertum deutlich zu reduzieren sind.»

Ein großer Quartband von Manly P. Hall, dem Gründer der ‹Philosophical Research Society› und Autor zahlreicher Bücher über die verschiedensten Themen der ‹Esoterik› und ‹Geheimlehren› in den USA, folgte als nächstes. Hall widmet den Rosenkreuzern – zählt man die ‹Chymische Hochzeit› mit – vier Kapitel in seinem umfangreichen Werk ‹The Secret Teachings of all Ages›. Er nutzt die Abkürzung R. C. wenn er sich den Rosenkreuzer-Schriften zuwendet.

«Hall skizziert in vier Hauptthesen Meinungen, die über die

Rosenkreuzer wiedergegeben werden, so daß Andreae der Begründer derselben wäre, daß die Bruderschaft realiter existiert(e), daß sie eine Erfindung, eine Imagination sei und daß sie eine geistige Entsprechung habe.

Er zeigt an Diagrammen aus Wellings ‹Opus Magnum› – ein Werk, welches Goethe beeinflußte – deren rosenkreuzerischen und kabbalistischen Hintergrund auf. Kurz gesagt, er widmet den Rosenkreuzern einige Aufmerksamkeit in seinem Werk, ohne dabei außer acht zu lassen, daß es sich um eine Vereinigung ‹R. C.› handelt, welche nicht von Andreae gegründet worden ist. Manly P. Hall erwähnt des öfteren A. E. Waite und auch Hargrave Jennings, der in seinem Buch ‹Die Rosenkreuzer – Ihre Gebräuche und Mysterien› (1870, 1912) zahlreiche Legenden, Aussagen, Zeichnungen und Abbildungen zusammenträgt. Es ist eine bunte Palette an Aussagen, die nicht ohne Wirkung geblieben sind, die aber mehr zur Legendenbildung beigetragen haben als zur Klärung unserer Fragen.»

Auch dieses Buch verschwand wieder in dem alten Schrank, dessen Türen sich jetzt wieder schlossen.

«Zum Abschluß wollen wir uns noch dem sehr interessanten und aufschlußreichen Buch von Roland Edighoffer ‹Die Rosenkreuzer› (1995) zuwenden, einem der wohl besten Kenner der Schriften Johann Valentin Andreaes. Er zeigt die biographischen Belege auf, die Andreae über ‹sein› Abenteuer Rosenkreuzer gemacht hat und spricht sich hier für Andreae als Verfasser der Rosenkreuzer-Schriften aus. Zu berücksichtigen ist folgende These Edighoffers, der schreibt, daß der Druck der *Fama* damals ‹auf Befehl oder mit Erlaubnis› des Landgrafen Moritz von Hessen-Kassel (S. 71) erfolgte. Es ist der gleiche Landgraf, der später Michael Maier als Leibarzt beschäftigte, der in seinem Buch ‹Themis Aureae› (1618) ausführlich auf Punkte der *Fama* einging und als Verteidiger der Rosenkreuzer angeführt werden kann. Die biographischen Äußerungen Andreaes, die Edighoffer anführt, lassen zwei Dinge vermuten:

entweder eine deutliche Distanzierung und Verschleierung der Rosenkreuzeridee durch ‹seinen Erfinder›; oder ein Eingeständnis der Nicht-Autorschaft.»

Die Bücher stapelten sich auf dem kleinen Tisch, und dennoch kamen wir zu keinem endgültigen Ergebnis.

«Sei es, wie es sei», sagte er lapidar, das Kapitel ‹Autor und Verfasser der Rosenkreuzer-Schriften› ist noch lange nicht abgeschlossen. Mir bleibt aber die Hoffnung, daß sich Handschriften der *Fama vor* 1604 auffinden lassen, dann wären wir einen großen Schritt weiter.»

«Sie datieren die *Fama* dann um zehn Jahre zurück?» meinte ich erstaunt.

«Bemerkenswert ist eher, daß die Rückdatierung der *Fama* vor 1614 in den letzten Jahren beinahe unbemerkt und stillschweigend geschehen ist. Ebenso erstaunlich ist, daß der angebliche Autor und Ideengeber Andreae mehr und mehr zu einem Verfasser wird, vielleicht sogar *nur* zu einem anonymen Herausgeber.»

«Sie meinen, daß dies alles unmöglich die Idee eines einzelnen gewesen sein kann?»

«Auch ein Kreis Gleichgesinnter kommt wahrscheinlich kaum in Betracht, wenn man davon ausgeht, daß sich dies innerhalb von einigen wenigen Jahren abspielte. Zu großartig sind die Inhalte, zu bedeutsam ist die überwältigende Reaktion auf die Schriften der Rosenkreuzer, und zu deutlich sind die Hinweise in der *Fama*, daß es noch außerhalb der *Fama andere* gebe, die durchaus mit dem Wissen der Rosenkreuzer vertraut sind oder damit in Verbindung stehen. Und, was bislang nicht berücksichtigt wurde: Die Zeit erwartete etwas Besonderes! Man hoffte auf etwas Neues, etwas ganz Besonderes.»

Er nahm wieder Platz und lehnte sich zurück. Mir war so, als ob er versuchen würde, sich in die Zeit hineinzuversetzen, und dann erzählte er, daß gerade die *unbewußten* Strömungen um

1604 uns mehr darüber sagen können. Er holte noch einmal ein Buch von Will-Erich Peuckert. «Er schreibt über die Rosenkreuzer respektive ‹Christian Rosencreutz›: ‹Sein Leben ist ans Gestirn gebunden. Er ist in einer Konjunktion geboren (gemeint ist 1378 w. f.), welche den wässerigen Trigon beginnt, – gestorben 1484 am Anfang des feurigen Trigons, entdeckt man sein Grab und seine Geschichte, als Serpentarius und Cygneus mit neuen Gestirnen am Himmel stehen. Die himmlischen Zeichen beschreiben sein Leben. Wieder sein Grab, um dieses zu nehmen, bildet das Universum ab ... Wiederum hat er in seinem Leben Magie, Kabbala und Philosophie zusammen mit Medizin getrieben. Ein Zwitter aus Paracelsus und Luther.» (Peuckert, Pansophie, S. 373)

Er ließ das Buch sinken.

«Der legendäre Beginn des C. R. soll also astrologisch im Wasserdreieck (Fische, Krebs, Skorpion) liegen und sein Tod im Feuerdreieck, bestehend aus Widder, Löwe und Schütze. Er weist hin auf die Magie, die Kabbala, die Hermetik, die Astrologie und die Philosophie, da diese mit dem Rosenkreuzertum verbunden seien.»

Er setzte sich mit einem Ruck auf und schaute mich direkt an:

«Wir wissen, daß die Zeitwende 1600 eine Fülle an Prophezeiungen und Weissagungsschriften hervorbrachte. Die Angst vor der Kalenderreform 1583, Berechnungen über das Ende der Zeiten und eine ‹Angst vor dem Wunderstern, welcher zwischen 1604 bis 1606› (Peuckert, 15) erscheinen soll, bestand. Dies trug zur Verwirrung bei, gepaart mit der Hoffnung auf eine Bewegung, die die neue Ordnung repräsentieren könne.»

«Das ist heute doch genauso.»

«Es ist ähnlich. Damals glaubten die Menschen viel mehr an den Einfluß der Gestirne, daran, daß alles, was im Großen geschieht, Einfluß auf das Kleine hat. Es wird der Prophet Elias erwartet, den man als Künder eines neuen Erlösers ansah. Die Menschen erhofften also wirklich etwas Besonderes. Es war, wie Peuckert sagt, eine ‹Wunderzeit 1604›, zu der sich die Weissagungen eines Paracelsus über eine neue Zeit gesellten, die auf 1599 oder 1602/03 zu datieren waren. Die Weissagungen, die mystischen Berechnungen, die Astrologie beziehungsweise die Sterne kündigten einen Reformer an. Dazu kommt, daß 1604 ein neuer Himmelsstern entdeckt wurde, der, so die Astrologen und allen voran der ‹Rosenkreuzer› Robert Fludd, auf eine Besserung der Zeiten hinweisen soll. Weiter spekulierte man astrologisch mit dem Zeitpunkt, an dem die Schöpfung entstanden sein sollte: ‹Die Zeichen vom Anfang des Jahres 1604 sind also die Zeichen, die Konstellation des Weltanfanges. Es würde auch 1604 ein neuer Anfang sein. Das Jahr 1603/04 hat durch das Erscheinen des neuen Sternes eine nachhaltige Wirkung ausgeübt …› (Peuckert, die Rosenkreuzer, S. 41). Peuckert erwähnt noch Keplers Arbeit: ‹De Stelle Nova›, welche diese neue Konstellation am Firmament beschreibt, das heißt: Die Menschen erwarteten nicht nur einen neuen Anfang, sondern sie lebten in der Hoffnung, daß der neue Anfang ein ‹alter› sei, nämlich der Zustand, der zu Beginn der Schöpfung geherrscht hatte, womit der paradiesische Urzustand wiederhergestellt werden würde.»

Ich war gefangen von dieser Schilderung und konnte nur noch einwerfen, daß es erstaunlich sei, welche Erwartungshaltungen damals herrschten.

«Das ist eine mögliche Erklärung dafür, daß die Rosenkreuzermanifeste auf so fruchtbaren Boden fielen. Von daher ist es nur überzeugend, wenn Peuckert schreibt, daß die *Fama* 1604 entstanden sein muß, denn von dort erwartete man sich wirklich etwas Neues.»

Eine kleine Pause in unserem Gespräch unterbrach er mit der Frage, ob ich noch etwas trinken wolle. Ich bejahte.

«Während ich in der Küche hantiere, können Sie sich bei den Büchern umsehen.»

Ich bedankte mich und ging zum Bücherschrank, öffnete ihn,

und meine Augen glitten an den Buchrücken entlang. Seltsame Titel und mir völlig unbekannte Autoren konnte ich entdecken, darunter das eine oder andere alchemistische Werk.

Nach einer Weile kam er zurück und stellte ein Tablett ab.

«Was mir totz allem nicht klar ist», begann ich, «wer ist nun wirklich der Autor der Rosenkreuzer-Schriften?»

«Das läßt sich nicht eindeutig beantworten.»

Er überlegte kurz, sagte dann: «Wir könnten uns diesem Problem annähern, indem wir einmal Autor und Verfasser trennen.»

«Wie wollen Sie das machen?»

«Ein Autor ist der Urheber, der eigentliche Schöpfer eines Werkes – besser: seines Werkes. Dies würde für uns bedeuten, man müßte Johann Valentin Andreae als den *Erfinder* der Rosenkreuzer ansehen und damit wäre die Idee der Rosenkreuzer *seine* eigene, originäre Leistung. Die Rosenkreuzer-Bewegung wäre also von einem protestantischen Geistlichen ausgegangen, der sich auf dem Sterbebett noch davon distanziert hat.»

«Und wie wäre es anders herum?»

«Zum anderen kann man annehmen, daß der Verfasser etwas anderes ist als der Autor; daß der Verfasser also etwas ‹verfaßt›, was ein anderer – oder mehrere – vielleicht sogar mit dem Verfasser zusammen, sich ausgedacht haben; oder daß er etwas niederschreibt, das er von anderen gehört oder erfahren hat, also all das, was nicht unbedingt sein Werk als *eigenständige* Erfindung ausmacht.»

«Sie haben dabei eine ganze bestimmte Idee, vermute ich?»

«Ja. Man könnte davon ausgehen, daß ein Kreis von Menschen sich von einer Idee inspirieren ließ, daß eine gemeinsame Erklärung verfaßt wurde und daß Andreae dann den Auftrag erhielt, dies alles niederzuschreiben. Damit wäre Andreae zum *Verfasser* geworden, dessen Quelle aber im Umfeld um den *spiritus rector* Christoph Besold respektive Tobias Hess – oder auch in ganz anderen Menschen – liegen würde.»

«Woher hatten sie diese Inspiration?»

«Diese Frage führt uns hin zum Ursprung der Rosenkreuzer-Idee, auch dann, wenn man streng zwischen Verfasser und Autor trennt. Selbst beim Autor muß man fragen, woher er seine Ideen genommen hat; beim Verfasser würde es nur vordergründig genügen, diese Ideen einer Inspiration seiner Umwelt zuzuschreiben. Fraglich bleibt immer noch, wie man auf die ‹Rosenkreuzer-Vorstellung› kam und was sie bedeutet.»

«Und wie sieht es aus, wenn wir einen *Kreis von Menschen* annehmen, dann könnten wir doch sagen: Die Idee ist aus oder in dem Kreis geboren worden, aufgrund von Beobachtungen und Nachdenken; oder: Die Idee des Rosenkreuzertums ist aufgegriffen worden, da sie durch die Jahrhunderte unterschwellig präsent war.»

«Richtig. Die Überlegung zeigt, daß das Rosenkreuzertum sich durchaus politisch verstanden wissen wollte, als reformwillige Gegenbewegung zum *status quo*; und es spricht sich auch für eine jahrhundertealte Bewegung aus, die den Namen ‹Geheimbund› zu Recht tragen würde beziehungsweise getragen hat. Gerade am Rosenkreuzertum lassen sich eine Vielzahl von Interpretationsmöglichkeiten festmachen, auch eine ‹geistige› Komponente, die andeutet, daß die Idee des Rosenkreuzertums eine Entsprechung auf einer anderen Seinsebene hat, gemäß dem hermetischen Ausspruch. ‹Wie oben, so unten, wie unten, so oben!› Der Vollständigkeit halber muß diese Möglichkeit erwähnt werden, obgleich sich diese Ansicht einer unmittelbaren Nachprüfbarkeit entzieht und ein *Wissen* voraussetzt, das nicht so ohne weiteres zugänglich zu sein scheint.»

Er hielt kurz inne und fuhr dann fort:

«Gerade mit einem Autor steht und fällt sein Werk, und doch hat die Literaturwissenschaft gezeigt, daß der Autor nicht immer alles ‹wissen› muß, was in seinem Werke ‹steht›. Man muß sich fragen, was in einem Text wirklich enthalten ist und was *hineininterpretiert* wird.»

Während er sich etwas Tee nachschenkte, meinte er:

«Es gibt immer noch erhebliche Zweifel an der Autorschaft von Andreae bezüglich der ersten beiden Rosenkreuzer-Schriften. Er wird ja in der neueren Rosenkreuzer-Forschung lediglich als Mitautor, als Verfasser oder als Herausgeber angesehen, der – wenn man so will – einen Auftrag hatte oder von anderen dazu inspiriert worden war. Man kann weiter annehmen, daß er möglicherweise als Schreiber fungierte und daß die eigentlichen Ideengeber andere waren. Weiterhin läßt sich die These aufstellen, daß sich der Tübinger Kreis zur Herausgabe dieser Schriften gedrängt fühlte, daß er nicht unbedingt der originäre Schöpfer dieser Traktate war.»

«Gab es vielleicht noch ganz andere Inspirationsquellen?»

«Das ist möglich. Was aber nun als sicher gelten muß, ist, daß das Rosenkreuzertum keine Erfindung von Johann Valentin Andreae war! Das heißt: Das Rosenkreuzertum steht und fällt nicht mit Andreae. Damit steht wohl mehr oder weniger fest, daß Andreae beauftragt wurde, die Rosenkreuzer-Schriften zu schreiben und herauszugeben, aber es ist dennoch bemerkenswert, wie schnell diese Schriften in England und Frankreich Fuß faßten. So hat Francis Bacon in seinem ‹Neuen Atlantis› interessante Anspielungen auf die Rosenkreuzer-Idee – ohne sie beim Namen zu nennen. Man kann das Rosenkreuzertum nur bedingt auf Deutschland allein beschränken.»

«Wir können also wirklich daran zweifeln, ob das Rosenkreuzertum lediglich das Produkt einiger weniger war, die um 1600 sich dieses ausdachten?»

«Nun, es ist eher wahrscheinlich, daß hier eine Tradition vorliegt, die aufgegriffen und bearbeitet wurde.

Als Verfasser der ‹Chymischen Hochzeit› steht Andreae *zweifelsfrei* fest. Als Autor der anderen beiden Schriften *Fama Fraternitatis* und *Confessio Fraternitatis* aber nicht. Deshalb gehe ich mehr denn je davon aus, daß als *ächte* Rosenkreuzer-Schriften nur die beiden letztgenannten angesehen werden können, da diese den rosenkreuzerischen Geist tragen. Ich glaube, Sie kennen den Inhalt dieser drei Schriften nicht?»

Ich verneinte, fügte aber hinzu, sie bald einmal lesen zu wollen. Er nickte und meinte nachdenklich, beinahe resignierend:

«Man ist auf der Suche nach den Rosenkreuzern und ihren Geheimnissen und ist immer wieder voll der Hoffnung, sie in den Schriften oder in kompetenten Kommentaren und Abhandlungen zu finden. Doch am Ende bleiben Meinungen und unterschiedliche Standpunkte. Man kann sich für das eine und gegen das andere aussprechen, kann sich entscheiden oder aber versuchen, diese Spannung auszuhalten, die die Widersprüche, die Fülle an Material, die Komplexität des Themas in sich birgt. Diese innere Spannung wird, nein sie muß eine Antwort zeitigen. Diese Antwort wird sich dann nur in uns selbst offenbaren.»

Ich nutzte die kleine Pause, die eintrat, und versuchte, das Gesagte zu verarbeiten. Wenn es aber schon schwierig ist, herauszufinden, wer der Autor der Rosenkreuzer-Schriften war, um wieviel schwieriger mußte es sein, nach dem Gründer der Rosenkreuzer zu fragen? Er meinte dazu, daß nicht nur die Schriften, sondern auch die Idee ‹Rosenkreuzer› prinzipiell symbolisch zu sehen sei.

«Gibt es also keinen Gründer oder Begründer der Rosenkreuzer?»

«Nein, ich glaube nicht. Sicher wäre es einfacher, einen Gründer der Rosenkreuzer anzunehmen, ihn zu personifizieren und zu sagen, daß es eine Person sei, die es einmal gegeben hat, die besondere Fähigkeiten hatte und deren Lehren über die Jahre und Jahrhunderte überliefert wurden, bis um 1600 eine Gruppe sich entschloß, sie in verschlüsselter Form zu veröffentlichen. Es wäre in der Tat einfacher, als von Idee und Symbol zu sprechen. Aber wir haben keine vernünftigen Anhaltspunkte für solch eine Überlegung.»

«Und was hat es mit Christian Rosencreutz auf sich?»

«Die Frage nach dem ‹Mythos Christian Rosencreutz› ist überaus komplex. Man kann auch feststellen, daß nur wenige, die etwas über Rosenkreuzer schreiben, deren Quellen – und damit sind die Originalschriften gemeint – richtig studiert haben, sonst würden nicht so oft unreflektiert Namen und Zahlen miteinander kombiniert und sinnverstellende Aussagen gemacht werden.

Für mich gibt es aber grundsätzlich zwei Meinungen, für die ich die Begriffe
– *personales* Rosenkreuzertum und
– *symbolisch-ideales* Rosenkreuzertum geprägt habe.»

«Das klingt nun sehr wissenschaftlich.»

«Nicht unbedingt.»

«Dann sollten Sie es mir wohl erklären, oder?»

«Das *personale* Rosenkreuzertum geht davon aus, daß eine Gestalt mit Namen *Christian Rosencreutz* Begründer der Rosenkreuzer war: Er wird als Dreh- und Angelpunkt des Rosenkreuzertums angesehen. Weiter, daß er auch als historische Persönlichkeit gelebt hat und daß er sich immer wieder inkarnierte, er also als Persönlichkeit sowohl physisch als auch psychisch weiterwirkt. Eine Variante davon besagt, daß dieser Gründer sich nicht unbedingt weiter inkarniert haben muß. Dies bedeutet: Der Name Christian Rosencreutz *ist* Programm.

Man beruft sich prinzipiell auf einen Gründer oder Stifter mit diesem Namen, von dem die Bewegung der Rosenkreuzer ihren Ausgang genommen haben soll.»

«Kann man dies belegen?»

«Es ist schwer, diese Position mittels Urkunden und historischer Forschung zu beweisen, was eine objektiv-historische Überprüfung momentan also unmöglich macht. Dennoch gibt es keinen Mangel, historische Persönlichkeiten als Christian Rosencreutz zu identifizieren, gleichwohl unter einem jeweils anderen Namen, wie jenen berühmten Grafen von Saint-Germain.»

«Sie sagten, daß es einige Vorteile gäbe, würde man einen Gründer annehmen?»

«Zuerst einmal kann dadurch eine Legitimation gefunden werden, eine Religion beziehungsweise eine Heilslehre aus dem Rosenkreuzertum abzuleiten, die sich auf einen Gründer beruft, der, ausgestattet mit erstaunlichem Wissen – man kann dies in den einschlägigen Schriften nachlesen –, als Oberhaupt einer Bewegung fungieren könnte.»

«Und weitere?»

«Es ist weiterhin möglich, diese Bewegung mit gewissen Grundsätzen zu versehen, die als Glaubensartikel bindend sein können. Letztlich könnte also aus der Rosenkreuzer-Bewegung eine religiöse Bewegung werden. Weiterhin wäre eine Bewegung, die sich an eine Person festmachen läßt, von dieser Person und dessen Inspiration abhängig. Eine andere Überlegung: Würde ein anderer auf die gleichen Quellen zurückgehen wie der angenommene ‹Christian Rosencreutz›, so wäre auch er ein ‹Christian Rosencreutz›. Auch diese Variante ist möglich, wenn man zugibt, daß die Person auch von einer Idee Zeugnis ablegt. Die Frage bei meinem ‹personalen Rosenkreuzertum› bleibt, woher die Inspiration oder Idee der Rosenkreuzer stammt, auch wenn sie von einem Menschen aufgegriffen wurde.»

«Ich ahne, worauf Sie hinauswollen. Wir hatten es bereits mit der Idee. Sie ist geistiger Natur, oder?»

«Ja, denn im mystisch-hermetischen Sinne ist eine Idee etwas aus dem geistigen Raum, das bereits bestanden hat, noch ehe sie vom Menschen aufgegriffen wurde. Die Idee ist dann notwendigerweise etwas Unpersönliches, das – zugegebenermaßen – einen oder mehrere Menschen benötigt, um sich zu materialisieren. Ob man dann immer noch davon sprechen kann, daß es eine Person ist, die die Rosenkreuzeridee gehabt hat – oder diese ihn? –, bleibt fraglich. Ebenso könnte man annehmen, daß die Rosenkreuzer-Idee von mehreren aufgegriffen wurde, daß sich eine Idee über Jahrhunderte hindurch bewährt hat und auf Verwirklichung aus ist.»

«Gibt es darüber einen breiten Konsens unter den Rosenkreuzer-Forschern?»

«Der größte gemeinsame Nenner könnte folgendermaßen lauten: Johann Valentin Andreae hat das Rosenkreuzertum bekannt gemacht, in dem er die Geschichte eines Ritters oder Fraters Christian Rosencreutz beschrieb, der im 14. Jahrhundert gelebt haben soll und durch diesen Ritter oder Frater Christian Rosencreutz wäre das Rosenkreuzertum entstanden. Man geht also davon aus, daß es einen Stifter, einen Gründer gab, der gelebt hat und auf den man das Rosenkreuzertum zurückführen kann. Andreae wäre es gewesen, der die Rosenkreuzer-Bewegung förderte, bis diese eine gewisse Eigendynamik erhielt und er sich dann davon zurückzog.»

«Woher kommt dann der Name *Rosenkreuz*? Hat es eine solche Person früher schon einmal gegeben?»

«Diese Fragen müssen offenbleiben. Ebenso, ob es Lehren gab, die dann als ‹Geheimlehren› tradiert wurden, um dann irgendwann einmal – sprich um 1610 – aufgeschrieben zu werden. Es nützt also nur insofern, einen Verfasser oder einen Autor auszumachen, um weitertragen zu können.»

«Diese Fragen berührt aber die spirituelle – oder geistige – Grundhaltung der eigentlichen Rosenkreuzer-Lehren nicht wesentlich, nehme ich an. Die Rosenkreuzer-Lehren – oder das, was man darunter versteht – haben ein Eigenleben entwickelt, das durch die Jahrhunderte verschiedene Auswirkungen hatte.»

«Das ist richtig. Das Rosenkreuzertum wurde oder ist ein Sammelbecken, in dem sich wichtige esoterische Strömungen vereinen. Dies brachte ihm schon bald den Vorwurf des Eklektizismus ein. Doch von rosenkreuzerischer Seite aus gesehen bedeutet dies lediglich, daß die eine Wahrheit, die durch die Rosenkreuzer ausgedrückt werden soll, in anderen Kulturformen, Mythen, Legenden, Weltanschauungen und Weltbildern vorhanden ist, ohne daß notwendigerweise die Rosenkreuzeridee daraus genommen wurde. Sie ist mit dem Ursprung all dieser Anschauungen, mit ihrer Quelle direkt verbunden und kann unmittelbar daraus schöpfen. In gewisser Hinsicht, das sei zugegeben, eine Standpunktfrage.»

«Wie ich nun vermute, liegt Ihnen die symbolische oder ideale Seite mehr?»

«Nicht unbedingt. Aber die Hauptthese schon: ‹Eine Person namens Christian Rosencreutz hat es nie gegeben!›

Das symbolische oder ideale Rosenkreuzertum – ich leite ideal von ‹Idee› ab – geht davon aus, daß ein Christian Rosencreutz *nie* als historische Person gelebt hat, daß er *weder* der Gründer *noch* Stifter, *noch* Urheber des Rosenkreuzertums sei, *noch* daß es dafür je einen Menschen gab oder gegeben hat.

Was wir bisher viel zuwenig beachtet haben: Der Name *Christian Rosencreutz* findet sich in den Rosenkreuzer-Schriften in *dieser* Form nicht. Die wichtigste Quelle für die Rosenkreuzer des 17. Jahrhunderts, die *Fama Fraternitatis* spricht nicht von *Christian Rosencreutz*. Die *Confessio Fraternitatis* nennt auch nicht den vollständigen Namen, was, auch wenn sie es täte, kein Beweis für die Tatsächlichkeit des Namens sei.

Es ist aber leider üblich geworden C. R. mit *Christian Rosencreutz* zu übersetzen, meist mit einer entsprechenden Fußnote ohne jedwede Begründung. Woher aber weiß man das? Es gibt in der Rosenkreuzer-Literatur keinen zwingend notwendigen Hinweis dafür, daß C. R. als Abkürzung für *Christian Rosencreutz* gemeint ist! In der *Original-Fama* stehen lediglich die Initialen C. R., R. C. und C. R. C., sowie C. Ros. C. Daraus einen Christian Rosencreutz zu konstruieren ist mehr als fraglich.»

«Was bedeuten diese Abkürzungen?»

«Ros.: Rosa (lat.) bedeutet Rose; *Ros.* (lat.) bedeutet Tau.»

«Ist mit dem Wort ‹Ros.› noch etwas anderes gemeint, eben nicht nur Rose?»

«In der Alchemie wird immer wieder der *Tau* als Synonym für eine geheimnisvolle Wandlungssubstanz genommen, die mit der Bereitung des *lapis philosophorum* zusammenhängt. Dies hat dann nicht nur symbolische, sondern alchemistische Konsequenzen. Von daher könnte es leicht zu Verwechslungen oder Irritationen führen, denn wenn in der Alchemie *Ros.* gemeint ist, könnte man sich zum Rückschluß auf Rose und dann auf Rosenkreuzer verleitet fühlen.

Die Alchemie ist von der historischen Quellenlage – ihre Schriften also – älter als die Rosenkreuzer-Schriften. Und schon hätte man einen indirekten Beweis dafür, daß es die Rosenkreuzer vor 1600 gegeben hat. Oder anders gesagt: die Rosenkreuzer integrierten die Alchemie in ihr System. Letzteres ist ohne weiteres einsichtig. Ersteres sehr spekulativ.»

«Wie kam man aber von C. R. auf Christian Rosencreutz?»

«Bedingt durch die ‹Chymische Hochzeit des Christiani Rosencreutz Anno 1459›, in der von einem *Ritter Christian Rosencreutz* die Rede ist, wird die Begründung abgeleitet zu sagen, ja, C. R. heißt Christian Rosencreutz.»

«In der juristischen Fachsprache wäre dies ein Indizienbeweis.»

«Ja, aber dies wird nicht konsequent durchgehalten, denn entweder man nimmt die Abkürzungen an, dann müßte C. R. Christian Rose und R. C. einfach Rosencreutz heißen und erst C. R. C. *wirklich* Christian Rosencreutz – was heißt dann ‹C. Ros. C.›? –; oder man bleibt bewußt willkürlich, weil man es im Grunde nicht wissen will.»

«Das klingt sehr einleuchtend.»

«Doch die Sache wird noch etwas komplizierter. Es gibt vor der *Fama* einen Zusatz eines gewissen Adam Haslmayr, der bereits 1612 auf die *Fama* geantwortet hat, obwohl letztere erst 1614 gedruckt wurde. Er erwähnt ebenfalls den Namen ‹Rosencreutz›: ‹Patrem Christ. von RosenCreutz›, obwohl er wahrscheinlich keine Kenntnis der ‹Chymischen Hochzeit› hatte.»

Er holte mir das betreffende Buch aus dem Bücherschrank.

«Sehen Sie, das bedeutet, daß der Name ‹Christian Rosencreutz› durchaus andere Quellen als die ‹Chymische Hochzeit› haben muß. Haslmayr wird aber in der Regel nicht als Quelle für den Namen Christian Rosencreutz angegeben. An der Grundthese einer Personifizierung beziehungsweise namentlichen Schreibweise, die in der *Fama* nicht gegeben ist, sondern auch durch Haslmayr eben interpretiert wurde, ändert sich freilich nichts.

«In der ‹Chymischen Hochzeit› wird also von einem Christian Rosencreutz gesprochen. Aber ist dieser dort nicht sehr alt? Außerdem hat er diese Initiation wirklich nötig, mit seinem Wissen und seiner Weisheit?»

«Richtig. Auch hat er überhaupt keine Anhänger. Das widerspricht ganz den anderen Schriften.»

«Also sollten wir uns fragen: Warum muß sich ‹Christian Rosencreutz› zu dieser Art von Einweihung begeben?»

«Sehr richtig. Nehmen wir noch einmal die Position ein, die man in der Rosenkreuzer-Forschung eingenommen hat: Die drei Schriften bilden eine Einheit: Christian Rosencreutz soll also mit dem C. R. aus der *Fama* identisch sein. Doch dieser hat in jungen Jahren Europa verlassen, weil er dort nicht fand, was er suchte. Und er gründete mit anderen eine eigene Organisation, die die Weisheiten des symbolischen Ostens weitertrugen, und ausgerechnet dieser hocherleuchtete Vatter soll sich einer solchen Einweihung unterziehen?»

«Nun, sicherlich nicht. Warum? Wo sind seine ‹Mitbrüder›? Haben sich seine *phänomenalen* Erfolge nicht herumgesprochen?»

«Dies sind nur einige Unklarheiten, die nahelegen, zwischen der durchaus gelungenen und tiefgründigen Satire ‹Chymische Hochzeit› und den anderen beiden Schriften zu trennen.»

«Sind das die einzigen Gründe?»

«Es ergeben sich auch inhaltliche Bedenken darüber, alle drei

Schriften als Werk eines Autors anzusehen, so daß jeder, der die drei Schriften als Einheit betrachtet, dies ausführlich begründen müßte, sonst würden die daraus folgenden Ergebnisse von vornherein als bloße Interpretation oder Wunschvorstellungen gelten.

Es ist schon schwierig genug, *Fama* und *Confessio* miteinander zu verbinden, daneben noch die ‹Chymische Hochzeit› zu stellen, ist fast unmöglich. Damit soll nicht gesagt werden, daß darin nicht rosenkreuzerische Inhalte zu finden sind, sondern nur, daß darin *auch* rosenkreuzerische Inhalte zu finden sind. So hätte es eigentlich seit jeher unterlassen werden müssen, einen fiktiven Lebenslauf aufgrund dieser ‹drei› Schriften zu erstellen, ohne dabei zu sagen, daß dieser ‹fiktiv› sei.

Mit der gleichen Berechtigung wie man Andreae in Zusammenhang mit den Rosenkreuzern erwähnt hat, müßte man Autoren wie Dee, Maier, Fludd oder Khunrath ebenfalls mit aufführen.»

«Wenn ich Sie richtig verstehe, dann trennen Sie zwischen Christian Rosencreutz und C. R. aus der *Fama*?»

«Ich nehme an, daß es zwei unterschiedliche Personen sind, wenn man überhaupt von Personen sprechen kann. Um so mehr erstaunt es, daß dieser Umstand erst in den letzten Jahren eine Rolle zu spielen begann und anscheinend mehrere Jahrhunderte lang unterschlagen wurde.»

«Was bedeutet dies konkret?»

«*Der Christian Rosencreutz der ‹Chymischen Hochzeit› ist nicht C. R.!*

Andreae wäre also nicht mehr als Alleinvertreter der Rosenkreuzer beziehungsweise als deren erster Kronzeuge anzusehen. Ohne die Leistungen Andreaes schmälern zu wollen – er gab für ‹Die Lehrtafel der Prinzessin Antonia›, ein bedeutendes rosenkreuzerisch-kabbalistisch inspiriertes Werk, den Anstoß, stand mit großen Gelehrten in regem Briefwechsel und wurde für sein profundes Wissen geschätzt –; für das Rosenkreuzertum aber muß er nun eine andere Rolle spielen, nicht mehr die des Erfinders und Ideengebers. Damit rückt die ‹Chymische Hochzeit› auf die gleiche ‹rosenkreuzerische› Stufe wie Werke von John Dee oder Michael Maier.»

«Man könnte die ‹Chymische Hochzeit› wohl auch mit C. G. Jung deuten?»

«Teilweise hat dies Roland Edighoffer getan. Nicht umsonst wollte C. G. Jung selbst die ‹Chymische Hochzeit› ausführlich interpretieren, wozu er leider dann nicht mehr gekommen ist.»

«Dann wäre doch soweit alles geklärt», erwiderte ich locker.

«Nicht ganz. Wir bewegen uns immer noch auf dem Feld der Spekulation. Deshalb können Sie das folgende auch für spitzfindig halten: Es wird berichtet, daß ‹Rosencreutz› von adeliger Herkunft sei, müßte es dann nicht Christian von Rosencreutz heißen? Übrigens: Haslmayr verleiht wie eben gesehen das Adelsprädikat ‹von›. Er ist aber der einzige.»

«Das stellt an uns Leser die Frage: wörtlich nehmen oder symbolisch sehen?»

«Genau. Es ist zutiefst bemerkenswert, daß es ‹R. C.› und nicht ‹Rosenkreuz› heißt. Daß es sich um ‹Rosenkreuzer› handelt wissen wir lediglich dadurch, daß das Titelblatt der gedruckten Ausgabe, welche die *Fama* enthält, von einem ‹löblichen Orden des Rosenkreuzes› spricht.

Kurzum: Man nimmt einfach an, daß überall, wo ‹Rosencreutz› steht, damit auch ‹Rosencreutz› gemeint ist, und es üblich geworden ist, den Rückschluß C. R. C. = Christian Rosencreutz unbedenklich – also ohne nachzudenken – zu übernehmen.»

«Unsere Schlußfolgerung muß daher lauten, daß man differenzierter mit den Rosenkreuzer-Texten umgehen muß.»

«Natürlich. Dies hätte auch inhaltliche Konsequenzen, die dazu führen würden, daß strenger zwischen Legende, Mythos und realer Geschichtsschreibung unterschieden werden müßte. Auch wenn der Name Christian Rosencreutz sich durch die *Confessio* bestätigt, so ist die wesentliche Schrift der Rosenkreuzer aber die *Fama*. Und dort steht der Name eben nicht.

Und selbst wenn er dort stünde, wäre er nicht wörtlich aufzufassen! Und das ist das eigentliche Problem, um das es hier wirklich geht.»

Er stand auf, um in die Küche zu gehen. Bald darauf kam er mit einem kleinen Imbiß und Getränken wieder, den er bereits vorbereitet hatte. Wir aßen und tranken und schoben für diese Momente all die Gedanken über die Rosenkreuzer beiseite. Nach einer Weile begann er den Faden wieder aufzunehmen.

«Die symbolische oder ideale Seite des Rosenkreuzertums geht von der Buchstabenverbindung R. C. aus, die eine symbolische Bedeutung trägt. Eine Person mit Namen Christian Rosencreutz hat nie gelebt, und das Rosenkreuzertum ist als Idee zu verstehen, womit gewisse Inhalte und Lehren mitgeteilt oder transportiert werden, die immer noch zeitgemäß sind.»

«Sind dann die Schriften über die Rosenkreuzer ebenfalls symbolisch zu sehen?»

«In der Tat. Man kann sie alle symbolisch interpretieren, ohne dabei an eine Lebensbeschreibung eines Christian Rosencreutz denken zu müssen.»

«Sie erwähnten, daß sich nicht alle Autoren auf einen Christian Rosencreutz berufen würden?»

«Vor allem im deutschsprachigen Raum – bis auf wenige Ausnahmen – wird von *Christian Rosencreutz* gesprochen, während im angelsächsischen Sprachraum eine Buchstabenverbindung C. R. oder R. C. üblich wurde.

Wir haben es also mit zwei unterschiedlichen Haltungen zu tun, die aber miteinander und nebeneinander bestehen können, wenn man sich von der allzu wörtlichen und allzu symbolischen Bedeutung löst, um ‹hinter› die Welt der Wirklichkeit zu blikken. Dann wird das Geheimnis von ‹R. C.› oder ‹Christian Rosencreutz› sich dem offenbaren, der sich nicht an dies alles klammert. Denn die wahre Bedeutung der Rosenkreuzer-Idee ist damit noch lange nicht erfaßt.»

«Es gibt zwei Seiten des Rosenkreuzertums, die sich unversöhnlich gegenüberstehen?»

«Nicht unbedingt. Wenn die eine Seite sich von der Person und die andere Seite sich vom Symbol irgendwann einmal wird lösen können, kann man sich auf das konzentrieren, was sich sowohl durch die Namen als auch durch das Symbol ‹sagen› läßt. Doch die angedeutete Lösungsmöglichkeit würde das Rosenkreuzertum momentan zu weit in einen spekulativen oder transzendenten Bereich hinausschieben. Man muß Vordergründiges erst einmal feststellen, ob die sich daraus ergebenden Gehalte sich unbedingt widersprechen müssen, sei dahingestellt.»

«Wenn ich einmal spekulieren darf, dann würde das bedeuten, daß man bei der Person oder beim Symbol nicht stehenbleiben soll, sondern für sich selbst versuchen muß, ‹hinter› die Person und ‹hinter› das Symbol zu schauen, um deren geistige Wirklichkeit und Wirkkraft zu erfahren.»

«Genau. Eine Synthese – im Sinne der für das Rosenkreuzertum angemessenen Ganzheit – schließt aber beides mit ein, Person und Symbol. Die eine Seite müßte die andere Seite nicht nur integrieren, sondern auch verstehen, um dann weiterzugehen. Dennoch – und das ist das eigentlich Paradoxe – braucht man seine Vorlieben, sprich seinen Standpunkt nicht aufzugeben.»

«Das ist schwer zu verstehen.»

«Eine geistige Wahrheit ist nun einmal irdisch nicht ohne Widerspruch zu fassen. Die Integration der Standpunkte bedeutet die Integration des Gegenüber als Anderes, als Fremdes. Das Eigene, das Vertraute, das Heimelige wird aber nicht aufgegeben, sondern verbindet sich mit dem Anderen, ohne daß einer der beiden Seiten ihrer Eigenständigkeit beraubt wird. Gegensätze werden zu Ergänzungen, die den Gegensatz und das Eigene in sich enthalten. In der irdischen Welt ist dieses Paradoxon nicht möglich. In der geistigen Welt schon.»

«Das ist eine sehr interessante These. Ich kann also gleichzeitig an meiner Vorstellung festhalten und doch vom anderen Kenntnis haben, meinen Sie das?»

«Das ist die Idee.»

«Aber wohl nur eine Idee?»

«Vorerst schon, aber denken Sie daran, daß man immer gewohnt war, in Gegensätzen zu denken, dann in Ergänzungen. Das eine war ausschließend, das andere vermischend. Wo ist die Grundhaltung, die beides vereint und dennoch miteinander stehenlassen kann? Dafür würde ich dann das Rosenkreuzertum stellen.»

«Sie bringen mich auf einen Gedanken, aber ich möchte Sie nicht zu lange aufhalten.»

«Nein. Für eine Frage reicht es noch», sagte er ruhig lächelnd.

«Ich habe verschiedene Abbildungen von einem Rosenkreuz gesehen. Auch bei dem Symbolvortrag wurde uns das Rosenkreuz gezeigt. Jedoch gibt es noch andere Formen. Eines mit einer Rose, dann mit drei, vier, fünf oder sieben.»

«Sie wollen mich fragen, wie viele Rosen das Kreuz trägt?»

«Ja, und ob die Anzahl eine Bedeutung hat?»

«Es ist nicht eindeutig feststellbar, woher der Name ‹Rosenkreuzer› und woher das Symbol des ‹Rosenkreuzes› kommen. Weder können wir eindeutig sagen, wie viele Rosen das Kreuz tragen sollte, noch ob es nicht vielleicht auch viele Kreuze sein müssen.»

«Ist es überhaupt notwendig, mehr als *eine* Rose mit dem Kreuz in Verbindung zu bringen, wenn doch die Rose *die* eine, die eigentliche wahre Persönlichkeit des Menschen darstellen soll?»

«Das ist eine der Schwierigkeiten. In dem Buch ‹Die chymische Hochzeit: Christian Rosencreutz. Anno 1459›, läßt Andreae seinen Helden folgendermaßen verfahren», er beginnt in einem Buch zu blättern. «Warten Sie, ich habe es gleich.» Er findet die Stelle und liest dann vor: «Darauf rüstet ich mich auff den Weg, zog meinen weisen Leinenrock an, umgürtet meine

Lenden mit einem blutroten Band kreuzweise über die Achseln gebunden. Auf meinen Hut steckte ich vier rote Rosen: damit ich unter den anderen durch solche Zeichen eher bemerkt werden könnte.» Der Held zog also ein weißes Gewand an, mit einem roten Gürtel und Bänder, die ein Kreuz über seiner Brust bildeten. Auf dem Hut hat er vier Rosen gesteckt.

Das kreuzweise Anlegen der Bänder – gemäß dem Wappen derer von Andreae – erinnert an das Andreaskreuz. Goethe greift später diesen Gedanken auf und läßt seinen Pilger in dem Gedicht ‹Die Geheimnisse› – welches als rosenkreuzerisch inspiriertes Gedicht gilt – ein Kreuz mit *mehreren* Rosen sehen.»

«Ist die Anzahl der Rosen demnach wichtig?»

«Sie sagten es ja bereits, daß es Rosenkreuze mit einer, vier, sieben und mehr Rosen gab und noch gibt. Die Bedeutung der sieben Rosen weist auf die Zahl Sieben hin, auf die sieben psychischen Zentren, die sieben Planeten und so weiter. Die Zahl Vier wird die vier Elemente, die vier Welten, die vier Himmelsrichtungen meinen. Aber münden all diese Zahlen nicht letztlich in die Einheit, in der *einen* Rose? Ist nicht alles aus der Einheit entstanden, geht von ihr aus und kehrt in sie zurück? In diesem Sinne ist die Anzahl der Rosen nicht wichtig, wenn verstanden wird, daß jede Zahl – sei es vier, sieben oder zwölf – auf das wesentliche Eine hinweist.»

«Was sagen die Rosenkreuzer-Schriften?»

«Sie äußern sich weder zu der Form des Kreuzes noch zu der Rose. Die ‹Geheimen Figuren› zeigen aber immer nur ein Kreuz mit einer Rose. Das Titelbild der *Fama Fraternitatis* aus Regensburg (1681) zeigt ebenfalls nur *eine* Rose. Obwohl sich niemand groß bisher über die Zahl der Rosen Gedanken gemacht hat, kann man natürlich über die Bedeutung der Anzahl der Rosen spekulieren. Da der Name *Rosenkreuzer* sowohl im Singular – als eine Rose und ein Kreuz – als auch im Plural – als Rosen und dann wohl auch Kreuze (!) – gelesen werden kann, muß eine endgültige Entscheidung darüber offenbleiben.

Aus den anonym erschienenen Rosenkreuzer-Schriften *Fama* und *Confessio* können wir keine Ableitungen über die Rose(n) und das Kreuz treffen. Die andere anonym herausgegebene Schrift, ‹Die Geheimen Figuren der Rosenkreuzer›, ist da eindeutig. Es gibt immer dann, wenn ein Kreuz abgebildet wird, jeweils nur eine Rose. Die Tradition setzt sich fort im 19. Jahrhundert, als der sogenannte ‹Orden der Goldenen Dämmerung› in England gegründet wurde und zu wirken begann. Er hat ein berühmtes Rosenkreuz, das sogenannte hermetische Rosenkreuz, in seine Lehren integriert, und auch dieses trägt nur eine Rose.»

Er zeigte mir einige Abbildungen, deren ansprechende Art und Weise ich bewunderte. Er ließ mir Zeit und sagte dann:

«Ich glaube, über ein solches Thema werden wir zu keinem eindeutigen Urteil kommen können.»

Ich verstand den geschickten Hinweis und erhob mich zum Gehen. Meine ausdauernde Neugier machte ihm sichtlich Freude, und er lieh mir zum Abschied eine moderne Ausgabe der drei Rosenkreuzer-Texte. Ich versprach, mich mit ihnen zu beschäftigen.

Die erste Rosenkreuzerschrift
Ein Ruf hallt durch Europa
Die Reise des C. R.
Paracelsus
Die Urgründe der Rosenkreuzer-Bruderschaft
Die Versprechen der Rosenkreuzer

«Guten Abend. Ich hoffe, ich störe Sie nicht. Ich möchte Ihnen nur den Rosenkreuzer-Band zurückgeben.»

Ich stand etwas verlegen im Flur, als ich sah, daß mein Bekannter nicht nur überrascht, sondern, wie es mir schien, durch meinen Besuch mitten aus seiner Tätigkeit herausgerissen worden war.

«Nun, ja», murmelte er etwas unverständlich. «Wenn Sie schon einmal da sind und den Weg hierher wieder gefunden haben. Vielleicht hat dies ja seinen Sinn.»

Er schien zu überlegen. Dann, entschiedener, so, als ob er eine innere Zustimmung erhalten habe, sagte er:

«Kommen Sie also herein. Aber erschrecken Sie sich nicht vor dem Chaos, das Sie in meinem Wohnzimmer finden. Ich bin gerade dabei, einen Vortrag über eine dieser Schriften auszuarbeiten, die ich Ihnen mitgegeben habe.»

«Dann ist es wohl gut, daß ich Ihnen das Buch zurückbringe?»

«Nein, nein», wehrte er ab. «Ich brauche dieses Buch nicht. Ich habe ein anderes. Ich durfte mir den Originaldruck der *Fama Fraternitatis* aus dem Jahre 1614 ausleihen. Damit arbeite ich gerade.»

Er führte mich ins Wohnzimmer. Dort lagen auf dem Tisch viele Papiere durcheinander. Notizen, meinte er zu mir und versuchte eine Ecke des Tisches freizuräumen. Dann bot er mir etwas zu trinken an und verschwand in der Küche, nicht ohne mir vorher in einem fast feierlich-ernsten Ton zu erlauben, auf *Fama Fraternitatis* einen Blick zu werfen.

Vor mir lag also dieses Buch, etwas größer als ein Reclam Taschenbuch und so breit wie ein Duden. Vorsichtig schlug ich den Band bei dem Lesezeichen auf. Inmitten dieser Ausgabe – auf den Seiten 91 bis 128 – befand sich ein Text, bestehend aus 37 Din-A6-Seiten. Das ist also die *Fama Fraternitatis*. Die erste gedruckte Schrift, die den Namen *Rosenkreuzer* trägt, dachte ich bei mir. Ich blätterte ehrfurchtsvoll darin und wunderte mich gleichzeitig über meine Bewegtheit.

Es ist doch nur ein Buch, dachte ich bei mir.

Nur ein Buch, klang es in mir nach.

In diesem Moment kam er mit den Getränken zurück und sagte noch im Stehen: «Und, wie gefallen Ihnen die Rosenkreuzer-Texte?»

«Ich habe das Buch schon gelesen, aber verstanden habe ich es wohl nicht. Vielleicht könnten Sie mir die eine oder andere Hilfestellung geben?»

«Gut. Wir könnten uns ja über die *Fama* unterhalten», überlegte er kurz. «Dann kann ich Ihnen auch aus meinen Notizen vorlesen. Was wollen Sie also wissen?»

Er nahm mir gegenüber Platz und schenkte uns etwas zu trinken ein.

«Nun, offengestanden, alles. Es kommt mir vor wie ein riesiges Durcheinander. Ist es jetzt eine Geschichte oder ein philosophisches Werk? Dichtung oder Wahrheit, sozusagen? Und um was geht es eigentlich in diesem Text?»

«Ja, nun. Ich sehe schon. Wir sollten am besten ganz von vorne anfangen. Aber ich kann Ihnen gleich sagen, daß es nicht leicht sein wird.» Er hielt kurz inne.

«Also: Die *Fama* erschien in einem Sammelband, der ebenfalls eine Reformationsschrift enthielt und folgendermaßen tituliert war: ‹Allgemeine und Generalreformation der ganzen weiten Welt. Daneben der *Fama Fraternitatis*, des löblichen Ordens des Rosenkreutzes, an alle Gelehrte und Häupter Europae geschrieben.›

Dann wird eine Art Initiationsreise eines gewissen C. R. erzählt, der in jungen Jahren in ein Kloster gegeben wurde und mit 16 Jahren den Wunsch hat, Jerusalem zu besuchen. Ihm wird ein Begleiter mitgegeben, der unterwegs stirbt. C. R. erreicht Jerusalem jedoch nicht, sondern ändert seine Reisepläne. Er erfährt sehr viele Geheimnisse und lernt verschiedene esoterische Disziplinen kennen. Ich werde Ihnen das noch näher erläutern.

Er kehrt in seine Heimat zurück und will sein Wissen mitteilen, stößt jedoch auf Ablehnung. Einige Jahre später kommt ihm sein Vorhaben, sein Wissen zu teilen, wieder in den Sinn, und er beginnt, mit anderen zusammen, eine Bruderschaft R. C. zu gründen.

Im hohen Alter stirbt er, und Jahre später wird sein Grab von den Nachfolgern der damaligen Rosenkreuzer gefunden und geöffnet. Die Grabkammer entpuppt sich als eine wahre Fundgrube an Wissen, Gegenständen und Weisheiten. Sie wird wieder verschlossen, und die *Fama* endet damit, daß sie dazu einlädt, sich den Rosenkreuzern anzuschließen. Das ist, sehr verkürzt, deren Inhalt.»

«Würden Sie mir dann noch den einen oder anderen Punkt näher erläutern?»

«Gerne, soweit es mir möglich ist. Was wollen Sie wissen?»

«Die *Fama* spricht doch von einer Reformation.»

«Einer Generalreformation, ja.»

«Gehörten die Rosenkreuzer also zu diesen Reformern?» fragte ich zurück.

«Mehr oder weniger.»

«Was wollten sie reformieren? Die Zeit? Den Menschen? Die Welt? Beschäftigt man sich heute noch mit ihnen, weil diese Reformation noch nicht abgeschlossen ist? Oder noch gar nicht richtig begonnen hat? Ist es das Geheimnis der Rosenkreuzer, im Menschen eine gewisse Sehnsucht zu erwecken, die seltsam vertraut und eigenartig anheimelnd wirkt?» sprudelte es aus mir heraus.

«Das sind aber viele Fragen auf einmal. Warten Sie es ab. Ich kann Ihnen zwar nicht den ganzen Inhalt meines Vortrages verraten, aber das eine oder andere sollen Sie wissen. Es gab kurz nach dem Erscheinen schon zahlreiche Antwort- und Sendschreiben an die ‹unsichtbaren› Rosenkreuzer der damaligen Zeit. Sie sind ein Zeugnis dafür, daß man sie suchte und finden wollte. Doch sie blieben scheinbar entschwunden.»

«Geheimnisvoll. Aber: Worin bestand nun diese angekündigte Reformation, wenn sie überhaupt etwas mit den Rosenkreuzern zu tun hatte? Gab es zu der damaligen Zeit nicht genügend Reformationsschriften? Warum denen neue hinzufügen?»

«Vielleicht *wußten* sie etwas und vermittelten dieses *Wissen*.»

«Und an wen wandten sie sich?»

«Nun, noch ein bißchen Geduld. Also, noch einmal von vorne: *Fama* bedeutet so viel wie Ruf, Gerücht, öffentliche Meinung, Tradition, Überlieferung. *Fraternitatis* heißt eigentlich Brüderlichkeit, abgeleitet vom lateinischen Frater, was nicht nur Bruder, sondern im Plural auch Geschwister bedeutet. Zu Beginn lesen wir dort», er holt den Band zu sich und schlug ihn auf.

«‹Wihr die Brüder der Fraternitet des R. C. Entbieten allen und jeden, so diese unserer *Famam* Christlicher meinung lesen, unsern Gruß, Liebe und Gebett.› Sie begrüßen also den Leser und stellen sich als Brüder einer *Fraternität* vor, so daß man dahinter durchaus eine religiöse Gemeinschaft vermuten könnte, was aber nicht der Fall ist. Dann gehen sie auf die Zeitverhältnisse ein. Es heißt dort: ‹Nachdem der allein weyse und gnädige Gott in den letzten Tagen sein Gnad und Güte so reichlich über das Menschliche Geschlecht außgossen, daß sich die Erkantnuß, beydes seines Sohns und der Natur, je mehr und mehr erweitert …»

«Erkantnuß?», fragte ich etwas verwirrt.

«Nun: Erkenntnis. Ich merke, Sie sind mit dem alten Deutsch nicht sonderlich vertraut. Ich bemühe mich, etwas von dem Text zu übersetzen. Oder, noch besser, wir können manchmal auch auf die gerade erschienene Ausgabe von Carlos Gilly zurückgreifen. Hier. Dort steht:

‹… und wir uns mit Recht einer glücklichen Zeit rühmen. Denn er hat uns nicht nur fast die Hälfte der unbekannten und verborgenen Welt entdecken lassen, uns viele wunderbare, vorher nie gesehene Werke und Geschöpfe der Natur gezeigt, sondern auch sehr erleuchtete und mit Weisheit begabte Menschen aufstehen lassen, die zum Teil die verunreinigten, unvollkommenen Künste wieder zur ihrem Recht bringen, damit der Mensch doch endlich seinen Adel und seine Herrlichkeit erkenne und verstehe, welcher Art der Mikrokosmos ist und wie weit sich seine Kunst in der Natur erstreckt.›

Sie sprechen von einem Gott, der Menschen gerade zu dieser Zeit viele Erkenntnisse zuteil werden ließe, Erkenntnisse über Jesus Christus und die Geheimnisse der Natur. Man solle sich freuen, in einer Zeit zu leben, die den geistigen Horizont so sehr erweitern würde. Der Mensch solle seiner höheren, adeligen, vornehmen Herkunft gewahr werden, er solle begreifen, daß er das Gegenstück, der Mikrokosmos, zur Welt, dem Makrokosmos, sei. Sie halten sehr viel vom Menschen, die Rosenkreuzer.»

Er trank einen Schluck und fuhr dann fort:

«Schauen Sie, die Schrift hätte eigentlich nicht auffallen dürfen. Eingebettet in die besagte Reformationsschrift – es handelt sich um eine Satire von T. Boccalini über die Generalreformation («Ragguali di Parnassi»), die Christoph Besold übersetzt hatte –, wird von einer Fraternität oder einer Bruderschaft R. C. gesprochen. Und weiter davon, daß in den letzten Jahren der Menschheit vieles offenbart worden wäre, das sie nun doch nutzen solle, um endlich das Gegenstück zum Makrokosmos, der großen Welt, zu werden; um den angestammten Platz einzunehmen, als Mikrokosmos, als kleine Welt. Die Fraternität des R. C. entbietet den Lesern also einen Gruß, verbunden mit der Mahnung, sich auf das zu besinnen, was an Wissen bereits vorhanden ist. Fraglich bleibt trotzdem, wie man einen solchen Text ernst nehmen kann.»

«Aber die Menschen sind dem Ruf der *Fama* gefolgt?»

«Aufgrund der Literatur der damaligen Zeit wissen wir, daß der Ruf überaus gut aufgenommen wurde, daß es Hunderte von Antwortschreiben und Sendschreiben an diese Fraternität gab, und weiter wissen wir, daß es heute, fast 400 Jahre später, immer noch Menschen gibt, die sich eingehend mit den Rosenkreuzern beschäftigen.» – Ein Blick ins Internet bestätigt dies überdeutlich, dachte ich bei mir. – «So scheint sich diese Frage zu erübrigen. Und dennoch: Dadurch, daß diese Bewegung von der anerkannten Geschichtsschreibung weder groß zur Kenntnis noch des – wie auch immer gearteten – Einflusses für würdig angesehen wurde, bleibt diese Frage bestehen und wird uns auch weiterhin beschäftigen müssen.

Man kann, aufgrund der Schriften, ohne weiteres sagen, daß es Menschen gab, die den Ruf vernommen haben. Inwieweit sie – neben den Inhalten – dessen Gehalt verstanden und in die Tat umsetzten, muß offenbleiben. Tatsache ist, daß ‹Rosenkreuzer› sich nicht oder zumindest kaum merklich in den letzten Jahrhunderten hervorgetan haben und dennoch auf viele Menschen faszinierend wirkten.

Es gibt auch eine Sichtweise, die das Rosenkreuzertum in einen größeren geistesgeschichtlichen Zusammenhang einbindet. Das macht uns deutlich, daß das Rosenkreuzertum nicht allein für sich betrachtet werden kann, sondern in einem Traditionszusammenhang steht.»

«Neben dem jeweiligen Zeitgeist existiert also eine alternative Weltanschauung, die sich bewußt in Grauzonen und Grenzbereichen bewegt. Kann man das so sagen?» fragte ich.

«Ja. Dazu gehört auch das Rosenkreuzertum, und immer wieder haben sich Menschen mit dessen Ideen und Schriften beschäftigt. In diesem Zusammenhang darf aber nicht vergessen werden, daß es über die Jahre und Jahrhunderte hinweg Bewegungen gab, die sich sehr intensiv mit den RC-Schriften auseinandersetzten, die aber keinerlei Interesse daran hatten, diese Auseinandersetzungen und Forschungen in die Öffentlichkeit zu tragen. Dies muß man respektieren und darüber kann dann nichts gesagt werden. So ist es, bei aller Analyse, notwendig, ein *unsichtbares* Gegenstück mitzudenken, im Bewußtsein, daß alles auch ganz anders sein kann.»

Er schwieg einen Moment. Dann fiel sein Blick auf ein Blatt

Papier und auf den Namen Paracelsus. Er stutzte kurz und sagte zu mir:

«Wir wissen, daß die *Fama* von Paracelsus und dessen Vokabular mitgeprägt wurde. Doch es gibt einen merkwürdigen Anachronismus bezüglich der Schriften von Paracelsus und der Grabkammer von C. R., auf den Roland Edighoffer aufmerksam machte (Edighoffer, Band 1, S. 270, 1982): Wie können in einer Grabkammer von 1484 Schriften eines Autors gefunden werden, der um 1493 geboren wurde?»

«Das ist natürlich schon etwas seltsam», meinte ich.

«Carlos Gilly greift diese Überlegungen ebenfalls auf und schreibt: ‹Mit der *Fama Fraternitatis* allein standen die zeitgenössischen Leser vor einem ziemlich großen Rätsel. An die historische Existenz eines Christian Rosencreutz hat wohl keiner recht geglaubt, denn wie hätte dieser 1484 das Vocabularium des Paracelsus mit ins Grab nehmen können zu einer Zeit, wo Paracelsus nicht einmal geboren war?› Und er schreibt weiter, daß für die damalige Zeit die Frage wichtig war, ‹ob es sich bei der Bruderschaft um etwas Wirkliches und Ernstgemeintes oder um ein bloßes Spiel oder utopisches Märchen handelte› (Gilly, Cimelia Rhodostaurotica, 74).

Weiterhin meldet Carlos Gilly Bedenken darüber an, daß die *Fama* überhaupt für den Druck bestimmt war. Moment, ich finde die Stelle gleich.» Er kramte ein wenig in seinen Notizen und zitierte dann folgendes: «Denn eine Veröffentlichung der *Fama Fraternitatis* war wohl das letzte, das sich die Verfasser damals wünschten, insbesondere Andreae, der ausgerechnet im gleichen Monat der Publizierung als Diakon in Vaihingen an der Enz seine erste Stelle im württembergischen Kirchendienst antrat. Die *Fama* war offensichtlich nicht (oder noch nicht) für den Druck bestimmt, denn sonst hätte sie ja einige Jahre zuvor und in viel zuverlässigerer Form von den Verfassern selbst gedruckt werden können» (Gilly, Cimelia Rhodostaurotica, 70).

Daß Schriften ohne Mitwissen des Autors in Druck gehen

und einigen Ärger verursachen können, dafür haben wir in der ‹*Aurora*› von Jakob Böhme ein gutes Beispiel. Inwieweit aber eine Schrift in einem Sammelband erscheinen kann, an mehreren Verfassern *vorbei*, das sei einmal so stehengelassen.

Bemerkenswert ist jedoch: ‹Von der *Fama Fraternitatis* sind zwischen 1614 und 1617 insgesamt sieben Ausgaben erschienen› (Gilly, Cimelia Rhodostaurotica, 71). Dies dürfte ein nicht unerhebliches Detail sein, um anzudeuten, wie populär das Rosenkreuzertum über Nacht wurde.»

«Und worum geht es nun in der *Fama*?» fragte ich neugierig geworden.

«Die *Fama Fraternitatis* besteht eigentlich aus drei Teilen. Der erste Teil zeigt die Reise von C. R.; der zweite Teil die Gründung der Bruderschaft des C. R. C. und der dritte Teil das geheimnisvolle Grabgewölbe des R. C.

Wie Sie wissen und leicht feststellen können, taucht der Name Christian Rosencreutz nirgendwo in der *Fama* auf. Es stehen lediglich Initialen. Nun also: Die *Fama* beginnt mit einem Gruß und der Einladung an alle, dem Ruf der Fraternität doch Folge zu leisten. Dem Leser wird suggeriert, daß es eine bereits bestehende Bruderschaft oder Fraternität gebe, die sich nun öffentlich bekannt mache. Wie wir später sehen werden, handelt es sich um die dritte Generation, die nach der Graböffnung diese *Fama* wahrscheinlich abgefaßt hat.

Das erste Wort im Text lautet ‹Wir›. Es ist im gesamten Text – und dies trifft auch auf die *Confessio* zu – immer von ‹wir› die Rede, nie von ‹Ich›!»

«Ein deutlicher Hinweis auf eine Gemeinschaft, die sich hier vorstellt», fügte ich hinzu.

«Es wird von einem weisen und gnädigen Gott gesprochen, was auf Einheit und Monotheismus hinweist und deutlich christliche Züge trägt, denn der Gott ist nicht nur weise, sondern auch gnädig. In den beiden Schriften ist immer wieder von JEHOVA die Rede, was wohl die barocke Eigentümlichkeit der

Vermischung von dem Gottesbild des Alten und des Neuen Testamentes andeutet sowie eine gewisse hebräische Tradition, in der sich diese Schriften zu befinden scheinen.

Es wird davon gesprochen, daß der ‹allein weise und gnädige Gott in den letzten Tagen sein Gnade und Güte so reichlich über das Menschliche Geschlecht ausgossen›.»

«Stimmt dies mit der Zeit überein?» warf ich ein. «Es gab doch damals Krieg und nicht gerade übermäßig viel Gedankenfreiheit.»

«Nur bedingt. Es gab damals aber eine besondere Gestirnskonstellation, und es gab gemeinsame Bestrebungen für oder zur Erstarkung des Christentums, die *Militia Crucifera Evangelica* und die Schrift *Naometria*. Ob dies – und die anderen bereits erwähnten Momente – genügen, um als besonders ‹reichlich› angesehen zu werden, sei dahingestellt. Wir wissen es nicht. Weiter wissen wir nicht aus der Zeit heraus, ob die Erkenntnis durch den Gottessohn und durch die Erforschung der Natur ausreichend war, um als so besonders angesehen zu werden.

Sie haben aber auch recht: Ob die Zeit eine glückliche war, der man sich rühmen könne, ist, wirft man einen Blick auf die politische Lage, durchaus anzweifelbar. Es bleibt fraglich, inwieweit ‹dann hocherleuchtete Ingenia auffstehn›, welche ‹die zum Teil verunreinigten, unvollkommenen Künste wieder zu ihrem Recht bringen würden›.»

«Was ist damit gemeint?»

«Wenn nicht die historische Zeit gemeint sein kann, dann wohl eine andere Zeit, eine, die für die Verfasser bedeutsam war. Dabei kann es sich nur um die Zeit handeln, die sie inspirierte, also der Moment der Fertigung der *Fama* beziehungsweise der Moment ihrer Lektüre, da man sich dann wieder mit dieser mythischen Zeit verbindet.»

«Sie meinen, daß mit der Zeit gar keine wirkliche Zeit gemeint ist?»

«Möglicherweise.»

«Und welche Kunst ist gemeint?»

«Das Ziel ist doch eindeutig, ‹damit doch der Mensch seinen Adel und Herrlichkeit verstünde, welcher Gestalt er Microcosmus, und wie weit sich sein Kunst in der Natur erstrecke›. Der Mensch soll seiner geistigen, inneren Möglichkeiten gewärtig werden, damit er seinen Platz in der Schöpfung findet.

Machen wir einen Zeitsprung und verlegen wir das Geschehen in das ausgehende 14. Jahrhundert, so befinden wir uns in der beginnenden Renaissance, in welcher die Hermetik ihre Auferstehung feierte, in der der Mensch zum Mittelpunkt wurde, in der das Ich sich emanzipierte. Große Geister prägten diese Zeit des 14. und 15. Jahrhunderts, welche maßgeblichen Einfluß auf das Barockzeitalter hatte. Ist mit den Eingangssätzen also nicht die Zeit um 1600 gemeint, sondern um 1400? Wollen wir dies als Anregung offenlassen, da wir es nicht so ohne weiteres entscheiden können.

Das ‹Wir› wendet sich auch gegen den Ehrgeiz der gelehrten und religiösen Welt – von der später noch die Rede sein wird –, die nicht in der Lage ist, zusammenzuarbeiten. Es wird sich gegen die Buchgelehrsamkeit und die Gelehrtentradition der Autoritäten (‹Papst, Aristoteles, Galenus›) verwahrt, die nicht in der Lage sind, empirisch zu arbeiten, so, wie es ein Francis Bacon zu der gleichen Zeit forderte. Der Angriff gegen den Papst läßt sich als deutlicher Hinweis auf den Protestantismus lesen. Der Angriff gegen Aristoteles, vielleicht als Parteinahme für Platon und gegen Galen, kann heißen: für Paracelsus.

Die *Fama* weist sich als Reformationsschrift aus, die sich gegen jene wendet, die sich dem Lauf der Welt entgegenstellen. Es heißt im Text: ‹Um eine solche allgemeine Reformation hat sich auch der fromme, christliche, sehr erleuchtete, verstorbene Vatter Fr. C. R., ein Deutscher und Haupt und Gründer unserer Bruderschaft, lange Zeit sehr bemüht›.»

«Warum hat er das getan?» fragte ich nach.

«Es geht den Rosenkreuzern nicht um Ruhm und Ehre, nicht um Buchgelehrsamkeit, nicht um Aufmerksamkeit in der Gelehrtenwelt, nicht um – wie es später die ‹Chymische Hochzeit› ausführen wird – irgendwelche Anerkennung anderer, sondern es geht um eine vollständige und grundlegende Erneuerung *im* und durch den Menschen, zu welcher die Rosenkreuzer aufrufen und – man kann dies ahnen – zur Durchsetzung die nötigen Mittel wohl haben werden. Doch, man kann dies vorwegnehmen, die geplante ‹gesellschaftliche› Reformation ist ausgeblieben.

Wichtig ist, daß uns der Sinn der *Fama* als Reformationsschrift gegenwärtig ist. Auch die *Confessio* greift dieses Thema auf. Die ‹Chymische Hochzeit› aber nicht. Es geht um eine Reformation, nicht um eine Revolution. Jedermann ist dazu aufgerufen, nicht nur die Gelehrtenwelt, sondern alle, die in sich den Ruf verspürten.»

«Und was soll reformiert werden?» fragte ich.

«Einfach der Mensch, denn er muß seinen Platz wieder einnehmen. Er soll mit der Natur und in Gottvertrauen diese Reformation beginnen. Dazu scheint einiges an Vorbereitung notwendig zu sein, wir Leser bekommen nicht einfach die Ziele der Reformation mitgeteilt, vielmehr lassen uns die Autoren an einer Initiationsreise des Fr. C. R. teilnehmen. Spätestens hier muß man dann wohl sehen, daß nicht Christian Rosencreutz gemeint sein kann, sondern C. R.»

«Diese Abkürzungen, ich verstehe sie nicht. Es heißt ja später, daß er einem ‹Bruder P. a. L.› mitgegeben wurde. Was ist das nun wieder?» fragte ich ein wenig hilflos.

«Es gibt verschiedene Interpretationen. Einen ‹richtigen› Namen hat man dafür nicht gefunden. Um ihn herauszufinden, müßte man in der Kunst der Gematria bewandert sein, die lehrt, daß jedes Wort dadurch einen anderen Sinn erhält, wenn man die betreffenden Buchstaben austauscht oder umdreht beziehungsweise sie mit den entsprechenden Zahlenwerten kombiniert. Dem heutigen Leser wird dies kaum vertraut sein, doch für die damalige Zeit kann mit einer gewissen Vertrautheit mit dieser Kunst gerechnet werden.»

«In der gesamten *Fama* finden wir ja solche Abkürzungen. Sind sie bis auf den heutigen Tag rätselhaft geblieben? Ist dies alles nur willkürliche Verschlüsselung ‹lebender› Personen?»

«Ja und nein. Ich kann Ihnen dies nun wirklich nicht alles entschlüsseln. Nur soviel: Ein Buchstabe kann eine symbolische Verschlüsselung bergen. So wird der Text, das Wort, der Name *sinnvoller* und *weiter* in seiner Bedeutung. Man muß eine solche Spannung in Unwissenheit aushalten können. Dann wird sich auch eine Antwort einstellen, eine innere Antwort.

Um jetzt noch einmal unser Lieblingsbeispiel zu bringen: Sich auf *Christian Rosencreutz* festzulegen hieße, sich auf eine Person zu beschränken und eine Fülle an Bedeutungsmöglichkeiten zu verlieren. Doch ist man geneigt, Lösungen und Antworten verfrüht zu geben und zu suchen, statt manches vorerst – wider besseren Wissens – offenzulassen. Welche eigenwilligen Auswirkungen dies haben kann, zeigt sich – wie wir noch beweisen werden – jedem bei einem Blick auf die Christian-Rosencreutz-Rezeption. Wenden wir uns wieder dem Text zu.

Die Reise von C. R., welcher seit seinem fünften Lebensjahr in einem Kloster lebt, dort Latein und Griechisch erlernt, beginnt ‹noch in blühender Jugend›, in seinem 16. Jahr, eine Reise zum Heiligen Grab, also nach Jerusalem.

Die Zahlen können als Jahreszahlen gelesen werden, so das Geburtsjahr 1378 aus der *Confessio*. Weiter können die Zahlen eine andere, eine symbolische Bedeutung haben. Aus unserer Erfahrung heraus würden wir argumentieren, daß C. R. seine Schulzeit in einem Kloster verbrachte, dann zu Beginn des Erwachsenwerdens eine Reise unternehmen will. Würde man aber die Zahlen fünf und sechzehn nach ihrer symbolischen Bedeutung hinterfragen, dann käme man zu einer anderen Sichtweise.»

«Warum in seinem fünften Lebensjahr und nicht in seinem sechsten oder vierten? Warum 16 und nicht 15, 18 oder 21? Gibt es darauf Antworten?»

«Die Zahl fünf wird als die Zahl des Menschen bezeichnet. Sie wird mit den vier alchemischen Elementen: Erde, Luft, Wasser und Feuer in Verbindung gebracht, denn – so die mystische Überlieferung – wenn der Mensch zu einem Meister seiner Elemente geworden ist, wird ihm die Zahl *fünf* eigen. Doch warum sollte er dann in ein Kloster gehen, sich also von der Welt zurückziehen? Die Zahl fünf wird in der fünften Tarotkarte, *Der Hierophant* – und in Zusammenhang mit den Rosenkreuzerschriften ist der Hinweis auf den Tarot gar nicht so abwegig –, mit der Intuition, der inneren Stimme und mit dem Gewissen verbunden, also mit dem Bestreben, Innenschau zu halten. Wurde C. R. deswegen in ein Kloster gegeben?»

«Ist das nicht nur eine Spekulation?»

«Möglich. Sehen wir weiter: Ein Bruder P. a. I. wird ihn auf der Reise begleiten. Dieser stirbt in ‹Zypern›, und ‹Fr. C. R.› setzt seine Reise allein fort, verweilt wegen ‹Leibesbeschwerlichkeit› in *Damcar*, auf dem Weg nach *Damascum*. Er wird durch die dortigen Weisen in deren Geheimnisse eingeweiht, lernt die arabische Sprache, lernt das *liber M.* kennen, welches er ‹in gut Latein gebracht›, lernt Physik und Mathematik, fährt weiter nach Ägypten – zwischendurch studiert er wahrscheinlich die Alchemie –, um dann nach *Fez* zu kommen, um dort in der Magia, der Kabbalistik, der Medizin und der Philosophie sich zu unterrichten. Doch nach Jerusalem kommt er nicht!»

«Warum ist P. a. L. nun gerade auf Zypern gestorben?»

«Zypern ist der Ort, an dem Venus, die Schaumgeborene, aus den Meeresfluten stieg. Das Land Zypern, will man es bewußt nicht geographisch betrachten, kann als ein Ort angesehen werden, der mit ‹Liebe› übersetzt werden könnte.»

«Aber: Warum stirbt P. a. L. gerade dort? Was bedeutet sein oder überhaupt der Tod?» wollte ich wissen.

«In gewissem Sinne ist der Tod eine Umwandlung von der irdischen Existenz in eine geistige Form, von einer Ebene auf eine
andere also, das, was uns die Alchemie lehrt, die Verwandlung
und Umwandlung der Metalle, sprich: des Menschen.

C. R. setzt seine Reise fort und kommt endlich nach *Damas-
con*, womit eigentlich *Damcar* gemeint ist. Dort wird er wie ein
Freund empfangen, wie jemand, den man schon lange erwartete.»

«Ist dies verwunderlich oder nimmt man an, daß eine Verbindung zwischen dem Kloster von C. R. und den Weisen in Damcar besteht?»

«Es war ja in gewisser Weise Zufall, daß er nach Damcar ging,
eigentlich wollte er ja nach Jerusalem. Diese Frage muß anders
beantwortet werden. Diese Verbindung zwischen C. R. und den
Weisen von Damcar muß anders sein, als wir annehmen. Aber
auch darüber kann ich Ihnen nichts weiter sagen. Versuchen Sie
selbst darauf zu kommen.»

«Wäre es nicht naheliegend, daß jemand in seinem Kloster
ihn auf diese Beziehung aufmerksam gemacht hätte?»

«Ja. Dies und noch viel mehr sind Ungereimtheiten, die wir
einmal so hinnehmen müssen. Es ist schon erstaunlich, denn
diese Weisen sagten ihm seinen Namen und zeigten ihm ‹andere
Geheimnisse aus seinem Kloster›. Er lernt dort arabisch, um
dann das *librum M.*, das *Liber Mundi*, das Buch der Welt, ins
Lateinische zu übersetzen.»

«Ist das wirklich so? Waren damit wirkliche Sprachen gemeint? Wenn ja, wo ist dieses *librum M.*? Kann es in einer
Bibliothek ausgeliehen werden?» Ich war verunsichert.

«Nein, nein. Das *Liber* oder *Buch M.* ist symbolisch zu
sehen. Hier ist wieder etwas, das nicht wörtlich genommen werden darf, denn das *Liber M.* ist das Buch, das alle Weisheiten seit
Anbeginn der Welt enthält. Es kann nicht gelesen, es kann nur
studiert werden. Die Rosenkreuzer studieren es mittels der Beobachtung und der Erfahrung, also in gewisser Hinsicht im

Sinne Bacons, der die philosophische Grundlage zu dieser Art der Natur- und Weltbetrachtung legte.»

Er hielt kurz inne und fuhr dann fort:

«C. R. bleibt kurz in Ägypten, dem Land der Pharaonen, der Magier und Zauberer. Doch er verweilt nicht dort, bei den Gräbern und toten Formen, sondern gelangt nach Fez. Ein seltsamer Ort, und es ist die Rede davon, daß sich dort alljährlich die Weisen getroffen hätten, um sich auszutauschen.»

«Wissen wir von irgendwelchen Treffen dieser Art?»

«Überlieferte Berichte darüber scheint es nicht zu geben. Was wir wissen ist, daß C. R. später mit seinen Mitbrüdern sich ebenfalls alljährlich zu treffen pflegte. Er lernt dort ‹Magis, Cabalistis, Medicus und Philosophicis› kennen, macht Bekanntschaft mit den ‹Elementarischen Einwohnern› und stellt fest, ‹daß ihr Magia nicht allein rein, auch die Cabala mit ihrer Religion befleckt were›. Ihre Kabbala war also nicht rein. Dies zeigt uns, daß er nach Reinheit strebte. Er scheint auch in der Lage zu sein, zwischen dem, was gesagt wird, und dem, was es bedeuten könnte beziehungsweise sollte, zu unterscheiden.

Dann wird er mit der Hermetik, der Wissenschaft der Entsprechung, bekannt, die das berühmte Axiom ‹Wie oben, so unten; wie unten, so oben› aufstellte und die Lehre vom Makrokosmos und Mikrokosmos verkündete. Das Ziel der Hermetik ist es, eine Einheit in der Mannigfaltigkeit festzustellen und ebenso äußert sich die *Fama*: ‹als ob die ganze große Welt im kleinen Menschen wäre, dessen Religion, Politik, Gesundheit, Glieder, Natur, Sprache, Worte und Werke, aller im gleichen Klang und Melodie mit Gott, Himmel und Erden harmonisch sei›.»

«Und was heißt das nun genau?»

«C. R. lernt Alchemie, im Sinne des Vermögens, sich zu unterscheiden; er lernt die Hermetik und die Lehre der Entsprechung, er lernt Naturwissenschaften: Medizin, Philosophie, Physik, Mathematik und neben den bereits gekonnten Sprachen

Latein und Griechisch auch Arabisch. Man darf annehmen, da
er die Kabbala studierte, daß er des Aramäischen beziehungsweise des Hebräischen – jedenfalls in gewissem Sinne – mächtig
war. Hier fällt uns ein, daß Pico della Mirandola diese Sprachen
ebenfalls studierte und es sein Anliegen war, die Grundlagen aller Religionen zu finden, zu beweisen, daß sie alle aus einer
Quelle stammten.»

«Heißt das, daß C. R. ihm nacheifert, oder geht er voran?»

«Eine interessante Überlegung, die ich so nicht beantworten
kann. Nun, er ist mit der Kaballa und der ‹reinen› Magie vertraut. Seine Initiationsreise in die östliche Hemisphäre war also
erfolgreich. So beladen mit diesen Schätzen kehrte er zurück.

Er geht nach Spanien, wahrscheinlich 25jährig. Dort möchte
er der gelehrten Welt gerne mitteilen, was er erlebt hat, wird jedoch abgewiesen und zieht sich zurück. Er will ihnen ‹neue Ge-
wächse, neue Früchte, Tiere, die sich nicht nach der alten Philosophia richteten› zeigen, und neue Axiome habe er, doch er
wurde nicht beachtet von der gelehrten Welt, der Schulweisheit.
Aber so schien es ihm nicht nur in Spanien, sondern auch an-
derswo ergangen zu sein, denn ‹dies Lied wurde ihm von an-
dern Nationen auch vorgesungen›. Wir wissen, daß Frankreich
– Frankreich war der Ort der Templer und des Kathedralenbaus
– und England nicht erwähnt wurden.»

«In England beziehungsweise Britannien, dort ist die Grals-
sage zu Hause. Grenzt sich C. R. bewußt von dieser Tradition
ab?»

«Indirekt, vielleicht. Später, werden seine Gehilfen in diese
Länder fahren. Und wir wissen ebenso, daß die *Fama* ins Englische und Französische übersetzt wurde.

Erst in einem gewissen Alter kommt C. R. die ‹erwünschte
Reformation abermals in den Sinn›, und er suchte sich drei seiner Mitbrüder aus seinem alten Kloster aus. So steht dann der
bemerkenswerte Satz: ‹Also begann die Bruderschaft des R. C.
zuerst nur mit 4 Personen.›»

«Wieder Zahlensymbolik?»

Wohl anzunehmen. Es sind vier Personen, eine stabile Ganzheit also. Es sind vier und nicht fünf, sieben, zwölf oder dreizehn. Weitere Mitglieder folgten – es wurden schließlich acht –, und sie stellten einen Sechs-Punkte-Plan auf, auf den sie sich gegenseitig verpflichteten.

Halten wir kurz inne. Warum reist C. R. nach Jerusalem? Es handelt sich dabei um die Stadt, die für Erleuchtung und Frieden steht. Dies alles scheint C. R. aber in dem Moment nicht zu gebrauchen, also meidet er Jerusalem. Warum wird C. R. in Spanien so schlecht aufgenommen? Will-Erich Peuckert schreibt, daß Spanien damals eine Art Babylon gewesen sei, dogmatisch und engstirnig im Glauben. Und um der Geschichte etwas vorzugreifen: Das spätere Grabmal von C. R. C. weist zurück auf die Einweihungsstätten im alten Ägypten, an die leeren Grabkammern, an die Sarkophage und auch an das leere Grab von Jesus. Seine seltsame Form und Gestalt, eine tief verschlüsselte Botschaft enthaltend, wurde im 19. Jahrhundert von dem Orden des *Golden Dawn* ausgiebig für rituelle und zeremonielle Zwecke benutzt, immer aber im Hinblick auf ihre symbolische Ausrichtung. Niemand kam auf die Idee, ein wirkliches Grab zu suchen! Warum auch?»

Ich nickte kurz. Dann fragte ich:

«Was bedeuten die Länder und Städte? Was Ägypten, Fez, Damaskus und Damcar? Sind das wirkliche Städte? Wenn ja, warum gehen die Autoren, die sich bislang über die Geschichte und die Lehren der Rosenkreuzer ausgelassen haben, darauf nicht näher ein?»

«Ja. Ich möchte noch hinzufügen: Die *Fama* kündigt eine Reformation an, und daß Europa ein Kind gebären werde, dem ein tüchtiges Gevatterngeld mitgegeben werden müsse, daß also der Taufpate – wer kann das sein? – dem Kind – wer sind seine Eltern? – etwas mitgeben müsse, damit es lebensfähig sei.

Wir schreiben das Jahr 1614, wissen aber, daß Die *Fama*

handschriftlich schon früher kursierte. Sollte also die Rosenkreuzerbewegung um diese Zeit ihren Anfang nehmen? Wenn ja, dann müßten uns die *Fama* und die *Confessio* darüber Hinweise geben, was sie aber nicht tun. Beide sprechen von einer Fraternität, einer Brüderschaft, einer Gemeinschaft von Menschen; beide sprechen in der Wirform, und beide atmen deutlich den Geist von Menschen, die wissen, was sie wollen und was sie schreiben beziehungsweise sagen. Und beide berufen sich auf die Vergangenheit. Verstehen Sie, deshalb habe ich meine Zweifel daran, daß dies nur ein einfacher Text ist.

Wie könnte dies alles das Werk eines Jünglings von 18 oder 24 Jahren sein? Wie könnte dies alles der Autor *Andreae* aufgeschrieben *und* wie vor allem *gemeint* haben? Dies ergibt keinen Sinn. Man muß eher annehmen, daß eine Fraternität bereits bestanden hat und sich durch die *Fama* zu erkennen gibt. Das wiederum bedeutet aber weitere Spekulationen über das wahre Alter der Rosenkreuzer.»

«In der *Fama* sehen wir ja auch den Namen *Paracelsus* erwähnt…»

«Richtig.»

«Haben Sie zufällig die genaue Stelle?»

«Es heißt dort: ‹Obwohl er nicht in unsere Bruderschaft eingetreten ist, hat er doch das Buch M. fleißig gelesen und seinen scharfen Geist damit erleuchtet.› Paracelsus hat seine Erkenntnisse nicht frei mitteilen wollen. In seinen Schriften überwiegt zu sehr der Spott; kurz die Rosenkreuzer erkennen seine Gelehrsamkeit an, distanzieren sich gleichzeitig von seiner Wesensart. Es wäre unwahrscheinlich, daß er zur Zeit von C. R. mit dessen Fraternität etwas zu tun gehabt hätte.»

«Für wen war dann Paracelsus wichtig? Und wer war er eigentlich?»

«Paracelsus war ein Fahrender, ein Reisender, der vom Schatz seiner Erfahrungen zehrte und ein umfangreiches Werk vorlegte, das medizinische, philosophische und natur-magische

Schriften enthielt. Paracelsus war *kein* Rosenkreuzer und dennoch scheint er ähnliche Studien betrieben zu haben wie diese.»

«Ist hiermit angedeutet, daß man ‹neben› den Rosenkreuzern seinen eigenen Weg gehen kann?»

«Sicherlich dann, wenn man das *librum M.* studiert. Die Erwähnung von Paracelsus zeigt deutlich, daß es eine andere Generation gewesen sein muß, die die Fraternität begründete und wieder eine andere, die die Graböffnung und den Bau des Grabmals vornahm. Der Name Paracelsus wird aber – die Forschung zeigt dies – mit den Rosenkreuzern in Verbindung gebracht. Wohl weil auch er große Schwierigkeiten mit der Gelehrtenwelt hatte, weil auch er um die Besonderheiten der natürlichen und der göttlichen Welt wußte. Auch er konnte heilen und wußte um den Menschen als Mikrokosmos.» Wir schwiegen eine Weile.

«Wenden wir uns wieder dem Fortgang der Geschichte zu, dem zweiten Teil der *Fama*, wenn man so will. C. R. kehrt also nach Hause, nach *Teutschland*, zurück, und nach einigen Jahren kommt ihm die Reformation wieder in den Sinn, so daß er sich – wir wissen das bereits, aber es ist ein sehr wichtiger Punkt – drei seiner Mitbrüder sucht. Später kommen weitere hinzu, insgesamt werden es *acht*. Sie bauen das geheimnisvolle *Gebäude Sancti Spiritus* und erarbeiten den ersten Teil des Buchs M. Des weiteren arbeiten sie eine Vereinbarung von sechs Punkten aus. ‹Auff diese 6. Articul verloben sie sich gegeneinander.› Das heißt: Sie einigten sich auf sechs Punkte und schließen eine Vereinbarung darüber. Lesen Sie am besten selbst.»

Er gab mir das Buch, und ich versuchte mühsam die Schrift zu entziffern und deren Sinn zu verstehen. Er lächelte dabei und half mir, den Text ein wenig einzudeutschen.

1. Keiner sollte einen anderen Beruf ausüben, als Kranke zu heilen, und das umsonst.
2. Keiner sollte von der Bruderschaft genötigt werden, eine bestimmte Kleidung zu tragen, sondern sich nach der Art des Landes richten.

3. Jeder Bruder sollte sich einmal im Jahr, am Tag C., bei «Sancti Spiritus» einstellen oder eine Nachricht über die Ursache seines Fernbleibens senden.
4. Jeder Bruder sollte sich nach einer tauglichen Person umsehen, die ihm seinerzeit nachfolgen könnte.
5. Das Wort R. C. sollte ihr Siegel, ihre Losung und ihr Wahrzeichen sein.
6. Die Bruderschaft sollte einhundert Jahre geheim bleiben.

«Das wirft doch einige Fragen auf», warf ich ein. «Die Rosenkreuzer sollen also Kranke pflegen. Welche Krankheiten sind damit gemeint? Körperliche Krankheiten, geistige Krankheiten?»

«Sie wissen, daß die Zeit krankte, denn es wird zu einer Generalreformation ausgerufen. Das ist sicherlich eine Erklärung. Die Mitglieder der Bruderschaft sollen sich nicht von anderen abheben, sondern sich in die Gesellschaft eingliedern. Dies wurde dann als Indiz dafür gewertet, daß die Rosenkreuzer eine Art ‹geheime Gesellschaft› bildeten. Waren sie es? Nach diesen Veröffentlichungen?»

«Und was heißt das, daß man sich am Tag C. – wann ist dieser Tag? – im Gebäude Sanctus Spiritus einstellen solle? Wo ist dieses Gebäude?»

«Jedenfalls nicht hier. Aber darüber darf und kann ich Ihnen keine nähere Auskunft geben.»

Er schwieg und sah mich ruhig und offen an.

Es gab wohl Grenzen, die ich akzeptieren mußte, wenn es mir auch schwerfiel.

«Etwas anderes ist noch interessant: Man solle sich nach einem geeigneten Nachfolger umsehen, wobei *R. C.* die Erkennung sein soll. Warum aber, so frage ich Sie, benötigt man eine Erkennung unter acht Brüdern? Damit wird entweder angedeutet, daß die Fraternität wachsen wird, oder, daß es noch andere gibt, die ebenfalls diese Kennung verwenden. Dies ist um so bemerkenswerter, als daß R. C. nicht wie ein Fremder in Damkar empfangen wurde, sondern wie ein Freund.»

«Das ist einleuchtend.»

«Und wissen Sie, die sechs Punkte werden von Michael Maier, dem Leibarzt Rudolf II. und angeblichen Rosenkreuzer, in seinem Buch *Themis Aurea* ausführlich besprochen. Er führt aus, daß C. R., da 1378 geboren, im Alter von 16 Jahren seine Reise begonnen hatte, sechs Jahre unterwegs gewesen wäre, in seinem achten Jahr zurückkehrte, nach fünf Jahren seine Angelegenheiten so weit klärte, daß 1413 diese Gesetzestafeln ersonnen wurden. A. E. Waite kommt zu einem anderen Ergebnis. Nur ganz kurz ...»

Er holte ein Blatt hervor, auf dem eine Zeittafel aufgeführt war.

«Hier, sehen Sie. Er hat dies aufgrund der Schriften errechnet. Es kann durchaus auf breite Zustimmung stoßen:

1378	Geburt von Christian Rosencreutz
1394	16 Jahre; Beginn der Reise
1397	Damcar
1399	Fez
1403	Europa
1417	39 Jahre alt; Beginn der Bruderschaft (?)
1459	81 Jahre (Zeit der *Chymischen Hochzeit*)
1484	106 Jahre gestorben
1604	120 Jahre; Graböffnung (*Naometria* wurde geschrieben)

Bemerkenswerte Zahlen, nicht wahr, aber sind sie ein Schlüssel für eine historisch sinnvolle Annäherung an unser Phänomen oder sind sie nicht besser symbolisch zu interpretieren? Lassen wir die Frage einmal offen und wenden uns Michael Maier zu.

Maier geht ausführlich auf die Krankenheilung ein, was wohl damit zusammenhängt, daß Maier ebenfalls ein Mediziner war. Er wendet sich gegen Galen und spricht sich für Paracelsus aus. Interessanterweise spricht er von einer ‹Pythagoräischen Versammlung›, die Vorbild der dritten Verpflichtung gewesen sein könnte, sich alljährlich einmal zu treffen. Die alljährlichen Treffen erinnern uns an die Stadt *Fez*, das ein Zentrum an Gelehrsamkeit gewesen sein soll.

Die *Fama* sagt weiter, daß man sich ‹ohne Gedicht› – ohne phantastische Erfindungen – austauschen solle. Das Erkennungszeichen, das Siegel R. C., bringt Maier mit den ägyptischen Hieroglyphen in Verbindung, die einen offenbarten und einen verborgenen, einen heiligen Sinn hatten. Dasselbe soll bei den Griechen und vor allem den Hebräern der Fall gewesen sein.

Schon damals, seine Schrift wurde 1656 ins Englische übersetzt, Maier ist 1622 gestorben, gab es Stimmen, die sich gegen eine Verbalisierung dieser beiden Buchstaben in Christian Rosencreutz aussprachen! Wir wissen, daß diese Betrachtungsweise eine gewisse Tradition hat, bis heute. Und es könnte sein, daß Michael Maier ein Bindeglied in dieser Tradition ist, denn die angelsächsische Welt nutzt vorwiegend diese Abkürzungen. So gibt es einen Traditionsstrang, der sich *gegen* Christian Rosencreutz und *für* C. R. ausspricht. In Michael Maier hätte dies einen ersten interessanten Fürsprecher. Weiterhin soll die Bruderschaft 100 – einige meinen 120 – Jahre verborgen sein.»

«Wenn doch die Heilerfolge so groß waren, wie sie es laut *Fama* gewesen sein müßten, dann müßte doch diese Bewegung allgemein bekannt geworden sein. Was heißt dann hier ‹verborgen›?» entfuhr es mir. «Sie wirken doch! Und was bedeutet die Zahl 100 beziehungsweise 120?»

«120 ergibt sich aus: $1 \times 2 \times 3 \times 4 \times 5$. 120 ist die relative Lebenserwartung, die uns aus der Bibel bekannt ist. 120 ist auch die Zahl, die Noah zum Bau der Arche benötigt, wie wir aus dem Alten Testament wissen. Die Zahl offenbart sich uns anders, nehmen wir sie nicht als Jahreszahl, sondern als Sinnzahl. Der Widerspruch, einerseits soll die Bruderschaft um 1400 gegründet worden sein, andererseits solle sie bereits vor Paracelsus Geburt dessen *vocabulario* besessen haben, bestätigt die

Vermutung, daß man nicht alles streng wörtlich, beziehungsweise als historisches Zeugnis nehmen kann. Dies wird auch dann bestätigt, wenn wir den Blick auf das Umfeld jener Zeit lenken, in dem die *Fama* offensichtlich angesiedelt wird. Wir folgern daraus, daß die Jahreszahlen und Jahresangaben symbolisch zu werten sind und nicht historisch.»

«Sie meinen also, daß die vielen Widersprüche sich dadurch erklären lassen, daß sie gewollt wurden? Möglicherweise, um eine falsche Spur zu legen?»

«Das kann ich Ihnen nicht sagen. Ich vermute es. Wenn wir die Geschichte als wahr und symbolisch ansehen, dann kommen wir wohl den Rosenkreuzern einen ganzen Schritt näher. Und dann sind es keine Widersprüche mehr.»

Eine Weile lang blätterte er in den Papieren, dann fuhr er fort: «Die *Fama* berichtet, daß irgendwann die dritte Generation das Grabmal des R. C. fand. Man kann die Jahreszahl nachträglich mit 1604 annehmen. Sie sagt: ‹Ob wohl wir, die Jüngeren, bisher gar nicht wußten, wann unser geliebter Vatter R. C. gestorben war und lediglich die Namen der Gründer und aller Nachfolger bis auf uns kannten, wußten wir uns doch noch eines Geheimnisses zu erinnern, welches A., Nachfolger des D., der letzte aus dem zweiten Zirkel, der mit vielen von uns zusammengelebt hatte, in verschleierten Reden über die 120 Jahre uns, den Nachfolgern des dritten Zirkels, anvertraut hatte.»

Es heißt also, daß die Nachfolger, die dritte Generation – die ‹dritten Reyen› also – nur mühsam rekonstruieren konnten, woher sie kamen. Sie fanden das Grabmal des R. C. und mußten sich dabei eingestehen, daß sie eigentlich recht wenig von ihrer eigenen Tradition wußten. Dies ist bemerkenswert, da der oder die Schreiber der *Fama* doch über etwas ‹Erfundenes› schreiben, so könnte man annehmen; und weiter: daß es also Nachfolger – wenn man so sagen will – der ‹Ur-Rosenkreuzer› gab.»

«Sind die Rosenkreuzer also doch älter als 1604?»

Er nickte langsam.

«Die *Fama* legt diesen Schluß nahe.»

Es war mit einem Male eigenartig still um uns herum. Doch sogleich begann er das Gespräch fortzusetzen.

«Dem Fr. C. R. C. wurde ein Grabmal gebaut, das 120 Jahre nach seinem Tod von den Nachfolgern der damaligen Begründer entdeckt wird. Das Grabgewölbe, welches zufällig entdeckt wurde, ist siebeneckig. Es gab einen runden Altar, auf dem in lateinischer Sprache stand: ‹Jesus mein alles› und weiter:

– Nirgends leerer Raum
– Die Strenge des Gesetzes
– Die Freiheit des Evangeliums
– Die unversehrte Herrlichkeit Gottes.

Über die tiefere Bedeutung dieser Sätze könnten seitenlange Abhandlungen geschrieben werden. Man vergegenwärtige sich allein den Ausspruch: ‹Nirgends leerer Raum!› Er bedeutet, daß alles mit allem verbunden ist, daß nichts vergeht und nichts wiederkommt, sondern alles gleichzeitig ist, hier und jetzt. Der Aspekt der Allverbundenheit ist bemerkenswert und zukunftsweisend modern.»

«Es erinnert ein bißchen an die Archetypen und an die morphogenetischen Felder, oder?»

«Gewiß. Nun weiter. Es kommt noch einiges bei der Inspektion des siebeneckigen Grabraumes zum Vorschein, so die Namen der damaligen Gründer, und der bemerkenswerte Spruch: ‹Aus Gott werden wir geboren, in Jesu sterben wir, durch den heiligen Geist werden wir wieder lebendig.› Sie fanden allerlei in diesem seltsamen Grabmal, so ‹Spiegel von vielen guten Eigenschaften und an anderen Orten Glöcklein, brennende Lichter sowie einige wunderbare, kunstvolle Gesänge› und so weiter.»

«Das kann man wohl nicht wörtlich nehmen, oder?»

«Einige verstanden es so, aber ich glaube eher, daß dies auf alle Fälle symbolhaft ist.»

«Davon bin ich nun auch mehr und mehr überzeugt.»

«Nachdem sie also eine Messingplatte aufgehoben haben, entdecken sie ein schönen und ehrwürdigen Körper:

‹... unversehrt und ohne jede Verwesung, so wie er hier auf dem Bild im vollen Ornat und mit allen seinen Attributen dargestellt ist.

In der Hand hielt er ein Büchlein, mit Gold auf Pergament geschrieben, T. genannt, das nunmehr, nach der Bibel, unser größter Schatz ist und natürlich nicht leichtfertig dem Urteil der Welt unterworfen werden soll.›»

«Sie entdeckten einen Leichnam?», fragte ich verblüfft.

Er mußte lächeln.

«Ja, so steht es da. Wahrscheinlich gibt es viele, die das auch glauben oder wörtlich nehmen. Nun, der Gründer dieser Bruderschaft findet sich unverwest unter einer Platte aus Messing.»

«Ist das alles?» fragte ich ungläubig. «Man entdeckt einen Leichnam in einem Sarg. Das kann es doch nun wirklich nicht sein, oder?»

«Stellen Sie sich die Frage, ob damit wirklich ein menschlicher Toter gemeint ist. Nach all dem, was wir gesagt haben, ist das wohl nicht der Fall. Mit dem ‹Leib› und der ‹Grabkammer› muß etwas ganz anderes gemeint sein. Die Grabkammer wird wieder verschlossen, und der Ort scheint immer noch unbekannt. Sie birgt für die zweite oder nachfolgende Generation des R. C. einen Schatz, neben dem Buch T. auch den Leichnam des Vatters R. C. Neben diesen Hinweisen finden sich auch zahlreiche Namen, als einzelne Buchstaben ausgedrückt. Ein Schlüssel dafür ist bislang noch nicht veröffentlicht worden.»

«Grabkammer oder Grabmal. Rilke sagt, daß seine ‹Sonnette an Orpheus› auch ein ‹Grab-Mal› seien. Etwas, worin man graben muß, worin etwas verborgen und aufbewahrt ist, oder?»

«Richtig. Dann kommen wir auch weg von dieser einseitigen

Bedeutung und entdecken und würdigen, daß die Grabkammer siebeneckig ist. Bemerkenswert ist, daß die Entdecker der Grabkammer zuerst ihr ‹Rota› befragten.»

«Was ist das? Und was ist mit der ‹Philosophischen Bibliotheca› gemeint und mit ‹Proteus›?»

«Hier kann man wieder einmal nur spekulieren und davon ausgehen, daß dies eine verschlüsselte, symbolische Bedeutung hat. Wie gesagt, in einer Bibliothek wird man diese Bücher vergeblich suchen. Aber hier berühren wir wieder einen Bereich, über den ich leider schweigen muß.»

Er nahm einige Blätter und drehte sie um, so daß ich sie nicht einsehen konnte.

«Und wie geht es weiter?»

«Anscheinend haben die damaligen Rosenkreuzer einen erstaunlichen Fund gemacht. Aber allzuviel sagen sie nicht darüber. Wir erfahren dann noch einiges über ihre Philosophie und darüber, daß sie das wahre Gold der Alchemisten gesucht, sich aber vom falschen Gold abgewandt haben mit dem Versprechen, das sie in der *Confessio* wiederholen werden, dem Leser nicht nur das wahre Gold zu schenken, sondern Unsterblichkeit und ewiges Leben.

Die *Fama* endet mit einigen Hinweisen auf die Zukunft und wie man mit ihnen in Kontakt kommt, indem man den Rosenkreuzern in schriftlicher Form eine Botschaft zukommen läßt. Dies ist ja auch geschehen, aber geantwortet haben sie wohl nicht. Nun, die *Fama* beschließt mit der Aussicht:

‹Dieses aber sagen wir nachdrücklich: Wer es ernst und herzlich mit uns und mit der künftigen Arbeit meint, der wird die Früchte davon an Gut, Körper und Seele genießen. Wer aber falschen Herzens oder nur auf Gold gerichtet ist, kann zunächst uns keinen Schaden zufügen, außerdem sich selbst aber in das größte und tiefste Verderben stürzen. Auch wird unser Gebäude, hätten es auch hunderttausend Menschen aus der Nähe gesehen, für die gottlose Welt in Ewigkeit unberührt, unzerstört, ungesehen und unvollkommen verborgen bleiben. SUB UMBRA ALARUM TUARUM JEHOVA. (Unter dem Schatten deiner Flügel Jehova).›

Ich meine, man kann die *Fama* als ein tiefschürfendes Werk ansehen, das mehr verbirgt, als es enthüllt. Die Vieldeutigkeit des Textes macht ihn offen für Interpretationen, welche wohl so nicht diesem Text entsprechen.

Es ist auch dort nirgendwo die Rede davon, daß die Rosenkreuzer eine Religionsgemeinschaft im Sinne einer Glaubensgemeinschaft waren oder sein wollen. Eher das Gegenteil ist der Fall. Die *Fama* atmet einen kritischen Geist – keinen krittelnden. Und dieser Geist ist geprägt von einem Reformwillen. Reformieren kann man aber nur das Bestehende, was ja, in gewissem Sinne einer Bejahung des *status quo* gleichkommt, doch mit eingeschlossen ist dessen Veränderbarkeit. Damit tragen die RC-Schriften durchaus aufklärerische Züge!

Die Schreiber der *Fama* lehnen einen bloßen Fatalismus ab, vertrauen aber gleichzeitig auf Gott, die Natur und auf Jesus. Notwendigerweise bleiben viele Punkte offen und viele durchaus strittig.

Aus dem Text entnehmen wir grundsätzliche Disziplinen zur Erkenntnis der Natur und des Menschen, als da sind: Philosophie, Theologie, Mathematik, Hermetik, Kabbala, Alchemie, reine Magie und Heilkunde. Diese Disziplinen finden sich in späteren Schriften der Rosenkreuzer wieder.»

«Und wie sieht es mit der Magie aus?»

«Eine grundsätzliche Anmerkung zur Magie in Beziehung zur Kabbala, da beide im gleichen Atemzug genannt sind, kommt von Gershom Scholem: ‹Freilich bedeutet ‹praktische Kabbala› im Wortgebrauch der Kabbalisten … einfach Magie, die mit erlaubten Mitteln ausgeübt wird, im Unterschied zu jener schwarzen Magie, die sich der Kräfte der Dämonen und finsteren Welten bedient)» (Scholem, Die jüdische Mystik, 157).

Die Lehren der Rosenkreuzer, abgeleitet aus der *Fama*, zeigen uns die Notwendigkeit, die Gebote der Zeit anzuerkennen: ‹keiner sol genötigt sein, von der Brüderschafft wegen ein gewiß Kleid zu tragen.› Dies offenbart nicht unbedingt die Tendenz zur Geheimhaltung, sondern zeigt, daß die Fraternität eine gewisse Bescheidenheit und den Willen zur Einordnung an den Tag legt. Die Bescheidenheit über das, was man weiß und was man kann, zeigt, daß der Rosenkreuzer ein Mensch sein muß, der in der Gesellschaft lebt und nicht außerhalb von ihr; daß er mit ihr lebt und nicht gegen sie.»

«Ich glaube nun auch, daß es unmöglich ist, diese Schrift voll und ganz zu erfassen.»

«Leider ja. Einzelne Punkte müssen vorerst genügen, zumal ich Ihnen ja auch nicht alles sagen darf beziehungsweise kann. Das Wenige muß genügen, um zu zeigen, wie groß die Faszination heute noch sein kann.»

«Sie haben aus verschiedenen Ausgaben zitiert und teilweise sogar selbst übersetzt. Gibt es keine verläßliche Ausgabe mit einer guten deutschen Übertragung?»

«Es ist ja überaus schwierig bis unmöglich, eine textkritische Ausgabe der *Fama* herzustellen, indem man annimmt, man brauche lediglich auf den Urtext zurückzugehen, denn: der Urtext enthält Fehler, beziehungsweise wir kennen ihn eigentlich gar nicht! Dies ist dann um so bemerkenswerter, als daß die Nachfolgeschrift *Confessio Fraternitatis* diese Fehler und Ungenauigkeiten zu korrigieren sucht, aber wieder in den alten Fehler verfällt. So steht in der *Fama*, daß C. R. in Damasco verweilte und dann nach Damasco zog. Eine offensichtliche Ungenauigkeit, denn das zweite Damasco sollte *Damcar* heißen. Nun: Die *Confessio* verbesserte dies, schreibt aber *Damear*. Erst spätere Ausgaben stellten diesen offensichtlich doppelten Lapsus richtig, eben zu *Damcar*.»

«Gab es diese Stadt?»

«Einige haben die Stadt *Damcar* gesucht und, wie sie berichten, gefunden. Andere Forscher meinen aber, daß dieses Wort weit mehr zu bieten habe, als einen historischen Ort. Man vergegenwärtigte sich, daß C. R. in Damascus weilte, um dann nach Jerusalem zu ziehen. Wenn wir uns daran erinnern, daß Paulus seine Erweckung hatte, seine Wandlung vom Saulus zum Paulus, als er gegen Damaskus zog, so könnte man, wenigstens von der Idee her, folgern, daß auch C. R., obgleich bereits in Damaskus, auf ein eben solches Erlebnis hinarbeitete, denn Jerusalem bedeutet in dem vierfachen Schriftsinne mehr als nur eine Stadt. Jerusalem bedeutet:

- die Stadt im Heiligen Land
- die Kirche
- die Seele
- das himmlische Jerusalem.

Die Auslegung eines Wortes in vier Bedeutungsebenen: *sensus literalis* (Was ist, was war?), *sensus allegoricus* (Was bedeutet dies heilsgeschichtlich?), *sensus moralis* (Was bedeutet dies für den einzelnen?) und *sensus anagogicus* (Was bedeutet das eschatologisch?) ist im Mittelalter fester Bestandteil der Bibelexegese gewesen. Warum sollten sie nicht zu Beginn des 17. Jahrhunderts bekannt beziehungsweise noch im Gebrauch sein?

Das würde also bedeuten, daß die *Fama* etwas anderes im Sinne hatte, als Jerusalem – sprich die Erleuchtung, das Christusbewußtsein – zu erreichen. Und damit wollte sie anscheinend einen bestimmten Sinn ausdrücken, denn C. R. hat zu Lebzeiten Jerusalem nie erreicht.»

«Auch wenn man heute einen Ort ausmachen würde, der so einen Namen trüge: Was ist damit erreicht? Warum einen unbekannten Ort wählen, der so klein und unbekannt ist, daß man ihn überhaupt nicht finden kann?» wandte ich ein.

«A. E. Waite, Paul Foster Case und andere sagen, daß *Damcar*, übersetzt man das Wort in hebräische Lettern ‹Blut des Lammes› bedeuten würde. Die sich daraus ergebenden symbolisch-religiösen Ableitungen (auch kabbalistische Überlegungen) werden mehr als einsichtig. Das ist nicht das einzige Beispiel, das aus der *Fama* gewählt werden könnte, um zu zeigen, daß diese symbolisch mehr verbirgt, als wir wissen können.»

«Doch was macht man mit diesem ‹Wissen›?» wandte ich ein.

«Das ist eine wichtige Frage. Die Basis von Weisheit ist Wissen. Ich muß also etwas wissen, sonst kann ich mir keine Weisheit aneignen. Aber beim Wissen darf ich nicht stehenbleiben. Es gibt neben Wissen auch eine Herzensbildung. Mit dem Herzen denken und mit dem Herzen etwas betrachten ist genauso wichtig wie mit dem Kopf. Verstand und Gefühl, beides gehört zusammen. Ja, das wäre ein wahres Verständnis der Rosenkreuzerschriften, würden sie mit dem Kopf und dem Herzen gelesen werden. Aber, vielleicht ist die Zeit noch nicht reif dafür.»

Er wirkte nachdenklich und in sich gekehrt, so, als ob vor ihm ein weites Feld der Zukunft läge und er verzweifelt nach einem Lichtschimmer Ausschau halten würde.

«Wir müssen nun leider aufhören. Es ist auch schon spät geworden. Vieles müßte noch gesagt werden, vor allem von den Quellen der *Fama*, von den Einflüssen anderer auf sie wie z. B. Paracelsus, John Dee oder vor allem Jakob Böhme. Auch könnten wir die Hinweise auf die kabbalistische Symbolik deutlicher herausstellen. Aber ich glaube, daß Sie einen ganz guten Eindruck davon haben, wie komplex und vielschichtig diese Schrift ist. Die Fährte ist also gelegt. Nun bedarf es Ihres eigenen tatkräftigen Einsatzes, um der Spur folgen zu können, was im Hinblick auf ein besseres Verständnis der Rosenkreuzer mehr als wünschenswert wäre.»

Ich nickte und versuchte zu verstehen. Doch verstehen allein schien nicht auszureichen. Er hatte mir bei all dem nur einen Ausschnitt mitgeteilt. Es lag wohl nun an mir, mehr daraus zu machen.

Ich stand auf, und wir gingen zur Wohnungstür.

«Ich möchte Ihnen gerne einen Aufsatz mitgeben, den ich

über die *Confessio* geschrieben habe. Sie sollten ihn einmal lesen», sagte er zum Abschied.

Ich bedankte mich, und wir gaben uns die Hand.

Der lange Spaziergang in der frischen Abendluft machte meinen Kopf klar, und mir war so, als ob ich spüren würde, worauf alles hinauslief. Zu Hause angekommen, fühlte ich mich munter genug, die mitgegebenen Seiten noch vor dem Zubettgehen zu lesen:

Die Versprechen der Rosenkreuzer

Selbstbewußt und ihrer Sache sicher wirkten die Schriften der Rosenkreuzer auf die Zeitgenossen. Und so weist die *Fama* am Ende auf die lateinische *Confessio* und auf ein Versprechen hin, daß diejenigen, die dem Ruf der *Fama* antworten, eine Antwort erhalten werden. Wie uns die Geschichte lehrt, gab es in diesem Sinne nie Antworten auf die vielen Send- und Antwortschreiben.

Die *Fama* schließt damit, daß sie angibt «in fünf Sprachen ausgesandt» zu sein, was nicht der historischen Wirklichkeit von 1614, soweit diese sich im Schrifttum nachweisen läßt, entspricht. Dann sagt sie, daß die *Confessio* «37. Ursachen anzeigen (wird, w. f.), warum wir jetzt unsere Bruderschaft bekannt machen und solche hohen Mysterien freiwillig, ungezwungen und ohne alle Belohnung anbieten». Wie unschwer bemerkt wurde, nennt die *Confessio* offensichtlich keine 37 Ursachen.

Überhaupt wird vieles versprochen und fast nichts gehalten! Es werden Antworten versichert und nicht gegeben, es wird von einer Fraternität gesprochen, die nicht aufzufinden ist. Eine geheimnisvolle Grabkammer wird erwähnt, die ebensowenig aufzufinden ist. Ein Gründer der Rosenkreuzer wird drin gefunden, der aber genausowenig einem historischen Vorbild entspricht. Es wurde oft gefragt: Warum kann man den Namen Paracelsus nennen, den Namen des Begründers der Rosenkreuzer aber verschweigen?

Die *Fama* verwickelt sich in viele Widersprüche und Ungereimtheiten, die uns an der historischen Wahrheit ihrer Aussagen zu Recht zweifeln läßt. Dennoch löste sie eine überwältigende Reaktion aus, was wohl nicht nur daran lag, daß Versprechen abgegeben wurden, sondern daß hinter und in dem Text großes Wissen vermutet wurde.

Die erwähnte Bandbreite an – heute würde man sagen: universitären und esoterischen Disziplinen – ist eindrucksvoll. Es wäre an der Zeit, diese Disziplinen auf den Text anzuwenden, immerhin schlägt es die *Fama* aus sich heraus vor, dadurch, daß sie diese angibt. Was würde es also bedeuten, nähme man sich des Textes numerologisch, kabbalistisch, philosophisch an? Die Rosenkreuzer, so ist zu lesen, sind in diesen Disziplinen bewandert. Eine dementsprechende Interpretation und Untersuchung des Textes läge also nahe. Wie steht es mit ihren Nachfolgern?

Der Maßstab für die RC-Bruderschaft ist ihr eigener, durch ihre Veröffentlichung aufgestellter. Dieser Maßstab besteht aus den bereits erwähnten esoterischen Disziplinen.

Die Lehren und Versprechen der Rosenkreuzer suchen, heißt, sie in ihren Schriften zu suchen, und sich mit ihren Inhalten auseinanderzusetzen, heißt, einen Blick auf die *Confessio Fraternitatis* zu werfen.

«Confessio» bedeutet Geständnis, Bekenntnis, abgeleitet von *confiteor*, gestehen, eingestehen, sich zu erkennen geben, sich offenbaren. Dadurch wird deutlich, welche Hoffnungen und Versprechen die Rosenkreuzer allein mit dem Titel *Confessio* dem Leser machten. Es heißt dort:

«Wäre es nicht ein köstliches Ding, daß du alle Stunde so leben könntest, als wenn du von Anfang der Welt gelebt hättest, und noch ferner bis ans Ende derselben leben solltest? Wäre es nicht herrlich, daß du an einem Ort wohnen könntest, so daß weder die Völker, die über dem Fluß Ganges in Indien wohnen, ihre Sachen vor dir verbergen könnten, noch die, die in Peru leben, ihre Ratschläge dir vorenthalten könnten? Wäre es nicht ein köstliches Ding, daß du in einem Buch lesen könntest, so daß du zugleich alles, was in allen Büchern, die jemals gewesen sind, noch sein oder kommen und außgehen werden, zu finden sei, noch gefunden wird und jemals mag gefunden werden, lesen, verstehen und behalten könntest? Wie lieblich wäre es, wenn du also singen könntest, daß du anstatt Steine Perlen und Edelgesteine an dich brächtest, anstatt der wilden Tiere die Geister zu dir locktest und anstatt des höllischen Pluton (Pluto = König der Unterwelt, w. f.) die mächtigen Fürsten der Welt führen und beeinflussen könntest?»

Die *Confessio* verspricht dem Leser Unsterblichkeit, dann die Möglichkeit, jeden beliebigen Punkt der Welt in sekundenschnelle zu erreichen, jedes Geheimnis entschleiern zu können und weiter verspricht sie, daß man das Buch der Bücher nicht nur lesen, sondern verstehen und deren Inhalt behalten, sprich: anwenden könne. Weiter wird in Aussicht gestellt, wie einst Orpheus singen zu können, Perlen und Edelsteine zu erlangen, die Geister zu beherrschen und die Fürsten der Welt zu beeinflussen. Dieser Katalog an Versprechungen wird in rhetorischen Fragen an den Leser gerichtet. Glaubwürdig oder nicht? Wer will es entscheiden? Wir haben aber hier vier wichtige Punkte, die wir uns noch einmal vergegenwärtigen sollten:
- Unsterblichkeit
- absolute Freiheit der Gedanken
- absolutes Wissen
- absolute Macht.

Trafen diese Punkte im Laufe der Jahrhunderte auf die Menschheit beziehungsweise auf einige Menschen dahingehend zu, daß diese verwirklicht werden konnten? Eine Frage, die man einfach und überzeugend mit «Nein» beantworten kann. Keines der vier Versprechen wurde in dem versprochenen Umfang von Menschen geleistet. Heißt dies, daß sie unrealistisch sind? Oder heißt es, daß sie vielleicht auf eine andere Ebene hinweisen, auf eine geistige? Müssen mit den «mächtigen Fürsten» wirklich real existierende Persönlichkeiten gemeint sein?

Verweilen wir noch eine Weile bei diesen Punkten. In der *Fama* steht: «*Ex Deo nascimur, in Jesus morimur, per Spiritum reviscimus.*» Dies heißt übersetzt. «Aus Gott heraus werden wir geboren, in Jesu sterben wir und durch den Heiligen Geist werden wir wieder lebendig.» Dies zeigt den ewigen Kreislauf des Seins an, der auch durch das Goethe-Wort des «Stirb und Werde» trefflich zum Ausdruck kommt.

Die *Confessio* teilt uns weiterhin mit, daß über die Philosophie genügend in der *Fama* geschrieben wäre, daß dieselbe «kranck und mangelhafft sey». Muß man sie heilen beziehungsweise kurieren, wie der erste Punkt der Vereinbarung meint? Die Rosenkreuzer halten entgegen, daß sie keine andere Philosophie hätten als folgende:

Wir haben aber keine andere Philosophie als eine solche, welche ist Kopf und Summe, Fundament und Inhalt aller Fakultäten, Wissenschaften und Künste, die, wenn wir auf unser Heiligtum sehen wollen, viel von der Theologie und Medizin, wenig aber von juristischer Weisheit begreift und zugleich Himmel und Erde fleißig durchsucht oder kürzlich davon zu reden, die den einigen Menschen genügend erkundigt und abbildet, davon denn alle Gelehrten, die sich auf unser brüderliches Anmahnen und Rufen, bei uns angeben und einstellen werden, mehr wunderbare Geheimnisse bei uns finden werden, als sie bisher erfahren, erkundigen, glauben und aussprechen können.

Sie beschreiben also eine Wahrheit, die über aller Wahrheit steht, gegen die Engstirnigkeit des bloßen Gesetzes – Juristerei – für eine Heilsbotschaft – Theologie – und für den Dienst am anderen – Medizin.

Und weiter fordern sie, daß aus dem bisher in dem Menschen angesammelten Wissen, daß daraus ein «Neues Schloß oder Feste der Wahrheit wieder aufbauwen köndte», denn man solle in der «einigen Wahrheit hertzlich gerne ruhen und bleiben». Dies bedeutet, daß es in allem, was die Zeiten hindurch wissensmäßig sich angesammelt hat, daß es dort einen «roten Faden» – eine «goldene Spur», wie Hesse im Steppenwolf schreibt – gibt, welcher letztlich in der Einheit mündet, ja aus ihr stammt und vom Menschen erkannt und dann gelebt werden müsse.

Die *Fraternität der Rosenkreuzer* sagt in der *Confessio*, daß sie ihre Wahrheit, ihre Schätze jedem anbietet, nicht nur den Gelehrten, den Frommen, den Fürsten und Weisen, sondern jedem, auch dem einfachen Gemüt.

Die *Confessio* spricht sich für die Bibel aus, spricht von Gott und verwirft – ebenso wie die *Fama* – die «Betrieger wider die Verwandlung der Metallen», das heißt die falschen Alchemisten und Goldmacher, die eben nicht durch ihre Kunst eine geistige Transmutation versuchen; die nicht versuchen, der Natur und der Schöpfung ihr Geheimnis abzulauschen. Die Rosenkreuzer sprechen sich deutlich gegen jene aus, die alles zu wörtlich nehmen und «wirkliches» Gold im Sinne haben. Und weiterhin erhebt sich folgende Warnung: «Meidet und flieht dieselben Bücher, wenn ihr klug seid, und wendet euch zu uns, die wir nicht euer Geld suchen, sondern unsere großen Schätze euch gutwillig anbieten wollen.»

Sie, die Autoren, die Fraternität, sagen, daß man klug sein solle, um den vielen leeren Versprechungen keinen Glauben zu schenken, den Werken der «falschen Alchymisten» also, die nichts halten, aber alles versprechen. Und weiter zeigen sie sich als eine Gruppe, die dem Interessierten einen königlichen Palast zu bieten hat, und dies nicht aus Willkür, sondern in Übereinstimmung mit dem Geist Gottes, das heißt mit dem göttlichen Willen.

Ein Blick auf die Geschichte zeigt uns, daß mit den königlichen Palästen nicht die wörtlich existierenden Königshäuser gemeint sind, sondern eher das, was die Kabbala unter «Merkaba-Mystik» versteht, jener Lehre, die den Mystagogen zur göttlichen Schau führt, die ihm zeigt, nachdem er die Himmel durchschritten hat, wie Gott auf seinem Throne sitzt in seiner ganzen Herrlichkeit. Wiederum, so muß man schließen, ist damit eine geistige, eine symbolische Aussage gemacht worden.

Bemerkenswert ist, daß die Rosenkreuzer *im Auftrag* schreiben. Sie verstehen sich, fühlen sich oder sind sogar beauftragt, jetzt an die Öffentlichkeit zu treten («und das alles zwar nicht aus eigenem Gutdünken, sondern aus Antrieb des Geistes Gottes, von Gott ermahnt und durch die Beschaffenheit der gegenwärtigen Zeit gezwungen.»). Wer ist ihr Auftraggeber? Es ist letztendlich *Gott*. Selbstbewußtsein oder Anmaßung? Wir wissen es nicht.

Die *Confessio* spricht wie die *Fama* von Jehova. Sie, die sich als Ergänzung, Fortführung und teilweise auch Erläuterung beziehungsweise Berichtigung der *Fama* verstanden wissen will, weist auf die Zyklen der Natur hin, auf den «Lauff der Natur», auf ein neues Zeitalter, denn die Welt habe «nunmehr fast den feyrabend erreicht». Die Reformation oder Universalreformation erhält dadurch ihre Notwendigkeit, ein neues Zeitalter vorzubereiten, das Ende eines anderen einzuläuten.

Die Rosenkreuzer waren – wie viele – an einer Reformation interessiert, die geistig und politisch, wie Frances Yates überzeugend nachweist, sein sollte, aber nie gelang, so daß man Zweifel anmelden kann, ob nicht die «politische Reformatio» auch symbolisch zu verstehen sei und von den damaligen Rosenkreuzern falsch verstanden wurde? Des weiteren spricht die

Confessio davon, daß dies alles Mühe und Arbeit kosten würde. Verglichen mit der heutigen Esoterikszene, bei der eine gewisse Leichtigkeit und Weltfremdheit zur Schau gestellt wird, müssen wir erkennen, daß das Rosenkreuzertum ganz und gar nicht hierzu gehören kann. Die Rosenkreuzer meinen, daß die zeitgenössische Philosophie erkrankt sei, daß aber eine Erneuerung und Wiederbelebung ursprünglicher Wertvorstellungen jederzeit möglich wäre im Bewußtsein, daß es nur *eine* Wahrheit gibt.

Die Möglichkeit, der Fraternität anzugehören, ist für jeden gegeben, doch bedarf es hierzu Gottes Ratschluß, um den Weg der Ordnung und der Regeln zu gehen. Bemerkenswert ist der Hinweis auf die *Fama* und deren «fünff Sprachen», in die dieselbe übersetzt sein sollte. Dies muß also symbolisch gesehen werden. Will-Erich Peuckert erwähnt in seiner Jakob-Böhme-Biographie *fünf* Sprachen und versteht darunter: die Natursprache, das Hebräische, das Griechische und das Lateinische und als fünftes, eine mentalische Sprache in Gottes Geist, «der aller Alphabet Eröffner ist» (Peuckert, Böhme, S. 86). So können die fünf Sprachen als zahlensymbolisch verschlüsselter Hinweis gesehen werden.

Die *Confessio* bietet die eigene Muttersprache an und meint damit, daß deren Inhalte in die eigene Erlebniswelt *übersetzt* werden müssen, wohlwissend, daß nichts verstanden werden kann, das nicht durch den eigenen Filter von Welt und Wirklichkeit gegangen ist. Eine durchaus zeitgemäße Philosophie.

Der Rosenkreuzerweg scheint verschiedene Grade zu haben, die dem eigenen Verständnis der Dinge entsprechen. Des weiteren wird die Ursprache erwähnt und eine Rückbindung an sie in Aussicht gestellt. Die Bibel, neben dem «Buch T.» das wichtigste Buch der Rosenkreuzer, darf hier ebenfalls nicht fehlen, damit auch ein Hinweis auf die Kabbala.

Die *Confessio* schließt – nachdem sie eindrückliche Warnungen gegen falsche Propheten und Alchemisten ausgesprochen hat – mit der bemerkenswerten Aussage, daß niemand ohne Gottes Auftrag («Schickung») zu den Rosenkreuzern gelangt: «daß er auch eher das Leben im Suchen und Nachforschen verlieren wird, als daß er uns findet und also gelänge und komme zur gewünschten Glückseligkeit der Fraternität des Rosen-Creutzes.»

Die Fraternität der Rosenkreuzer kann also nicht so ohne weiteres gefunden werden. Sie verspricht aber dann die gewünschte «Glückseligkeit», wenn man die wahren Rosenkreuzer gefunden hat. Offen bleibt, und dies stellt nun wirklich ein großes Geheimnis dar, ob damit eine wirkliche *Fraternität* gemeint ist und ob es sie jemals gegeben hat!

zusammenfassung

Einen Fehler dürfen wir nach alldem nicht mehr machen: die Rosenkreuzerschriften *wörtlich* nehmen! Zu stark drängt sich uns ihre Symbolik auf, als daß wir ihr Wort so stehen lassen könnten. Es dürfte weiterhin deutlich geworden sein, daß die Rosenkreuzer kein historisches Phänomen sind. Weder ist ihr Auftauchen vor 1600 gesichert – obwohl sehr vieles dafür spricht, daß es das Rosenkreuzer-Wissen vor dieser Zeit gab – noch ist es möglich, eine Rosenkreuzer-Gesellschaft und deren Gründer auszumachen. Dies ändert aber nichts an der Tatsache, daß das Rosenkreuzertum immer noch lebendig ist und als westlicher Einweihungsweg dienen kann.

Die Sprache der Rosenkreuzer ist und bleibt für denjenigen dunkel, der nicht gelernt hat, mittels seiner Intuition und seiner inneren Stimme diese Schriften zu lesen. Er muß darüber meditieren, nachdenken allein genügt nicht. Dann kristallisiert sich ein Weg heraus, den C. G. Jung als Individuationsprozeß beschrieben hat, der im wahrsten Wortsinn auf Selbstverwirklichung hinausläuft.

Wenn wir von unserem Innern für reif befunden werden, werden wir in uns selbst dem «Vatter C. R. C.» begegnen. Erst dann werden wir wissen, was damit wirklich gemeint ist. Aber ob man dann noch davon sprechen kann, ist höchst anzweifelbar.

Vieles muß Andeutung bleiben. In dem Sinne ist der Weg der Rosenkreuzer anhand ihrer Schriften noch nicht zu Ende, kein geschichtliches Phänomen, sondern eines der spannendsten Abenteuer, auf das sich der Mensch einlassen kann, das Abenteuer der Selbsterkenntnis und Selbstverwirklichung.

KAPITEL 5

Initiation und Rituale
der Rosenkreuzer

«Vor längerer Zeit hatten Sie versprochen, mir etwas über die Rituale der Rosenkreuzer zu erzählen. Darüber hatten wir noch überhaupt nicht gesprochen.»

«Das ist nicht so einfach, weil es sich um innere Vorgänge handelt, die sich schwer beschreiben lassen. Sie können nur selbst erlebt werden.»

«Es gibt aber immer noch sehr viel Unklarheiten und Vorurteile gegenüber Ritualen, deshalb würde ich schon gerne etwas Näheres erfahren. Wenn Sie mir darüber etwas erzählen wollen», fügte ich hinzu.

Er zögerte und sagte dann:

«Ich kann Ihnen zwar einiges von dem mitteilen, was sich sagen läßt und wie ich es selbst erlebt habe, aber es kann gut möglich sein, daß Sie es einmal ganz anders erleben werden.»

«Nach all dem, was ich bisher weiß, ist das nur zu verständlich», ergänzte ich.

Wir hatten uns zufällig in der Stadt getroffen, und ich saß nun mit meinem Bekannten in einem kleinen Café. Ich hätte gerne über meine Ideen und Vorstellungen gesprochen, die ich in den letzten Wochen sammeln konnte. Doch er schien darüber wenig wissen zu wollen. Überhaupt kam er mir ungewöhnlich ernst vor. Lag es an unserem heutigen Gespräch? Oder war es etwas ganz anderes? Ich spürte, daß sich etwas Entscheidendes anbahnte, konnte aber mit meinem Gefühl noch nicht viel anfangen.

«In die Rituale fließen die rosenkreuzerische Weltanschauung, Philosophie, Techniken und Symbolik ein, alles, was Sie bisher kennengelernt haben. Dies wird in einem Ritual wie in einem Brennglas vereinigt, um die bestmögliche Ausdrucksform und Wirkung zu haben. Ein Ritual ist eine Veräußerlichung innerer Vorgänge, die symbolisch dargestellt werden.»

«Alles, was ich über rosenkreuzerische Symbolik, Meditation, Philosophie und Weltanschauung erfahren habe, wird in einem Ritual praktisch angewandt?»

«Ja. Aber Sie haben dabei die Geschichte vergessen.»

«Die Geschichte der Rosenkreuzer?»

«Auch sie, ihr Mythos, ihre Legende ist Teil eines Rituals. Sie bildet den geistigen Teppich sozusagen. Der Mythos, über den wir gesprochen haben, hier, in einem Ritual, wird er lebendig. Durch das Ritual wird der Rosenkreuzer-Mythos greifbar und innerlich nachvollziehbar. Es ist kein abstraktes Geschehen, sondern wird für die Teilnehmer zu ihrem ureigensten Heimkehren.»

«Wenn man das möchte.»

«Das natürlich vorausgesetzt.»

«Ich komme also in einem Rosenkreuzer-Ritual mit meinem geistigen Ursprung in Berührung?»

«Sozusagen.»

«Und wie geht das vor sich?»

«Rituale dienen der Einstimmung auf sich selbst, und dadurch, daß man dann mit sich in Harmonie ist, können Kräfte wahrgenommen werden, die aus der Einstimmung der Teilnehmer auf das Ritualgeschehen entstehen. Das Geheimnis eines Rosenkreuzer-Rituals …»

«… wieder das Geheimnis», sagte ich, worauf er lächelte, um dann fortzufahren:

«… besteht darin, daß sie Veräußerlichungen innerer Vorgänge sind, die einer kosmischen oder höheren Ordnung entsprechen, gemäß dem Grundsatz: ‹Wie oben, so unten!› Da diese verbal nicht ausgedrückt werden kann, sondern nur symbolisch, werden Rituale auch als symbolische Handlungen verstanden.»

«Was sind das für Kräfte, von denen Sie sprechen?»

«Nehmen wir an, Sie entspannen sich und erholen sich vom Alltag. Geht es Ihnen nicht so, daß Sie sich danach wieder voller Energie und Tatendrang fühlen? Die Energie, von der wir hier sprechen, resultiert aus der bewußten Entspannung und aus der Einstimmung auf das innere Selbst. Daraus ziehen wir unsere Kraft.»

«Ist das ähnlich wie ‹Hara› oder das chinesische ‹Chi›?»

«Ja. Das sind gute Beispiele. In der eigenen Mitte sein, um daraus Kraft und Stärke zu schöpfen. Das ist ein guter Vergleich für ein Ritual.»

«Wir nähern uns demnach mehr und mehr einem geistigen Bereich, so wie Sie es schildern», meinte ich.

«Ein Ritual ist prinzipiell eine Möglichkeit, über unsere beschränkte Sinneswahrnehmung hinaus zu gelangen. Eine solche Wahrnehmung setzt aber voraus, daß ich mir der alltäglichen Sinnenwelt ohne Täuschungen bewußt bin.»

«Also auch hier wieder die Gefahr der Selbsttäuschung, die vermieden werden muß», murmelte ich nachdenklich vor mich hin.

«Wenn ich das Gefühl habe, daß das Wissen, daß man sich durch Schulen, Bücher und Lehrer erwerben kann, nicht mehr genügt, und in einem das Gefühl aufkommt, daß da noch mehr sein muß, dann beginnt man sich nach *innen* zu wenden.»

«Wenn ich Sie richtig verstehe, sind Rituale dafür geschaffen worden, damit dieses Nach-innen-Wenden nicht willkürlich, sondern in eine bewußte Ordnung gebracht werden kann?»

«Ja.»

«Und was passiert dabei noch?»

«Die bewußte Annäherung an diesen eher un- oder überpersönlichen Standpunkt verändert den Menschen. Er wird sich nun nach und nach seiner inneren Absolutheit gewahr.»

«Geht es hier um Macht oder Einfluß?»

«Nein. Es geht dem Rosenkreuzer darum, sich durch ein Ritual mit der kosmischen Ordnung zu verbinden, um diese geistige Realität bewußt auf der materiellen Ebene erfahrbar zu machen. Jedes Rosenkreuzer-Ritual ist ein Werk des Dienens, nicht des Willens. Es führt zu einer geistigen und bewußtseinsmäßigen Höherentwicklung des Menschen.»

«Gibt es Vorlagen hierfür? Ich meine nicht unbedingt historische Vorbilder, sondern …»

«… sondern seelische. Ich verstehe Sie schon. Rituale sind ja symbolische Darstellungen innerer seelischer Vorgänge.»

Er überlegte kurz.

«Ein Ritual ist ein zeitweises Sich-Zurückziehen aus der Welt. Bewußt werden Alltagssorgen, Alltagsgedanken und auch die alltägliche Sichtweise für eine gewisse Zeit hintangestellt. Man muß Abstand von den Erfordernissen des Alltags bekommen, um diesen später wieder besser begegnen zu können.»

«Einige Bedenken habe ich noch», erwiderte ich skeptisch, «sind Rituale überhaupt noch zeitgemäß? Ist so etwas nicht längst überholt?»

«Ich finde nicht. Schauen Sie: Zu allen Zeiten und bei allen Völkern wurden und werden Rituale durchgeführt. Es gibt eine Reihe von Ritualformen, als da sind Bet-, Opfer-, Fasten- und Reinigungsrituale und Rituale, die zur Veranschaulichung abstrakter Zusammenhänge dienen. Rituale werden als Ausdruck von Vorstellungen und Gegebenheiten verstanden, die in Worten nicht erklärbar sind. Dazu kommt, daß Rituale auch ohne große Erklärungen verstanden werden, da sie eine Sprache sprechen, die unmittelbar begriffen werden kann. Durch ihre Symbolik und Ausdrucksform geben sie dem Menschen die Möglichkeit eines unmittelbaren Verständnisses.»

«Sie beziehen die sogenannten Mysteriendramen mit ein?»

«Ja, spricht man von Ritualen, muß man die Mysteriendramen erwähnen, aus denen sich Rituale und rituelle Formen entwickelt haben.»

«Warum gab es überhaupt solche Mysteriendramen?»

«Die Aufgabe der Mysteriendramen von einst war es, die Mystagogen, die Teilnehmer an diesen Dramen, einzuweihen, sie mit dem bekannt zu machen, was über ein profanes Verständnis der Welt hinausführt. Bewußtheit oder Bewußtseinserweiterung war ihr Ziel. Die vermittelten Prinzipien und Gesetzmäßigkeiten über die Erschaffung der Welt, die Schöpfungsgeschichte, die Ordnung des Kosmos und die Überwindung des Chaos wurden dem Eingeweihten zwar mitgeteilt, aber er mußte sich dieses dann selbst erarbeiten, um würdig zu werden, es später ebenfalls weitergeben zu können.»

«Können Sie mir hierzu ein Beispiel geben?»

«Die Mysteriendramen von Isis und Osiris in Ägypten zum Beispiel oder das Mysterium von Eleusis in Griechenland sind wohl die bekanntesten. Was wir darüber wissen, ist viel und wenig zugleich.»

«Gibt es darüber Berichte?»

«Berichte und eine Menge Vermutungen.»

«Wie aber war der wirkliche Ablauf?»

«Nun, selbst wenn wir die Texte, die Anweisungen zu den Handlungen genau vor uns liegen hätten, wüßten wir dann wirklich mehr? Wüßten wir, was in dem einzelnen Initianden vor sich ging, als er zum ersten Mal in das Geheimnis von Leben und Sterben eingeweiht wurde?»

«Wissen wir überhaupt etwas über diese Mysteriendramen?»

«Obwohl sie als ‹wissenschaftlich› erforscht gelten und abgetan werden, wissen wir wenig über ihren Inhalt. Man kann aber sagen: Mysteriendramen haben ursprüngliches Wissen für die Nachwelt in symbolischer Form aufbewahrt, um ihre geheime Kraft weiterzugeben.»

«Hat sich das geändert?»

«Im Laufe der Jahre, Jahrzehnte und Jahrhunderte wurde diese Art der traditionellen Überlieferung durch andere Möglichkeiten abgelöst, doch die wesentlichen Formen der Mysteriendramen sind in Geheimgesellschaften überliefert worden.»

«Wir wissen seit ein paar hundert Jahren davon, daraus schließe ich, daß eine gewisse Öffnung eintrat?»

«Diese Geheimgesellschaften öffneten sich in der Tat mehr und mehr, da die Zeiten dies erforderten. Im Gegenzug verlagerte sich ihr Geheimnis nach innen, in den Menschen hinein, wobei die äußere, manifeste Form für viele, wenn nicht gar für alle Menschen zugänglich wurde.»

«Gibt es dabei Gemeinsamkeiten?»

«Grundsätzlich war den Mysteriendramen wohl eines gemeinsam: Die Überwindung des Todes und das Versprechen ewigen Lebens, das Begreifenkönnen der Wiedergeburt und des ewigen Kreislaufs von Werden und Vergehen! Die Mysteriendramen initiierten, sie weihten ein. Dazu bedurfte es des Rituals, das ein ausgewähltes Wissen zugänglich machte, um das bisherige Leben zu verändern und auf ein zukünftiges vorzubereiten, das in Einklang mit den schöpferischen Prinzipien des Universums und des Seins steht.»

«Das ist einleuchtend, was Sie mir erzählen, nur kommt in mir trotz allem der Verdacht auf, daß Rituale eher eine Ersatzfunktion für etwas haben, das der gesunde Menschenverstand besser erklären könnte», sagte ich.

«Aus all dem, was ich bisher gesagt habe, müßte doch mittlerweile hervorgehen, daß dem nicht so ist.» Er wirkte ein wenig enttäuscht. «Die Rosenkreuzer nehmen den Gedanken der Einheit in ihren Ritualen ernst. Der Zeitfluß, so wie wir ihn kennen als Vergangenheit, Gegenwart und Zukunft, ist darin aufgehoben. Die Dualität des Menschen, einerseits als materielle und andererseits als geistige Wesenheit, wird bewußt wahrgenommen und auf die geistige Seite hin verschoben.»

«Was bedeutet das?»

«Wir nehmen die Einheit wahr, das Gefühl, mit allem eins zu sein, wird uns bewußt. Der Kreislauf des Werdens und Vergehens wird in einem Rosenkreuzer-Ritual dargestellt und damit aufgehoben, denn wenn ich mich bewußt in diesen Kreislauf einbinde, machen Anfang und Ende keinen Sinn mehr. Wie soll das der gesunde Menschenverstand so erklären, daß ich es auch in mir selbst weiß, und zwar nicht nur mit dem Kopf, sondern auch mit dem Herzen?»

«Sie spielen wieder auf das Geheimnis an?»

«Natürlich. Ein Ritual und vor allem eine Initiation ist etwas ‹Geheimnisvolles›, und dies nicht nur in dem Sinne, daß dort ein Geheimnis bewahrt wird, sondern auch in dem Sinne, daß es bewußt vor den Augen der Öffentlichkeit verborgen bleibt.»

«Unter Ausschluß der Öffentlichkeit?» wiederholte ich.

«Ja, aber das hat nicht den Grund, jemanden davon auszuschließen – wie sollte es, denn jeder, der sich darum bemüht, kann an einer Rosenkreuzer-Initiation oder einem Rosenkreuzer-Ritual teilnehmen, wenn er willens ist, gewisse Vorleistungen zu erbringen –, nein, es geht darum, daß dieser Prozeß ein sehr persönlicher ist, der nur den Teilnehmenden direkt etwas angeht. Es muß eine Vertrauensbasis herrschen.»

«Kann das nicht auch im Fernsehen übertragen werden, dadurch würden doch alle Zweifel ausgeräumt?»

«Eine Übertragung durch Fernsehkameras in die heimischen Wohnstuben käme einer Pervertierung und völligen Sinnentleerung des Wesens eines Rituals gleich.»

«Ihre Auffassung ist heute, in einer Zeit der allgegenwärtigen ‹Öffentlichkeit›, nicht leicht zu verstehen. Mißverständnisse sind dabei vorprogrammiert», erwiderte ich.

«Das mag sein. Aber um es noch einmal zu betonen, wenn die Ritualteilnehmer sich gewissen Prüfungen unterzogen haben, also bereit waren, Zeit und Mühen aufzuwenden, können sie an Ritualen teilnehmen.»

«Welche Prüfungen?»

«Vor allem das ehrliche Bemühen, mehr über sich selbst und mehr über die Rosenkreuzer zu erfahren.»

«Und das genügt?»

«Das ist die Voraussetzung. Dann wird sich sicherlich eine

Gelegenheit bieten – so wie Ihnen zur Zeit –, sich mit Menschen zu treffen, die die gleichen Gedanken, Wünsche und Hoffnungen hegen. Zusammen wird man einiges erreichen.» Er hielt kurz inne und betrachtete die Menschen, die um uns herum saßen.

«Schauen Sie, wie viele von diesen Menschen wissen, was hinter ‹verschlossenen› Kabinettstüren vor sich geht? Wie viele wissen wirklich, was in wissenschaftlichen Ausschüssen beraten und diskutiert wird? Entweder interessiert es niemanden, oder man bringt diesen Institutionen das nötige Vertrauen entgegen. Wenn man aber doch wissen will, was da passiert, dann muß man sich darum bemühen. In der Politik heißt das, in eine Partei einzutreten und gewählt zu werden. Wenn Sie aber das alles erreicht haben, wird es Ihnen überhaupt nicht mehr so sensationell vorkommen. Dann sind andere Fragen viel wichtiger geworden. Genauso ist es auch bei einem Ritual.»

«Das verstehe ich schon, aber ich kann mir trotz allem nichts Genaues darunter vorstellen. Könnten Sie vielleicht doch etwas mehr verraten, bitte?»

«Nun gut. In einem Ritual werden bestimmte Symbole der Rosenkreuzer – einige kennen Sie ja bereits – bewußt verwandt, um zu zeigen, wie diese Kräfte aufeinander wirken und was sie darstellen.»

«Gibt es also eine gewisse Reihenfolge in einem Ritual.»

«Darauf wollte ich gerade kommen. Zuerst also ist es notwendig, wie bei einer Meditation auch, einen geeigneten Ort ausfindig zu machen und eine bestimmte Zeit festzulegen, an dem das Ritual stattfinden kann. Der äußere Rahmen muß festgelegt sein. Symbolisch gesehen ist das Element Erde wirksam geworden.»

«Wenn ich den Raum habe, was geschieht dann?»

«Ist die Raumfrage geklärt, die Basis geschaffen, werden alle am Ritual Beteiligten eingeladen, daran teilzunehmen. Man trifft sich und legt fest, welchen Part des Rituals jeder übernimmt, wird sich über die symbolische Darstellung des Rituals einig, kurz: Die gemeinsame Arbeit an dem Rosenkreuzer-Ritual wird durchgeführt im Bewußtsein, daß jeder ein Teil des Ganzen ist. Das Element Luft, als gedankliche und tätige Vorbereitung, als planendes und ausführendes Moment, ist hier notwendig.»

«Steht der Ablauf an diesem Tag fest?»

«Prinzipiell schon und auch die am Ritual beteiligten Personen.»

«Und was gehört noch zur Vorbereitung dazu?»

«Ich muß mir nun bewußt werden, daß ich in Kontakt mit meinem Inneren gelangen möchte. Hierzu stellt sich die Frage: Ist das Äußere würdig, ist man genügend vorbereitet und innerlich bereit, um mit dem eigenen Inneren in Berührung zu kommen? Ebenso wie es üblich geworden ist, sich die Hände zu waschen, bevor man sich zum Essen setzt, ist es üblich geworden, in sich eine Reinigung vorzunehmen, um für sich selbst würdig zu werden, seinem inneren Selbst begegnen zu können.»

«Wie bei der Meditation, nicht wahr?»

«Genau. Die Reinigung kann durch rituelle Waschungen geschehen oder durch Trinken eines Glases Wasser, verbunden mit der richtigen inneren Einstellung.»

«So schmutzig bin ich nun auch nicht, weder innen noch außen», sagte ich, in dem Versuch, witzig zu sein.

«Das sagt ja niemand. Dennoch: Klares Wasser wird in einem schmutzigen Gefäß unrein. Übertragen auf die Einstimmung mit dem eigenen Inneren bedeutet dies, daß das an sich reine Innere in einem unvorbereiteten Aufnahmegefäß verunreinigt wird. Diese Art von Reinigung bedeutet auch, die eigenen Wünsche und Vorstellungen für eine gewisse Zeit zurückzustellen, um ruhig zu werden.»

«Das heißt, wir befinden uns beim Element Wasser», ergänzte ich.

«Ja, wobei es auch in dieser Phase wichtig ist, Gedanken des

Friedens und Vorstellungen der Toleranz in sich zu hegen, für alle Wesen, auch für meine ‹Feinde›. Gerade meine Schattenseiten sind es, die mich bei einem Ritual immer wieder von der inneren Ruhe abbringen können. Auf der anderen Seite zeigen sie mir aber auch, woran ich noch arbeiten muß.»

«Das sind Angelegenheiten, die ich vorher regeln kann. Aber konkret, was heißt ‹innere Reinigung› bei einem Ritual?»

«Eine Möglichkeit besteht darin, mir vorzustellen, ich würde – in Gedanken jedenfalls – einem Menschen, den ich wirklich nicht leiden kann, aufbauende und gute Gedanken widmen, anstatt in Wut und Zorn an ihn zu denken. Jeder Mensch hat seine guten Seiten. Wenn ich all dies nicht nur aus Berechnung tue, weil ich dadurch einen Vorteil erhalte, sondern aus innerer Überzeugung, jedenfalls für diesen Moment, dann habe ich eine Stufe der inneren Reinigung erreicht, die jenes Gleichgewicht herzustellen hilft, das es mir ermöglicht, die innere Stille zu erfahren.»

«Ist das alles?»

«Nicht ganz. Wir müssen bereit sein, etwas zu geben, um etwas erhalten zu können. In ein volles Gefäß kann nichts hineingegossen werden, heißt es. Also muß erst etwas aus diesem Gefäß geleert werden. Wir müssen etwas von uns selbst abgeben. Dieser Vorgang entspricht dem Element Feuer. Aber das, was man erhält, wird das, was man gibt, bei weitem überwiegen. Vom materiellen Standpunkt aus gesehen ist dies unmöglich, denn man wird nicht hundert Mark dafür bekommen, wenn man zehn Mark weggegeben hat. Vom geistigen Standpunkt aus betrachtet ist dem aber so.»

«Niemand gibt gerne etwas von sich her oder trennt sich von liebgewordenen Gewohnheiten und Vorstellungen», meinte ich dazu.

«Das stimmt. Diese Einstellung verhindert aber, daß sich etwas Neues, eine andere Weltsicht herausbildet.»

«Deswegen muß ich etwas Altes hergeben.»

«Richtig. Im übrigen gehört es zur mystischen Entwicklung dazu, sich von Zeit zu Zeit von überflüssigen Gedanken und Vorstellungen zu lösen. Was nützen Ihnen jetzt noch Ihre Kindheitswünsche, das bunte Dreirad, das rote Feuerwehrauto, der Teddybär? Man sollte sich langsam von diesen Wünschen verabschieden und sie aus seinem Bewußtsein entlassen, damit man Platz hat für andere Vorstellungen und Ideen. Dafür ist das ‹Feuer› gut, das unsere Instinkte und Gefühle aufwühlt, damit sie verbrennen, um anders, gereinigter – wie eben der Phönix in der Asche –, erneuerter und geläuterter wieder aufzuerstehen.»

«Das gehört alles zur Vorbereitung?»

«Ja. Erst wenn sie abgeschlossen sind, kann das eigentliche Ritual beginnen.»

«Und wie geht das konkret vor sich?»

«Man betritt den Ritualraum, nimmt Platz und stimmt sich auf die Atmosphäre ein. Ein Ritual symbolisiert innere Vorgänge, zum Beispiel werden unser Gedächtnis personifiziert, unser Wille, die allumfassende Liebe, der Intellekt, das Bewußtsein, die Kraft zur Veränderung und Umgestaltung, unser Gewissen, das Seelenfünklein, das wir als innerer Meister ansehen wollen, und so weiter. All das wird in einem Ritual auf die eine oder andere Art und Weise ausgedrückt.»

«Können Sie diesen Punkt näher erläutern?»

«Sie haben doch über die vier Elemente etwas erfahren, und wir haben sie im äußeren Ritualablauf wiedergetroffen. Stellen Sie sich einfach vor, daß die Elemente nun nicht als Bild vor Ihnen auftauchen, sondern im Ritual auch personifiziert.»

«Also jemand stellt das Feuer dar, jemand anderer das Wasser?»

«Meinetwegen. Aber dann unter einem anderen Namen. Über die genauen Bezeichnungen darf ich Ihnen natürlich nichts sagen. Die vier Elemente, das Rosenkreuz, die Inhalte der Symboltafeln, die Ihnen gezeigt wurden, all das wird hier mit eingebunden. Ein Ritual ist eine großangelegte Meditation.»

«Die Stufen, die ich bei der Meditation gelernt habe, entsprechen also denen eines Rituals?»

«Ziemlich genau, ja. Und wie wir bei einer Meditation ein Thema haben, über das wir meditieren wollen, so gibt es dies auch bei einem Rosenkreuzer-Ritual. Als grundsätzliches Ritualthema kann die ‹Einheit› genannt werden.»

«Darüber haben wir uns ja bereits ausführlich unterhalten.»

«Nicht ohne Grund», bemerkte er und fuhr fort: «Es ist das Ziel, sich dieser kosmischen Einheit bewußt zu werden und in sich zu erfahren. Alles, was gesagt und getan wird, hat den einen Zweck, die Teilnehmer mit der Einheit in Verbindung zu bringen.»

«Und dann?»

«Fühlt man sich innerlich bereit, beginnt das Ritual. Es wird ein festgelegter Text vorgelesen, über dessen Inhalt ich selbstverständlich schweigen muß. Nur soviel: Die Teilnehmer werden daran erinnert, woher das mystische Wissen kam, was der Sinn unseres Daseins und der Schöpfung ist und welche Aufgabe dem Menschen dabei zufällt. Auch darüber haben wir bereits gesprochen.»

«Ich erinnere mich. Jetzt wird wohl die Theorie zur Praxis?»

Er nickte und sagte:

«Nach einer Weile folgt eine längere Stillephase, in der man ganz bewußt Kontakt mit dem Inneren aufnimmt, man sagt auch In-die-Stille-Gehen dazu.»

«Geht das so vor sich wie bei einer Meditation?»

«Ähnlich. In-die-Stille-Gehen meint einen Zustand, in dem man seine äußere Aufmerksamkeit zurücktreten läßt, um ruhig zu werden. Die Augen sind geschlossen, der Körper entspannt. Es ist anzunehmen, daß jetzt Gedanken und Empfindungen, der innere Monolog um so stärker in Erscheinung treten.»

«Das ist sicherlich schwierig, wenn ich schon an meine Meditationsversuche denke, immer wieder kommt mir etwas anderes in den Sinn.»

«Sie wissen ja, daß die Gedanken, die man immer wieder beiseite geschoben hat, sich gerade dann ankündigen und Beachtung fordern. Bilder tauchen auf, Gefühle werden lebendig, der
Körper meldet sich. Kurzum: In einem selbst ist es alles andere
als still.»

«Was tue ich dagegen?»

«Eine Möglichkeit besteht darin, sich zu beherrschen, alle
auftauchenden Gedanken zu unterdrücken und zu bekämpfen.
Dies wird sich aber irgendwann einmal rächen, denn man
zwingt sich selbst und erreicht dadurch nur das Gegenteil dessen, was man will.»

«Das ist ja wohl nicht im Sinne der Rosenkreuzer.»

«Eine bessere Möglichkeit ist es, sich klarzumachen, daß Gedanken da sind, ebenso wie Gefühle, Bilder und Empfindungen. Sie sind ein Teil von mir. Ich brauche sie weder zu verleug-
nen noch zu bekämpfen. Es sind meine Freunde, und Freunde
setzt man nicht einfach vor die Tür. Man redet mit ihnen, bittet
sie, für eine Weile still zu sein, und verspricht, sich später wieder
um sie zu kümmern. Später muß man sich aber dieser Gedanken wieder annehmen.»

«Ich spreche zu mir selbst?»

«Natürlich. Erst einmal tun Sie das sowieso unaufhörlich,
nur jetzt sollen Sie es bewußt tun. Gehen wir weiter: Sind die
Gedanken gemeistert, kann man sich bewußt werden, daß man
weder nur Körper noch nur Gedanke ist. Das alles ist Beiwerk,
nicht aber das Wesentliche. Ich bin mehr, tiefer, umfassender
und weiter, als es mir mein beschränktes, mundanes Bewußtsein
vorgaukeln will.»

«Ich relativiere mich selbst und lasse mein Ich zurücktreten.
Ist das gemeint?»

«Ja. Wenn ich diesen Zustand erreicht habe, werde ich ein Gefühl der Ausgeglichenheit in mir spüren. Ein gewisses fried-
liches Hochgefühl. Ein Gefühl der Sanftheit, des Getragenseins
kann Sie durchströmen.»

«Wo spielt sich das ab, in mir?»

«Dies alles erfolgt – wie bei jeder echten Meditation – auf einer anderen, höheren Ebene Ihres Bewußtseins. Es kommt zu einem Austausch zwischen der absoluten, geistigen Welt und unserem Inneren. Das ist der eigentliche Höhepunkt eines jeden Rituales.»

«Wie lange dauert er?»

«Höchstens ein paar Minuten.»

«Nur so wenig?»

«Es muß nicht mehr sein, kann es wahrscheinlich auch nicht.»

«Was geschieht dann?»

«Danach, wenn ich mir meiner selbst wieder im alltäglichen Sinne bewußt werde, endet diese besondere Kontaktperiode, was mit einem sanften Abstieg von einer Bergeshöhe vergleichbar ist. Es kann sein, daß nach der Stillephase ein Text vorgelesen wird oder ein Zwiegespräch stattfindet.»

«Das war's?»

«Im großen und ganzen ist das das Wesentliche.»

Ich war ein wenig enttäuscht. Keine bombastischen Zeremonien, keine Rituale, so wie man sie vom Fernsehen oder aus Büchern her zu kennen glaubte.

«Verstehen Sie jetzt besser, warum man dies nicht filmen kann?»

«Ja. Wie soll man auch die Stille filmen. Und wie endet das Ritual?»

«Nach einiger Zeit wird das Ritual beendet, und die Teilnehmer kehren in die Alltagswelt zurück. So einfach ist das. Man bleibt ja nur für eine gewisse Dauer, ein oder höchsten zwei Stunden, in einem Ritual.»

«Können Sie mir noch mehr über Ursprung und Bedeutung eines Rituals sagen?»

«Vom mystischen Standpunkt aus betrachtet ist ein Ritual immer *jung*, denn es ist am nächsten zum Ursprung des Seins. Es ist damit zeitlich gesehen am nächsten zum *ersten* Augenblick der Schöpfung, jenem Augenblick, der in *illo tempore* liegt, in der ewigen Zeit, in der die Schöpfung begann. Jedes echte Ritual wird diesen Augenblick der Schöpfung als Keim in sich tragen und den Teilnehmern zu vermitteln suchen.»

Er hielt inne, so, als wolle er sich innerlich sammeln. Dann sagte er mir folgendes:

«Jedes Ritual bedingt eine Ordnung, anders gesagt, jedes Ritual ist in der Ordnung begründet. Damit ist keine beliebige Ordnung gemeint, sondern eine, die sich aus den Naturgesetzen und göttlichen Gesetzen heraus – die Rosenkreuzer würden sagen: aus dem kosmischen Bereich – begründet. Die Rituale spiegeln eine bestimmte Weltordnung wider, die als ewig angesehen wird. Sie ist ewig, weil in ihr die Prinzipien seit Anbeginn der Schöpfung Gültigkeit haben. Rituale sind zeitlos, weil sie sich bewußt außerhalb der Zeit stellen.»

«Eine Frage bleibt mir noch, die nach dem genauen Ort, an dem so ein Ritual durchgeführt wird. Man hat doch von Rosenkreuzertempeln gesprochen, gibt es die heute noch?»

«Das sind eher Sagen und Legenden, die sich um die Tempel der legendären Rosenkreuzer gesponnen haben. Tatsache ist: Man hat bislang keine gefunden. Sicherlich gibt es und gab es Hinweise, die darauf schließen lassen, daß irgendwo, in einem Haus, einem Zimmer oder einem Gebäude Rosenkreuzer-Rituale stattfanden. Aber ein ‹echter› Tempel R. C. wurde dennoch nicht gefunden.»

«Warum nicht?»

«Weil der wahre Tempel der Rosenkreuzer von geistiger Natur ist.»

«Aber auch Sie haben doch Ihr Ritual in einem Raum durchgeführt, Sie können doch nicht leugnen, daß er materiell ist, oder?»

«Es gibt und gab immer wieder Gebäude, die als Rosenkreuzer-Tempel ausgewiesen wurden. Sie alle werden früher oder später wieder verschwinden. Sie sind nützlich und Voraussetzung dafür, daß man überhaupt zusammenkommen kann, aber der eigentliche, wahre Tempel der Rosenkreuzer ist ‹unsichtbar›. Es ist ein Tempel, der sich nur in der geistigen Schau enthüllt. Nichtsdestotrotz ist er ‹wirklich›.»

«Weiß man nicht mehr über solche Tempel?»

«Obwohl man viel über geheime Tempelanlagen und Grabkammern lesen kann, möchte ich bestreiten, daß dies der wahren rosenkreuzerischen Tradition entspricht. Wie gesagt, es ist notwendig, ein materielles Kleid zu haben, damit die Seele sich ausdrücken kann; aber die Seele ist nicht der Körper und umgekehrt. Wie schon gesagt: *Der wahre Tempel der Rosenkreuzer ist von geistiger Art.*»

«Was bedeuten dann die Legenden und Erzählungen?»

«Sie regen zum Nachdenken an und können, bei geeignetem Blickwinkel und für einen Augenblick – wenn wir uns gefühlsmäßig damit verbinden –, uns den Kontakt mit einer solchen geistigen Realität aufschließen. Dafür sind sie ein gutes und geeignetes Instrument. Sie aber als materielle Realität zu verkennen, hieße die Tradition und Symbolik der Rosenkreuzer auf den Kopf zu stellen.»

Wir schwiegen. In mir arbeitete es, und ich war hin und her gerissen. Es kam mir alles so logisch, so vertraut und so sicher vor. Auf der anderen Seite mußte ich all meine Vorurteile über Rituale fallenlassen. Obwohl ich verwirrt war, fühlte ich mich sicher. Dennoch, ich wollte noch ein wenig mehr wissen.

«Ich habe gelesen, daß die Rosenkreuzer neben Ritualen auch Initiationen durchführen. Darunter kann ich mir nun gar nichts vorstellen.»

«Initiation ist vom lateinischen *initio* abgeleitet, was so viel bedeutet wie: ‹Ich fange an.› Mit dem bewußten Anfang geht eine Vermittlung von Wissen und Weisheit, intellektuellem und gefühlsmäßigem Wissen einher, das den Initianden zu der Erkenntnis des: ‹Ja, so ist es› bringen sollte.»

«Wie nehme ich dann die vermittelte Erkenntnis auf?»

«Diese Erkenntnis ist dann weder gefühlsmäßig *noch* intellektuell. Es ist mehr. Es ist äußerer Ausdruck innerer Entsprechung. Das neugewonnene Wissen steht in Übereinstimmung mit der Schöpfung.»

«Werde ich durch die Initiation besser auf die Welt vorbereitet?»

«Ja. Wir können sogar sagen, daß eine Initiation das gesamte Leben beeinflussen kann. Ein Ritual ist gewissermaßen der Kanal, durch den die göttliche oder ewige Kraft fließt. Eine Initiation öffnet uns diesen Kanal. Sie führt zu der grundlegenden Erfahrung, daß die göttliche Kraft nicht außerhalb, sondern innen im Menschen wirkt. Es kommt dem Anzünden eines Lichtes in einem selbst gleich, welches so hell ist, daß das äußere, materielle Licht dadurch überstrahlt wird.»

«Dadurch verändere ich mich?»

«Eine Folge davon ist unsere veränderte Einstellung uns selbst, dem Leben und dem Tod gegenüber. Wenn Sie für einen Moment spüren und an sich selbst erleben, daß etwas in Ihnen ewig leben wird, haben Sie keine Angst mehr vor dem Tod.»

«Die Rosenkreuzer überwinden den Tod?»

«Sie zeigen, daß die Angst davor unbegründet ist. Auch der Tod ist mit einer Initiation vergleichbar, einem Schritt ins Unbekannte. Die klassischen Initiationen des Altertums hatten das Ziel, den Tod zu überwinden und dem Leben eine neue Richtung zu geben. Initiationen zeigen dem Menschen, daß er im Zyklus des ewigen Werdens und Vergehens eingebettet ist.»

«Dann sind Initiationen wohl ganz besondere Augenblicke?»

«Sehr kostbare Momente. Aber unser ganzes Leben ist eine Initiation, eine Einweihung in das Mysterium des Daseins. Es liegt an uns, ob wir dies bewußt wahrnehmen und es sogar fördern, oder nicht.»

«Wie kann ich mich initiieren lassen?»

«Die rosenkreuzerischen Initiationen haben dieses Wissen

angewandt und stellen es jedem zur Verfügung, der sich darum bemüht. Eine Initiation ist wie ein Licht, das in einen dunklen Raum gebracht wird.»

«Sie gaben einmal als Ziel der Rosenkreuzer den Zustand der Erleuchtung an. Führt uns die Initiation näher zu diesem Ziel hin?»

«Ja. Aber bleiben wir symbolisch: Wenn das Licht einen Sieg über die Dunkelheit errungen hat, ist dies ein weiterer Schritt auf dem Pfad der Erleuchtung. Licht, die Metapher für innere Erleuchtung und Dunkelheit, als Symbol der Unwissenheit, sind zwei Zustände, die zusammengehören, aber überwunden beziehungsweise verwandelt werden müssen.»

«Für mich ist dies ein wesentlicher Punkt. Die Rosenkreuzer wollen also durch die Initiation – und letztlich auch durch ihre Rituale – den Menschen hin zum Licht führen?»

«Zum Licht, als Symbol des umfassenden, ewigen Bewußtseins. Das ist ihr Ziel. Durch die Initiation kann man also nicht nur auf die geistige Wesenseite hingewiesen werden, sondern auch jenen Zustand der Erleuchtung erfahren.»

«Gesetzt den Fall, ich habe diesen Zustand erreicht, was geschieht dann mit mir?»

«Das alles bedeutet ja nicht, daß der so Initiierte nun ein für allemal erleuchtet und seiner materiellen Verpflichtungen ledig geworden ist. Das Gegenteil ist der Fall, denn je stärker innen die Gewißheit wächst, desto mehr wird der Mensch sich seiner Unvollkommenheit bewußt. Er wird demütiger und bescheidener, notwendigerweise, da er für alle Geschöpfe nun eine Mitverantwortung spürt.»

«Gibt es Merkmale oder Besonderheiten, an denen ich erkennen kann, daß ich eine solche Initiation erfahren habe und, was noch viel wichtiger ist, daß sie bei mir gewirkt hat?»

«Es gibt untrügliche Anzeichen für eine erhaltene Initiation: Das Bewußtsein wird zur Innenschau angeregt; wir spüren ein Gefühl der Erhabenheit, des Emporgehobenseins, das in uns die höchsten Ideale wachruft; wir empfinden eine Verpflichtung und geben vor uns und für uns selbst das Versprechen ab, das Äußerste zu tun, um der Menschheit im Sinne des Lichtes zu dienen und dies wieder allen zugänglich zu machen, ohne dabei auf Belohnung oder gar Ehren zu spekulieren.»

«Und diese Versprechen gebe ich freiwillig?»

«Aus mir heraus und ohne Zwang, dabei so notwendig, daß wir verwundert sein könnten über unsere eigene Entschlossenheit und Handlungsweise.»

Es war mir, als ob ich für einen Moment am Ziel meiner Suche war. Ich fühlte einen Weg, ja, spürte ihn so dicht vor mir, daß ich ihn greifen konnte. All das Zögern und bange Hoffen, all die Unstimmigkeiten in meinem Dasein, sie waren wie weggeblasen. Ich fühlte mich in einer Hochstimmung. Gleichzeitig hoffte ich, daß dieser Moment andauern würde.

Unvermittelt begann er das Gespräch wieder:

«Eine Initiation überträgt den geistigen Gehalt der Mysterien in den Bereich des Gefühlslebens. Das innere Bewußtsein erwacht, und das höhere Selbst des Menschen wird nun bewußt vom mundanen Ich anerkannt. Gleichzeitig wird deutlich, daß Initiationen etwas übertragen, das mit Worten nicht ausgesprochen werden kann, sonst wäre es längst geschehen. Jeder Mensch ist Teil des allumfassenden Ganzen, und er wird sich durch die Rosenkreuzer-Initiation dieser Tatsache mehr und mehr bewußt.»

«Können Sie nicht konkreter werden?»

«Ich möchte Ihnen eher einen kleinen Eindruck davon vermitteln. Sie müssen es eben selbst erleben. Dann wird es für Sie erst in Wahrheit konkret. Aber dennoch, versuchen wir nun etwas genauer zu werden.

Die Funktion einer Initiation besteht darin, das Bewußtsein des zu Initiierenden hin zur Innenschau und damit zum Gefühl der Allverbundenheit zu erweitern. Verschiedene religiöse und okkulte Praktiken behaupten von sich, daß durch eine Initiation eine bestimmte Kraft übertragen werden würde, und zwar von einem Meister auf seine Schüler.»

«Eine Kraftübertragung?»

«Man nimmt an, der Meister würde einen Teil seiner Kraft durch eine gewisse Zeremonie seinem Schüler weitergeben. Ein solches Vorgehen ist bekannt, verführt aber zu der Annahme, daß man, um eine spirituelle Initiation zu erfahren, sich einen Meister suchen müsse, und nur bei einem Meister wäre dies möglich.»

«Die Rosenkreuzer praktizieren ein solches Vorgehen wohl nicht?»

«Nein. Wie Sie ja wissen, ist der Meister ein Symbol für den inneren Meister. Selbst wenn bei einer Initiation ein Meister jemanden in das rosenkreuzerische Weltbild einweiht, so ist es letztlich der Initiand, der dies kraft seiner Bereitschaft selbst tut. Man kann zwar etwas bereiten und geneigt machen, damit sich eine bestimmte mystische Erfahrung einstellt, aber es kommt auf den einzelnen an, ob er dazu bereit ist und dies will.»

«Letztlich initiiere ich mich also selbst?»

«Genau. Sie selbst bewirken in sich die Veränderung, und Sie selbst aktivieren in sich diese Kraft.»

«Dadurch erübrigt sich die Frage, woher der Initiierende seine Autorität erhält. Es ist nicht der Initiierende, sondern der Initiand, der diese Autorität ausübt.»

«Richtig. Alles andere ist eine Veräußerlichung innerer Vorgänge. Es liegt auf der Hand, daß eine solche Haltung vielfältige Gefahren ausschließt wie Fremdbeeinflussung, gegenseitige Abhängigkeit oder übertriebene Verehrung. All das würde dem Geist des Rosenkreuzertums widersprechen, das eine eigenverantwortliche Persönlichkeit fordert.»

«Bestätigt sich auch hier der Satz, daß der Rosenkreuzerweg ein Weg der Freiheit sei?»

«Ja. Mehr noch. Ich meine, daß dies die Grundvoraussetzung dafür ist, um mystisch voranzukommen. Vorausgesetzt, man verwechselt Freiheit nicht mit Willkür oder individuellen Vorlieben und Neigungen. Sie sind nicht gemeint.»

«Es stellt sich dann die Frage, ob man sich einer Organisation oder einer Bewegung, wie es das Rosenkreuzertum darstellt, anschließen muß, wenn man sich doch selbst einweiht.»

«Wäre ich konsequent, muß die Antwort darauf lauten, daß dies nicht nötig sei. Doch der mystische Pfad ist nicht konsequent und nicht logisch. Die Menschen brauchen einander auch bei einer Initiation oder einem Ritual.»

«Kann ich den Rosenkreuzerweg allein für mich gehen?»

«Wenn Sie stark genug sind, warum nicht. Man muß für sich selbst abwägen, ob man in der Lage ist, den mystischen Pfad allein, ohne fremde Hilfe, zu meistern oder ob man hierzu Unterstützung benötigt.»

«Viele mystische Lehrer behaupten, sie wären frei in ihrer Lehre.»

«Bei näherem Hinschauen haben sie aber alle ihre Lehrer gehabt. Jeder, der eine echte, spirituelle Entwicklung gemacht hat, entstammt einer Geistesschule, hatte seinen Meister oder eine Organisation, deren Lehren er kennenlernte und praktizierte.»

«Dann stellt sich für mich nicht unbedingt die Frage, ob ich mich einer esoterischen Gesellschaft anschließen will oder nicht, sondern es stellt sich vielmehr die Frage: Ob ich in eine überlieferte Weisheit initiiert werden möchte oder nicht.»

«Wenn Sie das wollen, müssen Sie sich eine solche Organisation suchen, die Ihnen entspricht. Nicht jeder wird den Rosenkreuzerweg gehen wollen. Es gibt auch andere mystische Wege, die das gleiche Ziel haben. Letztlich treffen sich alle esoterisch-mystischen Wege und gelangen zu einem einzigen Ziel.»

«Aber was hat das für einen Zweck? Welchen praktischen Nutzen hat das für mich?»

«Die Initiation hat die Funktion, einen anderen Zugang zur spirituellen Welt zu eröffnen. Es wird, sinnbildlich, eine Tür geöffnet.»

«Ist das für mich persönlich wirklich so wichtig?»

«Durch eine Initiation kann man mehr und mehr in sein Gleichgewicht kommen, dadurch also weniger innere Widerstände haben. Unsere Lebensenergien werden fließen, und damit fühlen wir uns vitaler und tatkräftiger. Eine rosenkreuzerische Initiation eröffnet uns einen inneren Zugang, der die Kräfte, die schon immer in uns sind, uns bewußt werden und dementsprechend fließen läßt.»

«Wie verläuft eine rosenkreuzerische Initiation?»

«Prinzipiell kann ich Ihnen darüber wenig bis gar nichts sagen, denn dadurch würde der Charakter der Initiation verlorengehen.»

«Worin besteht dieser Charakter?»

«Er besteht darin, daß Sie durch die Initiation spontan und aus Ihrem inneren Selbst heraus reagieren und handeln werden. Dies kann aber nur dann der Fall sein, wenn Sie vorher nichts darüber wissen.

Es wäre genauso, wie wenn man die Prüfungsergebnisse vor der Prüfung veröffentlichen würde. Dann bräuchte man die Prüfung gar nicht durchzuführen. Genauso ist es mit der Initiation, die eine Art Prüfung unserer inneren Bereitschaft ist, uns unserem inneren Selbst anzuvertrauen und ihm die Führung zu überlassen. Sind wir dazu bereit, haben wir das nötige Vertrauen oder zögern wir noch? Jede Initiation stellt diese Frage an uns.»

«Dann kann ich nicht beliebig oft initiiert werden?»

«Nein. Jede Initiation wird nur ein einziges Mal durchgeführt. Sie kann nicht wiederholt werden. Da jeder sich selbst initiiert, würde eine Wiederholung die Einmaligkeit und die Unverwechselbarkeit dieses Vorganges in Frage stellen. Damit wäre aber die Initiation wertlos.»

«Können Sie nicht doch mehr darüber sagen?»

«Ich kann leider nur auf früher verweisen, wo in alten Zeiten die Standfestigkeit der Initianden geprüft wurde. Sie mußten zum Beispiel lange Fastenperioden über sich ergehen lassen, mußten ihre Ausdauer und Beharrlichkeit dadurch beweisen, daß sie eine feste Zeitdauer schweigen oder sonstige Vorschriften beachten konnten. Damit mußten sie sich als würdig erweisen, um zu einer Initiation überhaupt zugelassen zu werden. Ihre innere Bereitschaft und ihre Entschlußfestigkeit wurden geprüft. Aber auch das war nicht nur eine Prüfung, sondern schon eine Initiation, die ihnen bewußt machte, daß in ihnen mehr steckte, als sie dachten.»

«Heutzutage gibt es so etwas nicht mehr, oder etwa doch?»

«Heute würde eine solche Prüfung bei den Rosenkreuzern in dem Sinn nicht mehr notwendig sein, denn die Initiationen haben sich mehr nach innen verlagert. Heute könnte eine solche Prüfung so aussehen, indem man versuchen muß, eine Scheu, eine Abneigung oder Vorurteile zu überwinden, die einen daran hindern, sich selbst so anzunehmen, wie man ist. Dazu gehört es zu zeigen, daß man in der Lage ist, äußere Widrigkeiten, seien sie materieller Art, in Raum oder Zeit, zu überwinden, um dem Ziel entgegenzusteuern, das man erreichen will. Die Bewußtwerdung dieser Widrigkeit und deren Meisterung tragen bereits initiatorischen Charakter.»

«Wenn ich mich selbst überwunden habe, habe ich mich bereits initiiert?»

«Sozusagen. Sie haben ein Teil Ihres Wesens kennengelernt und verändert. Jetzt liegt es an Ihnen, diese Veränderung zum Teil Ihres Wesens zu machen. Schauen Sie: Sie haben mich immer wieder gefragt, was ein Rosenkreuzer ist, was er macht und was die Rosenkreuzer lehren. Hier wird es nun ganz konkret und deutlich sichtbar. Ich habe Ihnen sehr viel erzählen können, und Sie haben einige Vorträge gehört. Aber das alles ist nur die Spitze eines Eisberges, bildlich gesprochen.

Wenn Sie einem Ideal nacheifern, werden Sie irgendwann einmal mit diesem Ideal in Berührung kommen, sei es bewußt oder unbewußt. Ideale trachten danach, verwirklicht zu werden. *Eine* Art der Verwirklichung sind Rituale und Initiationen.

Ideale dienen uns als Leitstern. Wäre der Mensch eins mit ihnen und vollkommen in Einklang mit den höchsten Idealen der Wahrheit, des Lichtes, des inneren Friedens und der Liebe, würde er sich nicht mehr von sich getrennt wahrnehmen. Diese Ideale bleiben und dienen anderen als Wegweiser – und so auch die Geheimnisse der Rosenkreuzer.»

Ich hätte gerne noch weiter gesprochen, aber ich wußte, daß wir einen Punkt erreicht hatten, an dem es nichts mehr zu sagen gab. Ich war aufgewühlt und drängte danach, etwas zu tun. Es war eine bewegende Zeit, und ich hatte noch nicht einmal angefangen, an mir selbst zu arbeiten. Ich kam mir klein und doch so unendlich groß vor. Jetzt oder nie, dachte ich, mir innerlich Mut machend. Dennoch wußte und spürte ich, daß es ein langer Weg sein würde, um an mein Ziel zu gelangen. Nun galt es. Es wurde ernst.

Plötzlich durchbrach er das Schweigen.

«Sie haben viel über die Rosenkreuzer erfahren. Vieles gibt es für Sie noch zu entdecken, vor allem Ihr inneres Selbst. Sie müssen nun entscheiden, was Sie zu tun gedenken.»

Er schaute mich abwartend an.

Ich wußte genau, was er meinte.

Ich hatte mich bereits entschieden.

Wir stehen heute am Beginn eines neuen Äons. Die Rosenkreuzer haben sich immer wieder in Zeitwenden zu Wort gemeldet
und vielleicht werden sie es wieder tun, denn sie haben noch viel
zu sagen und können vieles demjenigen geben, der bemüht ist,
sich selbst zu erkennen. Diese Selbsterkenntnis kann über das
Rosenkreuzertum führen, das alles enthält, was der Mensch für
seine innere Entwicklung braucht, ohne aber sensationell zu
sein.

Was ist also ein Rosenkreuzer? Und: Was ist dieses «alles»?
Beantworten wir die zweite Frage zuerst: Unter «alles» ist die
Gesamtheit an Wissen und Weisheit der *Alchemie*, *Hermetik*,
der *Theosophie*, der *Magia naturalis* und der *christlichen Kabbala* gemeint. Wer all dies in sich vereinigt und es versteht, im
Liber M. und im *Buch der Natur* gleichermaßen zu lesen und zu
studieren, der auf Gott und seine innere Führung vertraut, kann
als *Rosenkreuzer* bezeichnet werden. Das beantwortet unsere
erste Frage mit. Was bleibt, ist ein Unbehagen darüber, daß die
Frage nach dem «Woher», die Frage nach den Quellen dieses
Wissens und dieser Behauptung, irgendwie immer offenbleibt.

Die Grundlage zur Erforschung der Rosenkreuzer sind ihre
Schriften. Die Rosenkreuzer sind aus diesen heraus zu verstehen. Es gibt zwar zahlreiche Aussagen, welche den Rosenkreuzern zugeschrieben werden, aber nur ganz wenige, deren
Authentizität feststeht, so daß auf sie als Quelle besonders zu-
rückgegriffen werden kann.

Bislang war es üblich, *über* etwas zu sprechen, statt *von* etwas.
Die Schriften der Rosenkreuzer wurden zwar *zitiert*, jedoch selten *interpretiert*. Aber erst durch die Interpretation, dadurch,
daß die Rosenkreuzer *selbst* zu Wort kommen, ist eine Klärung
dieses Phänomens möglich. Die Frage: «Was ist ein Rosenkreu-

zer?» wird durch die Grundlagen der Rosenkreuzer-Lehren beantwortet, nie direkt, da sich eine endgültige Antwort uns immer entzieht, aber in Hinblick auf die Fülle an Möglichkeiten, die Rosenkreuzer zu sehen. Dies ermöglicht uns, die wichtigsten Bereiche des Rosenkreuzertums zusammenzufassen, und jede Rosenkreuzer-Organisation muß sich daran messen lassen, inwieweit sie dies ganz oder teilweise realisiert.

Die Rosenkreuzer-Lehren setzen sich aus folgenden Bereichen zusammen.

- **Alchemie**, die Lehre der geistigen Transformation, der symbolischen Umwandlung der Metalle, Planeten und Elemente. Die Rosenkreuzer sprechen sich gegen die «Betrieger» unter den Alchemisten aus und weisen auf eine geistige Alchemie hin;

- **Hermetik**, die Lehre der Entsprechung des Menschen, er, als der Mikrokosmos und die Welt als Makrokosmos. Verbunden damit die Siebenheit, als Stufen oder Bewußtseinsstufen, als Weg und als symbolisch zu verstehendes Grabmal des C. R. Dazu zählt im weitesten Sinne

- der **Neuplatonismus**, die Lehre der stufenweisen Entfaltung, Emanation des Göttlichen, seine gradwise und *ordentliche* Mitteilbarkeit, wodurch ein Gradsystem der Lehren begründet werden kann;

- die christliche **Kabbala**, die Lehre von den hebräischen Lettern, dem kabbalistischen Lebensbaum, dem Tarot. Damit verbunden die Sehnsucht nach einem Zugang zu der Ursprache, dem geheimen, überzeitlichen Wissen, der Engelsprache. Die Suche nach dem «verlorenen» Wort;

- die **Philosophie**, das Buch der Natur – Liber Mundi, das Buch T., die Sehnsucht, Gleichgesinnte zu finden (die goldene Kette des Homer, die die Auserwählten durch alle Zeiten hindurch miteinander verbindet), von daher Bruderschaft beziehungsweise Fraternität – was Männer *und* Frauen gleichberechtigt mit einschließt –; die Sehnsucht, ein Geheimnis zu entdecken und ein Geheimnis zu besitzen beziehungsweise zu bewahren.

Versuchen wir es anders zu formulieren: Gleicht die Reise von C. R., seine Sehnsucht nach dem Heiligen, Gelobten Land, nach Jerusalem, sein Wille zu lernen und seine Bereitschaft, das Gemeisterte zu teilen; seine Neugierde und seine stufenweise Einweihung in die Mysterien des Seins, gleicht nicht dieser C. R. auch uns, die wir immer noch in uns diese Sehnsucht verspüren, von der wir nicht wissen, wonach. Angelus Silesius schrieb: «Ich bin, ich weiß nicht wer. / Ich komme, ich weiß nicht woher. / Ich gehe, ich weiß nicht wohin. / Mich wundert, daß ich so fröhlich bin.» Werden wir davon nicht eigenartig berührt? Die Tiefenpsychologie nennt dies *Individuationsprozeß*, die allmähliche Entfaltung der Seele. Das entspricht auch der Reise des C. R., also das Abenteuer suchen, fremde Länder sehen, etwas erleben zu wollen, sich Wissen und dann Weisheit anzueignen, nicht willentlich, sondern weil es so ist, weil irgend etwas drängt, weil es getan werden muß.

Die Rosenkreuzer der Vergangenheit, die für Aufklärung, Freiheit und Gleichberechtigung, kurz: für eine bessere, weil menschenwürdigere Zeit eintraten, wurden mitunter verfolgt und mußten um ihr Leben fürchten. War es da so abwegig, zu leugnen, wenn man gefragt wurde, ob man der und der oder das und das sei, zum Beispiel ein Rosenkreuzer?

Es ist vieles anders geworden. Wir müssen die Geheimnisse selbst suchen. Sie finden sich dabei nicht im Außen, nicht in Büchern, sondern im eigenen Inneren (wenn dieser Zugang auch durch das Außen vermittelt werden kann). Doch wer hat den Schlüssel hierzu?

Das Geheimnis, von dem die Rosenkreuzer-Schriften sprechen, ist ein anderes. Es ist ein eigenes Geheimnis. Wir selbst müssen den Schlüssel dazu finden und versuchen, uns den geistigen Raum wieder neu zu erschließen, der einstmals zum Weltbild dazugehörte. Dann werden wir eine neue Welt entdekken und nicht mehr auf Berichte von anderen angewiesen sein. Der Mensch wird als ganzer Mensch ein selbst-ständiger, einer, der zu sich selbst steht.

Sehen wir uns dem Rosenkreuzertum als Phänomen gegenüber, so wird es für uns notwendig sein, uns diesem Phänomen bewußt zu nähern. Bewußtwerdung heißt, sich zu unterscheiden. Unterscheidung beinhaltet verschiedene Bereiche, in denen sich das Rosenkreuzertum ausdrückte:

- **das originale, historische, literarische und gestalterische Rosenkreuzertum**, das sich an Schriften, Zeichnungen, Gemälden und Bauten orientiert, die die Bezeichnung Rosenkreuzer oder R. C. tragen oder deutlich auf diese verweisen. Solche Zeugnisse gibt es sicherlich ab 1600. Davor finden wir keine schriftlichen Zeugnisse, die den Namen *Rosenkreuzer* tragen, wohl aber könnte man anhand von Abbildungen, Bauwerken und Kunstwerken auf eine gewisse rosenkreuzerische Traditionslinie schließen.
- **die Rosenkreuzer-Forschung**. Auch sie macht sich am Namen fest und beginnt ab dem Moment, als die ersten Antwort-Schreiben auf die Rosenkreuzer-Schriften auftauchten, nämlich im 17. Jahrhundert; dann im 18. Jahrhundert die sogenannten Gold- und Rosenkreuzer und deren Schriften, im 19. Jahrhundert und im 20. Jahrhundert mit einigen Forschern, die sich dieses Phänomens angenommen haben.
- **die mündliche Tradition**, eine Überlieferung, die sich schriftlich nicht genau fixieren läßt, die von Mund zu Ohr weitergegeben wurde und welche nur bedingt nachprüfbar ist. Inwieweit dies als gesicherte Erkenntnis herangezogen werden kann, muß von Fall zu Fall geprüft werden. Die mündliche Tradition des Rosenkreuzertums, das vor allem in einzelnen Organisationen der Rosenkreuzer und in der Freimaurerei auftaucht, trägt in sich ihr Geheimnis, das entweder kaum oder gar nicht in Worte gefaßt werden kann, ebenso Ri-

tuale, Zeremonien, Weltanschauung, Legenden und Lehren enthält.

– **Organisationen und Persönlichkeiten**, die mit dem Rosenkreuzertum in Verbindung stehen, können ebenfalls zu unserem Phänomen zugerechnet werden.

Und zu guter Letzt:

– Es gibt eine Fülle von **Romanen**, in denen sich alles um die Rosenkreuzer dreht und die meist auf Erfindungen, Phantasien, Teilwahrheiten, Vermutungen und Sensationsgeschichten beruhen. Die Motive, die in vielen Romanen auftauchen, bringen den Rosenkreuzer mit dem ewigen Wanderer in Verbindung, also einem Wanderer zwischen den Welten oder Zeiten, der Unsterblichkeit erreicht hat.

Ein Autor – Christopher McIntosh – meint, daß vom Phänomen Rosenkreuz eigentlich nichts mehr bleibt als das Symbol, die Legende und der Name. Dem kann man in gewisser Hinsicht zustimmen. Dennoch: *Es bleibt etwas*, das uns verleitet und anleitet, weiterzufragen, trotz allem. Denn immer noch wissen wir nicht endgültig und zweifelsfrei, **wer** die *Fama* geschrieben hat, **wer** die Rosenkreuzer eigentlich sind und **wo** sie sich befinden.

Ein Rest bleibt zurück, eine Frage, eine Sehnsucht. Weder durch historische Forschungen und weitere Quellen, noch durch sensationelle Funde kann das Mysterium R.C. ausgeschöpft oder erklärt werden.

Das Rosenkreuzertum schließt in sich das ein, was zu einer Erneuerung – einer *reformatio* – führen kann, die immer geistiger Natur sein muß. Der moderne Mensch fühlt das Numinose, welches sich durch R.+C. manifestiert, und er fühlt, daß da noch mehr ist als eine Legende. Er sieht das Licht am Ende des Tunnels und ist erfreut, daß einige Jahrhunderte davor dieses Licht ebenfalls gesehen wurde, ja, daß es in einer Tradition steht, die sich außerhalb eines rein historischen Bewußtseins bildete. In diesem Sinne ist das Rosenkreuzertum moderner und weitreichender als jede noch so zeitgenössische Erfindung und wissenschaftliche Errungenschaft.

Ein ganzer Bereich der Rosenkreuzer-Philosophie mußte unberücksichtigt bleiben, es ist der Bereich, der **hinter** der Welt der Erscheinungen liegt, da dieser – die vielen Schriften beweisen es – (noch) viel zu spekulativ und undurchsichtig ist. Die schriftliche Tradition ist uns – wenn auch unter sehr schwierigen Bedingungen, wie die neueren Forschungen zeigen – einigermaßen zugänglich. Die **mündliche** Tradition ist verborgen und offenbart sich nur jenem, der, wie die *Fama* sagt, es «ernstlich und herzlich» meint.

Die Frage nach Christian Rosencreutz oder R. C. verweist uns auf uns selbst, und jeder ist gefordert, für sich selbst darauf eine Antwort zu finden, womit die Frage nach den Rosenkreuzern noch lange nicht gelöst ist. Und das ist gut so!

Vorliegendes Buch ist die Frucht einer langjährigen Auseinandersetzung und Beschäftigung mit dem Phänomen Rosenkreuzer. Viele Vorurteile und Meinungen mußten im Laufe der Jahre revidiert werden, doch der Wunsch, über eine rein historische und abstrakt-theoretische Auseinandersetzung hinaus tiefer in das Geheimnis der Rosenkreuzer zu gelangen, ist geblieben. Immer noch hat man das Gefühl, lediglich an der Peripherie zu stehen und eher weniger, denn mehr zu verstehen. Aber es konnten Antworten auf Fragen gefunden werden, die jetzt einem interessierten Leserkreis vorgelegt werden. Dabei muß man sich vergegenwärtigen, daß die rosenkreuzerische Tradition immer noch lebendig ist und weder alles gesagt noch alles aufgeschrieben werden kann. Dies hat mehrere Gründe: Einmal ist es unmöglich, «alles» zu erfassen – eine Fülle an Quellen harrt immer noch ihrer Aufarbeitung –, und zum anderen gibt es ein ungeschriebenes Gesetz, das eine zusammenhängende

Darstellung der Rosenkreuzer-Geschichte und -Lehre verbietet. Jedoch kann ab und an der Schleier ein wenig gelüftet werden, so daß Vorurteile und falsche Vorstellungen korrigiert werden können. Daß es eine Fülle von Mißverständnissen noch immer gibt, sei nicht nur am Rande vermerkt. Sie könnten aber gemindert werden, würde man sich die Mühe machen, die Originalschriften und -aussagen zu Rate zu ziehen. Dies kostet aber Zeit, Mühe und persönlichen Einsatz.

Es war nicht die Absicht, über die Rosenkreuzer ein historisches Buch zu schreiben. Vielmehr sollten die «Lehren» der Rosenkreuzer, ihre «Weltanschauung», «Philosophie», «Symbolik» und ihr «Mythos» dargestellt werden, auf der Grundlage ihrer Schriften. Ihre Schriften zu interpretieren, ihre Zeugnisse auszulegen und zu kommentieren ist notwendig geworden, da die Rosenkreuzer sich eines unmittelbaren Zuganges entziehen. «Die Rosenkreuzer sagen ...» bezieht sich somit auf das, was der Autor mittels rosenkreuzerischem Quellenstudium, rosenkreuzerische Symbolik und mündlicher Überlieferung den Rosenkreuzern meint zuschreiben zu können.

Das Buch ist nicht die alleinige Leistung eines Autors und darf auch nicht so gelesen werden. Es wurde versucht, möglichst viele eher unbekannte Aspekte des Themas aufzugreifen und sie in einem Buch zu vereinen. Dabei mußten Abstriche gemacht und manches kürzer gefaßt werden, als es wünschenswert gewesen wäre.

Es ist unmöglich, alle Quellen zu nennen, aus denen dieses Buch schöpfte. Sehr vieles stammt aus der mündlichen Tradition der rosenkreuzerischen Überlieferung, anderes wurde in vielen Gesprächen erörtert, so daß im Laufe der Zeit ein Bild entstand darüber, was die «Rosenkreuzer» (für den Autor) waren, sind und sein können.

Über vieles von dem, was hier beschrieben wurde, ist bislang nichts in Büchern veröffentlicht worden. Soweit es möglich war, wurden Quellenangaben gemacht, und ein umfangreiches Literaturverzeichnis kann immer zu Rate gezogen werden. Alles konnte aber nicht dokumentiert werden. Vieles wurde dem Autor in Manuskriptform einmalig zur Verfügung gestellt, eigens für dieses Buch.

Es wurde versucht, Praxisbezug herzustellen, sei es durch Anregungen, Hinweise oder durch Übungen, die jeder sofort durchführen kann, um sich selbst gewisse Gesetzmäßigkeiten und Prinzipien der Rosenkreuzer zu vergegenwärtigen.

Es gibt sehr viele Menschen, die durch Gespräche, Belehrungen, Hinweise und schriftliche Zeugnisse ihren Beitrag zu diesem Buch leisteten. Es ist unmöglich, sie alle namentlich zu erwähnen, so daß ihnen hierdurch Dank gesagt werden soll. Ihnen allen sei dieses Buch zugeeignet.

Die Rosenkreuzer im Lichte
der Jahrhunderte

Die Geschichte der Rosenkreuzer ist eine Geschichte der Brüche. Es gibt keine kontinuierliche rosenkreuzerische Geschichtsschreibung und kann es sehr wahrscheinlich nicht geben.

Ein Grund dafür liegt darin, daß zwischen exoterischer und esoterischer Rosenkreuzer-Geschichte unterschieden werden muß und sich der esoterische Teil einer unmittelbaren Nachprüfbarkeit entzieht. Die esoterische Tradition beruht häufig auf Spekulationen und einer subjektiven Sichtweise.

Die Rosenkreuzer-Tradition umfaßt eine «mündliche» und eine «schriftliche» Überlieferung, woraus folgt, daß die rosenkreuzerische Geschichte deshalb nur bedingt objektiv nachprüfbar ist. Sie erfordert eine neue Vorgehensweise, um verstanden zu werden. So ist es notwendig, gewisse Geschichten, Legenden oder Erzählungen einmal als das zu nehmen, was sie sind, nämlich Zeugnisse rosenkreuzerischen Geistes, und zum anderen kritisch zu prüfen, was daran historisch-symbolisch oder persönlich verwertbar ist. Auch hinter den abstrusesten Aussagen – man denke nur an die alchemistischen Rezepturen der Gold- und Rosenkreuzer – können sich Wahrheiten und Sinn verbergen. Fraglich wird aber immer wieder bleiben, welcher «Sinn» gemeint ist, und ob nicht der Sinn lediglich mein Sinn sein kann.

Will man die Geschichte der Rosenkreuzer verstehen und nicht nur dasjenige rezipieren, was einem ohnehin als annehmbar erscheint, so gilt es, das alles zu berücksichtigen. Vieles wird aber Spekulation bleiben müssen. Dies muß gleichzeitig bedeuten, auch andere Sichtweisen zu respektieren, ohne Anrecht auf Endgültigkeit und in dem Bewußtsein, daß alles vielleicht auch ganz anders sein kann ...

Es herrscht zwar allgemein darüber Einigkeit, daß das Wort «Rosenkreuz» oder «Rosenkreuzer» vor 1600 nicht auftaucht, daß ein Name «Christian Rosencreutz» sich historisch nicht nachweisen läßt, dennoch beziehen sich die Rosenkreuzer in ihren Schriften auf eine Zeit weit vor 1600. Man spricht dann vom Mythos «Rosenkreuz», was ihrer mündlichen beziehungsweise esoterischen Tradition entspricht. Ihr werden wir uns zuerst zuwenden.

Seit der Mitte des 18. Jahrhunderts ist es üblich geworden, die Ursprünge des Rosenkreuzertums ins alte Ägypten zurückreichen zu lassen. Manche modernen Rosenkreuzergruppen sprechen davon, daß sie aus den alten Mysterienschulen hervorgegangen seien. Naiverweise wird von Außenstehenden angenommen, daß sich dadurch eine kontinuierliche Geschichtsschreibung seit nunmehr über 3000 Jahren ergeben würde. Dies ist ebenso ein Mißverständnis, wie wenn der Ausspruch, daß das «Licht aus dem Osten» (Ex oriente lux) komme, wörtlich genommen würde. Es gibt keinen Sinn, darunter die Himmelsrichtung «Osten» zu verstehen, denn mit «Osten» ist ebensowenig Osten gemeint wie mit «Ägypten» Ägypten. Osten ist der Ausdruck für das Erwachende, das neu Entstehende und Unberührte. Der Osten symbolisiert die Sonne, und die Sonne ist das klassische Symbol der einen Gottheit, welcher der ägyptische Pharao Echnaton gehuldigt hat. Von Echnaton wird gesagt, daß er der erste gewesen sei, der den Monotheismus begründet habe. Dazu bekennen sich auch die Rosenkreuzer.

Das Land Ägypten wird in der *Fama Fraternitatis* erwähnt. Der Vatter C. R. blieb aber nicht im Land der Dunkelheit und Unfruchtbarkeit, sondern zog bald weiter. Michael Maier nimmt in seinen Schriften auf Ägypten Bezug. Der ägyptische Isis-Osiris-Horus-Mythos kann als Vorläufer des christlichen Trinitätsgedankens gesehen werden, der auch in den drei alchemistischen Prinzipien lebendig wird. Die Hermetik mit ihrem sagenhaften Gründer Hermes Trismegistos ging ebenso von Ägypten aus wie die Magie. Beide esoterische Disziplinen finden sich bei den Rosenkreuzern wieder.

Die Überlieferung besagt, daß der «rote Faden» des Rosenkreuzertums sich über Ägypten nach Griechenland verfolgen ließe. Die griechischen Philosophen und deren Weisheitsschulen haben ihr Wissen aus den ägyptischen Mysterienschulen erhalten und es in ihr Land mitgenommen. Die Symbolik der griechischen Mysterienschulen, ihre Leben und Inhalte werden von den Rosenkreuzern ebenso bewahrt wie die Lehre von den Vier Elementen und die Lehre der Erneuerung oder Wiedergeburt (Orpheus, Demeter).

Nach Griechenland wird das antike Rom Zentrum einiger bedeutender Mysterienschulen. Der Neuplatonismus hat ebenfalls großen Einfluß auf die Rosenkreuzer, ebenso wie die arabischen Philosophen und Gelehrten, von welchen die Alchemie überliefert wurde. Die alchemistische Symbolik wurde ab dem Mittelalter übernommen und ausgebaut.

Im Mittelalter war der Kontakt mit dem arabischen Sprachraum besonders stark und einflußreich. Es war das Zeitalter der Mystik, der Suche nach dem heiligen Gral, der Templer und vor allem des Kathedralenbaus. In den damaligen Bauhütten wurden viele Geheimnisse und Traditionen bewahrt, die später in die rosenkreuzerische Überlieferung einflossen. Gerade die Kathedralen, jene Kunstwerke aus Stein, bergen viel und offenbaren doch alles sichtbar.

Die christliche Mystik hat ebenfalls mit dazu beigetragen. Bedeutende Mystiker wie Meister Eckehart, Tauler, Seuse oder Hildegard von Bingen sind sicherlich nicht ohne Einfluß auf die Rosenkreuzer geblieben.

Vieles von dem, was im ersten Jahrtausend unserer Zeitrechnung an esoterischem Wissen erforscht wurde, wurde im Zuge der Renaissance wieder beachtet und in die westliche Geistestradition aufgenommen. Die Renaissance entdeckte die Kabbala für sich, jene jüdische Geheimlehre, die so großen Einfluß auf die esoterischen Strömungen der nächsten Jahrhunderte ausüben sollte. Ihr Einfluß als christliche Kabbala reicht über Jakob Böhme, Khunrath, Fludd, Knorr von Rosenroth, den Gold- und Rosenkreuzern bis hin zu MacGregor Mathers, Waite und Papus. Im 20. Jahrhundert sind die Grundbegriffe der christlichen Kabbala esoterischer Standard geworden.

Es muß deutlich zwischen der christlichen Kabbala und der traditionellen, hebräischen Kabbala unterschieden werden. Die christliche Kabbala wurde durch Johannes Reuchlin bekannt, dessen Bücher «De verbo mirifico» und «De arte cabbalistica» grundlegend für dieses Verständnis waren. Pico della Mirandola trug durch sein beeindruckendes Werk «Opera omnia» ebenfalls dazu bei, die verschiedenen Religionen und Glaubenssysteme miteinander bekannt zu machen und, was vielleicht noch wesentlicher ist, zu zeigen, daß alle Religionen im Grunde einen einheitlichen Kern haben. Die Kabbala gelangte über Spanien, aus dem die Juden 1492 vertrieben wurden, nach Italien und Deutschland. Agrippa von Nettesheim («De occulta philosophia») und Paracelsus (!) sind ohne Grundkenntnisse in der kabbalistischen Tradition und Terminologie nicht zu verstehen. Mit Paracelsus, jenem universalen Gelehrten, Mediziner und Wandersmann haben wir eine Brücke zur Zeit um die *Fama* geschlagen, die wir bereits kennengelernt haben.

Es ist ein Irrglaube zu meinen, daß jede dieser Richtungen, Philosophien oder Bücher «rosenkreuzerische» Inhalte haben müßten. Vielmehr kann alles in zweifacher Hinsicht betrachtet werden, einmal als Vorläufer der RC-Schriften und RC-Gedanken – dies läßt sich mittels Quellen- und Textstudien nachweisen – und zum anderen als ein «roter Faden», der sich intuitiv und unmittelbar von jedem erfahren läßt, als «Aha-Erlebnis» sozusagen, der in der Vergangenheit eine «rosenkreuzerische» Entsprechung findet.

Die Rosenkreuzer einigen verschiedene esoterische Disziplinen: Hermetik, Magie, christliche Kabbala, Neuplatonismus, Zahlenkunde (Pythagoras, Geometrie beziehungsweise die Lehre der Harmonice mundi) und Wissen der Mysterienschulen (eventuell noch das Geheimnis des Grals und der Bauhütten des Mittelalters). All das zusammengenommen macht das Rosenkreuzertum aus, ohne daß es aber dadurch erklärbar wird.

die zeit um die fama fraternitatis

Da vieles bereits über die seltsame Zeit um das Erscheinen der *Fama Fraternitatis* gesagt wurde, können wir uns auf einige Daten, Namen und Ereignisse im 17. Jahrhundert beschränken, damit ein Eindruck davon entsteht, welche Bedeutsamkeit – einige Autoren sprechen von gesellschaftspolitischer Relevanz – das Erscheinen der Fraternität R. C. hatte. Wir erhalten so einen geeigneten Rahmen, in den das Rosenkreuzertum eingebettet werden kann.

zeittafel um die fama fraternitatis
bis zum 30jährigen krieg

1564 John Dee schreibt und veröffentlicht seine «Monas Hieroglyphe» (dieses Symbol findet sich in der «Chymischen Hochzeit» Andreaes)

1576 Rudolf II., röm.-dtsch. Kaiser (bis 1612; Gegenreformation, sein Prager Hof war der anziehendste Ort für Gelehrte, Okkultisten, Magier u. a.; Michael Maier war sein Leibarzt; John Dee war in Prag, ebenso Johannes Kepler)

1582 Einführung des Gregorianischen Kalenders durch Papst Gregor XII.

1584 John Dee und Kelley in Prag, auch in andere Länder und Städte Europas gereist u. a. nach Deutschland

1600 Giordano Bruno wird öffentlich verbrannt

1603 Elisabeth I. stirbt, Jakob I. wird ihr Nachfolger

1604 *legendäre Graböffnung des C. R. C.*
Gab es damals bereits Pläne oder gar Handschriften zur *Fama*? Simon Studion: «Naometria» geschrieben. Ein neuer Stern erscheint

1606 Keplers «De Stella Nova»

1607 Monteverdis Orpheus, die erste Oper überhaupt, wird aufgeführt
Im September erscheint der Halleysche Komet

1608 John Dee gestorben

1609 Gründung der Katholischen Liga
1. und 2. Keplersches Gesetz

1611 Gustav Adolf II., König von Schweden

1612 Kaiser Rudolf II., gestorben, Matthias röm.-dtsch. Kaiser bis 1619
Jakob Böhme «Aurora oder Morgenröthe im Aufgang»

1612 *Antwort an die lobwürdige Brüderschafft der Theosophen von Rosen-Creutz R. C. von Adam Haselmayr*

1614 *Fama Fraternitatis erscheint*; ab dieser Zeit beginnen in großer Zahl die Antwort- und Sendschreiben auf die Veröffentlichungen der Fraternität R. C.

1615 *Confessio Fraternitatis* erscheint (zus. mit der *Fama*)

1616 *Chymische Hochzeit des Christiani Rosencreutz Anno 1459*; nach eigenem Bekunden habe er diese bereits 1603, im Alter von 17 Jahren, niedergeschrieben

1618 Prager Fenstersturz – Beginn des 30jährigen Krieges

1619 Ferdinand II. röm.-dtsch. Kaiser
Johannes Kepler: Harmonice Mundi; 3. Keplersches Gesetz (1618)

1620 Schlacht am Weißen Berg; Kurfürst Friedrich V., der
«Winterkönig» wird geschlagen
Francis Bacon «Novum Organon»
1623 Jungius gründet die erste naturwissenschaftliche Gesellschaft Deutschlands
1652 «The Fame and Confession of the Fraternity of R. C.»
(Übers.: Eugenius Philalethes = Thomas Vaughan).

weitere namen in verbindung mit dem rosenkreuzertum

Der Vollständigkeit halber sollen noch einige Namen genannt
werden, die im 17. Jahrhundert mit den Rosenkreuzern in Be-
ziehung gebracht wurden:
  Dee, John: 1527–1608
  Studion, Simon: 1543–1605
  Bruno, Giordano: 1548–1600
  Arndt, Johann: 1555–1621
  Khunrath, Heinrich: 1560–1605
  Bacon, Francis: 1561–1626
  Campanella, Thomas: 1568–1639
  Maier, Michael: 1568–1622
  Kepler, Johannes: 1571–1630
  Fludd, Robert: 1574–1624
  Böhme, Jakob: 1575–1624
  Jungius, Joachim: 1587–1657
  Comenius, Johann Amos: 1592–1670
  Morsius, Joachim: 1593–1643
  Descartes, René: 1596–1650
  Helmont, Jean B. van: 1577–1644
  Moray, Robert: 1600–1673
  Heydon, John: 1629–1667
  Ashmole, Elias: 1617–1692

Vaughan, Thomas: 1623–1706
Schweighard, Theophilius (= Mögling, Daniel)
Sperber, Julius: ?–1616

Interessant ist es, einen Blick auf Fürsten, Könige, Kaiser zu werfen, welche von der Literatur her ebenfalls mit dem Rosenkreuzertum in Verbindung gebracht wurden, ohne dabei aber die Behauptung aufzustellen, daß sie rosenkreuzerisch geprägt waren. Am bekanntesten sind die folgenden gekrönten Häupter, die mit den Rosenkreuzern in Verbindung standen: Moritz, Landgraf von Hessen; Rudolph II.; Friedrich V., Kurfürst von der Pfalz, König von Böhmen.

nach der fama

Es gab nach dem 30jährigen Krieg kleinere Kreise oder Zirkel, die in aller Stille und auf sehr hohem Niveau im Geiste der Rosenkreuzer arbeiteten. Das Herzogtum Sulzbach entwickelte sich im 17. und 18. Jahrhundert zu einem Zentrum rosenkreuzerisch-kabbalistisch-alchemistischer Arbeit mit Vorliebe für hebräische Werke, weshalb beabsichtigt war, eine Hebräische Sprachgesellschaft zu gründen. Sprachgesellschaften aller Art waren übrigens zeitweilig bevorzugte Organisationsformen der Rosenkreuzer. Der Philosoph Leibniz wurde übrigens in Sulzbach in die «kaballah» eingewiesen.

Christian Knorr von Rosenroth, der durch sein lateinisches Hauptwerk «Kabbala Denudata», 1677–78/84 («Die enthüllte Kabbala»), sich in einer Linie mit Pico della Mirandola und Reuchlin befindet, arbeitete tatkräftig in Sulzbach mit. Er hatte maßgeblichen Einfluß auf die Rezeption der Kabbala bei den Rosenkreuzern, welche so weit geht, daß ein MacGregor Mathers – Mitbegründer des *Golden Dawn* – diese ins Englische übersetzte und für seine Ordensarbeit mitheranzog!

Eine organisierte Form rosenkreuzerischer Vereinigungen läßt sich nicht nachweisen. Bedeutende Gelehrte – und dazu sind Jakob Böhme, Heinrich Khunrath, Knorr von Rosenroth, Thomas Vaughan zu rechnen – scheinen als geistiges und inspirierendes Zentrum gedient zu haben. So wurde das Rosenkreuzertum in kleinem Rahmen lebendig erhalten, um langsam mehr und mehr an Bedeutung zu gewinnen.

Verfolgt man also die letzten vierhundert Jahre, so fällt auf, daß es immer wieder rosenkreuzerische Zirkel gab, in denen das Rosenkreuzertum lebendig erhalten wurde, daß aber zu bestimmten Zeiten der Faden der Geschichte abzureißen scheint, um in einem neuen Land, von neuen Menschen wieder aufgenommen zu werden. Im 20. Jahrhundert haben wir zum erstenmal das Phänomen, daß das Rosenkreuzertum weltweit in verschiedenen Gruppen organisiert ist, die untereinander kaum Verbindung halten und aus zum Teil unterschiedlichen Quellen und Überlieferungen schöpfen.

Das Rosenkreuzertum des 17. Jahrhunderts ist ein vorwiegend (literarisch-)deutsches Phänomen, obwohl sehr große Einflüsse aus dem englischen Sprachraum auszumachen sind (John Dee, Robert Fludd und Francis Bacon). Die Rosenkreuzerbewegung wird durch den 30jährigen Krieg unterbrochen und taucht Ende des Jahrhunderts in England auf, um später in Amerika Fuß zu fassen. Dann, verbunden mit der Geburt der Freimaurerei, hören wir Anfang des 18. Jahrhunderts wieder etwas von den Rosenkreuzern, diesmal in organisierter Form, als Gold- und Rosenkreuzer. Einzelne Gelehrte der theosophischen Richtung z. B. Karl von Eckartshausen, Louis-Claude de Saint-Martin oder Georg von Welling nehmen in ihren Schriften auf rosenkreuzerisches Gedankengut Bezug. Veröffentlichungen wie *Die Geheimen Figuren der Rosenkreuzer* erscheinen anonym, und durch Bücher, die namentlich oder unter Pseudonym herausgegeben werden, wird man mehr und mehr auf die Rosenkreuzer aufmerksam.

Die Gold- und Rosenkreuzer machten vor allem politisch von sich reden, was nicht unbedingt förderlich für die Bewegung war. Sie verschwanden ebenso spurlos, wie sie gekommen waren, aber ihr Gradsystem tauchte wenige Jahrzehnte später in der S.R.I.A. wieder auf, einer Abspaltung beziehungsweise einem Nebenzweig der Freimaurerei. Daraus ging dann der vor allem magisch inspirierte und dem Rosenkreuzertum zuzurechnende *Hermetic Order of the Golden Dawn* (Hermetische Orden der Goldenen Dämmerung) hervor, der als Vorläufer einiger anderer Organisationen im 20. Jahrhundert diente. Ein anderer Ursprung dieses Ordens lag möglicherweise in Frankfurt, bei einer kleinen Loge, die sich Mitte des 19. Jahrhunderts «Zur aufgehenden Morgenröte» nannte.

Im 18. Jahrhundert können wir drei Aspekte des Rosenkreuzertums unterscheiden, welche nebeneinander und miteinander existieren. Zum einen:
– Schriften *von* den Rosenkreuzern
– das organisierte Rosenkreuzertum
– das anonyme Rosenkreuzertum.
Es gibt noch eine vierte Komponente, und zwar diejenigen, die mittels bedeutender Werke Einfluß auf das Rosenkreuzertum des 18. Jahrhunderts ausübten, wozu beispielsweise das «Opus Mago-Cabbalisticum» eines Georg von Welling gehört, das selbst Goethe beeinflußte.

Da die Geschichte der Gold- und Rosenkreuzer zwar noch lange nicht ausreichend, aber zumindest in einem guten Überblick uns vorliegt, genügt es, auf das einzugehen, was wir in bezug auf die weitere Entwicklung der Rosenkreuzer für besonders wichtig erachten und hervorheben möchten. Für die nächsten Jahrhunderte wurde im 18. Jahrhundert der Grundstein für das moderne Rosenkreuzertum gelegt und bestimmende Einflüsse wurden vor allem durch

- das Gradsystem der Gold- und Rosenkreuzer und
- die Geheimen Figuren der Rosenkreuzer ausgeübt.

Das Gradsystem der Rosenkreuzer

Es ist zu bedenken, daß es mindestens drei mögliche Formen der rosenkreuzerischen Überlieferung im 18. Jahrhundert gab. Eine Organisation ist unter dem Namen Gold- und Rosenkreuzer bekannt geworden. Ob diese Organisation originär bestand oder als Anschluß an die Freimaurerei – einzelne Bücher dieser Zeit sprechen davon, daß erst ein bestimmter Freimaurergrad die Berechtigung zum Eintritt in den Orden der Gold- und Rosenkreuzer verleihen würde – und ob in dieser Organisationsform das traditionelle Wissen der Rosenkreuzer, welches einer mündlichen Tradition entspricht, gelehrt wurde, darüber kann man nur Vermutungen anstellen. Sicher ist, daß Teile der Gold- und Rosenkreuzer gradweise strukturiert waren und daß man davon ausgeht, daß zuerst sieben Grade bestanden haben müssen und später deren neun. Ob und wieweit die teilweise angeführten Mitgliederzahlen, die so manche Schriften zu den einzelnen Graden angeben und deren Zahl heute unkritisch übernommen werden, stimmig sind, dies kann hier nicht beurteilt werden, da die Auskünfte viel zu widersprüchlich sind, so daß man zu dem Schluß kommen kann, die Zahlen eher symbolisch zu sehen denn als tatsächliche Angaben.

Mitte des 18. Jahrhunderts tauchte also erstmals ein Gradsystem bei den Rosenkreuzern auf. Was bedeutet das? Zu einem Gradsystem gehören «geheime» Paßworte, Handgriffe, Regeln, Vorschriften, Worte, Schriftzeichen, Gebote, Rituale, Kleidungsvorschriften und Initiationen. Der äußere Grund einer Gradeinteilung liegt darin, ein geordnetes System zu haben, welches eine kontinuierliche und angemessene Einweihung in das Geheimnis der *Rosenkreuzery* ermöglicht. Ob dies ein wirkliches Geheimnis trägt oder eher psychologisch-symbolisch zu verstehen ist, bleibt in diesem Falle unwesentlich. Es wurde erkannt, daß eine gewisse äußere Ordnung notwendig ist, um den Suchenden allmählich an die Helligkeit des «Lichtes» zu gewöhnen. Ebenso wie ein Kind langsam lernt, sich in der Welt zurechtzufinden, muß der Suchende langsam an die neue Welt des Geistes gewöhnt werden. Dazu bedarf es der Unterweisungen, die ihn für seine Innenwelt empfänglich machen. Seine Innenwelt ist aber nicht gleichbedeutend mit dem psychologischen Unbewußten, sondern diese Innenwelt ist verbunden mit dem Göttlichen in ihm, ein entscheidender Unterschied.

Das Gradsystem, welches sich ansatzweise bis zur *Fama* zurückverfolgen läßt – in der allmählichen Bekanntschaft von C. R. mit dem Wissen der damaligen Welt und deren spätere Ausarbeitung –, wurde von den modernen Rosenkreuzern übernommen und weiter ausgebaut.

Freimaurer und Rosenkreuzer im 18. Jahrhundert

Das Gradsystem der Gold- und Rosenkreuzer und das Gradsystem der Freimaurer, deren offizielles Gründungsdatum (1717) ebenfalls ins 18. Jahrhundert fällt, weisen insofern Parallelen auf, als daß man annehmen kann, daß ein gewisses initiatisches System beiden zugrundeliegt. Hier wie dort bedarf es der Vorbereitung.

Es ist bekannt, daß die Freimaurer in ihrem Gradsystem Rosenkreuzergrade aufgenommen haben. Weiterhin ist bekannt, daß bei Zweigen der Gold- und Rosenkreuzer gewisse Freimaurergrade Voraussetzung für die Aufnahme sind. Im Laufe der Zeit aber trennten sich beide Systeme mehr und mehr.

Im 18. Jahrhundert gab es zahlreiche Verbindungen, Konferenzen und Versuche, beide Systeme miteinander bekannt zu machen. Politische Ambitionen einzelner Leiter, interne Auseinandersetzungen und sonstige Querelen, dazu eine Allianz mit dem später verbotenen Illuminatenorden von Adam Weishaupt (zu seinen Mitgliedern zählten zeitweise Adolf F. F. L. von Knigge und Johann Wolfgang von Goethe, der Freimaurer, Illuminate und angeblich auch Rosenkreuzer war), das Auftauchen von Scharlatanen, die versprachen, Gold machen zu können, all das brachte die Rosenkreuzer in Mißkredit und führte zum zeitweiligen Verbot der Gold- und Rosenkreuzer. Dieses Verbot hatte nicht nur mit den Aktivitäten der damaligen Gruppierungen und dem Machtstreben einzelner Leiter zu tun, sondern war sicherlich Ausdruck der aufklärerischen Tendenz dieser Zeit, für die außerhalb der Ratio nichts bestehen durfte.

Ab 1787 verlieren sich die Hinweise auf die Gold- und Rosenkreuzer. Unklar bleibt, ob es *einen* Orden der Gold- und Rosenkreuzer gab oder deren mehrere. Verschiedene Zirkel arbeiteten sowohl in Berlin, Hamburg, Prag und in anderen Städten. Das Erscheinen der *Geheimen Figuren der Rosenkreuzer* und anderer Bücher stützt letztere These. Bemerkenswert ist noch, daß die «Asiatischen Brüder» eine rosenkreuzerische Gruppierung darstellten, zu deren Obersten zeitweilig Anton Mesmer gehörte.

Erwähnt werden soll, daß neben Goethe auch Mozart rosenkreuzerisch beeinflußt war. So schreibt der Freimaurerhistoriker Arnold Marx über die Gold- und Rosenkreuzer: «Dieser Geist (der überindividuelle Geist, w. f.) ist aber das Rosenkreuzertum, das in der ‹Zauberflöte› seine letzte und schönste Blüte gezeitigt hat, und allein um dieses Werkes willen, müßte die Geschichte dem Orden für alle Sünden, die ihm zur Last fallen mögen, Absolution erteilen.»

Alles in allem eine unheilvolle Zeit für einzelne Zweige der Gold- und Rosenkreuzer. Die Ideale und Lehren, welche in schriftlicher Form, unter anderem in den *Geheimen Figuren* veröffentlicht wurden, waren davon aber nicht betroffen und lebten weiter fort.

Die Geheimen Figuren der Rosenkreuzer (kurz: Geheime Figuren) sind in Altona 1785 und 1788 – ein erstes Heft mit 36 Tafeln und ein zweites Heft mit 20 weiteren Tafeln – anonym erschienen. Sie wurden Ende des 19. Jahrhunderts von Franz Hartmann ins Englische übersetzt, später auch vom A.M.O.R.C. herausgegeben, und fanden in den USA Verbreitung. Die *Geheimen Figuren* wurden zu Beginn des 20. Jahrhunderts in dem weitgehend unbekannten, für die Erforschung des Okkultismus, der Esoterik, des Rosenkreuzertums wichtigen Barsdorf-Verlag 1919 wieder neu aufgelegt. Es gibt bis heute immer wieder Nachdrucke dieser quartgroßen vierfarbigen Tafeln.

Der Einfluß der *Geheimen Figuren* auf die nachfolgenden Organisationen bis in unser Jahrhundert ist ungebrochen. Bedeutende Rosenkreuzerforscher wie Dr. Franz Hartmann, A. E. Waite haben sich dieses komplexen Geistesgebildes angenommen. Es wurde und wird immer noch beim A.M.O.R.C. verwendet. Rudolf Steiner hat sich damit beschäftigt, und Heinrich Tränker – Gründer des Pansophischen Collegiums – hat eine Abhandlung darüber verfaßt, in der er auf die Reihenfolge der Tafeln eingeht. Es ist anzunehmen, daß die Reihenfolge der Tafeln nicht so ohne weiteres feststeht und *nicht* der Reihenfolge entspricht, in der die Tafeln gedruckt wurden!

Die 57 Rosenkreuzer-Tafeln üben eine Faszination aus. Sie verzaubern den Betrachter ob ihrer Schönheit und Symbolik. Dazu noch die unermeßliche Aussagefülle, welche jeglichen Interpretationsversuch fast unmöglich macht. Auf den ersten Blick spürt man, daß sich dahinter eine tiefe Weisheit verbirgt, die nur durch jahrelanges intensives Studium, durch Meditation und Kontemplation entdeckt werden kann. Die *Geheimen Figuren* bergen das tiefe Schöpfungsgeheimnis.

Es gibt verschiedene Fassungen der Tafeln, die zum Teil voneinander abweichen, vor allem im textlichen Bereich. Da die

Tafeln vor der Drucklegung als Handschriften an die Studieren- den weitergegeben wurden, damit diese ihre eigenen Tafeln an- fertigen konnten, kann man annehmen, daß es Hinzufügungen schriftlicher Art zu den «Originaltafeln» gegeben hat. Es könnte somit ergiebiger sein, sich so lange, bis eine – wie auch immer geartete – Originalausgabe vorliegt, auf die Bilder zu be- schränken und den Text als Zusatz zu nehmen, der nicht unbe- dingt immer die Meinung der oder des Verfasser(s) der *Gehei- men Figuren* wiedergibt.

Wie gesagt: Die *Geheimen Figuren* bestehen aus 57 Tafeln in- klusive Titel- und Deckblatt. Einzelne Texte der *Geheimen Fi- guren* wurden aus alchemistischen und theosophischen Werken des 17. Jahrhunderts übernommen. Viele Abbildungen waren bereits an anderer Stelle erschienen. Der Einfluß der damaligen Jakob-Böhme-Renaissance ist deutlich ablesbar (Tafeln 8, 9, 12).

Die Jahreszahlen 1604 (Tafel 11) und 1621 (Tafel 20) auf den Tafeln und die Bilder und Texte sowie die Drucklegung 1785 und 1788 weisen darauf hin, daß durch die *Geheimen Figuren* eine Verbindung zum 17. Jahrhundert hergestellt werden sollte, daß man bewußt an die «älteren» Rosenkreuzer anknüpfte. Es braucht wohl nicht besonders erwähnt zu werden, daß sich der Name «Christian Rosencreutz» hierin *nicht* findet. Die Abkür- zung *R. C.* hingegen sehr wohl!

Will man die Tafeln thematisch nach den bekannten esoteri- schen Disziplinen ordnen, so ergibt sich folgendes Bild: Her- metik (Tafeln 13, 17, 18 f.); Elementenlehre (Tafeln 3, 28); Kab- balistik (Tafeln 29, 33, 55); Theosophie und Pansophie (Tafeln 8, 9, 12, 14, 15, 16, 32 – vgl. auch oben zu Jakob Böhme); Alchemie (Tafeln 20, 21 ff., 30, 38 ff.). Dazu noch Teile, die der Numerolo- gie (Tafeln 24 ff.) evtl. sogar einem pythagoräischen System zu- geschrieben werden können – es geht um die Zahlen 3, 4, 40 –, christliche Inhalte (Tafeln 35, 51 ff.) und sogar martinistischer Einfluß: «Eine Rede eines unbekannten Philosophi der Brüder- schaft (R. C.) zugeschrieben» (Tafel 24) kann herausgelesen werden. Damit erkennen wir die bekannten Themen der *Fama Fraternitatis* wieder. Die Tradition der «ächten» Rosenkreuzer wird in den *Geheimen Figuren* bewahrt und weitergegeben, wodurch sich die Rose auf dem Kreuz entfaltet und Teile ihrer Geheimnisse preisgibt.

wichtige rosenkreuzer-bücher

Es gibt wichtige rosenkreuzerische Werke, die nachweisbar bis heute ihren Einfluß auf das Verständnis des Rosenkreuzertums ausüben und sämtlich auf deutsch erschienen sind:

– die Schrift(en) von Samuel Richter, der unter dem Pseudonym Sincerus Renatus veröffentlichte («Die wahrhaffte und vollkommenste Bereitung des Philosophischen Steines, der Brüderschafft aus dem Orden des Gülden- und Rosen-Creutzes ...», 1710). Er war es auch, der anscheinend zum erstenmal den Namen Gold- und Rosenkreuzer verwandte.

– «Aurea catena Homeri», von A. J. Kirchweger, 1711. Dieses Werk der hermetischen Richtung weist auf eine «Goldene Kette» von Eingeweihten hin, die unabhängig von Zeit und Raum verbindend wirkt. C. G. Jung sprach noch von dieser Goldenen Kette.

– «Opus Mago-Cabbalisticum et Theosophicum, darinnen der Ursprung, Natur und Eigenschaften und Gebrauch des Salzes, Schwefels und Mercurii, in dreyen Theilen beschrieben ...», Frankfurt, 1719. Es stammt von Georg von Welling. 611 Seiten, die sich hauptsächlich mit den bereits bekannten drei Prinzipien: Mercurius, Sulphur und Schwefel befassen.

– «Der Compaß der Weisen», der in der zweiten Auflage von Adam Michael Birkholz unter dem Pseudonym Ada Mah Booz 1782 herausgegeben wurde. Das Werk beschäftigt sich mit der Ordenslegende und alchemistischen Hinweisen. Birkholz hat auch 1782 die «Schutzschrift für die Ächtheit der Rosenkreuzergesellschaft» von Robert Fludd neu herausgegeben und aus dem Lateinischen ins Deutsche übersetzt.

– «Hermetisches A. B. C. derer ächten Weisen älter und neuer Zeiten vom Stein der Weisen. Ausgegeben von einem wahren Gott- und Menschenfreunde. 4 Teile», Berlin 1778–79. Dieses Werk wurde in unserem Jahrhundert zweimal nachgedruckt. Es ist eine Sammlung von Aufsätzen, die zum Teil aus dem 17. und 18. Jahrhundert stammen, somit, ähnlich wie die *Geheimen Figuren*, eher eklektizistischen Charakter hat, nichtsdestotrotz ein hochinteressantes und aktuelles Werk ist.

Es gibt noch sehr viel Literatur zu den Rosenkreuzern, Büchern, die auf ihre Nähe zur Freimaurerei hinweisen, Bücher, die ihr Gradsystem beschreiben, und welche, die alchemistischen Inhaltes sind. Eine direkte politische Stellungnahme ist in den Büchern, die hier erwähnt wurden, und jenen, die im Literaturverzeichnis aufgeführt sind, nicht ersichtlich.

Einige Namen ...

... müssen noch erwähnt werden. Hermann Fictuld (d. i. Johann Heinrich Schmidt) spricht von der «Societät der goldenen Rosen-Kreutzer», so daß man annahm, daß er 1756 die Organisation der Gold- und Rosenkreuzer gegründet habe.

Es gehört mit zur rosenkreuzerischen Überlieferung, einen Gottfried Wilhelm von Leibniz zu den ihrigen zu zählen, ebenso wie Graf Cagliostro und den Grafen von Sainte-Germain. Wieweit dies alles in das Reich der Legende verwiesen werden muß, sei dahingestellt.

Erwähnt werden soll noch, daß der Dichter Matthias Claudius Werke eines «Unbekannten Philosophen» übersetzte, der Einfluß auf die Rosenkreuzer hatte und umgekehrt. Dieser Philosoph war Louis Claude de Saint-Martin, zeitweiliger Schüler von Martinez de Pasqually. Auf Saint-Martin beriefen sich später gewisse Kreise um Papus, die Ende des 19. und zu Beginn des 20. Jahrhunderts den sogenannten «Martinismus» wiederaufleben ließen. Auch Rudolf Steiner hatte großes Interesse an Saint-Martin gezeigt und dafür gesorgt, daß einige seiner Werke wieder gedruckt wurden.

Es ist unmöglich, auch nur annähernd die komplexe Vielfältigkeit der Rosenkreuzer im 18. Jahrhundert adäquat wiederzugeben. An anderer Stelle hatten wir bereits einiges über ihre Rituale gehört, und dies kann genügen, um sich ein Bild von dieser Zeit zu machen. Vergessen werden darf dabei nicht, daß wir vom Zeitalter der Aufklärung, der Vernunft und der Französischen Revolution sprechen. Es ist merkwürdig, daß diese Zeit in den Geschichtsbüchern so einseitig gesehen wird und deren andere Bestrebungen kaum berücksichtigt werden.

Die Rosenkreuzer in Amerika

Der Überlieferung nach sind unter den ersten Auswanderern in Amerika Pietisten gewesen und unter ihnen – wenn man dies so sagen kann – Rosenkreuzer. Sie sind unter der Führung von Magister Johannes Kelpius 1694 in Amerika gelandet und siedelten sich in Philadelphia an. Dort entstanden Buchdruckereien und «rosenkreuzerische» Zirkel. Die Idee, die hinter diesem Neuanfang steht, war Francis Bacons «New Atlantis» entlehnt worden. In diesem Zusammenhang ist es nicht uninteressant zu erwähnen, daß Bacon, Shakespeare und die Rosenkreuzer – so in dem gleichnamigen, auf englisch erschienenen Buch von W.F.C. Washington – im 19. und beginnenden 20. Jahrhundert durchaus miteinander in Beziehung gebracht wurden. Wir haben es hier also mit einem Phänomen zu tun, das sich von der rein deutschen *Fama*-Tradition abhebt und möglicherweise in das 16. Jahrhundert zurückreichen könnte.

Namentlich können Kelpius (1673–1708), Konrad Beissel (1690–1768), Peter Müller (1710–1796) und vor allem Julius Friedrich Sachse (1842–1910) genannt werden. Letzterer hat sich als «Rosenkreuzer-Historiker» verdient gemacht, und er nahm sich auch der Geschichte Pennsylvanias an.

Im 19. Jahrhundert kam es zur Gründung einer eigenartigen Vereinigung, der *Hermetic Brotherhood of Luxor*, der P. B. Randolph (1825–1875) vorstand. Es gab Verbindungen zur Theosophischen Gesellschaft, zur SRIA in den USA, zu Hargrave Jennings, dessen Buch «Die Rosenkreuzer. Ihre Gebräuche und Mysterien» bis heute immer wieder aufgelegt wird, zu Eliphas Lévi und Papus. Randolphs Buch «Magia Sexualis» (es ist anzweifelbar, ob es tatsächlich von ihm stammt) hatte Einfluß auf den O.T.O. und andere magisch orientierte Vereinigungen sowie Aleister Crowley. Reuben Swinburne Clymer (1878–1966), der sich als Nachfolger von Randolph sieht, müssen Teile von Randolphs Werken, deren Thematik und Einfluß auf magische und sexualmagische Orden wohl entgangen sein, sonst wäre er sicherlich mit gewissen polemischen Äußerungen vorsichtiger gewesen. Clymer – und von daher ist die Erwähnung der HBL gerechtfertigt – war Gründer der «Rosicrucian Foundation» und bezeichnete sich als einer der Nachfolger von Randolph, obwohl eine direkte Nachfolge aufgrund der biographischen Situation (Randolph starb 1875, Clymer wurde 1878 geboren) unmöglich ist. Seine Organisation war hauptsächlich in den USA und in Südamerika tätig.

Im 19. Jahrhundert versuchte ein amerikanischer Ableger der SRIA in den USA Fuß zu fassen ebenso der *Golden Dawn*. Zu erwähnen ist noch, daß Franz Hartmann ebenfalls in Amerika zeitweise rosenkreuzerisch tätig war, was sich durch seine Publikationen («Die Geheimen Figuren der Rosenkreuzer») und in Kontakten zu verschiedenen Gesellschaften ausdrückt.

Im 20. Jahrhundert kam es zur Gründung des A.M.O.R.C. durch H. Spencer Lewis. Max Heindel richtete ebenfalls in den USA seine «Rosicrucian Fellowship» ein. Paul Foster Case (1884–1954) – dessen Buch «The true and invisible Rosicrucian Order» viel über das Verhältnis von der *Fama* zur Kaballa und dem Tarot aussagt – kam früh mit dem Tarot in Berührung, wurde in den Golden Dawn aufgenommen und leitete seine eigene Organisation (BOTA, Builder of the Adytum), in welche Teile rosenkreuzerischen Wissens einflossen und die ab den dreißiger Jahren aktiv wurde.

Die Rosenkreuzer im 19. Jahrhundert

Nicht vergessen werden darf im 19. Jahrhundert die Theosophische Gesellschaft, die nicht mit der Theosophie im allgemeinen, zu der ein Jakob Böhme, Heinrich Khunrath und Karl von Ekkartshausen zu rechnen sind, verwechselt werden darf. Die Gründerin der Theosophischen Gesellschaft, Helena Petrowna Blavatsky, nimmt in ihren Büchern Bezug auf Rosenkreuzer-Lehren, was später Dr. Rudolf Steiner sicherlich mit inspirierte, sich dem Rosenkreuzertum anzunähern.

Ende des 19. Jahrhunderts wurde der Martinismus – eine esoterische, philosophische Richtung, die auf Martinez de Pasqually und Louis Claude de Saint-Martin zurückgeht – durch Papus neu belebt. Joséphin Péladan und Stanislas de Guaita begründen zur gleichen Zeit das Rosenkreuzertum in Frankreich neu. In Deutschland kommt es zur Gründung und Ausbreitung des O.T.O. – des Ordo Templum Orientis –, der als Sammelorganisation für die sogenannte Winkelfreimaurerei – der Ritus von Memphis und Misraim (zurückgehend auf den Engländer John Yarker) – und ähnlicher Riten gilt. Rosenkreuzerische Anleihen werden gemacht.

Der Theosoph und Begründer der Anthroposophie, Dr. Rudolf Steiner, publizierte über das Rosenkreuzertum. Einer seiner zeitweiligen Schüler, Max Heindel, richtete in Amerika die Rosenkreuzer-Gemeinschaft (Rosicrucian Fellowship) ein, aus der Jan van Rijckenburgh hervorging, der spätere Gründer des Lectorium Roscicrucianum.

Der A.M.O.R.C. (Alter Mystischer Orden vom Rosenkreuz), dessen Begründer der Amerikaner H. Spencer Lewis war, wurde durch Rosenkreuzer in Frankreich unterstützt, wo Lewis in die Rosenkreuzer-Lehren initiiert wurde.

Wie gesagt, gibt es drei bedeutende Organisationen, die im 19. Jahrhundert auf sich aufmerksam machten und bei denen Rosenkreuzer-Gedankengut eine Rolle spielte. Alle waren vorrangig im englischsprachigen Raum tätig. Zum einen die Theosophische Gesellschaft um Helena Petrowna Blavatsky, dann die S.R.I.A. – die Societas Rosicruciana In Anglia – und The Hermetic Order of the Golden Dawn – der Hermetische Orden der Goldenen Dämmerung.

Die Theosophische Gesellschaft

Die Theosophische Gesellschaft (Theosophical Society, kurz: TG) wurde von H. P. Blavatsky 1885 gegründet und entwickelte sich im Laufe der Jahre zu einer weltweiten Bewegung mit Niederlassungen in vielen Ländern. In der TG waren gegen Ende des letzten Jahrhunderts Franz Hartmann – er gründete später eine eigene Rosenkreuzergesellschaft –, Papus (d. i. Gérard Encausse) – er gründete ebenfalls eigene Gesellschaften – und Rudolf Steiner, der spätere Leiter der Anthroposophie, zeitweise führend tätig.

Die TG übte eine große Faszination aus, und es gab kaum einen Esoteriker Ende des 19. Jahrhunderts, der nicht mit den Gedanken der TG in Berührung kam. Ihre Ziele: Studium der

Weltreligionen, Studium der latenten Kräfte und Fähigkeiten im Menschen und deren Entwicklung, das Ziel, eine umfassende Gemeinschaft aller Menschen zu bilden, haben viele esoterisch-okkulten Bewegungen und Menschen beeinflußt, auch solche, die nicht direkt mit der TG in Kontakt kamen. Ob man aber davon sprechen kann, daß die TG rosenkreuzerisch tätig war in dem Sinne, daß sie sich auf eine solche Tradition ausschließlich bezieht oder sich zum großen Teil daran anlehnt, diese Frage muß verneint werden. Die Beziehung der TG zu Indien und Tibet und deren Einfluß auf das Weltbild der TG ist größer als der der westlichen esoterischen Philosophie.

DR. FRANZ HARTMANN

Der Arzt Franz Hartmann (1838–1912) war zeitweise enger Mitarbeiter von H. P. Blavatsky, erster Präsident der TG in Deutschland, Freimaurer, dem Okkultismus und der Esoterik gegenüber sehr aufgeschlossen, trat später zum Buddhismus über, veröffentlichte zahlreiche Bücher und fertigte Übersetzungen aus dem Sanskrit an. Er interessierte sich für Yoga, «geheime» Überlieferungen und Lehren. Uns interessieren hier seine Bücher, die Rosenkreuzer-Gedankengut behandeln und aus denen bereits zitiert wurde. Dazu gehören: «Unter Adepten und Rosenkreuzern», «Im Vorhof des Tempels der Weisheit enthaltend die Geschichte der wahren und falschen Rosenkreuzer», «Ein Abenteuer unter den Rosenkreuzern».

Der Einfluß von Hartmann muß sehr groß gewesen sein, stand er doch gegen Ende des 19. und beginnenden 20. Jahrhunderts mit vielen okkulten Gruppen in Kontakt und war mit Dr. Karl Kellner – den wir im Zusammenhang mit dem O.T.O. kennenlernen werden – befreundet. Er soll ebenfalls einer «geheimen» Rosenkreuzer-Gesellschaft angehört haben, was anzweifelbar ist.

Franz Hartmann ist ein Bindeglied zwischen traditionellen Überlieferungen der Rosenkreuzer und den modernen Bestrebungen, das Rosenkreuzertum neu zu etablieren. Obwohl seine Berichte wenig zwischen phantastischen Geschichten, Legenden, symbolisch zu nehmenden Erzählungen unterscheiden, ist er bemüht, die westlichen Einweihungslehren aufzuzeigen und deren Vertreter – Hermes Trismegistos, Plotin, Jamblichus, Cornelius Agrippa von Nettesheim, Paracelsus etc. – zu würdigen und wieder neu ins Gedächtnis der Zeit zu rufen. Seine Sammlung von Regeln, Pflichten, Aussprüchen der Rosenkreuzer – die sicherlich eher von Hartmann selbst stammen – ist überaus lesenswert und tief in ihrer Aussage. Daß Hartmann sich der *Geheimen Figuren der Rosenkreuzer* angenommen hat, wurde bereits erwähnt. Das alles macht deutlich, daß zu einer Zeit, in der eine rosenkreuzerische Morgendämmerung heraufbrach, Hartmann eine zentrale vermittelnde Rolle spielte und die rosenkreuzerische Überlieferung zu bewahren suchte.

DIE S. R. I. A.
(DIE SOCIETAS ROSICRUCIANA IN ANGLIA)

Es ist anzunehmen, daß Hartmann auch der S.R.I.A. angehörte, auf deren Geschichte wir nun eingehen werden, wobei wir uns dabei an dem seltenen, im Privatdruck erschienenen Buch des Arztes und zeitweiligen Oberhauptes der S.R.I.A. William Wynn Westcott orientieren werden («History of the Societas Rosicruciana in Anglia»).

Westcott beginnt seinen Bericht bei der *Fama* und erzählt den darin enthaltenen Einweihungsweg nach, wobei er den Namen «Christian Rosencreutz» als möglichen Namen des Gründers der Rosenkreuzer angibt, im folgenden aber die Abkürzung C.R. beibehält. Er erwähnt, daß die Rosenkreuzer durch Robert Fludd, Michael Maier, Thomas Vaughan in England bekannt wurden. Im 19. Jahrhundert hätte es zwischen 1830 und 1850 unter Dr. Falk oder Falcon wieder eine Rosenkreuzer-Gesellschaft gegeben, worüber aber nichts Genaues bekannt ist. (Interessanterweise erwähnt Karl R. H. Frick einen Rosenkreuzerzirkel unter Vicomte de Lapasse in Toulouse, worüber es aber keine näheren Informationen gibt. Es soll in jenen Jahren auch eine Rosenkreuzer-Loge in Frankfurt bestanden haben.)

Die S.R.I.A. wurde 1865 von dem Freimaurer Robert Wentworth Little (1840–1878) gegründet. Aus dem monatlichen Mitteilungsblatt «The Rosicrucian» rekonstruiert Westcott einzelne Ereignisse ihrer Geschichte. Er erwähnt Thomas Vaughans «Lumen de Lumine» – eine Schrift, die Eingang in das Hermetische ABC gefunden hat – und Hargrave Jennings, den Autor des phantasievollen Buches «Die Rosenkreuzer. Ihre Gebräuche und Mysterien», der Oktober 1870 in die S.R.I.A. aufgenommen wurde.

Jennings Buch trug stark zur Legendenbildung um die Rosenkreuzer bei. Seine vielen Abbildungen sind eine Fundgrube an Material, und man hat den Eindruck, daß «Rosenkreuzer» nun überall waren. Zur gleichen Zeit wird Lord Edward Bulwer-Lytton zum Ehrenmitglied der S.R.I.A. ernannt. Bulwer-Lyttons Roman «Zanoni» – zuerst 1842 veröffentlicht – zählt zu den klassischen Rosenkreuzer-Romanen und hatte Einfluß auf die Mitglieder des Golden Dawn. «Zanoni» findet bis heute immer wieder seine Leser.

1886 erschien in dieser Zeitschrift ein Artikel: «Rosicrucianism, the Deity and the Hebrew Letters, by MacGregor Mathers.»; ein Aufsatz des Mitgründers des Golden Dawn über die Rosenkreuzer und die hebräischen Buchstaben. Dies macht deutlich, daß die rosenkreuzerischen Inhalte der S.R.I.A. sich auch an der Kabbala (eine Artikelserie ist ab 1885 in der Zeitschrift erschienen, mit Bezugnahme auf Eliphas Lévi), dem kabbalistischen Lebensbaum, den hebräischen Buchstaben, der Astrologie, der Theosophie, der Alchemie und gewissen magischen Praktiken orientierten. Sehr interessant ist, daß – wahrscheinlich durch Eliphas Lévi vermittelt – in der S.R.I.A. der Tarot bekannt war.

Westcott erwähnt Zweige der S.R.I.A. in Australien, Schottland, Kanada und den USA. Ein deutscher Zweig wurde in der Zeitschrift «Oriflamme» im Februar 1902 mit folgenden Worten angekündigt: «Societas Rosicruciana in Anglia. Die Gesellschaft verfolgt den Zweck, zum Studium der großen Probleme des Lebens und der Erkenntnis der Natur anzuregen und gegenseitige Unterstützung zu leihen. Das Studium des Systems der Philosophie, welches auf die Kabbala und die Lehren des Hermes Trismegistus gebaut ist, zu erleichtern und in den Geist der Symbolik wie solcher von den Fratres Rosae Crucis 1450 gelehrt wurde, einzubringen» (König 1997, 17). Diese Ankündigung wurde von Theodor Reuß gemacht. Es ist sehr unwahrscheinlich, daß es zu einem wirkungsvoll arbeitenden deutschen Zweig der S.R.I.A. gekommen ist.

Bemerkenswert ist die Nähe der S.R.I.A. zum Gradsystem der Gold- und Rosenkreuzer. Eine direkte Verbindung zwischen diesen beiden Systemen fehlt. Anscheinend muß aber Eliphas Lévi in bezug auf die kaballistische Tradition einigen Einfluß ausgeübt haben. Die S.R.I.A. war gradweise organisiert, und ihre Belehrungen wurden im Sinne eines Initiatenordens weitergegeben. Dies bedeutet nicht, daß die Lehren «geheim» waren, sondern nur, daß es einer gewissen Zeit der Reife bedurfte, um sich die «esoterischen» Inhalte, anzueignen. Man kann durchaus Parallelen zur modernen Wissenschaft ziehen, welche ebenfalls aus «geheimen» Zirkeln, Kongressen und Treffen besteht, zu der nur derjenige Zutritt hat, welcher gewisse Prüfungen, Würden o. ä. vorweist – «akademische Reife» genannt. Sind diese nicht auch «geheim» zu nennen? – Die S.R.I.A. ist immer noch aktiv tätig.

Eliphas Lévi, mit bürgerlichem Namen Alphonse Louis Constant (1810–1875), gehört zu den einflußreichsten Magiern oder Okkultisten des 19. Jahrhunderts. Er, der ursprünglich Priester werden wollte, wurde kurzzeitig Sozialist und Revolutionär, um dann als Magier bekannt zu werden. Er studierte die Werke Böhmes, Swedenborgs, Saint-Martins und kannte im übrigen die gängige magische und okkulte Literatur. Er hatte maßgeblichen Einfluß auf esoterische Gruppierungen. Er war es, der dem Tarot die hebräischen Buchstaben zuordnete.

Lévi hielt sich öfters in England auf, so daß man Beziehungen zur S.R.I.A. und zu Edward Bulwer-Lytton nachweisen kann. Seine «Lehre» bestand aus okkult-magischen – heute würde man «esoterisch» sagen, da das Wort «okkult» im Laufe der Jahre eine eher magisch-mysteriöse Bedeutung erhalten hat – Inhalten und kabbalistischen Bezügen. Sein Buch «Geschichte der Magie» ist ebenso wie später das Buch von Papus «Grundlagen der okkulten Wissenschaft» ein großangelegtes Kompendium aller möglichen Grenzgebiete menschlichen Erkenntnisvermögens. Der Einfluß Lévis ist zweifelsohne nicht zu unterschätzen, nicht nur in bezug auf die Freimaurerei und die Theosophie, sondern auch auf den Golden Dawn und ähnlich arbeitende Organisationen.

Der Golden Dawn

Die Geschichte der Rosenkreuzer ist voll von Legenden und phantastischen Erzählungen. Zu einer der schönsten Geschichten gehört diejenige, die zur Gründung des Golden Dawn, des «Ordens der Goldenen Dämmerung», führte. Die Ordenslegende sagt, daß von Adolph Alexander Woodford (1821–1887) in einem Antiquariat eine seltsame Handschrift entdeckt wurde, welche als Cipher Manuscript (Chiffren-Manuskript) bald in okkulten Kreisen Berühmtheit erlangen sollte. Dr. Westcott wurde mit der Entzifferung des Manuskriptes beauftragt. Es wurde für eine Rosenkreuzerhandschrift gehalten, die aus Paris stammen und zuvor Eliphas Lévi gehört haben sollte. Interessanterweise fand sich in dieser Handschrift die Adresse eines Fräulein Sprengel aus Deutschland. (Um genau zu sein: Fräulein Sprengel, c/o Herrn J. Enger, Hotel Marquardt, Stuttgart.) Mit ihr wurde Kontakt aufgenommen, und man erhielt die Berechtigung zur Gründung eines Ordens unter dem Namen: Hermetic Order of the Golden Dawn.

Neben Westcott gehörte zu den Gründungsmitgliedern William Robert Woodman (1828–1890) und S. L. MacGregor Mathers (1854–1918), der als erster Leiter der GD fungierte. Die Gründung des GD erfolgte am 1. März 1888. An diesem Tag wurde der erste Tempel – Isis-Urania – eröffnet. Übrigens waren alle drei in der S. R. I. A. sehr aktiv tätig.

Der GD wurde zu einer der wichtigsten magisch-okkulten Organisationen des 19. und beginnenden 20. Jahrhunderts, erlebte aber schon nach wenigen Jahren seinen Niedergang – im allgemeinen wird dieser dem Auftauchen von Aleister Crowley zugeschrieben, obwohl dies nur einer von vielen Gründen war. Der GD wurde Anfang des 20. Jahrhunderts aufgelöst, wobei Splitterorganisationen entstanden.

Der GD verbreitete sich nicht nur in England, sondern faßte in den USA und in Neuseeland Fuß. Ob sich im deutsch- und französischsprachigen Raum der GD ebenfalls verbreitete, ist ungewiß. Intressant ist, daß Papus am 23. März 1895 in den Orden aufgenommen wurde, und daß der Schriftsteller Gustav Meyrink und Henri Birven sehr intensiv, aber erfolglos, nach Fräulein Sprengel fahndeten. Es ist dabei unsicher, ob, wann und wo Meyrink in den GD initiiert war. Zu erwähnen ist noch, daß zwischen dem GD und Fräulein Sprengel ein reger Briefwechsel herrschte, der plötzlich abbrach. Mathers hat später behauptet, daß dieser Briefwechsel von Westcott selbst angefertigt wurde, wofür einiges spricht. Über die Zugehörigkeit von Rudolf Steiner zum GD läßt sich nur spekulieren, eine solche ist aber sehr unwahrscheinlich. Die Mitgliederlisten geben hierüber keine Auskunft. Erwähnenswert ist, daß der GD trotz seines immensen Einflusses, den er ausübte und immer noch ausübt, zu «Lebzeiten» nur etwa 300 Mitglieder hatte!

Dreh- und Angelpunkt des GD war das sogenannte «Chiffren-Manuskript», welches in «henochischer Sprache» abgefaßt ist, eine magische Sprache, die auf den legendären Abt Trithemius zurückgehen soll. Wer aber hat es geschrieben? Es wurde immer der Anschein erweckt, daß das Chiffren-Manuskript weder von Mathers noch von Westcott oder gar Woodman stamme, aber daß nur sie Kontakte zu geheimnisvollen «Oberen» hätten, in deren Händen das Geschick des GD läge. Recht bald entpuppte sich die Ordenslegende als zweifelhaft. Es ist wahrscheinlich, daß Westcott allein für das Chiffren-Manuskript verantwortlich zeichnet. Unbestritten bleibt, daß Mathers der Hauptakteur des GD war, daß von ihm die Hauptlast an Ritual- und magisch-mystischer Arbeit geleistet wurde. Er war es dann aber auch, der dem GD den «äußeren» Todesstoß gab, indem er sich von London nach Paris zurückzog, ohne die Ordensleitung vollständig abzugeben. Die Affaire «Crowley» war nur noch jener Tropfen, der das Faß zum Überlaufen brachte. Nichtsdestoweniger existierte der GD noch einige Jahre weiter, auch nachdem es mittlerweile einige Gerichtsverhandlungen und Prozesse gegeben hatte, die die inneren «Geheimnisse» des GD öffentlich machten.

Bevor wir zu den rosenkreuzerischen Aspekten der GD kommen, seien noch ihre berühmtesten Mitglieder erwähnt: der irische Nobelpreisträger für Literatur W. B. Yeats, er war eine Zeitlang Leiter des GD, die Schauspieler Florence Farr, Bram Stoker, der Autor von «Dracula», Sax Rohmer, A. E. Waite (auf ihn werden wir noch ausführlicher eingehen), Dion

Fortune (sie gründete eine eigene Organisation, die «Fraternity of the Inner Light» und wurde als Autorin des Buches «Die mystische Kabbala» bekannt), Paul Foster Case, der Gründer der B.O.T.A., und der bereits erwähnte Aleister Crowley. Da man sich über letzteren sehr leicht ein, wenn auch zweifelhaftes Bild machen kann, interessiert er uns hier eher am Rande, bedingt durch seinen Kontakt zum O.T.O. und als quasi Mittler zwischen verschiedenen «Geheimgesellschaften». Crowley scheint sich sehr intensiv mit dem Rosenkreuzer-Gedankengut auseinandergesetzt zu haben, und übernimmt gewisse Formulierungen und Gradbezeichnungen des GD, welche wiederum den Gold- und Rosenkreuzern entlehnt waren, für seinen eigenen Orden. Teile dieses Wissens sind dann in Crowleys eigenen Orden, dem A.A. (Astrum Argenteum = Silberner Stern; übrigens soll dieser nur um die zehn Mitglieder gehabt haben) eingeflossen. Crowley (um-)deutete das «GD-Rosenkreuzer-Wissen» ganz in seinem Sinne und hat es dementsprechend praktiziert, so daß er dadurch – unseres Erachtens nach – erheblich von der traditionellen Rosenkreuzer-Tradition abgewichen ist.

Kommen wir zu den Lehren des Golden Dawn. Die Struktur des Ordens war zweigeteilt und lief auf eine Dreiteilung, sprich auf drei Orden hinaus. Der innere Orden der GD nannte sich «Ordo Rosae Rubeae et Aureae Crucis» also: «Der Orden der Roten Rose und des Goldenen Kreuzes». Der GD orientierte sich am kabbalistischen Lebensbaum, so daß der Neuaufgenommene, der Neophyt, in Malkuth beginnt und sich dann gradweise, Stufe um Stufe weiter nach oben bewegen muß. Diese Struktur hat große Ähnlichkeit mit dem Gradsystem der S.R.I.A. und natürlich jenem der Gold- und Rosenkreuzer. Es war geplant, neben dem «äußeren Orden» einen «inneren», «zweiten» Orden und dann noch einen «dritten» Orden einzurichten.

In ihren Ritualen wurde rosenkreuzerische Symbolik verwandt, ebenso das hebräische Alphabet, Astrologie und Alchemie. Ein wichtiger Bereich ist die Magie, welche den GD als «magischen» Orden ausweist, worunter neben der Abramelin-Magie das erwähnte Henochische System zu verstehen ist. All dies trug mit dazu bei, eine Fülle an Beziehungssystemen und Verweiszusammenhängen zu schaffen, was wiederum von enormem Arbeitsaufwand, Fleiß und Sammelleidenschaft zeugt. Die Rituale der GD sind größtenteils überliefert und liegen in Buchform vor. Weiter scheint es üblich gewesen zu sein, die Rituale sehr professionell zu proben und Initiationen akribisch genau vorzubereiten, nicht umsonst gab es einige Schauspieler unter den Mitgliedern.

Wie gesagt: Der Einfluß des GD war groß. Seine rosenkreuzerischen Aspekte beschränken sich nicht allein auf die Symbolik – besonders hervorzuheben ist das sogenannte Hermetische Rosenkreuz, welches wir bereits behandelt haben und das von jedem GD-Mitglied selbst angefertigt werden mußte –, sondern es wurde auch versucht, die Inhalte der *Fama* in die Praxis umzusetzen, indem gewisse Rituale und die Initiationsreise des Fraters C. R. nachgebildet und dessen Ordensgründung und die sogenannte Graböffnung fest in das Lehrsystem eingebaut wurden.

Wir erwähnten, daß die GD sehr viel Wert auf gründliche Vorbereitung legte, so daß man erst durch schriftliche Prüfungen in den nächsthöheren Grad aufgenommen werden konnte. Dies bedeutet, daß die Lehren des GD nicht sofort zugänglich waren, sondern nach und nach dargeboten wurden. So war es für den Neophyt- oder Einführungsgrad üblich, die vier alchemischen Elemente zu kennen, die astrologischen Zeichen, die 22 hebräischen Buchstaben, den kabbalistischen Lebensbaum. Für den ersten Grad war es weiter erforderlich, die drei Prinzipien zu kennen, die sieben Planeten, die vier kabbalistischen Welten, die zehn Sephiroth sowohl in hebräischen Lettern als auch in englischen. Jeder Grad hatte seinen spezifischen Lehrinhalt, der seine Entsprechungen in den Ritualen fand und beherrscht werden mußte. Betrachtet man alte Handschriften und Manuskripte des GD, so fällt auf, mit welcher Sorgfalt diese angefertigt wurden. Alle Symbole mußten selbst gezeichnet und angemalt werden.

Zum Abschluß noch ein besonderer Aspekt: der Tarot. Der Tarot war fester Bestandteil im GD und verhalf ihm zu gewisser Berühmtheit. Einige Mitglieder des GD (Waite und Case) entwickelten sich zu Tarot-Spezialisten. Wir können hier nicht auf die Überlieferung dieses Systems eingehen, möchten aber erwähnen, daß der Tarot, mit den 22 hebräischen Lettern verbunden, sehr wahrscheinlich über Eliphas Lévi zum GD gelangte.

Der GD wurde zum Sammelpunkt verschiedener rosenkreuzerischer Gedanken. Er war aber weder eine Religionsgemeinschaft noch dann eine «geheime» Gesellschaft. In dem Sinne gab es auch keinen Führerkult. Frauen und Männer konnten gleichberechtigt an der Ordens- und Ritualarbeit teilnehmen. Der ausgeprägte Umgang mit dem Ritual, den Initiationen – vergleichbar als Aufstieg zu einer höheren Bewußtseinsebene – und einer Ordenslegende hat seine Wirkung bis heute nicht verloren.

A. E. WAITE

Waite war einer der produktivsten okkult-esoterischen Schriftsteller jener Zeit. Er verfaßte mehrere Bücher, darunter Bücher über die Rosenkreuzer – «The Brotherhood of the Rosy-Cross» (welches immer noch nicht in deutscher Sprache erschienen ist) –, über Alchemie, Magie und die Kabbala. Sein Buch über den Tarot machte ihn in Deutschland bekannt und wird bis heute als Standardwerk betrachtet. An ihm kann man sehen, daß das Rosenkreuzertum sich nicht nur *in* Organisationen, sondern auch *in* Menschen erhält. Er gilt als einer der wichtigsten Forscher der Neuzeit auf diesem Gebiet und gründete nach seinem Austritt aus der GD eine eigene rosenkreuzerische Organisation.

Die Rosenkreuzer im 20. Jahrhundert
zwischen den Jahrhunderten 1890 bis 1910

Um 1890 wurde in Frankreich ein französischer Rosenkreuzer-Orden durch Joséphin Péladan (1859–1918) und Stanislas de Guaita (1816–1897) bekannt. Mit anderen zusammen – Papus, Paul Sédir, Augustin Chabouseau u. a. – gründeten sie den «Ordre kabbalistique de la Rose Croix», den bereits 1890 Sar Péladan verließ, um den «Ordre de la Rose Croix du Temple et du Gral» – auch: «Ordre de la Rose-Croix Catholique» – zu gründen.

Die französischen Rosenkreuzer wurden durch den «Salon de la Rose-Croix» (1893) bekannt, in dem so erlauchte Musiker wie Claude Debussy und Erik Satie verkehrten. Für Sar Péladan komponierte Satie drei «Sonnières de la Rose Croix» («Air de l'Ordre», «Air du Grand Maître» und «Air du Grand Prieur»). Ihr erklärtes Ziel war es – und gleiches kann für die ungefähr zeitgleich geltenden Bestrebungen gelten, den «Martinismus» wieder aufleben zu lassen –, dem Materialismus der damaligen Zeit entgegenzuwirken und auf einer nachprüfbaren Grundlage einer geistigen Weltsicht zum Durchbruch zu verhelfen. Betrachtet man das Werk von Papus, so fällt auf, daß er sich immer um Nachprüfbarkeit bemüht, auch wenn er die Grenzen der Logik überschreiten und sich einer analogen Denkform bedienen muß, was typisch für die Weltsicht eines Mystikers ist.

Der O.T.O. oder Ordo Templi Orientis wird allgemein als Sammelorganisation für verschiedene Vereinigungen wie dem «Ritus von Memphis und Misraim», dem Illuminatenorden eines Leopold Engel, den Rosenkreuzern – oder das, was darunter verstanden wurde – angesehen. Die Ziele des O.T.O. können hier nicht berücksichtigt werden, darüber sind gerade in den letzten Jahren genügend Bücher (Peter-R. König) veröffentlicht worden. Hier ist es wichtig, was der O.T.O. an rosenkreuzerischem Gedankengut adaptierte.

Im Umkreis des O.T.O.-Gründers Reuß wären folgende Organisationen zu nennen, die rosenkreuzerisch inspiriert waren, so die S.R.I.A., der Martinismus, die Gnostische Kirche. Ob und inwieweit es zu tatsächlichen Beziehungen beziehungsweise Austausch von Lehren und Lehrinhalten gekommen ist, bleibt fraglich. Es war damals üblich, daß Führer okkulter Gruppen sich gegenseitig zu Ehrenmitgliedern machten beziehungsweise eine Ehrenmitgliedschaft erhielten, oder – wie es Rudolf Steiner, der kein O.T.O.-Mitglied war, in bezug auf das System von Memphis-Misraim getan hat – lediglich den Namen eines bestimmten Systems zu benutzen, um dann eigene, unabhängige Ziele zu verfolgen. Ein Austausch oder eine gegenseitige Angleichung von Lehrinhalten mußte dabei nicht unbedingt erfolgen.

Als Gründer des O.T.O. gelten Dr. Carl Kellner (1850–1905) und Dr. Franz Hartmann, wobei berücksichtigt werden muß, daß der Name O.T.O. damals nicht existierte und der Name «Memphis-Misraim-Ritus» benutzt wurde. Erst 1906 (Kellner starb 1905) wurde der O.T.O. unter diesem Namen durch die erste (englische) O.T.O.-Konstitution von Theodor Reuß (1855–1923) bekannt. (Hartmann hatte ab 1904 keinen Kontakt mehr mit den sich 1906 O.T.O. nennenden Gruppen.)

Der O.T.O. führte ein Gradsystem, welches aus neun Graden bestand, der zehnte Grad war nur dem jeweiligen obersten Leiter vorbehalten. Ebenso wie bei allen Initiatenorden üblich, gab es einen vorbereitenden Grad, dem weitere folgten. Als Rosenkreuzer-Grad war wohl der V. Grad vorgesehen, wobei der VIII. Grad («Esoterischer Rosenkreuzer») ebenfalls mit einbezogen werden muß. Hinweise auf ein Arbeiten in der traditionellen Rosenkreuzer-Tradition, verbunden mit deren Zielsetzungen, so, wie wir sie zuvor kennenlernten, scheint es nicht gegeben zu haben.

Vom O.T.O. gingen einige Neugründungen aus, die FRA – Fraternitas Rosicruciana Antiqua –, die vor allem in Lateinamerika große Verbreitung gefunden hat, und eine Gruppe um Heinrich Tränker (1880–1956), die Pansophische Rosenkreuzer-Loge, welche okkultes Wissen mit rosenkreuzerischem Gedankengut vereinigen und lehrend weitergeben sollte. Sehr interessant sind die Ausführungen Tränkers zu traditionellen rosenkreuzerischen Schriften wie den *Geheimen Figuren*, für die er eine andere Reihenfolge der Tafeln vorsieht, als die gedruckte und numerierte Ausgabe es tut. Tränker bemüht sich ebenfalls, Gründe anzuführen, warum Andreae *nicht* der Autor der echten Rosenkreuzer-Schriften sein kann. Weiter versucht er, die ursprüngliche RC-Tradition weiterzugeben und lebendig zu erhalten. Er war als Schriftsteller sehr produktiv. Fast alle seine Werke sind aber nur noch in Privatdrucken erhältlich.

Es gibt noch andere Gruppierungen, auf die wir hier nicht eingehen können und welche Teil des «O.T.O.-Phänomens», wie Peter-R. König schreibt, seien. Der traditionelle rosenkreuzerische Aspekt, so, wie wir ihn bislang kennenlernten, fehlt beim O.T.O., obwohl ein anderer Anschein erweckt wurde.

Um es gleich vorwegzunehmen: Das folgende ist ein Versuch, sich den rosenkreuzerisch aktiven Gruppierungen in diesem Jahrhundert anzunähern. Eine Klärung oder eine objektive Darstellung dieses Phänomens ist aber nicht möglich, da diese Gruppen noch aktiv tätig sind und sich in ihrer äußeren Form und zum Teil sogar bezüglich Zielsetzung und Schwerpunkt der Lehren wandeln können; zum anderen können die «wirklichen» Belehrungen nicht einfach in Büchern nachgelesen werden, so daß eine Wiedergabe von Ansichten und Absichten dieser Organisationen notwendigerweise beschränkt beziehungsweise subjektiv geprägt bleiben muß, eine Momentaufnahme sozusagen. Im übrigen kann es nur gut sein, etwas vorsichtiger über moderne Rosenkreuzer-Organisationen zu berichten, da viele der sogenannten esoterischen neueren Nachschlagewerke heutzutage genügend Unsinn verbreiten.

Die drei aktivsten modernen Rosenkreuzer-Organisationen sind der A.M.O.R.C. (der Alte Mystische Orden vom Rosenkreuz), das Lectorium Rosicrucianum und die Rosenkreuzer Gemeinschaft (The Rosicrucian Fellowship). Rudolf Steiner, der sehr viel über das Rosenkreuzertum veröffentlicht hat, soll ebenfalls kurz erwähnt werden, da seine Anthroposophie rosenkreuzerisch inspiriert ist. Es gibt noch weitere kleinere Organisationen, die wir hier nicht berücksichtigen können.

Dr. Rudolf Steiner (1861 – 1925)

Über Rudolf Steiners Beziehungen zu anderen Organisationen ist viel spekuliert worden. Seine Mitgliedschaft in der Theosophischen Gesellschaft, seine erwiesene Nichtzugehörigkeit zum O.T.O., die Verwendung und Einbeziehung des Memphis-Misraim-Ritus in seine eigenen esoterisch-okkulten Bestrebungen, die Gründung eigener Zirkel und die Wiedererneuerung der Anthroposophie, all dies zeugt von seiner umfassenden Orientierung und dem Versuch der Integration unterschiedlicher Richtungen und Bestrebungen in «ein» Weltbild, welches sich dem christlichen Gedanken und der westlichen Tradition verpflichtet sah. Steiner leitete ebenfalls eine Zeitlang die «Esoterische Schule», einen internen Zirkel der Theosophischen Gesellschaft, die durchaus gradweise organisiert war und Belehrungen in schriftlicher und mündlicher, vielleicht sogar ritueller Art und Weise übermittelte.

Konzentrieren wir uns auf die rosenkreuzerischen Aspekte der Lehre Rudolf Steiners anhand seiner Vorträge. Aus seinem Vortragszyklus über «Die Theosophie des Rosenkreuzes» können wir entnehmen, daß Steiner Christian Rosencreutz als lebende Persönlichkeit (Individualität) angesehen hat, als jemand, der 1459 (dieses Datum wurde aus der *Chymischen Hochzeit* Johann Valentin Andreaes entnommen, die wir nicht als echte Rosenkreuzerschrift ansehen) zu wirken begann. Dieser hätte sein Wissen einer kleinen Gruppe weitergegeben und Einfluß auf die folgenden Jahrhunderte ausgeübt. Für Steiner reichte das Rosenkreuzer-Wissen mindestens bis ins 14. Jahrhundert zurück. Rosencreutz, 1378 geboren (ein Datum, welches aus der *Confessio* rückgeschlossen werden kann), hätte sich im Laufe der Jahrhunderte immer wieder in neuer Gestalt inkarniert und so einen Beitrag zur geistigen Reife der Menschheit geleistet.

Wir können annehmen, daß Steiner die drei Schriften *Fama*, *Confessio* und *Chymische Hochzeit* als Einheit angesehen hat, daß er Andreae als deren Verfasser ansah und sie durchaus wörtlich und symbolisch in seinem Sinne zu interpretieren wußte. Des weiteren, daß er die Lehren der Rosenkreuzer im Sinne einer theosophischen Weltsicht (z. B. die neungliedrige Wesenheit des Menschen; die sieben planetarischen Bewußtseinszustände des Menschen; die sieben Stufen des rosenkreuzerischen

Weges; Karma, Akasha-Chronik, Reinkarnation usw.) deutete und in seine eigene Lehre integrierte. Dazu kommen christliche Elemente, die in seiner Sicht eines esoterischen Christentums einmünden. Es kann darüber spekuliert werden, ob nicht letztlich Jesus Christus und Christian Rosencreutz für Steiner Gemeinsamkeiten aufweisen. Die Deutung des Rosenkreuzer-Mythos durch Rudolf Steiner findet ihren Ausdruck in seiner Beschreibung des «Ursprungs der Rosenkreuzer-Strömung», die sich von der traditionellen, schriftlichen Rosenkreuzer-Überlieferung unterscheidet. So wird nach Steiner im Mittelalter eine Persönlichkeit unter zwölf Weisen inkarniert, sozusagen als dreizehnte – eine Zahl, die wieder beim Lectorium Rosicrucianum auftaucht –, um ihnen ursprüngliches Wissen und Weisheit wiederzugeben. Diese Persönlichkeit wird im 14. Jahrhundert als Christian Rosencreutz inkarniert, der mit 28 Jahren auf Reisen ging, ähnlich wie seinerzeit Paulus nach Damaskus. (In der *Fama* wird jedoch gesagt, daß C. R. in «blühender Jugend» diese Reise angetreten habe, in seinem 16. Lebensjahr!) Weiter hätte er das gesamte auf dieser Reise gesammelte Wissen an die Schüler und Nachfolger der zwölf Weisen weitergegeben. (Die *Fama* spricht davon, daß es zuerst drei, dann noch einmal vier Schüler waren, denen C. R. sein Wissen mitteilte, so daß die Brüderschaft der Rosenkreuzer sich am Anfang auf *acht* beschränkte.) Inwieweit die Steinersche Deutung in ihrer Deutungsabsicht wieder symbolisch zu nehmen sei, muß offengelassen werden. Die christlichen Bezüge – die zwölf Jünger zu Jesus Christus – sind bei Steiner deutlich, jedoch in den RC-Schriften so nicht nachvollziehbar. Die Lehren der Rosenkreuzer, besser des «Christian Rosencreutz», habe sich über die Jahrhunderte weiter tradiert, und «Christian Rosencreutz» habe sich immer wieder inkarniert, auch zu Lebzeiten Rudolf Steiners.

Rudolf Steiner lehrt beziehungsweise vermittelt in seinen Lehren *kein* rosenkreuzerisches Gedankengut, welches sich an der historischen Rosenkreuzer-Tradition orientiert, jedoch fließen rosenkreuzerisch inspirierte Aspekte in das Steinersche Weltbild mit ein, werden aber entsprechend umgedeutet. Er versucht, den christlichen Gedanken und das Rosenkreuzertum miteinander in Einklang zu bringen, was für Steiner durch den Namen «Christian Rosencreutz» möglich war.

Wie Gerhard Wehr in seinem Vortrag («Das Rosenkreuzertum im Werke Rudolf Steiners») ausführt, hat sich Rudolf Steiner weit von einem «historischen» Rosenkreuzertum entfernt und dies ganz in seinem Sinne – inwieweit dies nachvollziehbar ist, muß offengelassen werden – interpretiert. Weiter sei er durch sein Eintreten für das Rosenkreuzertum einer zunehmenden östlich-religiösen Orientierung entgegengetreten. Steiner habe «Christian Rosencreutz» durchaus mit anderen mythologischen Figuren (Hiram-Abif, Lazarus-Johannes und so weiter) verbunden, beziehungsweise diese als die Inkarnationen des «Christian Rosencreutz» gesehen. Trotzdem sei die Anthroposophie und deren Erkenntnisart nicht mit dem Rosenkreuzertum gleichzusetzen.

Zwei Anmerkungen noch: Für Rudolf Steiner ist der rosenkreuzerische Weg siebenfach gegliedert: Studium, imaginative und inspirative Erkenntnis, Deutung des *lapis philosophorum*, Erkenntnis der Entsprechung von Mikrokosmos und Makrokosmos, Ausweitung dieses Verständnisses auf den Makrokosmos bis zur siebenten Stufe, der «Gottseligkeit». Weiterhin war für Steiner das Kreuz des Rosenkreuzes von schwarzer Farbe und mit Rosen (!) besetzt.

Zugute halten muß man dieser eigenen Rosenkreuzer-Philosophie ihre Verpflichtung auf praktisches Wirken und Tätigsein. Und Gerhard Wehr kommt zu dem Schluß: «Diese Strömung (die der Rosenkreuzer, w. f.) fortzusetzen und in einer gegenwärtigen Weise in den kulturellen Zusammenhang hineinzustellen, bestimmte sein Tun, auch wenn dies nicht immer im Zeichen von Kreuz und Rose geschah.»

Aus dem Zusammentreffen mit Rudolf Steiner und dessen

persönlichen Belehrungen hat sich eine rosenkreuzerisch arbeitende Organisation herausgebildet: Max Heindel (1865–1919) und die Rosenkreuzer-Gemeinschaft. Daraus ging später das Lectorium Rosicrucianum unter Jan van Rijkenborgh (1896–1968) hervor.

DIE ROSENKREUZER-GEMEINSCHAFT

Max Heindel wurde 1908 von den USA, wo er in der Theosophischen Gesellschaft aktiv war, nach Deutschland zu Rudolf Steiner geschickt, um dort mehr über die Theosophie und dann das Rosenkreuzertum zu erlernen. In die USA zurückgekehrt, gründete er seine eigene Rosenkreuzer-Organisation, deren Lehren auf den ersten Blick von der Wortwahl her große Ähnlichkeit mit Steinerschen Aussagen und den Belehrungen der Theosophischen Gesellschaft aufweisen. Auch er nimmt die Idee eines Avatars «Christian Rosencreutz» auf, der eine Gemeinschaft gründete, die sich «Rosenkreuzerische Mysterienschule» bezeichnete. Heindel bringt das Rosenkreuzertum (wie Steiner) in die Nähe zum (esoterischen) Christentum. Das äußere Symbol dieser Organisation ist ein Kreuz mit sieben Rosen, wahrscheinlich in Anlehnung an die theosophischen Prinzipien. Die Rosenkreuzer-Gemeinschaft widmet sich neben den philosophischen Belehrungen der Heilung und der Astrologie.

Ebenso wie sein Lehrer Rudolf Steiner ist Heindel dem personalen Rosenkreuzertum verpflichtet. Seine Lehren sind durchdrungen von theosophischen und, wenn man so will: anthroposophischen Zügen. Dennoch ist die Rosenkreuzer-Gemeinschaft als eine eigenständige Organisation anzusehen.

Aus der Rosenkreuzer-Gemeinschaft ist das Lectorium Rosicrucianum hervorgegangen, dessen Gründer Jan Leene oder Jan van Rijckenborgh der Rosenkreuzer-Gemeinschaft angehörten. Das LR wurde 1924 in Haarlem gegründet. Das LR vereinigt in sich gnostische und hermetische Elemente. Die umfangreichen Interpretationen van Rijckenborghs zu den drei Rosenkreuzer-Schriften lassen eine deutliche Hinwendung zum traditionellen Rosenkreuzertum erkennen. Seine Interpretation des C. R. als «Christian Rosencreutz» ist so gemeint, daß «Christian» für ein christlich geprägtes Abendland und Geistesgut steht und «Rosencreutz» für «den Weg der vollkommensten Selbstaufopferung».

Das Rosenkreuzertum würde einer abendländischen Mysterienschule entsprechen, die zum Ziel hat, die geistige Seite im Menschen – symbolisiert durch die Rose – zur Entfaltung zu bringen. Der bewußte Bezug auf die christliche Tradition und das Einbeziehen der Gnosis, des Gedankengutes der Katharer und der Hermetik bringt eine geistige Reformation zustande.

Die Lehren des LR versuchen, den Weg, der jedem Menschen eigen sei, hin zu seiner Erlösung vom Irdischen aufzuzeigen. Die Entsprechungslehre: Mikrokosmos und Makrokosmos führt dazu, den Menschen als kleine Welt zu sehen, der in sich den Geistesfunken wiederfindet und der zur Befreiung des ursprünglichen Lichtmenschen führen soll, so wie es die Gnosis, die Hermetik, das Christentum und die Mysterien der Rosenkreuzer lehren. Der Mensch, der in sich diesen Gottesfunken entdeckt, wird wieder in das Lichtreich des Vaters, Gottes oder der Gnosis zurückkehren.

Nach Ansicht der LR sei diese Welt, so wie sie sich uns heute darbietet, weit vom ursprünglichen Schöpfungsplan entfernt. Dies führt, in Übereinstimmung mit Mystikern und Gnostikern der Vergangenheit, zu der Annahme von zwei Reichen, einem des Lichtes und einem der Finsternis. Diese Trennung oder Abspaltung des Geistigen vom Stofflichen läßt den Menschen hier in einem ewigen Kreislauf von Leben und Tod, Werden und Vergehen eingeschlossen sein. Der Weg hinaus, der den Menschen zurückführt, liegt im gnostischen Pfad des LR.

Rijckenborgh hat seine Philosophie und Weltanschauung aus den obengenannten Quellen geschöpft und miteinander verbunden. Der Dualismus, der sich durch die Lehren des LR zieht, schon in bezug auf die Gnosis erkennbar, führt dem Menschen zu Bewußtsein, daß diese Welt, in der er lebt, eine vergängliche ist, aus der er sich mit Hilfe der geistigen, ewigen Welt befreien kann. Diese Wahrheit sei allen Zeiten transparent gewesen, sowohl in der christlichen Tradition als auch in der östlichen. In bezug auf das Christentum bedeutet dies, die Rückbesinnung darauf, daß der sterbliche Mensch sterben muß, um im Geistigen unsterblich zu werden. Das LR sucht dieses Wissen der Erneuerung lebendig zu erhalten im Sinne einer religiösen Gemeinschaft.

Das LR sagt von sich, daß es einer christlichen Heilslehre entspräche, begründet auf dem Urchristentum, deren Erneuerung sich in der Rosenkreuzer-Bruderschaft des 17. Jahrhunderts widerspiegeln würde. Den Dualismus der Welt zu überwinden, im Menschen, dem Mikrokosmos, jenen unsterblichen Wesenskern zu entdecken und mittels der Christuskraft seelisch zu erneuern, sei Ziel des LR. Durch eine Gemeinschaft Gleichgesinnter wird dieser Weg zur Hinwendung an die höhere Natur im Menschen möglich. Gnosis, also Erkenntnis, wird als Gotteserfahrung gedeutet, für den Menschen, welcher in der heutigen Welt ein Übungsfeld vorfindet.

Für das LR bedeutet das Rosenkreuz folgendes: «Der waagrechte Balken kann als Sinnbild für das Leben in unserer Welt angesehen werden, das sich stets zwischen Gegensätzen bewegt und von Mühsal gekennzeichnet ist. Der senkrechte Balken deutet auf die einstrahlende Gotteskraft hin, die den Menschen auf die Existenz einer höheren Welt aufmerksam machen will und ihn zu einem Weg dorthin ruft. Wenn er diesem Ruf folgt, entsteht in ihm aus dem geistigen Urkern eine neue Seele. Sie ist die ‹Rose›, die im Schnittpunkt des Kreuzes erblüht.» Neben dem Rosenkreuz hat das LR auch den Kreis, das Dreieck und das Viereck als Symbol.

Das LR kennt ebenfalls eine Probe- und Neophytzeit, die zur Vorbereitung auf den Eintritt in die Gemeinschaft genutzt werden soll: «Die geistigen Werte des Weges können hierbei verinnerlicht werden. Hierdurch wird es möglich, den Sinn einiger äußerer Konsequenzen zu verstehen, die im Verlaufe des Schülerweges erforderlich werden, zum Beispiel eine vegetarische Lebensweise und der Verzicht auf Alkohol, Nikotin und Drogen. Zu den inneren Konsequenzen gehört unter anderem die Abwendung von einer egoistischen oder egozentrischen Lebensweise.»

Das LR führt regelmäßig Treffen durch, in denen Gottesdienste stattfinden, weil dabei die atmosphärische Christuskraft in der Gemeinschaft besonders wirksam wird. Eine persönliche Abhängigkeit, ein Meister oder Guru würde dem Weg der eigenen Selbsterkenntnis widersprechen. Das LR sagt außerdem, daß meditative Übungen nicht praktiziert werden, «weil hierdurch allzuleicht psychische Abhängigkeiten – insbesondere vom eigenen Unterbewußtsein – entstehen». Für das LR stehen die Rosenkreuzer-Lehren im Mittelpunkt und die sich daraus ergebende Heilsoffenbarung, in welcher auf Jesus Christus Bezug genommen wird.

Jan van Rijckenborgh ist einer der wenigen, der längere Kommentare und Interpretationen zu den klassischen Rosenkreuzerschriften verfaßt hat. Er deutet dabei die Symbolsprache und den Inhalt im Sinne seiner Weltanschauung, doch durchaus nachvollziehbar und erhellend. In diesem Sinne ist das traditionelle Rosenkreuzertum beim LR lebendig.

Der Alte Mystische Orden Rosae Crucis, A.M.O.R.C., bezeichnet sich selbst als Nachfolge-Organisation der Rosenkreuzer des 17. Jahrhunderts, zudem als Initiatenorden, der seinen
Mitgliedern mittels eines Einweihungs- und Lehrsystems zur
eigenen Erfahrung des umfassenden göttlichen Bewußtseins
und zum Erleuchtungserlebnis der Einheit führen will. Durch
Mystik – wie auch der Name A.M.O.R.C. aussagt – wird sich
von magisch-okkulten und religiösen Gruppierungen abge-
grenzt und deutlich gemacht, daß der Rosenkreuzerweg ein
Weg nach innen ist, einer, der der Reifung und Veredelung der
eigenen Persönlichkeit dienen soll. Mystik macht den direkten,
inneren Zugang zum göttlichen Bewußtsein möglich, doch an-
erkennt das In-der-Welt-Sein, ja setzt es sogar voraus.

A.M.O.R.C. wirkte von Anfang an in der Öffentlichkeit und
stellt sich als ein esoterisches System dar, das jedem offensteht,
der sich ernsthaft bemühen will. Gegründet wurde A.M.O.R.C.
1915 von dem Amerikaner H. Spencer Lewis, der selbst von
französischen Rosenkreuzern Anfang dieses Jahrhunderts um
1909 in die geheime Überlieferung der Rosenkreuzer eingeweiht wurde. Ein moderner Alchemist, der unter dem Namen
«Frater Albertus» bekannt wurde, hat in einem seiner Bücher
folgendes über A.M.O.R.C. und H. Spencer Lewis geschrieben: «Das Werk, an dem er (H. Spencer Lewis) arbeitete, hat
Tausenden und Abertausenden ermöglicht, den äußeren Hof
des Tempels der esoterischen Weisheit zu betreten. Von diesen
sind manche auf dem Gebiete ihrer Anstrengungen weiterge-
kommen. ... Er leistete für die Erleuchtung derjenigen, die nach
mehr Licht suchten, einen großen Beitrag mit Hilfe anderer
Mittel und durch die Werke, die er veröffentlichte. Die Resul-
tate sind offensichtlich, wie man heute sieht und noch in der Zukunft sehen wird.» Ein anderes Nachschlagewerk – «Westliche
Einweihungslehren» – spricht davon, daß sich der A.M.O.R.C.

von anderen ähnlichen Organisationen insofern abhebe, «als er am ehesten im Sinne des Guten zu wirken scheint». Weiter schreiben die Autoren: «Der Orden kennt keine Schranken: Geschlecht, Hautfarbe, Rasse, Religion oder gesellschaftlicher Status sind nicht wichtig.» A.M.O.R.C. biete «eine Quelle sicherer Kenntnisse über die Geheimnisse des Lebens … Der Orden betont vor allem die Notwendigkeit, die erlernten Prinzipien im täglichen Leben zu erproben und nur das als wahr anzuerkennen, was durch persönliche Kontrolle nachgeprüft werden kann». Ein grundlegendes Buch der letzten Jahre von Massimo Introvigne, «Il capello del Mago», geht ausführlich auf A.M.O.R.C. ein und nennt es die größte und am weitesten verbreitete Rosenkreuzer-Organisation.

Das Studium des A.M.O.R.C. besteht einerseits aus einem sogenannten Heimstudium, in dem Studienmaterial (Monographien genannt) und spezielle Initiationen bearbeitet werden und andererseits aus einer gemeinsamen Ritualarbeit, welche bei Zusammenkünften der Studierenden in den einzelnen Städtegruppen gepflegt wird. A.M.O.R.C. hat im deutschsprachigen Raum über 50 solcher Gruppen, in denen monatliche Treffen möglich sind. Die rosenkreuzerische Überlieferung, ihre Lehre und die jahrzehntelange kontinuierlich sich entwickelnde Erfahrung im Umgang mit den Studiengebieten bieten ein sicheres Fundament, um mit den wichtigsten Quellen der mystischen Belehrungen in Kontakt zu kommen.

Zum Lehrstoff des A.M.O.R.C. gehören folgende Themen: die Seinslehre der Rosenkreuzer, das Gesetz der Bildung der Materie, Bewußtsein, Wirklichkeit und Illusion, die Lebenskraft, philosophische Entwicklung des Menschen und sein Gottesbild, Selbstheilung, der psychische Körper, die Seele, Erreichung eines höheren Bewußtseins. Weiterhin wird die Geschichte der Rosenkreuzer, ihre wichtigsten Schriften, ihre Symbolik und ihre Techniken zur Entfaltung des Inneren Selbst behandelt. Aura, Reinkarnation, Karma, Meditation, die hebräischen Buchstaben, die höhere Astrologie, der esoterische Tarot und die Rosenkreuzer-Kabbala sind ebenfalls Schwerpunkte.

A.M.O.R.C. beruft sich auf die Lehren der Mysterienschulen der Vergangenheit und darauf, daß im Lauf der Jahre die Entdeckungen, Gedanken, Vorstellungen, Erleuchtungen und kosmischen Offenbarungen von vielen Menschen ins Ordenssystem integriert wurden, so daß es immer wieder den Erfordernissen der Zeit angeglichen werden konnte, wobei der innere, spirituelle Kern bewahrt wurde.

Ziel des A.M.O.R.C. ist es, dem Menschen zur Entfaltung seiner wahren, weil inneren und geistigen Persönlichkeit zu verhelfen. Alle Übungen und Techniken zielen darauf ab, den Kontakt zum eigenen Wesenskern zu intensivieren, was letztlich zur Selbstmeisterung führen wird. Das Vertrauen in die eigene Erfahrung wird gefördert auch in Hinblick darauf, zwischen Schein und Sein unterscheiden zu können. Persönliche Abhängigkeiten sind auf dem A.M.O.R.C.schen Weg nicht gegeben. Die eigene Gewissensfreiheit, die größtmöglichste Toleranz bei weitestgehender Unabhängigkeit wird groß geschrieben. In einer Informationsschrift des Ordens heißt es: «Ziel des Ordens ist, den Menschen mit den Gesetzmäßigkeiten des Kosmos bekannt zu machen. Als Folge dieser Erkenntnisse werden für den Alltag Festigkeit sowie Ausdauer und Beharrungsvermögen erzielt. Innerer Friede und Ausgeglichenheit können erreicht werden. Mehr und mehr wird der Mensch kreativ und schöpferisch tätig. Die Meisterung einzelner Lebensbereiche kann dadurch erzielt werden sowie das Erkennen seiner Pflichten gegenüber sich selbst, seinen Mitmenschen und dem Kosmos.»

A.M.O.R.C. bezeichnet sich selbst als Initiatenorden, in dem der lebendige Umgang mit Initiationen, Ritualen und Symbolen gepflegt wird, um das innere Licht mit dem größeren, weil göttlichen Licht zu vereinen. Großer Wert wird darauf gelegt, daß der Studierende selbst Erfahrungen auf dem rosenkreuzerischen Pfade sammeln kann. Das Wissen wird dabei nicht auf einmal weitergegeben, sondern nach und nach. A.M.O.R.C. lehrt einen westlichen Einweihungsweg, der auf der Tradition der alten Mysterienschulen beruht. Damit bildet das Rosenkreuzertum eine echte Alternative zur östlichen Philosophie.

A.M.O.R.C. beruft sich bewußt auf die rosenkreuzerische Überlieferung und hält die Tradition der *Fama Fraternitatis* und den *Geheimen Figuren* aufrecht. Die Angliederung des A.M.O.R.C. an die rosenkreuzerische Tradition wird folgendermaßen überliefert: «Gegen Ende des vergangenen Jahrhunderts hat der ‹Internationale Rat› des damals existierenden Rosenkreuzer-Ordens in Europa beschlossen, die Lehren des Ordens in Manuskriptform in einem Land in Sicherheit zu bringen, das sich in einem anderen Erdteil als Europa befindet. Den Vorgängen im alten Europa gemäß, wurden Zerstörungen und Verwüstungen ganzer Landesteile vorausgeahnt, was dazu führen konnte, die Ordenslehren für lange Zeiten zu verschütten. Ein Ausweg mußte gefunden werden. Der Internationale Rat des Ordens hat dann beschlossen, eine Zusammenfassung der Lehren zu erstellen und diese in ein Land zu bringen, das aller Voraussicht nach für die nächsten hundert Jahre nicht von Revolutionswirren und Kriegszerstörungen heimgesucht würde. So wurden die Vereinigten Staaten von Amerika ausgewählt, die Essenz der Lehren zu beherbergen. Pakete aller Art mit Manuskripten, Büchern und sonstigem Lehrmaterial aus vielen europäischen Rosenkreuzerzentren wurden nach New York gesandt: aus Sankt Petersburg, Moskau, Berlin, Hamburg, Wien, Frankfurt, Leipzig, Genf, Prag, Paris, Lyon, London, Edinburgh und Florenz.» Von Amerika aus wurden die Rosenkreuzer-Lehren nach den Weltkriegen wieder nach Europa gebracht: «Die Lehren des ORDO ROSAE CRUCIS wurden in den USA bewahrt, lebendig erhalten und traten ihre Rückreise nach Europa nach Beendigung des Zweiten Weltkrieges an. Im Jahre 1952 erreichten sie auch die damalige Bundesrepublik Deutschland. In München wurde eine Administration errichtet, die nach einigen Jahren nach Überlingen am Bodensee übersiedelte und Ende 1963 nach Baden-Baden verlegt wurde, wo sich die deutschsprachige Administration heute befindet.»

A.M.O.R.C. ist eine unabhängige Vereinigung, die keinen materiellen Gewinn erstrebt. Es werden Studien-, Meditations- und Übungs-Seminare sowie Rituale durchgeführt. Die Verbreitung von Kunst, Kultur und Bildung nimmt ebenfalls einen hohen Stellenwert ein. Der Verlag AMORC-Bücher gibt eigene Bücher und Schriften heraus, die mit den Rosenkreuzer-Lehren in Zusammenhang stehen. Es werden aber auch Bücher, die auf eine umfassende Allgemeinbildung abzielen – in den Bereichen Philosophie, Metaphysik, Wissenschaft und Kunst – den Studierenden empfohlen. So soll gewährleistet werden, daß das Anliegen der Rosenkreuzer-Lehren – die Selbsterkenntnis und umfassende Menschenbildung – Wirklichkeit werden kann.

Die Rosenkreuzer im 17. Jahrhundert
und frühere Literatur in Zusammenhang
mit dem Rosenkreuzertum

Agrippa von Nettesheim: De Occulta Philosophia, Drei Bücher über die Magie. Nördlingen 1987

Andreae, Johann Valentin: Fama Fraternitatis. Confessio Fraternitatis. Chymische Hochzeit: Christian Rosencreutz. Anno 1459. Eingeleitet und herausgegeben von Richard van Dülmen. 2. Auflage, Stuttgart 1976

Die Chymische Hochzeit Cristian' Rosencreutz Anno 1459. Obernhain 1974.

Böhme, Jakob: Aurora oder Morgenröte im Aufgang. Hg. und erläutert von Gerhard Wehr, Freiburg 1977.

Das Leben Jakob Böhmes. Von Will-Erich Peuckert. Stuttgart 1961.

Mysterium Pansophicum. Hg. und erläutert von Gerhard Wehr, Freiburg 1980.

Mysterium Magnum, oder Erklärung über das erste Buch Mosis (1623). J. B. Sämtliche Schriften. Hg.: Will-Erich Peuckert. Band 7 und 8. Stuttgart, 1958.

Von der Gnadenwahl. Hg. und erläutert von Gerhard Wehr, Freiburg 1978.

Bruno, Giordano: Über die Monas, die Zahl und die Figur. Hamburg, Meiner 1991.

Zwiegespräche vom unendlichen All und dem Weltall. Darmstadt 1993.

Das Corpus Hermeticum Deutsch. Teil I und II. Bearbeitet und herausgegeben von Carsten Colpe und Jens Holzhausen. Stuttgart-Bad Cannstatt 1997.

Dee, John: Die Monas-Hieroglyphe. Interlaken 1982.

Eco, Umberto: L'Énigme de la Hanau 1609. Enquete bio-bibliographie sur «L'Amphithéatre de l'Éternelle Sapience ...» de Heinrich Khunrath. Paris 1990.

Fama Fraternitatis, oder Entdeckung der Brüderschaft des löblichen Ordens des Rosencreutzes, beneben der CONFESSION oder Bekanntnuß derselben Fraternitet, an alle Gelehrte und Häupter Europa geschrieben, ... Erstlich gedruckt zu Casel, im Jahr 1616.

Fama Fraternitatis. Das Urmanifest der Rosenkreuzer Bruderschaft. Zum ersten Mal nach den Manuskripten bearbeitet, die vor dem Erstdruck 1614 entstanden sind durch Pleun van der Kooij. Mit einer Einführung über die Entstehung und Überlieferung der Manifeste der Rosenkreuzer von Carlos Gilly. Rozekruis Pers. Haarlem, Amsterdam 1998.

Fludd, Robert: Schutzschrift für die Ächtheit der Rosenkreuzergesellschaft, 1782, herausgegeben und aus dem Lateinischen ins Deutsche übersetzt von A. M. Birkholz.

Gichtel, Johann Georg: Theosophia Practica. Freiburg 1979.

Gilly, Carlos (Redaktion): Cimelia Rhodostaurotica. Die Rosenkreuzer im Spiegel der zwischen 1610 und 1660 entstandenen Handschriften und Drucke. Ausstellung der Bibliotheca Philosophica Hermetica Amsterdam und der Herzog August Bibliothek Wolfenbüttel. Amsterdam 1995.

Haslmayr, Adam: Der erste Verkünder der Rosenkreuzer. Amsterdam 1994.
s. auch: Fama Fraternitatis

Hoßbach, Wilhelm: Johann Valentin Andreae und sein Zeitalter. Berlin 1819.

Kepler, Johannes: Weltharmonik. Übersetzt und eingeleitet von Max Caspar. München, Wien 1982.

Kuper, Michael/**Kiesewetter**, Karl: John Dee und der Engel vom westlichen Fenster. Verlag Clemens Zerling, Berlin 1993.

Khunrath, Heinrich: The Amphitheatre Engraves of Heinrich

Khunrath. Translated by Patricia Tahil. Edited by Adam Mclean. Magnum Opus Hermeticum, 1981.

Vom hylealischen Chaos der naturgemäßen Alchymiae und Alchymisten. Graz 1990.

Maier, Michael: Atalanta fugiens, hoc est, Emblemata nova de Secretis Naturae Chymica. Oppenheim 1617.

Themis aureae, h. e. de legibus fraternitatis R. C. tractatus. Frankfurt 1618.

De legibus fraternitatis R. C. Oppenheim 1617.

Paracelsus, Theophrastus: Sämtliche Werke. Nach der 10bändigen Gesamtausgabe. Band I bis IV. Anger-Verlag-Eick. Anger 1993.

Werke in fünf Bänden. Hg. Will-Erich Peuckert, Darmstadt 1976.

Pico della Mirandola, Giovanni: Ausgewählte Schriften. Jena und Leipzig 1905.

Reinhardt, Heinrich: Freiheit zu Gott. Der Grundgedanke des Systematikers Giovanni Pico della Mirandola (1463–1494). Weinheim 1989.

Reuchlin, Johannes: De verbo mirifico. Das wundertätige Wort (1494). Sämtliche Werke, Band I,1. Stuttgart 1996.

On the Art of the Kabbalah. De Arte Cabalistica. New York 1983.

Stoltzius von Stoltzenberg: Chymisches Lustgärtlein. Darmstadt 1987.

The Fame and Confession of the Fraternity of R. C: Commonly of the Rosie Cross with a Praeface annexed thereto, and a short Declaration of their Physical Work by Eugenius Philalethes. W. J. Parrett, Ltd., Margate 1923.

Trismosin, Salomon: Splendor Solis. Translated by Joscelyn Godwin. Introduction an Commentary by Adam Mclean. Phanes Press 1991.

Umminger, Walter: Das Winterkönigreich. Roman. Klett-Cotta, o. J. (1995).

Albrecht, H. C. (Hg.): Geheime Geschichte eines Rosenkreuzers. Aus seinen eigenen Papieren. Hamburg 1792.

Alchemistisches Bruchstück aus der Verlassenschaft eines ver-
storbenen Mitgliedes des Ordens der Rosen- und Goldenen-
Kreuzer. Leipzig 1788.

Archarion. Von wahrer Alchemie. Die Bereitung des Steins der
Weisen im Innen und Außen, in Theorie und Praxis. – Mit
dem «Testament der Bruderschaft des Gold- und Rosenkreuzes.» Freiburg 1983.

Baader, Franz Xaver von: Erläuterungen zu sämtlichen Schriften von Louis Claude des Saint-Martin. GW Band 12, Aalen
1963.

Vorlesungen und Erläuterungen zu Jakob Böhmes Lehre. GW
Band 13. Aalen 1963.

Beyer, Dr. Bernhard: Das Lehrsystem des Ordens der Gold-
und Rosenkreuzer. ARW, 1978. (Nachdruck von 1925.)

Birkholz, Adam Michael (Pseudonym: Ada Mah Booz) Hg.:
Compaß der Weisen, 2. Auflage, 1782.

Eckartshausen, Karl von: Aufschlüsse zur Magie aus geprüfter
Erfahrung über verborgene philosophische Wissenschaften
und verdeckte Geheimnisse der Natur. Schwarzenburg 1978.

Die Wolke über dem Heiligtum. Baden-Baden 1986.

Über die wichtigsten Mysterien der Religion. Mit einer Einführung von Antoine Faivre. Freiburg 1978.

Über die Zauberkräfte der Natur. Mit einer Einführung von
Antoine Faivre. Freiburg 1978.

Forestier, René Le: Die templerische und okkultische Freimaurerei im 18. und 19. Jahrhundert. Vier Bände. Hg. Antoine
Faivre. Leimen 1989.

Geheime Figuren der Rosenkreuzer. Altona 1785, 1788. Freiburg 1988. (Frühere Ausgabe: Barsdorf Verlag, Berlin 1919.)

Das **Geheimnis aller Geheimnisse** ex Macrocosmos et Microcosmo oder der güldene Begriff der geheimsten Geheimnisse der Rosen- und Gülden-Kreuzer mit ihren drey Steinen der Wunder, Leipzig 1788.

Hall, Manly P.: The Rosicrucians and Magister Christoph Schlegel. Hermetic Roots of America. Los Angeles 1988.

Codex Rosae Crucis. D.O.M.A. A Rare and Curious Manuscript of Rosicrucian Interest. Now published for the first time in its original form. Los Angeles 1983.

Des **Hermes Trismegistos wahrer alter Naturweg**. Oder: Geheimnis wie die große Universaltinctur ohne Gläser auf Menschen und Metalle zu bereiten. Herausgegeben von einem ächten Feymäurer. I.C.H. Leipzig 1782.

Hermes Trismegisti Erkäntnuß der Natur und des darin sich offenbarenden Großen Gottes ... Verfertigt von Alethophilo 1706.

Hermetisches A.B.C. derer ächten Weisen älter und neuer Zeiten vom Stein der Weisen. Ausgegeben von einem wahren Gott- und Menschenfreunde. 4. Teile, Berlin 1778–79.

Hoßbach, Wilhelm: Johann Valentin Andreae und sein Zeitalter. Berlin 1819.

Kirchweger, A. J.: Aurea Catena Homeri. o. O. 1711.

Marx, Arnold: Die Gold- und Rosenkreuzer. Ein Mysterienbund des ausgehenden 18. Jahrhunderts in Deutschland. Leipzig 1930.

Missiv an die Hocherleuchtete Brüderschaft des Ordens des Goldenen und Rosenkreutzes. Lux in Cruce et Crux in Luce. Wegen seiner großen Seltenheit und Wichtigkeit mit vier alten Ausgaben verglichen, und mit verschiedenen Lesarten versehen. Nebst einem noch nie im Druck erschienenen vollständigen historisch-kritischen Verzeichniß von 200 Rosenkreutzerschriften vom Jahr 1614 bis 1783. Als ein Beytrag zum Fictuldischen Probierstein. Leipzig 1783.

Nicolai, Friedrich: Einige Bemerkungen über den Ursprung und die Geschichte der Rosenkreuzer und Freymaurer (1806), GW Band 5, Hildesheim 1988.

Richter, Samuel (Pseudonym: Sincerus Renatus): Die wahrhaffte und vollkommenste Bereitung des Philosophischen Steines, der Brüderschafft aus dem Orden des Gülden- und Rosen-Creutzes ..., o. O. 1710.

Die **theoretischen Brüder** oder zweite Stufe der Rosenkreuzer und ihre Instruktionen des erstmahl aus Licht herausgegeben von einem Profanen nebst einem Anhang aus dem dritten und fünften Grad, als Probe. Athen 1785.

Wellig, Georg von: Opus Mago-Cabbalisticum et Theosophicum, darinnen der Ursprung, Natur und Eigenschaften und Gebrauch des Salzes, Schwefels und Mercurii, in dreyen Theilen beschrieben ..., Frankfurt 1719.

Zimmermann, Rolf Christian: Das Weltbild des jungen Goethe. Studien zur hermetischen Tradition des deutschen 18. Jahrhunderts.

Erster Band: Elemente und Fundamente. München 1969.

Zweiter Band: Interpretation und Dokumentation. München 1979.

Die Rosenkreuzer im 19. Jahrhundert

Balzac, Honoré de: Louis Lambert, in: Mystische Geschichten, Zürich 1982.

Bulwer-Lytton, Edward: ZANONI. Das Hohelied des Opfers. Interlaken 1983.

The Complete Golden Dawn **Cipher Manuscript**. Translated and edited by Darcey Küntz. Introduction by R. A. Gilbert. Edmonds, WA. 1996.

Bucke, Richard Maurice: Die Erfahrung des kosmischen Bewußtseins, Freiburg 1975.

Fortune, Dion: Die mystische Kabbala. Ein praktisches System der spirituellen Entfaltung. Freiburg 1993.

Godwin, Joscelyn et. al.: The Hermetic Brotherhood of Luxor. York Beach, Maine 1995.

Gilbert, R. A.: Arthur E. Waite. Ein Magier besonderer Art. Königsförde 1998.

The Golden Dawn Companion. A Guide to the History, Structure and Workings of the Hermetic Order of the Golden Dawn. Wellingborough, Northamptonshire 1986.

(Hg.) Hermetic papers of A. E. Waite. The Unknown Writings of a Modern Mystic. Wellingborough 1987.

(Hg.) The Magical Mason. Forgotten Hermetic Writings of Wiliam Wynn Westcott. Physician and magus. Wellingborough, Northamptonshire 1983.

Hamill, John (Hg.): The Rosicrucian Seer. Magical writings of Frederick Hockley. Wellingborough, Northamptonshire 1986.

Hartmann, Dr. Franz: Im Vorhof des Tempels der Weisheit enthaltend die Geschichte der wahren und falschen Rosenkreuzer, Calw, o. J.

Mysterien, Symbole und magisch wirkende Kräfte, Calw, o. J.

Theophrastus Paracelsus von Hohenheim, München 1983.

Unter Adepten und Rosenkreuzer, Berlin 1963.

Howe, Elec: The Magians of the Golden Dawn. A Documentary History of a Magical Order 1887–1923. York Beach, Maine 1984.

Jennings, Hargrave: Die Rosenkreuzer. Ihre Gebräuche und Mysterien. Schwarzenburg 1979.

King, Francis (Hg.): Astral projection, Ritual Magic and Alchemy. Golden Dawn Material by S. L. MacGregor Mathers and others. Wellingborough, Northamptonshire 1987.

Lévi Eliphas (d. i. Alphons Louis Constant): Der Schlüssel zu den großen Mysterien. Interlaken 1981.

Einweihungsbriefe in die Hohe Magie und Zahlenmystik. Schwarzenburg 1980.

Geschichte der Magie. Bern 1997.

MacGregor **Mathers**, S. L.: The Kabbalah unveiled. York Beach, Maine 1993.

Randolph, P. B.: Magia Sexualis, Wien 1992.

Regardie, Israel: Die Elemente der Magie. Eine Einführung in die Magie, Kabbala und Meditation. Reinbek 1991.

Das magische System des Golden Dawn. Band 1 bis 3., Freiburg i. Br. 1987.

Symonds, John: Aleister Crowley. Das Tier 666. Leben und Magick. München 1996.

Waite, A. E.: Der Bilderschlüssel um Tarot, Waalkirchen 1978.

The Brotherhood of the Rosy Cross. London 1924.

The Hermetic Museum. Containing Twenty-Two most celebrated Chemical Tracts. York Beach, Maine 1994.

The Holy Kabbalah. A Mystical Interpretion of the Scriptures. New York 1995.

Westcott, Wynn: History of the Societas Rosicruciana in Anglia. London, Privately Printed, Dec. 30, 1900.

Wigston, W. F. C.: Bacon, Shakespeare and the Rosicrucians. London 1898.

Die Rosenkreuzer im 20. Jahrhundert

A.M.O.R.C. Die Rosenkreuzer. Wege zu einer höheren Lebenserfahrung. AMORC-Bücher, Baden-Baden 1995.

Bernard, Christian: So mög es sein. AMORC-Bücher, Baden-Baden 1997.

Caillete, Serge: Sar Hieronymus et la FUDOSI. Paris 1986.

L'affaire Spencer Lewis. In: Renaissance Traditionelle, Janvier-Avril 1995.

Case, Paul Foster: The True and Invisible Rosicrucian Order. York Beach, ME, 1985.

The Great Seal of the United States, its History, Symbolism and Message for the New Age. Los Angeles 1976.

Clymer, Dr. Swinburne: The Rosicrucian Fraternity in America. Volume I, II. Beverly Hall Corporation 1935.

Eco, Umberto: Das Foucaultsche Pendel. München 1989.

Freudenberg, Franz: Aus der älteren Geschichte der Rosenkreuzer. o. O. 1920.

Glowka, Hans-Jürgen: Deutsche Okkultgruppen 1875–1937, ARW, 1981.

Hall, Manly P.: The Secret Teachings of All Ages. Los Angeles 1994.

Heindel, Max: (d. i. Carl Louis Graßhoff): Das Rosenkreuzerische Christentum. Darmstadt, o. J.

Die Weltanschauung der Rosenkreuzer. Darmstadt, o. J.

Lehren eines Eingeweihten. Darmstadt, o. J.

Kaltenbrunner, Gerd-Klaus: Geheimgesellschaften und der Mythos der Weltverschwörung. München, Freiburg 1987.

König, Peter-R.: Das OTO-Phänomen. 100 Jahre Magische Geheimbünde und ihre Protagonisten von 1895–1994. Ein historisches Aufklärungswerk. ARW, 1994.

Der OTOA-Reader. ARW, 1994.

Der große Theodor Reuß Reader, ARW, 1997.

Ein Leben für die Rose (Arnold Krumm-Heller). ARW, 1995.

Das Beste von Heinrich Tränker, ARW, 1996.

Kurtzahn, Ernst: Die Rosenkreuzer, Lorch (Württemberg) 1920.

Lewis, H. Spencer: Das mystische Leben Jesu. AMORC-Bücher, Baden-Baden 1975.

Die geheimen Lehren Jesu. AMORC-Bücher, Baden-Baden 1987.

Rosicrucian Principles for Home and Business. A.M.O.R.C., San Jose 1987.

Rosicrucian Questions and Answers. With Complete history of the Rosicrucian order, A.M.O.R.C., San Jose 1984.

Selbstmeisterung, Schicksal und Lebensrhythmen. AMORC-Bücher, Baden-Baden 1982.

The Symbolic Prophecy of the Great Pyramid. A.M.O.R.C., San Jose 1972.

Wohnungen der Seele. AMORC-Bücher, Baden-Baden 1968.

Lewis, Ralph: Cosmic mission fulfilled. A.M.O.R.C., San Jose 1978.

Das Innere Heiligtum. AMORC-Bücher, Baden-Baden 1991.

Mentale Alchemie. Die Metamorphose des Geistes. AMORC-Bücher, Baden-Baden 1989.

McLean, Adam: A compendium on the Rosicrucian Vault. Edingburg 1985.

Möller, Helmut/**Howe**, Ellic: Merlin Peregrinus. Vom Untergrund des Abendlandes. Würzburg 1986.

Nording, Germann: Geheimnisse vom Rosenkreuzer, München 1938.

Papus (d. i. Dr. Gérard Encausse): Die Grundlagen der Okkulten Wissenschaft, Berlin 1996.

Die Kabbala, Schwarzenburg 1979.

Tarot der Zigeuner Interlaken 1985.

Preece, Harold: Die stillen Jahre. In Crux Rosae (A.M.O.R.C.) 1969.

Raab, Wilhelm: Der Neophyt. A.M.O.R.C. Baden-Baden 1986.

Meditation. Baden-Baden 1976.

Reuß, Theodor (Hg.): Lingam-Yoni oder Die Mysterien des Geschlechts-Kultus. ARW, 1983.

Rijckenborgh, Jan van (d. i. Jan Leene): Das Bekenntnis der Bruderschaft des Rosenkreuzes. Confessio Fraternitatis R.C. Haarlem 1980.

Der Ruf der Bruderschaft des Rosenkreuzes. Esoterische Analyse der Fama Fraternitatis R. C. Haarlem 1985.

Die Alchemische Hochzeit von Christian Rosencreutz. Band 1 und Band 2, Haarlem 1983.

Rosenkreuzerische Lebensregeln. Praktische Anleitung für bewußte Lebensgestaltung. AMORC, Baden-Baden 1994

Schrödter, Willi: Die Geheimkünste der Rosenkreuzer. Hannover 1954

Das Rosenkreuz. Bern 1977.

Sedir, Paul (d. i. Yvan Leloup): Les Rose Croix. Paris 1964.

Steiner, Rudolf: Das esoterische Christentum. 1987. GA 130.

Die Erkenntnis des Übersinnlichen in unserer Zeit und deren Bedeutung für das heutige Leben. 1983. GA 55.

Die Geheimwissenschaften im Umriß. 1989. GA 13.

Die Philosophie der Freiheit, 1995. GA 4.

Die Theosophie des Rosenkreuzes. 1985, GA 99.

Die Tempellegende und die Goldene Legende. 1991. GA 93.

Theosophie. Einführung in übersinnliche Welterkenntnis und Menschenbestimmung. 1987. GA 9.

Wie erlangt man Erkenntnis der höheren Welten? 1993. GA 10.

Surya, G. W.: Moderne Rosenkreuzer oder Die Renaissance der Geheimwissenschaften. Ein okkult-wissenschaftlicher Roman. Leipzig 1920.

Tränker, Heinrich: Baumeister der Pansophia: Heinrich Noll. Privatdruck. Archiv Hermetischer Texte, Wien 1990.

Der Schlüssel zu den geheimen Figuren der Rosenkreuzer aus dem XVI. und XVII. Jahrhundert. Kurze informatorische Betrachtungen zum Studium des Ganzen und der einzelnen Tafeln in der Pansophischen Akademie. Privatdruck. Archiv Hermetischer Texte, Wien 1990.

Die Pansophie der hermetischen Bruderschaft vom Rosenkreuz. ARW, 1981.

Fragmente aus dem «Thesaurus Pansophica» der Fraternitatis Rosae et Crucis. II. Die Mysterien der Rosenkreuzer. Privatdruck. Archiv Hermetischer Texte, Wien 1990.

Pansophen, Rosenkreuzer und Freimaurer; Des Menschen Sehnen und Ahnen; Der pansophische Lichtweg. Leipzig 1928.

Vanloo, Robert: Les Rose-Croix du Nouveau Moderne. Aux sources du rosicrucianisme moderne. Paris 1996.

Adams, Georg: Das Rosenkreuzertum als Mysterium der Trinität. Stuttgart 1981.

Albertus, Frater: Der Alchemist von den Rocky Mountains. Frankfurt 1995.

Alchemisten und Rosenkreuzer. Sittenbilder von Petrarca bis Balzac, von Breughel bis Kubin. Hg. G. F. Hartlaub. Verlag Scherer, 1947.

Alchymia. Die Jungfrau im blauen Gewande. Alchemistische Texte des 16. und 17. Jahrhunderts. Hg. Richard Scherer. Mössingen-Talheim 1988.

Apuleius. Der goldene Esel, Insel Verlag 1975.

Arnold, Paul: Descartes und die Rosenkreuzer. In: ANTAIOS, Klett-Cotta, Stuttgart 1960, Seiten 227–245.

Histoire des Rose-Croix et les origines de la Franc-Maçonnerie. Paris 1955.

Betz, Otto: Licht vom unerschaffnen Lichte. Die kabbalistische Lehrtafel der Prinzessin Antonia in Bad Teinach. Metzingen, Sternberg 1996.

Biedermann, Hans: Lexikon der magischen Künste. Die Welt der Magie seit der Spätantike. München 1991. (Nachdruck, Graz 1986.)

Capelle, Wilhelm: Die Vorsokratiker. Stuttgart 1968.

Edighofer Roland: Les Rose-Croix et la Crise de la Conscience européene au XVII. siècle. Paris 1998.

Die Rosenkreuzer. München 1995.

Rose-Croix et société idéale selon J. V. Andreae. 2 Bände. Paris 1982.

Das Erbe des Christian Rosencreutz. Johann Valentin Andreae 1586–1986 und die Manifeste der Rosenkreuzerbruderschaft 1614–1616. Amsterdam, 1988.

Die goldene Kette Homers. Ein zum Studium und Verständnis der gesamten hermetischen Literatur unentbehrliches Hilfsbuch. Von: Ferdinand Maack. Lorch 1905.

Drury, Nevill: Lexikon esoterischen Wissens. München 1988.

Endres, Franz Carl / **Schimmel**, Annemarie: Das Mysterium der Zahl. Zahlensymbolik im Kulturvergleich. Köln 1984.

Dülmen, Richard van: Die Utopie einer christlichen Gesellschaft. Stuttgart-Bad Cannstatt 1978.

siehe auch: Andreae, Johann Valentin.

Evola, Julius: Das Mysterium des Grals, Schwarzenburg, 1978.

Faivre, Antoine: Esoterik. Braunschweig 1996.

(zusammen mit Rolf Christian Zimmermann): Epochen der Naturmystik. Hermetische Tradition im wissenschaftlichen Fortschritt. Berlin 1979.

Frey-Jaun, Regine: Die Berufung des Türhüters. Bern 1989.

Frick, Karl R. H.: Die Erleuchteten. Gnostisch-theosophische und alchemistisch-rosenkreuzerische Geheimgesellschaften zum Ende des 18. Jahrhunderts. Ein Beitrag zur Geistesgeschichte der Neuzeit. Graz 1973.

Licht und Finsterniß. Gnostisch-theosophische und freimaurerisch-okkulte Geheimgesellschaften bis an die Wende zum 20. Jahrhundert. Wege in die Gegenwart. Teil 2: Geschichte ihrer Lehren, Rituale und Organisationen. Graz 1978.

Gebelein, Helmut: Alchemie. München 1991.

Herder Lexikon: Symbole. Freiburg 1978.

Heinz-Mohr, Gerd: Lexikon der Symbole. Bilder und Zeichen der christlichen Kunst, Köln 1984.

Heyer, Karl: Geschichtsimpulse des Rosenkreuzertums. Kressbronn 1959.

Hildegard von Bingen: Heilkunde. Das Buch von dem Grund und Wesen der Heilung der Krankheiten. Salzburg 1957.

Wisse die Wege. Scivias. Salzburg 1981.

Introvigne, Massimo: Il Capello del Mago. Milano 1990.

Jung, Carl Gustav: Erinnerungen, Träume, Gedanken. Olten 1985.

Gesammelte Werke. Düsseldorf 1995.

Kiesewetter, Karl: Geschichte des Neueren Occultismus. Geheimwissenschaftliche Systeme von Agrippa von Nettesheim bis zu Carl du Prel. Schwarzenburg 1977

Kybalion. Eine Studie über die hermetische Philosophie des alten Ägyptens und Griechenlands. Haar. o. J.

Lehrs, Ernst: Der rosenkreuzerische Impuls im Leben von Joachim Jungius und Thomas Trakerne. Stuttgart 1961.

Leisegang, Hans: Die Gnosis. Stuttgart 1985.

Leuenberger, Hans-Dieter: Sieben Säulen der Esoterik. Freiburg 1989.

Liedtke, Ralf: Die Hermetik. Traditionelle Philosophie der Differenz. Paderborn 1996.

Maier, Johann: Die Kabbalah. Einführung; Klassische Texte; Erläuterungen. München 1995.

Meyrink, Gustav: Das grüne Gesicht. München 1995.

McIntosh, Christopher: The Rosicrucians. The history and mythology of an occult order. Wellingborough, Northamptonshire 1987.

Miers, Horst E.: Lexikon des Geheimwissens. München 1993.

Montgomery, Johann Warwick: Cross and Crucible. Den Haag 1973.

Peuckert, Will-Erich: Gabalia. Ein Versuch zur Geschichte der magia naturalis im 16. bis 18. Jahrhundert. Berlin 1967.

Geheimkulte. Hildesheim, Zürich, New York 1988.

Pansophie. Ein Versuch zur Geschichte der weißen und schwarzen Magie. Berlin 1976.

Die Rosenkreuzer. Zur Geschichte einer Reformation. Jena 1928.

Das Rosenkreuz. 2. neugefaßte Auflage mit einem Vorwort von Rolf Christian Zimmermann. Berlin 1973.

Die große Wende. Zwei Bände. Darmstadt 1966.

Roob, Alexander: Das Hermetische Museum. Alchemie und Mystik. Köln 1996.

Scholem, Gershom: Die jüdische Mystik in ihren Hauptströmungen. Frankfurt 1993.

Von der mystischen Gestalt der Gottheit. Studien zu Grundbegriffen der Kabbala. Frankfurt 1991.

Zur Kabbala und ihrer Symbolik. Frankfurt 1992.

Scholtz, Harald: Evangelischer Utopismus bei J. V. Andreae. Stuttgart 1957.

Schuré, Edouard: Die großen Eingeweihten. Geheimlehren der Religionen. Bern, München, Wien 1986.

Schuster, Georg: Die geheimen Gesellschaften, Verbindungen und Orden. (1905) Wiesbaden, o. J. (1990).

Sievert, Hans H.: Im Zeichen von Kreuz und Rose. Zur Geschichte der Rosenkreuzer. Verlag Clemens Zerling, Berlin 1996.

Silberer, Herbert: Probleme der Mystik und ihrer Symbolik. Darmstadt, 1961.

Stracke, Viktor: Das Geistgebäude der Rosenkreuzer. Wie kann man die Figuren der Rosenkreuzer heute verstehen? Verlag am Goetheanum 1993.

Vaillant, Bernard: Westliche Einweihungslehren. München 1986.

Wassermann, James: Kunst und Symbolik im Okkultismus. Hanau 1994.

Webb, James: The Occult Establishment. La Salle 1976.

Wehr, Gerhard: Die Bruderschaft der Rosenkreuzer, Köln 1984.

Spirituelle Meister des Westens. Leben und Lehre. München 1995.

Esoterisches Christentum, 1995.

Das Rosenkreuzertum im Werk Rudolf Steiners. (Manuskript, 1997)

Weinreb, Friedrich: Schöpfung im Wort. Die Struktur der Bibel in jüdischer Überlieferung. Thauros Verlag, Weiler im Allgäu 1994.

Wilson, Colin: Das Okkulte. März Verlag, 1982.

Wollgast, Siegfried: Philosophie in Deutschland 1550–1650. Berlin 1993.

Yates, Frances A.: Aufklärung im Zeichen des Rosenkreuzes. Stuttgart 1975.

Gedächtnis und Erinnern. Mnemonik von Aristoteles bis Shakespeare. 3. Auflage, Berlin 1994.

Giordano Bruno in der englischen Renaissance. Berlin 1989.

Die okkulte Philosophie im elisabethischen Zeitalter. Edition Weber 1991.

Joachim-Ernst Berendt
Nada Brahma *Die Welt ist Klang*
(transformation 17949)
Das Dritte Ohr *Vom Hören der Welt*
(transformation 18414)
«Wenn wir nicht wieder lernen zu hören, haben wir dem alles zerstörenden mechanistischen und rationalistischen Denken gegenüber keine Chance mehr.» *Westdeutscher Rundfunk*

C. J. Cooper
Der Weg des Tao *Eine Einführung in die Lebenskunst und die Weisheitslehre Chinas*
(transformation 60110)

Reshad Feild
Schritte in die Freiheit *Die Alchemie des Herzens*
(transformation 18503)
Ich ging den Weg des Derwisch *Das Abenteuer der Selbstfindung*
(transformation 60456)

Stanislav Grof
Geburt, Tod und Transzendenz *Neue Dimensionen in der Psychologie*
(transformation 18764)
Eine Bestandsaufnahme aus drei Jahrzehnten Forschung über außergewöhnliche Bewußtseinszustände.
Das Abenteuer der Selbstentdeckung *Heilung durch veränderte Bewußtseinszustände. Ein Leitfaden*
(transformation 19640)

Ken Wilber
Das Spektrum des Bewußtseins *Eine Synthese östlicher und westlicher Psychologie*
(transformation 18593)

Robert Anton Wilson
Der neue Prometheus *Die Evolution unserer Intelligenz*
(transformation 18350)
«Robert A. Wilson ist einer der scharfsinnigsten und bedeutendsten Wissenschaftsphilosophen dieses Jahrhunderts.» *Timothy Leary*

Arthur Zajonc
Die gemeinsame Geschichte von Licht und Bewußtsein
(transformation 60381)

Gary Zukav
Die tanzenden Wu Li Meister
(transformation 17910)
Der östliche Pfad zum Verständnis der modernen Physik: vom Quantensprung zum Schwarzen Loch.

Ein Gesamtverzeichnis der Reihe *rororo transformation* finden Sie in der *Rowohlt Revue*. Vierteljährlich neu. Kostenlos in Ihrer Buchhandlung.
Rowohlt im Internet:
www.rowohlt.de

rowohlts monographien
Begründet von Kurt Kusenberg, herausgegeben von Wolfgang Müller und Uwe Naumann.

Theodor W. Adorno
dargestellt von
Hartmut Scheible
(50400)

Hannah Arendt
dargestellt von
Wolfgang Heuer
(50379)

Aristoteles
dargestellt von J.-M. Zemb
(50063)

Walter Benjamin
dargestellt von Bern Witte
(50341)

René Descartes
dargestellt von Rainer Specht
(50117)

Ludwig Feuerbach
dargestellt von
Hans-Martin Sass
(50269)

Johann Gottlieb Fichte
dargestellt von
Wilhelm G. Jacobs
(50336)

Michael Foucault
dargestelt von
Bernhard H. F. Taureck
(50506)

Georg Wilhelm Friedrich Hegel
dargestellt von
Franz Wiedmann
(50110)

Martin Heidegger
dargestellt von
Walter Biemel
(50200)

Karl Jaspers
dargestellt von Hans Saner
(50169)

Immanuel Kant
dargestellt von Uwe Schultz
(50101)

Gottfried Wilhelm Leibniz
dargestellt von
Reinhard Finster und
Gerd van den Heuvel
(50481)

Karl Marx
dargestellt von
Werner Blumenberg
(50076)

Karl Popper
dargestellt von
Manfred Geier
(50468)

Jean-Paul Sartre
dargestellt von
Walter Biemel
(50087)

Der Wiener Kreis
dargestellt von
Manfred Geier
(50508)

rowohlts monographien

rowohlts monographien
Begründet von Kurt Kusen-
berg, herausgegeben von
Wolfgang Müller und Uwe
Naumann.

Louis Armstrong
dargestellt von Ilse Storb
(50443)

Johann Sebastian Bach
dargestellt von Martin Geck
(50511)

Robert Schumann
dargestellt von
Barbara Meier
(50522)

George Bizet
dargestellt von
Christoph Schwandt
(50375)

Frédéric Chopin
dargestellt von Jürgen Lotz
(50564)

Hanns Eisler
dargestellt von Fritz
Hennenberg
(50370)

Johann Wolfgang von Goethe
dargestellt von Peter Boerner
(50577)

John Lennon
dargestellt von Alan Posener
(50363)

Felix Mendelssohn Bartholdy
dargestellt von
Hans Christoph Worbs
(50215)

Elvis Presley
dargestellt von
Alan und Maria Posener
(50495)

Johann Wolfgang
von **Goethe**
Peter Boerner

Sergej Prokofjew
dargestellt von
Thomas Schipperges
(50516)

Giacomo Puccini
dargestellt von
Clemens Höslinger
(50325)

Gioacchino Rossini
dargestelt von
Volker Scherliess
(50467)

Heinrich Schütz
dargestellt von
Michael Heinemann
(50490)

Richard Strauss
dargestellt von
Walter Deppisch
(50146)

rowohlts monographien

Ein Gesamtverzeichnis der
Reihe *rowohlts mono-
graphien* finden Sie in der
Rowohlt Revue. Viertel-
jährlich neu. Kostenlos in
Ihrer Buchhandlung.
Rowohlt im Internet:
www.rowohlt.de

129 / 130 schweigen

134 Konzentration

136 Übung

138 Imagination

139 Gedanke, Wort, Tat

140 Übung Imagination

142 Kontemplation

186 Schriften   + 191

199 St. Germain